編集　住友史料館

住友史料叢書

主管者協議会議事録　一

自大正二年
至大正六年

思文閣出版

題字　小葉田淳筆

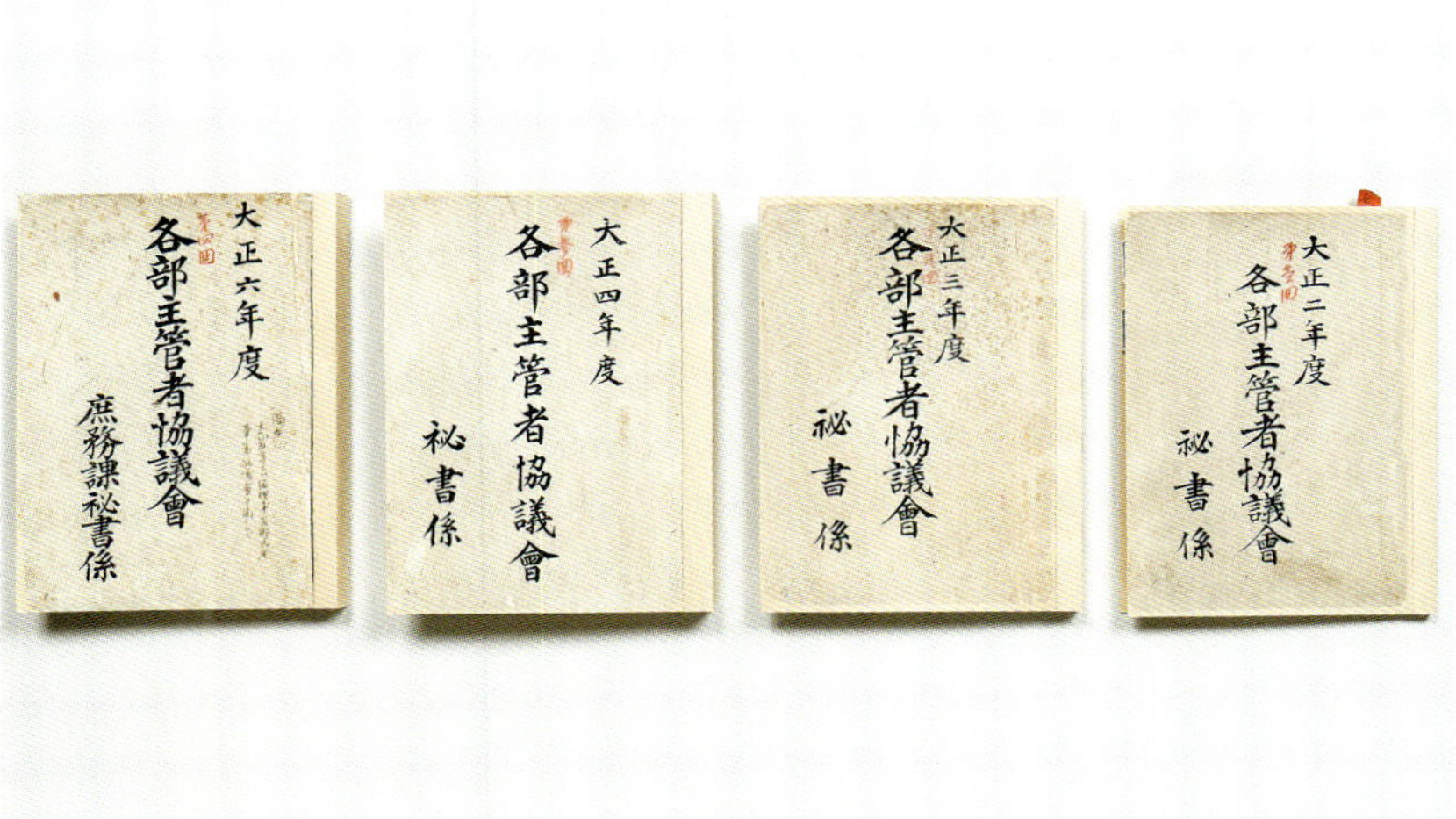

収載史料の表紙

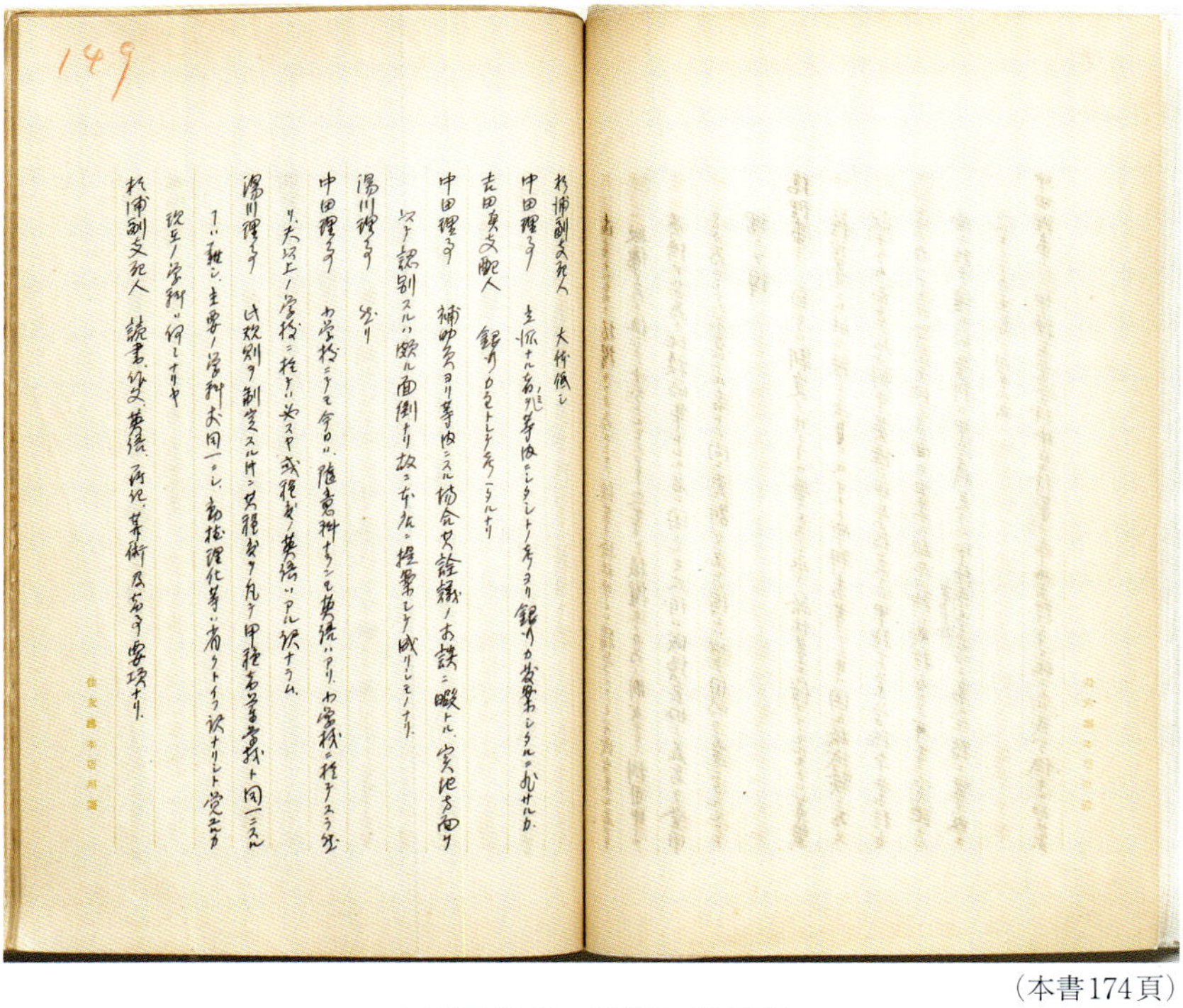

（本書174頁）

大正四年第一議題　議事録

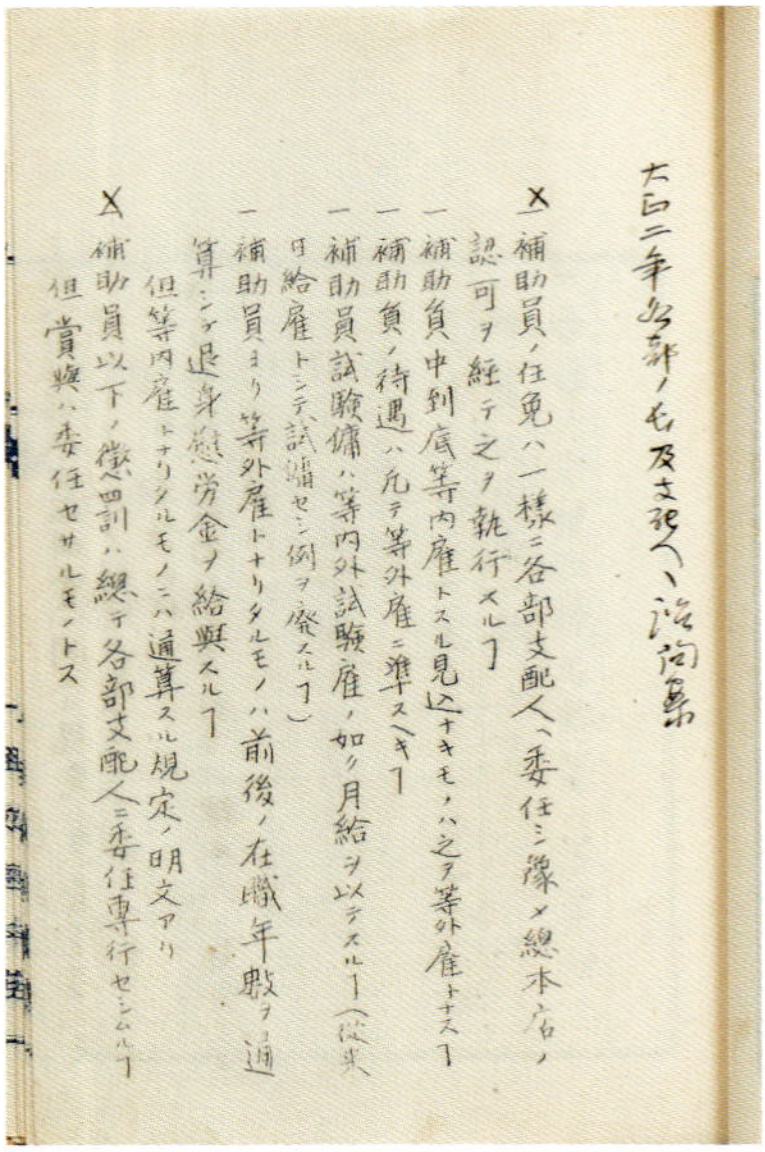
大正二年各部ノ支配人ヘノ諮問案
× 補助員ノ任免ハ一様ニ各部支配人ヘ委任シ豫メ總本店ノ認可ヲ経テ之ヲ執行スルコト
一 補助員中到底等内雇トスル見込ナキモノハ之ヲ等外雇トナスコト
一 補助員ノ待遇ハ凡テ等外雇ニ準スヘキコト
一 補助員試験傭ハ等内外試験雇ノ如ク月給ヲ以テスルコト（従来日給雇トシテ試傭セシ例ヲ発スルコト）
一 補助員ヨリ等外雇トナリタルモノハ前後ノ在職年数ヲ通算シテ退身慰労金ヲ給與スルコト
但等内雇トナリタルモノニハ通算スル規定ノ明文アリ
× 補助員以下ノ懲罰ハ總テ各部支配人ニ委任専行セシムルコト
但賞與ハ委任セサルモノトス

（本書14頁）
大正二年　議題一覧

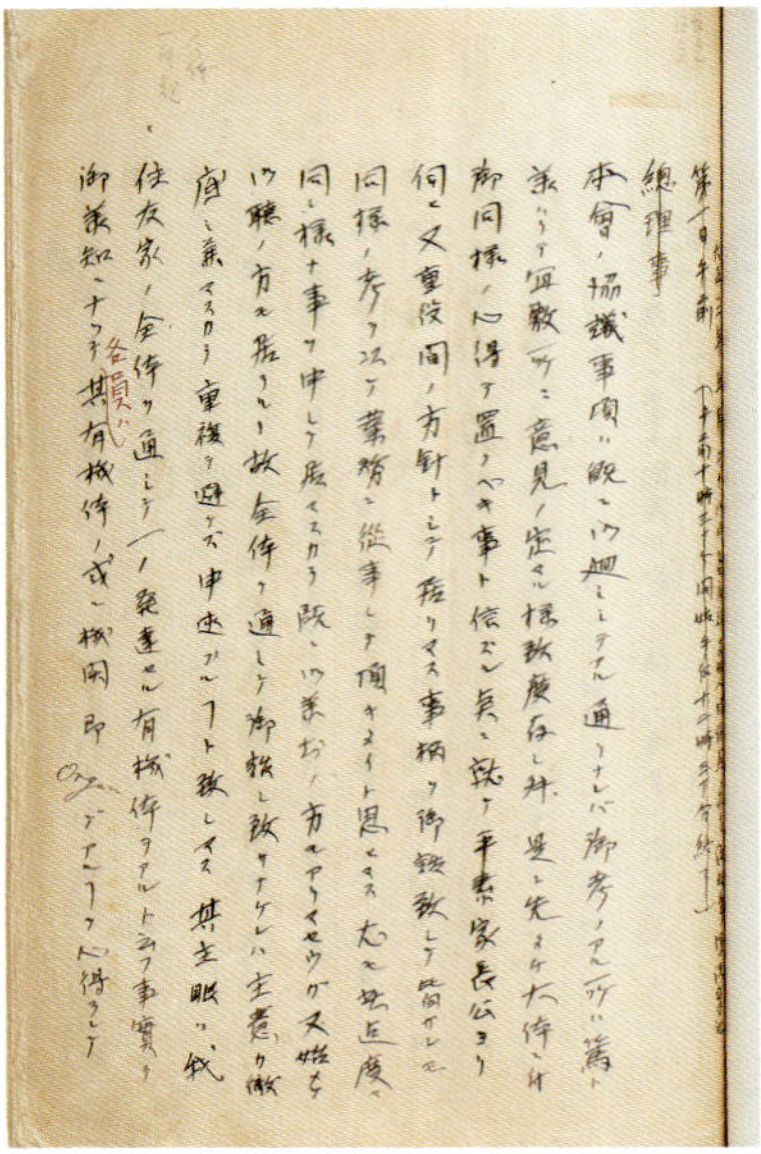

（本書23頁）
大正三年　総理事訓示

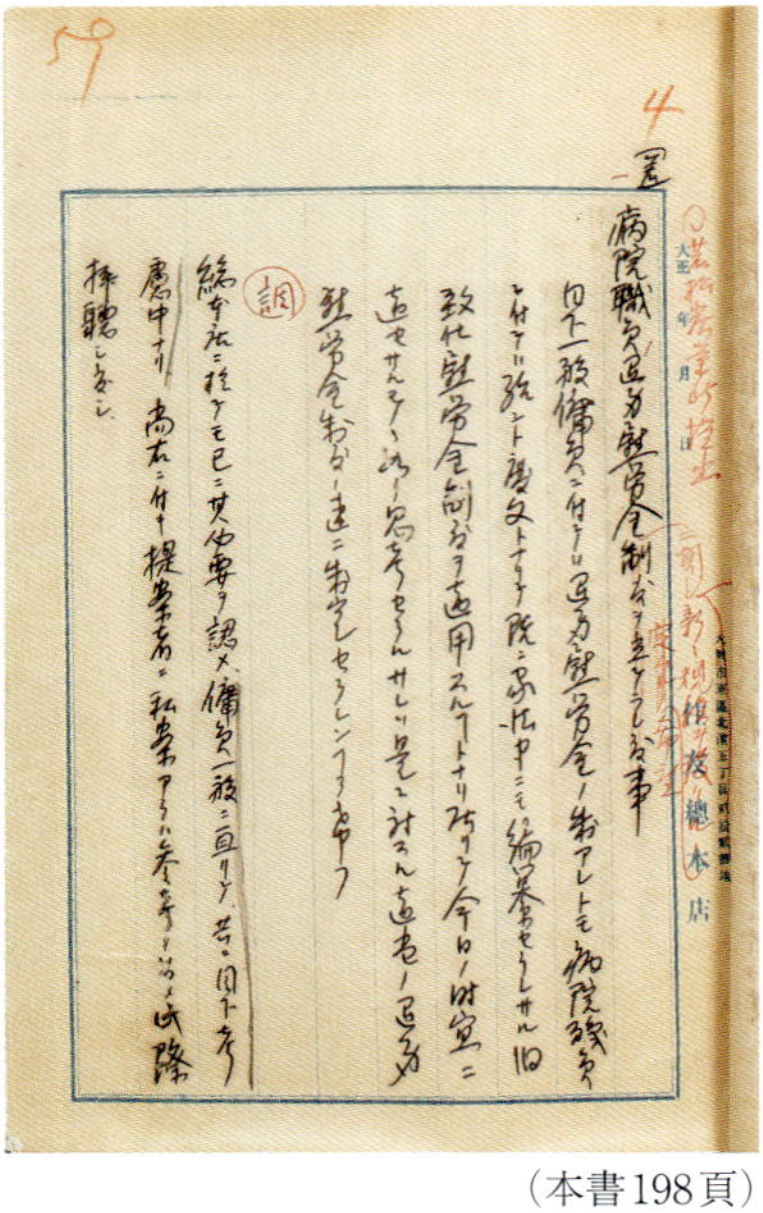

（本書198頁）
大正四年第四議題　本社による調査・所見

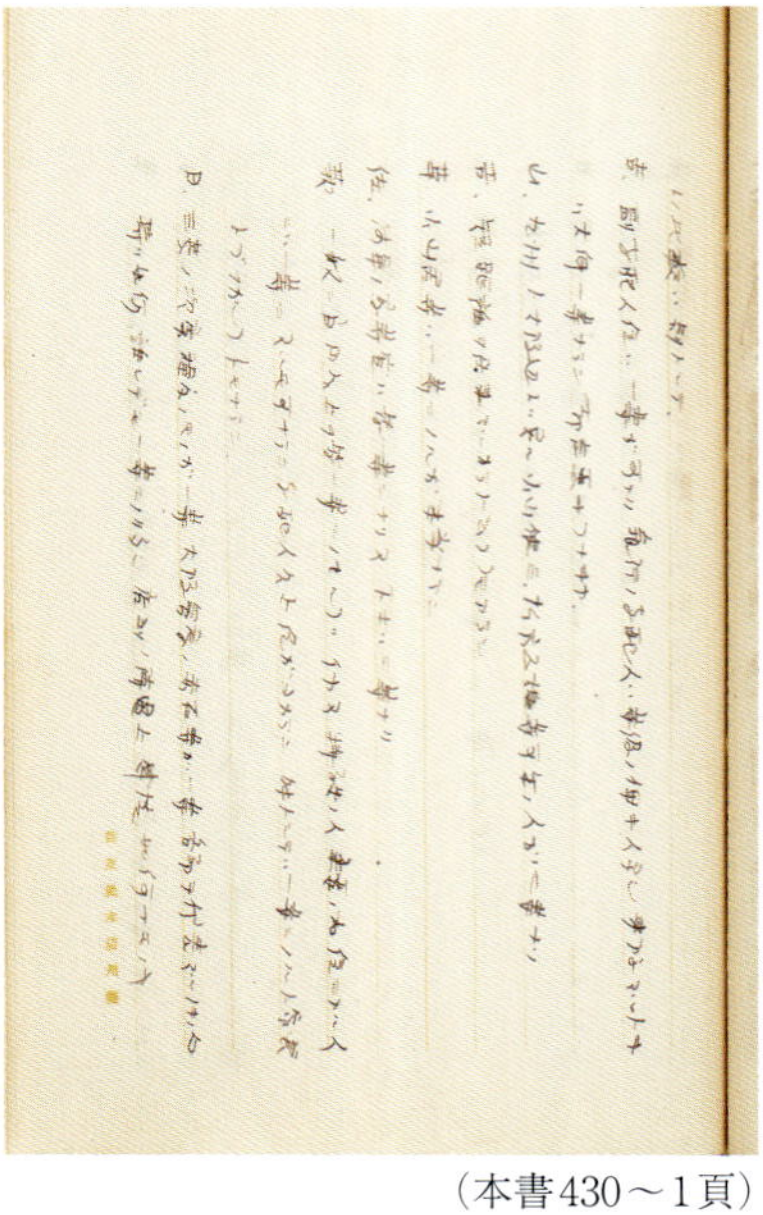

（本書430～1頁）
大正六年第一四議題　議事録

凡例

一、『住友史料叢書』では、住友家文書のなかから重要なものを選んで、編集・刊行してきた。今回より新たに住友近代史料からも重要なものを選ぶことにした。

一、本書は第三七回配本にあたり、住友近代史料のなかから「主管者協議会議事録」の内、大正二～六年分を収載した。

一、本書は、原史料から、一総理事訓示、二議題一覧、三各議題の議事録を抜粋して、翻刻・編集した（解題に記した本書の編纂方針も参照）。

一、各議題の議事録中の発言者の表記については、読者の便宜をはかるため、原史料の表記ではなく、編者が姓名を補って、原史料通りではないことを示すためゴチック体で表記した。発言者の初出時には所属と役職も補足した。

例：「松本支配人」→「**松本順吉（別子鉱業所支配人）**」

「総理事」→「**鈴木馬左也（総理事）**」

「山」→「**山下芳太郎（総本店支配人）**」

一、議事録の発言者の表記以外は、おおむね原史料通りに以下の要領で翻刻を行った。

一、漢字はおおむね常用漢字のあるものはこれを用いた。ただし人名については「住友職員録」の表記に従って、旧字を残したものもある。

一、仮名・片仮名は現行のものを用いた。
一、読みやすいように、読点（、）と並列点（・）を補足した。
一、判読不能の文字は□をもって示した。
一、原文で書き改められた文字を本文として採用した。
一、議事録の欄外註記は、編者が当該場所に＊印を付し、その近くの余白に翻刻を示した。
一、編者の注記は、本文右傍（　）内に記し、または頭に○を付して本文と区別した。
一、本文の上欄に見出しを置き、また適宜、標出・註記を施した。
一、本書収録の史料には、現在においては不適切とされる表現も含まれているが、正確な歴史的事実の解明にもとづき、現代的諸課題を解決する立場から、原史料の表記通りに掲載した。
一、本書は、牧知宏が編集を担当した。

目次

細目次

主管者協議会議事録　大正二年

主管者協議会議事録　大正三年

主管者協議会議事録　大正四年

主管者協議会議事録　大正六年

三　議事録

主管者協議会議事録　大正二年

一　総理事訓示

総理事御訓示筆記（大正二年五月二十日於総本店）

此年ノ初メヨリ書付ニテ各部ノ支配人等ノ方々ニ御含ミニ申上ヨート云フ積ナリシガ、書面ニテハ主意ヲ尽サヾルコトモアリマシテ、適当ナ時期ニ皆ンナ集ツテ貰ツテ御面談ヲシタイト云フ考ニテ、此度ノ機会迄延バシタ事デアリマシタガ、此迄モ度々御話等モ致シマシタシ又実際ニ行ハレテ行ク事柄等ニ就テ御承知ノ事デハアリマスケレドモ、尚ホ重テ主意ヲ能ク御話シテ置カント考ヘルノデアリマスル

住友家家憲

ソコデ住友家ノ家憲トイフ様ナモノハマダ皆サン御覧ナキカモ知レマセヌガ、其家憲ヲ茲デ朗読致シマスル、明治二十三年六月ノ二日ニ今ノ家長公（十五代友純）ヨリ前々代ナル住友友忠様ノ時代ニ多少家憲ノ改正アリマシテ、其家憲ノ前書ニ書イテアルモノガアリマス

家憲朗読

明治二十九年（ママ、朗読は6行後に該当）十月十日現今ノ家長公ヨリ又家憲ノコトニ付テ御申述ニナツタコトガアリマスル

現家法営業ノ要旨朗読

コノ家憲ニアルコトハ今申述マシタカラ大体ハ了解サレタリト思イマス、大体ハ家長公ノコトニテ傭員側ノコトデハアリマセヌガ、住友家ノ主意ヲ認ムルニ肝要ナリト思ヒマスルカラ申述べマスル、即チ之ハ淵源ナリト思ヒマスル、且空文ニ非ズト事実カラ思ヒマスル、申迄モアリマセヌガ空文ナリト御考ニナラヌ様ニ一言致シマスル

家法デスガ、之ハ申迄モアリマセヌガ最初ノ三ヶ条ヲ朗読致シマス

住友家法の営業ノ要旨を朗読

朗読

家風ノ綱領

之ガ此ノ住友家ノ家風ノ綱領ナリト思マス、即チ主義方針ト思フノデアリマスル、コノ家風ノ綱領ナルモノハ歴史ノアルモノデ、大分……明治御一新後ノ事デアリマスルガ、今日迄四十六年デアリマスルガ、随分斯ク書述ベラレマシタノニ古イ歴史ヲ持テ居リマスル、況ンヤ其綱領ハ書カレタ時ニ初メテ出来タモノデナイト思イマスル、古来ヨリ事実アリテ之ヲ文章ニ述ベラレタモノト思イマスル、私共ハ申迄モナクコノ綱領ニ拠リ家長公ノ御指揮ノ許ニ一意専心尽力スベキコトハ申迄モナク、従来ヨリ其考ヲ以テ不肖ナガラ当家ニ従事致シテ居リマスル、大変古キ事ヲ申上ル様デハアリマスルガ、淵源ヨリ申マスル必要アリト思フカラ申上タノデアリマスル

その綱領は、古来よりの精神を文章化したもの

ソレデコノ私共ガ住友家ニ御傭入レヲ頂キマシテ以来、私抔ガ目ニ視、耳ニ聴キ、実際身ヲ其間ニ処シテ実験シ来リマシタ処ニ於テハ、住友家ノ根本基礎ニ向ッテ最モ力ヲ用フルノガ是迄ノ実際ト思ヒマスル

前ニ申シマシタ住友家ノ家風ノ綱領ニ於テ、実ニ明カニ事ハ極マツテ居リマスルガ、矢張リ時ニヨリテ其事柄ノ最モ純粋ニ、最モ有力ニ行ハレテ居ル時、即チ紀綱ノ充分張リ詰メテ居ルトキト、又其事柄ガ純粋ト云フコトデナク雑駁ニナツテ、幾分ノ弛ミヲ示スコトハ免レヌコトデハアリマスルカ、之ハ何事デモ同ジコトテアリマスル

右綱領精神の弛緩について

私ハ既往ニ遡ツテ考ヘマスルニ、私共ノ御傭入ノ時ハ住友家モ混雑ノ時代デ、右ノ綱領ガ純粋ニ又極メテ有力ニ隅々細々ニ行ハレテ、各店各部ガ其主意ガ明白ニ行ハレテ居タカト申シマスルニ、乍遺憾左様デハナカツタト云フコトヲ感セザルヲ得マセヌ、故ニ益々充分ニ此家風ニ依テ行ク様ニトイフ事ヲ、重役ノ人達ヘ（私モ末班ニ居シマシタガ）十数年以前ニ於テ、重役ガ之ノ事ニ重

別子鉱業所ノ改良

キヲ措キ尽力ヲセラレタノデアリマスル、私モ御傭入後（私ノミニ限リマセヌガ茲ニ列セラレタル二、三人ノ方モ同様デアリマスルガ）、其重役方ノ主意ヲ了解致、及バズナガラ協力シ、其方面ニ益々力ヲ用ユルコトニ微力ヲ致シマシタ、例ヘテ見レバ別子鉱業所ノ如キモ、当時ニ於テ事実改良ヲ要スルノデアツタコトハ私ハ疑ナイト思ヒマス、当時ノ有様ノミニテ自然ニ委シタル成績ト、特ニ人力ヲ加ヘテ改良ナルモノヲ加ヘタル別子鉱業所ノ事業ハ、如何トイヒマスレバ其結果ヲ比較スレバ同時ニ両方ヲ行フコトハ出来マセヌガ、特ニ人力ヲ加ヘタ方ガ好果カ多カツタト思イマスル、コレハ自画自賛デハアリマセヌ、根本基礎ニ向テ特ニ力ヲ用フルノ必要ガアリマシタ例ト致シマスル

＊「コノ処筆記洩ナリ」（＊印の上部欄外書込）

私モ十分ナルコトヲ得マセズ、心ハ十分ヤル積リデアリマシタガ及ハヌ所アリ、過キタル所アリ、十分力ヲ尽スコトハ出来ズ、費シタ年ニ比較スレバ汗背ヲ霑スノ思ヒガアリマス、当時ニ於テハ目立タ事デハアリマスカ改良ハ已ムヲ得ナイノデアリマシタ

銀行

銀行抔ノ事ハ新シキ成立デアリマシテ、創立ノ際ノ人モコノ席ニ居ラレマス、即一言ヲ費ヤシマスガ虚心ニ御聞ヲ願ヒマス、当時ニテハ百尺竿頭一歩ヲ進ムルノ必要アリシモノト考ヘマスル、伊庭（貞剛）サンナリ河上（謹一）サンナリ田辺（貞吉）サンナリ藤尾（録郎）サンナリ皆コノ方針ニ向テ尽力セラレマシタ、私ハ銀行ガ一層強固ニ発展セシハ、其特別ナル尽力ヲ用イタル方ガ大ニ好果アリシト信ジマス、又実際其必要アツタト思ヒマスル

伸銅場

伸銅場ノ事モ御一新以後ノ新事業デアリマスル、其後ニ至テ更ニ一新スル必要ニ遭遇シマシタ、

倉庫

倉庫モ亦同シ事デアル、其等ハ従来ヨリ営業シ来ツタコトヲ大体其侭ニ推進ムハ住友家ノ為ニ不

得策デ、特ニ人力ヲ用イ改良刷新、歴史アル住友家ノ家風ヲ純粋ニ且ツ有力ニ行キ渡ツテ行ハル、様ニスルコトハ必要デアリマスル、斯ク力ヲ用イ来リシコトハ徒事デハアリマセヌ、大体ハ好結果ヲ得マシタト信ジマスル、ソレハ伊庭サンノ様ナ温厚忠実ナル人アリ、河上サンノ如キ日本銀行ニ椅子ヲ持テ居ラレ、日本ノ大体ノ金融又海外ノ事情ヲ知テ其眼ヲソレニ着ケテヤラレマシタ、之等ノ人ノ辞職ノ後、私ガ其緒ニ就テ之等ヲ完成セント尽力シタノデアリマス、私ノ語トシテ之レ迄組織、秩序、或ハ住友家ガ一個ノ有機体デ、首脳ノ関係、各機関ノ関係ガ十二分ニ行ハレ、統一、秩序、協力等ノ語ヲ以テ時々話ヲシテ居マシタ、ソレハ水ノ低キニ就クガ如ク、或ハ下等動物ノ蜜ニタカル如キモノデハナク、高等ノ人間トシテノ一ノ特性ヲ以テ協力シテ、一個ノ有機体トシテ立派ニ働ク様ニシタイト思フノデアリマス

住友は一個の有機体

前々重役ノ方々、賢明ナル家長公(十五代友純)ノ統率ノ許ニ在リテ、先輩諸氏ノ大ニ力ヲ致サレタル所ナルモ、亦不肖ナル私ノヤル事ナルニ拘ハラズ、皆様モ力ヲソレニ付テ尽力セラレタルコトハ私ノ深ク感激スル所デアリマス

右様ノコトヲ私ノ口ヨリ申スコトモ、大体ノ主意ニ於テ私ノ私意ヲ逞フスルコトデハ御座リマセヌコトヲ申述ヘテ置キタイ、即チ大体ノ事タル家憲又ハ家法ニ拠ルコトヲ御了解セラレタク思ヒマスル、其主意ヲ実行スルコトニ於テハ或ハ過ギタルコトアリ、或ハ不及事アリ、私ノ関係スル所ハ私ノ責任デハアリマスガ、其大体ノ主意ハ篤ト了解ヲ願ヒマスル、私ノ心中ハ只高圧的ニ彼様ノ事ヲ従来申述べ無理ニ遂行スルトイフノハ忌ム所デ、願ハクハ之ヲ胸ノ中ニ措キ考ヘ、真ニ同意同感ナリトシ、協力セラレンコトヲ切望スル所デアリマスル、私ハ不肖不徳ナレバ、思ヒ

ツ、行ハレザル時ハ癇癪ヲ起スコトモアリテ、余リスマヌコト、思フ事モアリマシタガ、主意ハ其処ニ在リマスカラ其処ヲ御了解ニナツテ、心カラ協力シテ右ノ家風ニ従フ事ニ心ヲ向ケ尽力セラレンコトヲ望ミマスル

時勢の変遷

従来ハコノ事ガ十分ニ行ハレズ、純粋ニ行ハレザリシコトハ先輩モ私モ感ジマシタカラ、ソレニ重キヲ措イテ働キ来リマシタ、サレド将来之ニ斟酌ヲ加フルノ必要ヲ感ジテ来マシタ、サラバ従来ノ方針ハ誤リニテ、将来中止スルカトイフニ左様デハ御座リマセヌ、コレハ時勢ノ変遷ニ連レテ変リマスルケレドモ、今後五十年、百年デハ変ルコトハ万々ナイト信ジマスル、何トナレバ五十年、百年ハ（五十年、百年ハ寿命ヨリ云ヘバ長イコトデスガ、本業ヨリ見レバ極短イ間デアリマス）実ニ短ク、其間ニ於テコノ様ナ事ガ一変スルコトニハナラナイト思イマス、之ハ哲理ノ様デアルケレドモ、社会ノ事ハ時勢ニ依テ変遷スルケレドモ、大体ノ家風ノ如キモノハ一変スル様ナコトニハナラナイト思ヒマスル、コノ根本ノ基礎ノ住友家ノ家風ニ益々大ニ力ヲ致サレンコトヲ望ミマスル、況ンヤ将来複雑ノ世ニ在ツテハ、コノ主義ヲ遂行スル上ニ就テ更ニ大ニ力ヲ用ユル必要アリト思ヒマスル、シカシ私ガ内ニ顧ルニ、専ラ内部ニ考ヲ向ケ、広ク世界ヲ見テ世間ノ有様ヲヨク観察シテ、之ニ応ジテ住友家ノ営業ノ目的ヲ達スル上ニ於テ、其粗雑ナル点アル様ニ感ジマスル、勿論従来モ営業ノ目的ノコトヲ考ヘ、又ハ申上ゲ、営業ヲ隆盛ニスルコトヲ御互ニ力メマシタガ、自ラ精神ヲ傾タル所ノ主ナルモノニ多少ノ差ガアリマスル、即内輪ノコト、根本基礎ノコトニ重キヲ措ク為ニ、世間ノコトヲ観察シ、営業ノ目的ヲ達スルコトニ粗雑ナル点ガアツタ様ニ思ハレマスル

家風は一変するようなことはない

営業の目的を達するに不十分な点

心機一転――心機一転ト云ヘバ前ノコトヲヤメル様デアルガ、漢法医（ママ）ガ匙加減ヲスルヨウニ多少

加減ヲスルガヨクハナイカト思イマスル、折々同僚ノ座談ニ持出スコトデアリマスガ、栄螺子ノ壺焼デハ困ル、栄螺子ハ甲羅ヲ家ト思ッテ安心シテ引込ンデ居ルト家共、熱イ火ノ上ニ持テ行カレル、私ガ住友家ノ不肖ナガラ重役デアリナガラ、ソレデハ困ル、社会ノ位地ヲ考ヘ火ノ中ニ持チ行カレテハイケマセヌ、貝ノ外ノコトヲヨク研究シテ、貝ノ中ノ充分強健ヲ保ツコトヲ考フルコトモ必要デアルガ、内輪ノコトノミ考ヘズニ外ノコトヲモ見、内外ノ関係ヲ見テ、進歩発達サセナケレバナリマセヌ、コノ心持ヲ御話シヨウト思フノデアリマス、其塩梅ヲ呑ミ込マレルコトガ真ノ主意デ、其内外ノコトヲ研究シテ十分腹ニ入レテ頂キタイノデアリマスル

内外の関係を見て進歩発達

今日デ云ヘバ、住友家ガ一ノ戦争ニ出発スル出師準備ガ出来タモノト申度イノデアリマス、之ハ十二分、十三分トハ申スコトハ出来マセヌガ、兎ニ角骨子ハ出来タノデアルカラ、之カラ戦裡ニ立テ戦功ヲ収メナケレバナリマセヌ

別子在任中の経験

又内輪ニテ云ヘバ、私ガ支配人デアリマシタカラ云フノデスガ、私ガ別子ニ居リマシタ時ヲ見ルト、マダ地盤ハ耕作ヲ十分ニスル時デハナク、農具ハ十分デモ之ヲ応用スルコトガ出来ズ、況ンヤ良キ種子ガアツテモ之ヲ蒔クニハ懸念ガアリマシタ、又具体的ニ云ヘバ良イ技師ガアツテモ之ヲ用イテドシ〳〵ヤルコトハ懸念ガアリマシタ、彼是ノ障礙ガアリマシタ、今日デハ良キ種子サヘアレバ何時ニテモ用ユルコトガ出来ル時トナツタト思ヒマスル、良イ技師ガアレバ自由自在ニ之ヲ用ユルコトガ出来ル、世間ニハ困難ガアツテ、独リ鉱業所ニ限リマセヌガ、私ノ支配人時代ハコノ様デアツタトイフコトハ誤解デナイト思ヒマス、内輪ニテハ良キ機械サヘアレバ用イラル、コトニナリマシタ、良キ種子ト良キ農具サヘアレバ充分使ウコトガ出来ルコトヲ自覚シマシ

実業の戦の奏功に努めること

タ、出師準備ハ整頓シマシタ、茲ニ戦ハナケレバ戦フ時ナキ時ニ至リマシタ、戦ハ是カラデアリマス、大ニ隊伍ヲ整ヘテ出陣シ、充分実業ノ戦ニ於テ優勝ノ功ヲ収ムルコトニ力メナケレバナリマセヌ、之ヲ具体的ニイヘバ、住友家ノ大部分ハ営業ノ方面デアルカラ（ソレ以外ノ方面モアルケレドモ）、御互ニ営業ノ方面ニ従事シ、又ハ全ク営業ニ従事スルモノデアルカラ、営業ニ成功シナケレバナリマセヌ、多額ノ利益ヲ挙グルコトニ尽力セナケレバナリマセヌ、或ハ積極トイヒ、或ハ消極トイヒ、急進トイヒ、漸進トイヒ、進歩トイヒ、保守トイフガ、世間ノコトハ総テ進歩デナイモノハナイト思ヒマスル、消極・積極ハ性質ノ異ッタモノデナイト思ヒマスル、

新聞雑誌は、住友家が消極的で発展しないという

新聞雑誌ハ事情ガ充分分ラナイコトデアルガ、住友家ハ消極デ進歩シナイトイヒマスル、ソレハ無理モナイト思イマスル、併シ無論活動ハシテ居リマスル、只後前考ヘズニ進ムコトハ出来ナイガ積極デアリマスル、

消極の必要はないが、活動に慎重なる考慮を要する

皆サンノ頭デ消極ト思ヒ居ラル、ナラバ私ハ消極ノ必要ハ更ニナイト思ヒマスル、無論充分ノ活動ヲセネバナリマセヌ、充分ノ活動ヲスル上ニ慎重ナル考慮ヲセネバナラヌダケデアリマス（銀行ノ貸付ニ高利ノ方ノミヲ主眼トシ、及預金ニモ日歩ヲヨウシテ其吸収ニ勉ムルノ類、一時ハ可ナルモ、他日信用ヲ害シ困難ニ陥ルベキ引例アリタリ）、活動ナレバ手段ハ一向撰ハズトイフ訳ニハ行クマイト思イマスル、或ハ競争ノコトナレバ流言ヲ放チ、他ノ銀行ノ得意ヲ取ルガ如キコトハスベキデナイト思イマスル、其等ノコトハ総テ立派ニ出タイト思ヒマスル、

住友家の家憲に疵を付けないことを望む

活動進歩ノ無暗ニヤルコトデナイコトハ申迄モアリマセヌガ、十分ニ活動シ、充分ニ利益ヲ挙ゲントスルコトニ於テ、大ニ世間ノ非難ヲ招キ、信用ヲ傷クルコトハナイトイヘマセヌ、将来活動スルコトニ就テ十分注意ヲシナケレバナリマセヌ、住友家ノ家憲ニ疵ヲ付ケヌヨウニスルコトヲ望

ミマス、将来ノ為ニ一言申上ゲテ置マス

製造には生産費を減ずること

製造ノコトニ就テイヘバ、生産費ヲ減ズルコトヲ力メネバナリマセヌ、之ハ一番主ナルコトデナイカト思ヒマス、即ソレニハ出スベキ金ハ一厘一毛ヲモ慎ミ、或ハ有利ナル機械ヲ採用シ、思ヒ切テ施設スベキコトハ思切テ施設シ、或ハ大体ヲ酌ミ、或ハ厘毛ノ支出ヲ慎ミ、之ニハ其脳ガ何物ニモ捉ハレズ充分ニ自由自在ニ働キテ生産費ヲ少クシナケレバナリマセヌ、尚此上ニ販売ニ力ヲ致シ、或ハ労働者ノ使用法ニ心ヲ用イ、利害ノ衝突ヲ避ケ、満足セシメテ倶ニ楽ンデ行クコトガ第一ダト思ヒマスル、私ハ主タル力ヲ用ユル点ハ多大ノ利益ヲ得ルコト其処ニ存スト思ヒマス、或ハコノ根本ヲ省ミズシテ枝葉ニ渉レバ、住友家ノ信用ヲ害シ、一時ハ宜シキモ直グ反動ヲ受クルコト、ナリマスル、コレバ即製造商業ノ競争場裡ニ勝利ヲ得ルノ所以デアリマスル

右の先鞭は電線製造所
英人ゴダード

電線製造所ハ初メ伸銅場ノ内ニ設ケラレマシタガ、今日ハ独立致シマシタ、初メ私共ハ其事業ハ必要有利トシ、恰モ英人ゴダート《(ド)》ト云フ人ガアツテ決心ヲ致シマシタ、之ガ有利ナリト思フ其大体ノ考ハ誤リハナカツタト思ヒマスル、寧ロ先鞭ヲ付ケタト思ヒマスル、サレド其間ニ種々届カヌコトモアリ、今ハ住友家ノモノヨリ優先ノ地位ニアルモノモ一・二アリマスル、之ハ人ニ就テ誤リガアリ、又一ツハ資本供給ニ充分ナラズ、世界ノ発展等ニ就テ観察ヲナサナカツタ為ニ余リ効果ガ大キクナカツタト思イマスル、之等ノコトニ就テヨク研究シタナラバ先鞭ヲ付ケタ通リニ優先ナル地位ヲ得タト思ハレマスル

混戦ノ場合ハ惨憺タルモノデアリマスルガ、予メ考ヘヲ置テ何処迄ヤルカハ定メナケレバナラナイガ、大体ニ於テ考ヘルコトガ出来マシテ醜体ヲ演ゼズシテ成功スルコトガ出来ルト思イマス、

之ハ（アキママ）ニ申上ゲルノデハアリマセン

住友家の家風を妨げずに営業の成功に尽力すること

（アキママ）ノコトデアリマス、私ノ希望スルハ住友家ノコノ家風ヲ妨グルコトナクシテ営業ノ主意ニ矛盾スルコトナク、益々営業ノ成功ヲ挙ゲルコトヲ得ルト思ヒマスルカラ、コノ方法ヲ以テ営業ノ成功ヲ収ムルコトニ十分皆サンノ御尽力ヲ願フ次第デアリマス

住友友純、一昨年男爵の栄誉

家長公（十五代友純）一昨年（明治四十四年）男爵ノ栄誉ヲ受ケラレマシタ、私抔ハコノ爵ナリ位階ナリ又ハ勲章ナリハ申迄モナク高キ名誉ト思ヒマスル、即名誉ノ根源ハ皇室ニ存シ、皇室ヨリ住友家ノ祖先ヨリノ国家社会ニ対シテ貢献スル所アツタノヲ皇室ニ考ヘラレテ男爵ヲ与ヘラレタモノト思ヒマスル、世間ニテハ爵位、勲章、位階等、之ヲ受クル人ノ有様ヲ見レバ、一言スレバツマラヌ人ガ高イ位等アルガ如キ情況テアリマスカラ、動モスレバ如斯人爵ヲ塵芥ノ如ク考フル傾アルモ、実ハ甚ダ栄誉ノコトデ、殊ニ住友家トシテ之ニ当ル実アリテ男爵ヲ受ケラレタモノデアルカラ、コノ事ヲ観念シ、皇室ヨリ授ケラレタルコノ栄誉ヲ無意味ニナサヌ様ニアルベキモノデアリマス、又営業ノ上ニ就テモコノ事ハ脳髄中ニ措クベキコトデアリマスル、即住友家ノ営業ハ吾国家ナリ社会ナリ或ハ広ク世界ノ人道ナリニ一致スル様ニ力ムルナラバ、皇室ヨリ賜ハリタル栄爵ニ報イラル、コト、ナリ、又世間ニ存在スル上ニモ適当ノ道ト考ヘマスル、私ハ常ニ考ヘマスルニ、人間ハ存在スルコトガ肝要デアルカラ、極メテ貧弱ナル者ガ生活上ノ必要、即パンノ問題ノ為ニ滅茶苦茶ノヤリ方デ金ヲ儲ケルコトハ深ク尤メヌデモヨイト思ヒマスルガ、又之等パンヲ得ル問題ニハ縁ノ遠イモノハ人間トイフモノヲ考ヘテ行動シナケレバナリマセヌ、況ンヤ住友家ノ如キハ男爵デ富豪ナル以上ハ其辺ヲ考ヘナケレバナリマセヌ、即国家社会、人道ニ一致スル様ニ尽力スルコトガ肝要デアリ

住友家の営業は、国家・社会・世界の人道に一致すること

マスル、之ハ先頃男爵ヲ受ケラレテ初メテ住友家ニ生ジタコトデハアリマセヌ、即住友家ノ家風ト一致シテ行動スルコトハ即男爵ノ栄位ヲ辱シメザルコト、思ヒマス、サスレバ営業上ノ鉾先ガ鈍ラナイカトイフニ左様デハアリマセヌ、私共ノ脳ハ単調デハアリマセヌ、前ノコトヲ考慮シテ尽力スルハ営業ノ優勝者タルニ何等ノ差支ヘモアリマセヌ、故ニ男爵ヲ無意味ニセズ、世間デハ無意味ト思ツテモ真実ニ考ヘ、之ノ意味ヲ捉ヘテ、十分私共ノ頭ニ入レテ置キタイト思ヒマスル、

営業にも徳義が必要

世ノ中外レノ如キ感ガアリマスガ、私ハ営業トシテモ徳義ハ必要ト考ヘマス、之ガナクテハ営業モ亦発達シナイモノト思ヒマスル、殊ニ住友家ノ営業モ之デナクテハ発達致シマセヌ、人間ガ共ニ世ノ中ニ生存スルコトガ人道徳義トナルノデ、其間ニ一寸御免ヲ蒙ルハ不徳義デアリマスル、徳義ヲ内ニ寓シ千変万化シテ働クコトガ必要デアリマスル

昇進・増給等を例年より厚く詮議

コノ当年ノ一月ニ於テ、予テヨリ家長公ノ思召ヲ以テ、傭員ノ待遇ニ深ク留意セヨトノ御話ガアリマシテ、彼是ノ方法ニ就テ御考慮アリ、私共モ思召ヲ承リマシテ、研究ノ末世間ノ情態ヲモ考ヘ合セ、傭員ノ幸福ヲモ考ヘ、昇等・増給等ノコトヲ例年ニ異リ厚ク御詮議ヲ願ヒマシタ次第デアリマスル、欲ニハ限リナイコトテアリマスルガ、雑念ヨリ考ヘレバ種々ノ議論モアリマシヨウガ、私ハ家長公ノ恩義ヲ深ク感ズベキコト、思ヒマスル、皆様モ其辺充分感謝ノ意ヲ表セラレンコトヲ切望シ、又以下ノ傭員共ニモ何卒満足シテ貰ヒタイト思ヒマスル、併シ之モ住友家ノ経済ヲ考ヘレバ、コノ度ノ変動ニテ支出ヲズツト増シ、又一向営業ノ資本ハ多大ヲ要シ、又家長公ノ

住友家の別荘

御住居モ内外粗末ノ有様デ、茶臼山ニ建築サル、ノモ大部節約ニナリ、須磨其外二、三ノ別荘モアリマスルガ、世ニ聞ヘアル住友家トシテハ家長公ノ内輪ノ費用ハ節シテ居ラル、情態デアルト

傭員の幸福を進めることが住友家の幸福

思ヒマスル、之ハ今少シ豊ニセラレタイト考ヘザルヲ得マセヌ、然ルニ其節約ノ中ニ日ヲ送ラレテ居リ、資本モ多大ニ要シ、又之迄ニ反シ大ニ支出ヲズツト増スノニ一月ノ如キ御断行ヲ考ヘマスレバ、深ク感激ニ堪ヘマセヌ、其辺ノコトヲ御互ニ考ヘ合セテ更ニ努力シテ営業ノ成功ヲ期シ、住友家ノ経済モ困難ヲ告ゲザル様ニスルコトハ家長公ノ厚遇ニ報ユルコト、思フ、以下ノ傭員モ将来満足シ喜デ協力シテ働クコトニシタイト思ヒマスル、俸給・賞与ハ年々歳々増加セネバナリマセヌ、故ニ其等ノ点ヲ計リ、又裏ヨリ云ヘバ住友家ノ隆盛・発達ニツケテ、従事セル傭員モ其幸福ニ共ニ浴スルコトニナリマスルカラ、住友家ノ隆盛ヲ図リ、多数傭員ノ幸福ヲ進メ安ンジテ仕事ヲスルノハ、即住友家ノ幸福デ、ツマリ廻リ合フベキ訳ノモノデアリマスルカラ、互ニ共通シテ以下ヲ鼓舞・奨励シ、世ノ実業家ヲ立チ越ヘテ、住友家ノ隆盛ヲ図リタイト思イマスル

大体ノ主意ハ支離滅裂ナルモノデハアリマスルガ、御了解下サレタト思ヒマスルガ故ニ、其御積ニテ御尽力ヲ願ヒタク思ヒマスル、コノ大体ノ申ス所ノ要領ニ於テハ私一人ノ考デハナク、家長公ノ御思召デ、同僚諸氏ト篤ト詮議シテ申述ブルノデアリマスカラ、其御積ニテ御聞取ヲ願マス、シカシ皆様ニ御疑念・御異論アリマスレバ無御遠慮御申述ヲ願ヒタイト思ヒマス

二 議題一覧

諮問事項
（議事録なし）

協議事項
（議事録なし）

現行の分課組織

諮問事項

一、補助員ノ任免ハ一様ニ各部支配人ヘ委任シ、予メ総本店ノ認可ヲ経テ之ヲ執行スルコト

一、補助員中到底等内雇トスル見込ナキモノハ之ヲ等外雇トナスコト

一、補助員ノ待遇ハ凡テ等外雇ニ準スルヘキコト

一、補助員試験雇ハ等内外試験雇ノ如ク日給ヲ以テスルコト
（従来日給雇トシテ使傭セシ例ヲ廃スルコト）

一、補助員ヨリ等外雇トナリタルモノハ前後ノ在職年数ヲ通算シテ退身慰労金ヲ給与スルコト
但、等内雇トナリタルモノニハ通算スル規定ノ明文アリ

一、補助員以下ノ懲罰ハ総テ各部支配人ニ委任専行セシムルコト

但、賞与ハ委任セサルモノトス

一、支配人委任権限中臨時費ニ関スル規定ハ意義茫漠ニ失スル嫌アルニヨリ之ヲ削除シ、無差支ヤ、若シ又之ヲ改正スルトセハ規定ノ要領如何

一、労働者賃金ノ一般的引上又ハ引下ハ総本店ノ認可ヲ受クルコトトシ無差支ヤ

協議事項

一、各部ノ分課、組織名称等ハ各業務ノ性質、大小等特殊ノ事由ニ依リテ差別アルヘキモ、或程度マデハ一定スルノ必要アリト認ム、其ノ程度如何

現行ノ分課組織名称等左ノ如シ

総本店　　課係（課ニ主任ヲ置ク）

別子　部課係（部ニ部長、課ニ主任ヲ置ク、外ニ支配人専属書記ヲ置ク）
倉庫　課係（課ニ主任ヲ置ク）
若松　炭坑課係（炭坑・課ニ主任ヲ置ク）
銀行　部係（部ニ部長、副長ヲ置ク、係ニ主任ヲ置ク、外ニ検査役、検査役補ヲ置ク）
鋳鋼　部係（部ニ部長ヲ置キ、係ニ主任ヲ置ク）
伸銅　工場係（工場・係ニ主任ヲ置ク）
電線　工場係（同上）
製銅　係（主任ヲ置カス）
本家　係（主任ヲ置カス）

一、給仕及使丁ノ服務ヲ為サシメ、現ニ給仕又ハ使丁トシテ置カザル向ハ実際特殊ノ事情アリヤ、又之ヲ一定スルノ可否

一、補助員ノ給与ニ関スル待遇標準ニ付テハ一定セサルモノアリ、爾今総テ等外員ノ標準ニ依ルコトニ一定スルノ可否

参考

一、現行ノ待遇左ノ如シ
イ年末賞　等外
ロ皆勤賞　等内ニ準ス

ハ旅　費　　等外ニ準ス

ニ被服料　　等内九、十等十三円、等外七円ナルモ、補助員ハ拾円

ホ新年宴会 家長御誕辰　酒餞料　　等内ニ準ス

ヘ賜勲記念 賜爵記念物品及酒餞料　　等外ニ準ス

ト店務ノ為メ運動会 ニ不参ノ節酒餞料　　等内、等外、給仕、使丁総テ同一

チ退身手当　　等内、等外同一率ナルモ、補助員ハ其半額率、并ニ補助員ヨリ等外トナリ、等外ヨリ補助員トナリタルトキニ勤続年数ヲ通算セサルコト

リ定例休暇　　等外ニ準ス

一、現行ノ給仕・使丁退身手当金ノ給与標準額（俸給月額十円以上ノ者、満一ヶ年ニ付、金四円 同　十円以下ノ者、同　金三円）ハ明治三十六年一月ノ制定ニシテ、即チ当時ノ俸給額表ノ最高最低ノ範囲ヲ基礎トシテ手当額ヲ定メタルモノナルヘク、然ルニ現行ノ俸給額（大正二年一月現在）ノ最高額ハ殆ント二倍ニ増加セルニ拘ラズ、等内外補助員ノ退身慰労給与標準ノ如ク、俸給表ノ改正ニ伴ヒ給与額ノ自然伸縮ヲ為ササルニ依リ、今日ニ於テハ不権衡ノ感アリ、之ニ対スル改善意見如何

参考

退身手当制定当時ノ俸給額表

給仕	使丁			
	一等	二等	三等	四等
三円以上	十三円	十一円	九円	七円
八円以下	十二円	十円	八円	六円

大正二年一月改正
現行俸給額表

三円以上 十二円以下	自廿一円 至廿五円	自十六円 至二十円	自十円 至十五円

一、総本店ノ使丁ニハ帽ヲ給与セサルニヨリ暑寒各種ノ帽ヲ随意使用シ、外出用ノ場合等不体裁ニ付一定ノ制帽（海軍型羅紗帽、銅色#ノ徽章ヲ附シ夏ハ白布覆ヲ附ス）ヲ給与セントス、各部一定給与ノ可否

一、地方甲種商業学校卒業生採用人員漸次増加シ、単独任意ニ寄宿セシムルハ得策ニアラサルヲ以テ左ノ方法ヲ採ルノ可否

イ、単身ニシテ在勤地又ハ其附近ニ寄宿スヘキ親族故旧アルモノノ外ハ、一地方毎ニ各部共通ノ寄宿舎ヲ設ケ、之ニ合宿セシムルコト、但食費以外ノ舎費ハ店費ヲ以テ支弁スルコト

ロ、寄宿舎ハ差向適当ノ家屋一戸又ハ数戸ヲ借入ル丶コト、但倉庫ノ如キ現ニ所有家屋アルモノハ之ヲ充用スルコト

ハ、高商又ハ大学（私立大学トモ）ノ卒業生ノ内、単身者ニハ舎監タル義務ヲ負ハシメ、以テ監督ヲ為サシムルコト

一、客年傭員学力検定試験規則制定ノ処、差向キ関西商工学校卒業生ハ検定試験ヲ受クルコトヲ要セサルコトニ決定セルニ付キ、各地方ニ於テモ同学校ト同等ト認ムヘキ学校アリヤ、又同検定試験規則ノ受験者資格ハ等外及補助員ニ限定セルモ、尚ホ右ノ者以外ニ受験セシムヘキ者ヲ拡充スルノ必要アリヤ

店用文書の統一

一、店用ノ文書ニ関シ左ノ各項ヲ一定スルノ可否

イ、各部相互間ノ往復文書ハ総テ罫紙ヲ用ヒ巻紙ノ使用ヲ廃スルコト

ロ、普通文書（店内外トモ）ハ特殊ノ場合ヲ除ク外、西洋罫紙ニ「インキ」ヲ用ヒ、ペン先ニテ認ムルコト

ハ、文書又ハ電信ハ各店相互間ニ限リ、敬語等ハ省クコト

ニ、各部相互間往復文書ノ形式及署名方ハ区々ニ陟リ居ルニ付左ノ通一定スルコト

何第　　号（番号）

大正　　年　　月　　日　　何店支配人又ハ何々印（氏名ヲ省ク）

何店支配人又ハ何々殿（氏名ヲ省ク）

何々ノ件（件名）

何々（用件）

右稟申又ハ何々候也

一、準備員以下ノ任命ハ従来総本店へ報告ノ向ト然ラサル向トアリ、爾今右報告ハ凡テ省略スヘキ見込ナルモ、尚此外ニ省略スヘキモノ、有無

一、毎年一回開催スヘキ各部ニ於ケル店費支弁ノ運動会ハ、事宜ニヨリ同一費額ノ範囲ニ於テ二回開催スルコトヲ得ヘキ特例ヲ設クルノ可否

一、各部ニ於テ専行セラル、傭員ノ内

イ、試験雇ハ三ヶ月以上試用後ニアラサレハ本雇ニ採用スルコトヲ得サルニ拘ハラス、三ヶ月以内ニ本雇ニ採用ノ向アリ、果シテ右ノ如キ特例ヲ開ク必要アリヤ

ロ、試験ヲ須イスシテ直ニ本雇ニ採用スルニハ従来各部ノ任意ナリシモ、此ノ場合ハ其ノ事由

ヲ具シ、総本店ニ認可ヲ求ムルコトニ一定シタシ

一、部下ノ各員ニ対スル賞罰ハ、各部支配人ニ於テ専行スル向ト権限ナク稟申ノ向トアリ、一定セス、爾今各部トモ或ル程度マテ専行スルモノトセハ其範囲如何

一、各部事務章程ニ規程セル各部支配人ノ権限ニ関シ修正スヘキ点ノ有無、其意見如何

主管者協議会議事録

大正三年

大正三年五月二十八日各店部支配人協議会ニ於ケル総理事演説筆記

本会ノ協議事項ハ既ニ御廻シシテアル通リナレバ、御考ノアル所ハ篤ト承ハリテ宜敷所ニ意見ノ定マル様致度存シ升、是ニ先タチ、大体ニ付御同様ノ心得テ置クベキ事ト信ズル点ニ就テ、平素家長公（十五代友純）ヨリ伺ヒ、又重役間ノ方針トシテ居リマス事柄ヲ御話致シテ、皆サンモ同様ノ考ヲ以テ業務ニ従事シテ頂キタイト思ヒマス、尤モ此点度々同シ様ナ事ヲ申シテ居マスカラ、既ニ御承知ノ方モアリマセウガ、又始メテ御聴ノ方モ居ラル、故、全体ヲ通シテ御話シ致サナケレハ主意カ徹底シ兼マスカラ重複ヲ避ケズ申述ブルコトト致シマス、

住友全体が一つの有機体

其主眼ハ我住友家ノ全体ヲ通シテ一ノ発達セル有機体テアルト云フ事実ヲ御承知ニナツテ、各員ハ其有機体ノ或ハ機関即 Organ デアルコトヲ心得ラレテ、此有機体ノ目的ヲ達スル為ニ協力スルト云フ御考ヲ持タレタイノデアリマス、

徳義を重んじる

而シテ住友家ニ於テハ常ニ徳義ヲ重ンジ、何レノ事業ヲ為スニ就テモ之ヲ先キニシテ行カネバナラヌト云フ事ガ大切デアリマス、此意味ハ屢御話致シタリ、又住友家ノ歴史ニ就テ見ルモ分明デスカ、殊ニ事業ガ新シクナルニ従テ愈々顕著ニナツテ来ルト思ヒマス

右ノ如ク有機体即 Organism デアルコトノ大体ヲ保持シテ取違ヘサル様致サネバ、所謂毫厘ノ差ヨリ千里ノ懸隔ヲ生ズル虞ガアリマス、徳義ノコトヲ日々ノ業務ニ無用ノ長物ナリトシテ、ザツト片付ケテ置ケバ或ル時ニ至リ忽チ不都合ヲ生ズルモノニテ、私ノ実験上決シテ無用ノ長物デハナク、現実ニ必要ナルコトヲ証明セルモノト思ヒマス

住友家の歴史に徴してすでに明白

斯ウ云フ事ハ此度ガ初メテナク、私ハ十数年前ヨリ申述ベテ居ル事ト記憶致シマス、尚其ヨリズツト以前ノ住友家ノ歴史ニ徴シテ業已ニ明白デアルト思ヒマス、尤モ Organism ト云フ如キコ

トハ西洋ノ学問カ入ツテ来テ初メテ名モ付、理屈モ出来タルコトナレバ、住友家ノ歴史ニ書イテハアリマセヌ、ソコデ昨年又ハ一昨年頃ヨリ私共ガ事業界ヲ観察シテ痛切ニ感スル点ハ、逐々競争劇甚トナリ来レルヨリ、之ニ対抗シテ優越ノ地位ヲ占ムルニハ、前ニ申シタ根本ヲ其時々ノ事業界ノ有様ニ応シテ進マナケレバナラヌト云フコトデアリマス、而シテ今一ツハ此度ノシーメン（ス脱）事件ト云フカ、プーレー事件ト云フカ、又海軍収賄問題ト云フカ、兎ニ角日本ノ天地ヲ震撼セル事柄ニテ、事業界ニハ深ク印象ヲ与ヘ、殊ニ官庁、殊ニ海軍ニ物品ヲ供給スル向々ニテハ深ク其事ニ感動セラレタルコトデアリマス

シーメンス事件

伸銅所の事業は軍艦製造用品を供給

我住友家ニテモ伸銅所ノ現今ノ事業ノ大部ハ我海軍ノ軍艦製造用品ヲ供給セルヲ以テ、此際一層ノ勘考ヲ肝要ナリト思ヒマス、乍去別ニ何モ新ナル態度ヲ採ルノ要ナク、従来ノ住友家ノ方針ハ斯ル問題ニ逢著シテ大ニ其方針ノ適切ナルコトヲ感スル訳デ、則チ住友家ノ如クセザルベカラザルコトヲ証明シテ居ルノデアル、此証明ヲ得タルヨリ諸君ハ自ラ其方針ヲ顧ミテ勇往邁進セラル、ガ肝要ナリト思フ、即チ此度ノ事件ニ就テ之ヲ改メザルベカラズト云フニ非ズシテ、全ク之ト反対ニ是非住友家年来ノ方針ノ如クセネバナラヌコトガ益明瞭トナリタルヲ以テ、愈信仰シテ進ムガ宜カロート思ヒマス、之ハ極ク抽象的ノコトナルモ、平素申シテ居ルコトデモアリ、又諸君ハ住友家ノ空気ニ浸シテ居ラル、故、右ノ如ク抽象的ノコトニテ明白ナラント信ズルノデアリマス

住友家年来の方針の通りにしなければならない

ソコデ既ニ御話シタルヤモ知レザルモ、競争劇甚ノ処ニ於テ優勝ノ地位ヲ占メザルベカラズト云フコト、、住友家ノ予テノ方針トハ矛盾スルヤノ懸念ナキニ非ザルモ、是迄ノ実験ニテハ住友家

暴利を占めることは住友の方針ではない

ノ方針ニテ進行スルコトハ競争劇甚ナル事業界ニ生存ヲ許サヾルニ非ズ、反テ泰然自若トシテ其地位ヲ占メ得ルト考ヘマス、皆サンモ御同感ト思ヒマス、只暴利ヲ占ムルコトハ住友家ノ方針ヨリ見テ不可能デアル、私モ亦斯ク思ヒマス、併シ暴利ヲ占ムルコトハ住友ノ方針デナク当然ノ利益ヲ占ムレバ可イノデアル、或ハ弱小ヲ虐ゲ、或ハ官辺等ニ贈賄シテ高ク売付ケ不当ノ利ヲ占ムルノ類ハ住友家ノ為スベカラザル所、又此迄モ如斯事ハアリマセヌ、将来大ナル利益ヲ得ルコトアルヤモ知レザレド、ソハ当然ノ結果ニヨルベキモノニシテ、殊更非理不道ノ手段ヲ弄スベキデナキハ勿論デス、故ニ至当ノ利益ヲ以テ満足スベキデアル、況ンヤ発奮勉励シ、大ニ智識ヲ搾リテヤレバ世間並又ハ世間並以上ノ利益ヲ挙ケ得ルコト、信シ舛、即一時或事業ノ暴利ヲ博スルコトハ出来タケレド永ク継続シテ大ナル利益ヲ得ルコトハ不可能デハナイ、是非其様ニシタイト思ヒマス

伸銅所の海軍出張検査

小幡所長は技術を改善することで対応

例ヘバ伸銅所デ海軍需要ノ種々ノ管ヲ作リ、海軍官吏カ出張セラレテ厳重ニ之ヲ検査シ、若シ不適当ト認メラルレバ折角ノモノヲ遠慮ナク廃却セラル、情態デアル、之ハ伸銅所ノ当局者ニハ大ニ耐ヘ難キ所デアル、自分ハ其検査ガ不必要ニ厳重ナリト考ヘルモ、小幡(文三郎)所長ハ之ヲ黙過シ技術ヲ改善シテ厳重ナル試験ニ合格スル様勉励セント切望セラレル、之ハ私ハ一ノ力アル考ナリト思フ、斯クシテ製品ヲ出セバ海軍省モ必ズ満足スルデアロー、不必要ニ厳密ナル検査モ何時カ気ガ付テ之ヲ中止スルコトデアロー、ソースレバ今度ハ厳密ノ検査ヲ受ケ来ツタ工場ハ大ニ利益ヲ得ルコトデアロー、

忠隈炭の販売

或ハ石炭ヲ売ルニモ相当ノ競争者ガアル様ダガ、為スベカラザル手段ヲ採レバ便利ヲ得ルコトアランモ、之ハ為サヾル方針デアル、如斯方針デ忠隈炭ヲ売リ居レバ炭質モ宜敷

故市場ニ信用ヲ得テ、将来ハ順調ニ成行クデアロート思ヒマス

銀行の営業方針

銀行ノ営業ナドモ同様デ、世間ノ銀行ノナス如キペテン、ゴマカシヲ敢テスル競争ハ住友銀行ノ採ラザル所デ、而シテ計算ノ状態ハ種々ノ銀行ノ間ニテ相当ノ成績ヲ挙ゲテ居ル、是ヲ以テ益々

堅固確実

堅固確実ニナリ行クノデ、将来ノ向上ノ根源トナリ益々利益ヲ得ルコトデアロート思ヒマス

倉庫の方針

倉庫ノ如キモ同様デ、以前ニハアノヤリ方ニテ宜シキヤ否ヤ、同業者間ニ在テ相当ノ利益ヲ挙ゲ得ルヤ否哉、彼是ノ議論ガアリマシタガ、今日デハ住友倉庫ハ堅固ナリト信ゼラレ、相当ニ客モ来リ、利益ヲ得テ居ル、則他ノ倉庫業者ニ比シテ不良ノ結果ハナイノデアル

肥料製造所の方針

肥料製造所モ人造肥料界ニ強敵アリ、其中ニハ品物ノゴマカシヤ御馳走政略ガ多キモ、住友ハコノ方針ヲ採ラズ、ソレニテ成立スルヤ否ヤハ問題ナレドモ、私ハ成立スルト信ジマス、私ハ其程度、其方針ニ依リテ鋭意実行ヲ試ミント切望スルノデアリマス

鋳鋼場の方針

今各事業ニ於テ大抵損失ヲ見ルモノハナイケレドモ、鋳鋼場ノ事業ハ一番不確カデハアルガ此方針ノ結果デハナイ、又砥沢ハ利益ハナイガ探究中ノコトナレバ方針如何ニ依リテノ影響ニハ非ズ右ノ如ク住友ノ今日迄ノ実験ニテハ、コノ方針ヲ以テ進ムハ差支ナキノミナラズ益有効ナルコトヲ認メマス、新聞ナドニ能ク出テ居ル三井物産ノ如キハ一年ノ利益数百万円或ハ数百万円以上ナルヤモ知レズ、之ヲ住友ニ比シテハ大差ガアル、畢竟経営其宜シキヲ得、当局其人ヲ得テ利益モ

三井物産と海軍

亦従テ大ナリト思ヒシニ、今ハ隠レナキ事実トシテ海軍ノ役人ニ賄賂ヲ贈リ為メニ利益ノ多カリシコトモアル様子故、其営業成績ハ良好ナルモ手段トシテ如何ハ敷廉不尠、憶フニ三井物産自身モ其手段ノ悪シキヲ曉レルナラン、加之三井ノ主人側ヤ重役其他ノ重ナル人ハ深ク痛苦ヲ感シ面

不名誉を避けるように

目次第モナキ事ナラン、寧ロ利益ハ十分ノ一ニ止マルモ斯ノ如キ痛苦、如此不名誉ニ遭遇セサルコトヲ希望セラレタルナラン、若シ恨悔ノ感ナシトセバ其ハ尋常デナイノデドーカシテ居ルト思ヒ舛

他人ノ方面ヲ考ヘテ見テ自己ノ方針ニ比較シ、固ク其適当ナルコトヲ信セバ益々決心ヲ確クシ、注意ニ注意ヲ加ヘテ此事業界ニ立チ発奮努力サレンコトヲ切望致シマス

住友家の歴史

前ニ住友家ノ歴史ノコトヲ申シマシタガ、之ニ付申述ヘテ置カントスルコトハ、抑住友家ノ成立ニハ如何ハシキ点ハナイノデ、即チ楠公銅像記ノ小冊子中ニ川田先生（剛）ノ作ラレタ碑文ニモアル通リ

別子銅山の発見

天正年間住友ノ遠祖理右エ門氏カ明人白水氏ニ就テ製錬ノ方法ヲ習フテ、我国ノ製錬ハ住友家ニ始マリ、其後裔十世友信氏ニ至リ初メテ別子銅山ヲ経営セリ、此白水ニ学フト云フコトハ余程進歩シタル考デ本当ノ技術ヲ研究スル主意ナレバ、彼ノ宮辺ナドニ結托シテ家ヲ興シタルノ類ト全ク撰ヲ異ニシテ居ル、其後多数ノ鉱山ヲ所有セシコトアリシガ、或ハ家道ノ困難ナリシタメカ多ク持チ続ケルコトハ出来ズシテ、別子ノミハ始終一貫シテ所有シ、明治廿三年ニ二百年紀念ノ祝

別子開坑二百年祭

ヲ挙ゲテカラ既ニ廿三年ヲ経過セリ、斯ク同一ノ家デ同一ノ山ヲ有シ而モ立派ナル山デアルコト

同一の家で同一の山を経営した家は西洋にもない

ハ日本ニハ外ニナイ、西洋ニモ其例ハナイト思フ、是則チ住友家ガ一時ノ利益ニ汲々トシテ所謂山師的デナク、最モ着実ニ所謂 stability ヲ保チテ事業ヲ経営セシニ由ル次第ト謂フベシ、兎ニ角稀有ノ事デアリマス、私ノ記憶デハ二十三年ニ別子銅山ノ開坑二百年ノ祝カアリシ時ニ私ハ愛

大阪での記念祭

媛県ノ役人テアリマシタガ、大阪ニ転任スル為メ出席スルコトヲ得マセンデシタガ、当地ニ転任

鈴木馬左也の祝辞

後鰻谷ノ本宅デ祝宴ガアッテ、彼ノ接続ノ火除地ニ「テント」ヲ張リ西洋料理ノ饗応ガアリマシタ、其時ニ私ハ伊予ニ在任セシ縁故ヲ以テ祝辞ヲ述ベヨトノコトデアツタカラ、論語ノ為政以徳譬如北辰居其所而衆星共之ト云フ語ヲ引テ、住友家ノ伊予ノ銅山経営ハ政ニハアラザルモ徳ヲ以テセラル、ガ故ニ県民ハ之ニ悦服セルナリト述ベマシタ、当時住友家ノ局外者トシテ別子ノ事業ヲ見ルニ、事実斯ノ如クデアリマシタ、住友家ニ入リテハ改良ヲ要スルコトモアリマシタガ、愛媛県ニ居リマシテ斯ク見聞シタノハ誤リデナイト思ヒマス、コノ心持ニテ経営サレタニハ間違アリマセヌ、

広瀬宰平の影響

之ハ広瀬宰平氏等ニ依リテ初メテコノ現象ヲ示セルガ、又ハ其以前ヨリ然リシヤ深ク研究セザルモ、憶フニ元来ソー云フ家風ニテアリシト思ハレマス、昔シ杉本勘七氏（末家）ノ祖先ガ別子銅山ノ帳面方デ、隣ノ大阪屋鉱山ト喧嘩アリシ時ニ大風ニ乗シテ火ヲ放タル死傷不少、杉本氏ノ祖先モ焼死シマシタ、其墓ガ山ノ上ニアツテ二百年後ノ今日ニ祭祀スタレズ、香花常ニ絶ユルコトナキハ所謂慎終追遠民徳帰厚矣ト云フモノテアリマス、

殉職者祭祀の追遠

追遠ノ意味ガ自ラ別子ニ存シテ居ルノダト思ヒマス、之ノ事実ヨリ見テ必ズシモ広瀬宰平氏ニ始マツタモノトハ思ハレズ、遠ク其淵源ヲ有セル古キ歴史上ノ美風デアリマシヨウ、宰平氏ハ幼少ノ頃銅山ニ入リテ成長シ、学者ニハ非ザルモ経典余師ナトニ依リテ聖賢ノ道ヲ味フト云フ、尋常人ニ勝レタル資性ヲ有シ、事業ヲ執ルニモ此徳義ノ必要ヲ信シテ応用サレタト思ハレマス

素ヨリ人間ナレバ欠点モ短所モアリタレト、支那ノ経書ヲ腹ニ入レ之ヲ兼ヌルニ天稟ノ才ヲ以テシタルコトハ明白デアリマス

楠公銅像の献納

楠公ノ銅像ヲ献納セラレタルコトハ何デモナキ事ノ如キモ、当時ハ深ク力ヲ用イ、初ニ宮内省ノ

住友家の精神

楠公銅像の製作経緯

内意ヲ伺ヒ其御許アリ、又楠公ノ像ノ「スタイル」ノ如キモ、美術学校抔ニテ研究ヲ重ネ木彫ノ模型ヲ御内庭ニ置キ、明治天皇ノ天覧ヲ願ヒタル上ニテ、愈別子銅ヲ以テ鋳造献納シ、之ヲ嘉納アリテ二重橋外ニ建テラレタルノデ、基礎抔ハ宮内省ノ費用デ造ラレタノデアリマス、即先帝陛下ニ於カセラレテモ住友家ノ精神ヲ御採納下サレタルコトハ明白デアル、之ハ中々深キ考ニ出タノデアリマス、故ニ住友家ノ精神ヤ家風ハ其献上シタ銅像デ分リマス、又楠公ノ着用セル鎧装束抔モ研究ヲ重ネ苟モシタルモノデハアリマセヌ、銅像ノ記文ハ川田先生（剛）ノ撰バレタモノデ、之ヲ刻スルニハ重野安繹先生ガ再ビ撰ンデ字数ヲ減ゼラレタモノニ成ツテ居リマスガ、其文ヲ読ムニ、亡兄友忠深ク国恩ニ感ジトアリ、宮内省ニ願出タルハ開坑以来二百年ノ記念トシテ別子銅ヲ以テ像ヲ鋳造献納セントシタルモノナルモ、其心持ハ全ク国恩ニ感ゼシコトハ疑アリマセヌ、則碑文ノ深ク国恩ニ感ズトアルニ由リテ明瞭デアリマス、コノ事ハ重々宰平翁在職中ノ事ナルガ前家長（十三代友忠）公ノ旨ヲ承ケテ作ツタノデアリマス、素ヨリ銅像ノ献納ハ人ノ糟粕ヲ嘗メテシタノデナク、此頃ニ銅像ハ世ニ有フシテ居ナイノヲ、深ク国恩ニ感ゼシ至誠ニ出テタルモノニテ、今ノ並一通リノ仕方トハ全ク主意ヲ異ニシテ居ルノデス

大阪図書館の寄附

大阪図書館モ亦同様デ、金高ハ三十万円位ノモノナルガ、之モ国家ニ尽スノ真意ニ出デ、徒ニ名声ヲ博スル為メデハアリマセヌ

職工学校の設立

今ヤ将ニ着手セントスル職工学校ノ建設モ、矢張リ家長公（十五代友純）ガ常ニ貧民ノ為メニセントノ御考アリテ、私モ親敷之ヲ伺ヒテ、至極拮（結）構ナル御主意ヲ体シテ起シタコトデアリマス、夫ノ社会問題ガ中々面倒ニナツテ来タ折柄、其解決ニモナレガシト考ヘルノデアリマス、或ハ利害ノ問題モ多少

含マレテ居ルヤモ知レマセンガ、決シテ陋劣ナル主義ハ毛頭籠ッテ居リマセヌ、即チ天下ノ憂ニ先ンジテ憂フルト云フ率先事業デス、要スルニ半面ハ社会ノ為メニ半面ハ主家ノ為メニモナルト思ヒマス、然シ家長公ノ御考ハ全ク仁愛ノ心ガ動イタタ（ママ）ノデアリマス

此等ノ新シキ方面ハ全ク明白デアルガ、古キ事ニハ多少ノ想像ヲ交ヘナケレバ分ラヌガ、結局住友家ガ家ヲ興スニ当リ一モ如何ハ敷点ハアリマセヌ

住友家の名誉の歴史

全体住友家ノ歴史ハ名誉アリ光輝アル次第デ、則歴史的ニ名誉アル家風デアリマス、私共ハコノ緒ニ紹ギテ益々発達隆盛ヲ計リ、今日ノ時勢ニ適当ナラシムベキハ勿論、尚此家風流義ノ普及ヲ企図シテ、願ハクハ天下ノ事業家ヲ啓発感化シ、徳義ヲ以テ事業ヲ経営スル様ニ希望スルノデアリマス、御同様ニ之ヲ自覚シテ益々発奮勉励シテヤリタイト思ヒマス、乍去世間ニハ嫉妬憎悪ノ念其跡ヲ絶タズ、動モスレバ正シキ眼ヲ以テ見ズ、色眼鏡テ観察ヲ下スモノガアリマス、先頃モ東京ノ通信記者ガ尋ネ来テ、御気ニ障ルカモ知レマセヌガ、住友・鴻池ノ如ク天下ニ富ヲナシテ居ルモノハ必ズ贈賄ノ事実アルベシ、然ラザレバ到底住友・鴻池ノ如キ富ヲ得ザルベシト云ヒマシタ、中田（錦吉）氏ガ某海軍大佐カラ聴カレタノニ、海軍事件ニ依リ藤井機関少将ノ家宅捜索ヲシタ時ニ生計カ非常ニ贅沢デ、百万円位ノ身代デナケレバ出来ナイ程度デアル、ソコデ其資力ハ多分住友ガ供給シタナドト云フ憶説ガ出タ、併シ今ハ其疑モ全晴レテ至極結構デアルトノ話ガアツタ相デス（此人ハ色眼鏡ヲ以テ見ル方デナイ筈ダガ猶且如此デス）

天下の事業家に徳義を啓発

シーメンス事件の伝聞と戒め

住友ガ賄賂ヲ贈ルナドノコトハ決シテアリマセヌ、私ガ重役トナリテカラ（其以前モアリマスマイガ）贈賄ハ未ダ曾テヤリマセズ、唯各方面ノ人ニ食事ヲ饗シ、或ハ盆暮ニ砂糖樽ヲ贈ルコトハ

アリマス、之モ厳密ニ申サバ贈賄カモ知ラヌガ、畢竟好意ヲ表シ、情誼ヲ致ス迄テ、品物モ極メテ軽微デス、此類ハ日本デモ西洋デモ賄賂トハ認メマスマイ、過去ニ於テノミナラズ将来モ亦断シテ贈賄ナドセザルコトヲ明言シテ置舛カラ、内部ニ在ルモノガ寸毫モ疑念ヲ挟ム様ノコトガアッテハナリマセヌ、若シ疑ヲ抱ク様ノ噂ガアラバ御注意ヲ願マス

外部には、礼譲を守り言語を慎むことが必要

又外部ニ対シテハ礼譲ヲ守リ、言語ヲ慎ムコトガ必要デ、実業家ノ心得トシテ常ニ忘ルベカラザルモノヽ一デス、尤モ実業家ニ非ザルモ必要ニハ相違アリマセヌ、万一ニモ倨傲横柄無礼ノ嫌アル態度ハ厳ニ戒メタイト思ヒマス、専一ニ相手方ノ便利ヲ計リテ我侭勝手ヲ去リタイノデスガ、一面ニハ復タ廉耻ニ関スル事ハ毅然トシテ操守ヲ失フベカラズ、世間ニ住友ノ人間ニハ骨髄ノアルコトヲ知ラセナケレバナリマセヌカラ、勢ヒ或ル場合ニハ対抗モシナケレバナリマセヌ、万不得已場合ニ当テハ腕力ニ依ルモ仕方ガアリマセヌ

右ノ如ク苦心経営シテ居リマスルガ、容易ニ世人ノ信ズル所トナラズ、甚ダシキハ住友ガ贈賄セシト迄思ハレルノハ誠ニ情ナイ次第デアル、依是観之誠実ノ反響ヲ得ルコトハ容易デナイカラ、別シテ此目的ノ為メニ骨ヲ折リ力ヲ尽シテ、元ノ Organism ニ立戻リ、徳義ヲ根本トスルコトニ一層ノ勇気ヲ養ヒ、以テ断行ヲ期スルノデアリマス、住友家ノ財産ガ増シタカラトテ其レヲ奢侈ノ為メニ使用スルノデナク、大部分ヲ事業ノ発達拡張ニ傾ケ、結局国ノ富ヲ増スコトヽナルノデス、併シ富ノ増加ニ対スル世間ノ妬ミハアレド敢テ趾踟逡巡スルヲ要セス、畢竟曲ハ彼ニ在ルノデ、只住友家ハ得タル富ヲ有益ナル目的ニ向ヒテ適当ニ使用シナケレバナリマセヌ、復タ一面ニハ業務ノ改良ヤ従事員ノ待遇ニ後レヲ取ラヌ心懸モ必要ニシテ、漫リニ疑惑ヲ生ジテハナリマセ

得た富は、有益な目的に使用

業務の改良や従業員の待遇に遅れを取らないこと

ヌ、何卒御互ヒニ立派ナル名誉アリ光輝アル業務ニ従事シテ居ルコトヲ能ク自覚シテ行キタイモノデス、殊ニ其自覚ノ鈍ラヌ様ニ致度ノデアリマス、私ハ官吏ヲ罵倒スルノデハアリマセヌガ、不幸ニシテ今日ハ其希望ノ通リニハナツテ居ルトハ思ヒマセヌ、而カモ之ニ国家社会ヲ任セテ我関セズト云フノハ宜シクナイ、当サニ国家社会乃至皇室ノ為メニナルトノ自覚ヲ以テ努力スベキノデ、要スルニ住友家ノ事業カ隆盛ニナレバ取リモ直サズ国家社会ヲ益スルノデ、更ニ住友家ノ主義方針ヲ実業界ニ普及セシメテ、之ニ倣フモノガ出来レバ更ニ国家社会ニ貢献スル所モ増々大ナルモノデアリマス、之ハ中々容易ノコトデハナク余程奮発尽力セナケレバナリマセヌ右ニ付営業上ノ利益ハ素ヨリ大切ノコトナレバ特ニ重キヲ措クベキデアル、而シテ此競争劇甚ノ場裡ニ優勝者トナルコトニモ頭ヲ用イナケレバナリマセヌ、私ハ今日世ノ中ノ実業家ノ多クハ誤テ居リ、住友カ只実業家トシテ愧ザルモノナラント思ヒマス

国家社会に貢献すること

総理事訓示を受けての議論

鈴木馬左也（総理事）

午前中ニ述ベマシタ所ニ付テ意味不明瞭ノ点モアリマスレバ、御尋ニ預リ度ウ御座イマス、又其事柄ニ付テ敷衍シタル御考モアリ、又ハ修正ヲ要スルト云フ御考モアリマスレバ、聞カセテ頂キ度ウ御座イマス

部下に訓示の主旨を指導してほしい

扨テ同ジ考ニテ確カト御会得出来マシタ以上ハ、之ヲ以テ部下ニ適宜ニ其主旨ヲ以テ指導薫陶セラレタイモノデアリマス、人ヲ指導シ薫陶シツヽ事業ヲヤリ行カナケレバ好結果ヲ得マセヌカラ、学校デハアリマセヌガ指導シ行キ度ク、単ニ茲丈ケノ一場ノ話トノミスルノハ本意デハアリマセ

ヌ、之ヲ以テヨク部下ヲ教ヘラレ度イノデアリマス

自分ノ知人中ヨリ君ノ様ナ考デハ営業ガヤッテ行ケヌト云フ話モアリマシタコトモアリ、随分斯ル考ハアリ得ルコトデアリマシテ、自分ナドノ考デハ論ノナイコト、考ヘマスケレドモ、又異論モ有リ得ルコト、思ヒマスカラ、ヨク討論モシ研究モスルコトハ有益ナコト、思ヒマス

銀行の意見

徳義に依りたいが、できないと伝聞

植野繁太郎（銀行本店支配人）

銀行ノ得意先カラ常ニ話ノアルコトデアリマスガ、関税デゴマカス様ナコトヲシナケレバ到底競争ニ堪ヘ得ナイ、他ノモノハ皆之ヲヤッテ居ル、故ニ商業ヲ止メレバ兎モ角モソーデナイ以上ハ之ヲヤラナケレバ商業ガ出来ナイ、徳義ニハヨリ度イノデアルガ、勢ヨルコトガ出来ナイナドト云フコトハ屡聞ク所デアリマス、現ニ或人ハ塩業ハ脱税バカリデアル、脱税シナケレバ商売ガ出来ナイ、自分モヤッテ居タノデアルガ、此ハ自分ニハ出来ヌコトデアルカラ辞職シタト云ヒ居リ、誠ニ困リ入ッタコトデハアリマスガ、之ヲセナケレバ商売ヲ止メルヨリ仕方ガナイ有様デアリマス、英吉利人ハ一体ニ高潔デアリマスガ、独逸人ハ狡猾デアリマス、ソレガ為メニ英吉利人ハ時々独逸人ニヤラル、コトガアリマス

鈴木総理事の意見

住友の事業で徳義について悲観するな

肥料製造所ほか各事業を見よ

鈴木馬左也

自分ニ右ノ注意ヲシテ呉レタ人ハ深ク考ヘタ上ノコトデモナク、且ツ話ノ序ノコトデアリマスガ、以前ニモ注意シテ呉マシタ人モアリマシテ、其人ノ考デハ余所ノ様ニヤラネバ営業ガ出来ナイト云フノデアリマス、自分ハ住友ノ事業ニ付テ考フルトキハ悲観スルコトハナイト考ヘマス、又若シ為スベカラザルコトヲ為サヾレバ営業ガ出来ナイトシマスレバ、例ヘバ肥料製造所ノ如キモ自

分ハソーセズトモ行ケルト云フ見込ヲ持ッテ居リマスガ、若シソレモ為スベカラザルコトヲ為サヾレバ営業ガ出来ヌト云フコトデアリマスナラバ、之ハマダ重役方ニ御相談シタ訳デハアリマセヌガ、肥料製造ヲ止メルガ宜シイト思ヒマス、ソーマデモシテ肥料製造ヲヤル必要ハアリマセヌ、銅山モ銀行モ倉庫モ炭坑モ電線モ伸銅モ皆ソーデナクシテ行ケルコトハ勿論ト思ヒマス、東京、呉、之レハ新シク不確トシテモ問題トナル様ナコトハ無カロウト思ヒマス、砥沢ハ買ヒ様ガ少シマヅカッタ為メニ或ハ引上ゲル様ニナルカモ知レント恐縮シテ居リマスガ、仮令之ヲ引上ゲテモ右ノ様ナ理由ニヨルノデハアリマセヌ、確ナ所バカリヲヤッテ居レバ宜シイト思ヒマス、併住友デハ出来ルガ、外ノ所デハ出来ナイコトモアリマス、又曩ニ世間ガヤッテ居ルカラヤラネバ商売ガ出来ナイト云フ様ナ話モ自分ハ必ズシモ尤モダトハ断言致シマセヌ、外ニ色々考ヘテヤレバゴマカサズトモヤッテ行ケルコトモアリマセウ、ゴマカス様ナコトヲシナケレバヤッテ行ケヌナラバ止メルガ宜シイノデアリマス、家長様（十五代友純）ノ煎ジツメタ所ハ伺ヒマセヌガ、重役ナドハ断々乎トシテ為スベカラザルコトヲ為サズ、之ヲ以テ motto トシ、毅然トシテヤリタイト云テ居リマス

ごまかすくらいなら止めればよい

植野繁太郎

ツマリ利益ヲ沢山ニ得ヨートスルカラデアリマス、永遠ニ考ヘテ見レバドーセ悪イコトハ発覚スルモノデアリマスカラ、結局損ニナル訳デアリマス、之ヲ思ヒ、永遠ノ考ヲ以テヤラネバナラヌト思ヒマス

永遠を考えれば悪事は発覚

鈴木馬左也

シーメンス事件

左様、シーメンスノ如キモアノ様ナコトヲヤッタコトハ其ノ為メニナッタカドウカハ分リマセヌガ、併シヤラヌ方ガ宜カッタデアラウト思ヒマス

植野繁太郎 売レズトモ確カナモノヲ作ラウト云フノハ英吉利人ノ考デアリマス、独逸人ハ之ニ反シ、目先ノ利益ヲ得ヨウト致シマス、矢張同シコトデアラウト思ヒマス

ヴィッカース

鈴木馬左也 併シソレハ今ノコト、違フ様デハアリマセヌカ、今度ノコトハ英吉利人ノ方ガ甚シイノデハアリマセヌカ、今迄ハ良カッタカモ知レマセヌガ、今後ハヴィッカースナドハ余程不信用デ利益ヲ得損フコトト思ヒマス

銀行の事例

中田錦吉（理事） 今ノ問題ハ殊ニ銀行ニ多ク、余程ヤリ憎イコトデアリマス、之ハ自分デヤルト云フノデハアリマセヌガ、得意先ニアルコトデ、外国取引デ得意先ガ今御話ノ関税ヲゴマカスナド往々悪イコトヲスルモノガアッテ、之ヲ銀行デ発見スルト先ツ此ノ如キコトヲ為サナイ様ニ警告シ、若尚スレバ当方デ取引スルコトハ御免ヲ蒙ルト注意シ居ル実況デアッテ、尚之ヲナスモノアラバ、結局取引ヲ止メテ外国取引ハ出来ヌコトニナリマス

取引先の問題

鈴木馬左也 左様、併取引先ヲ強制シテ住友家ガヤルト同様ニサセナケレバナラヌカドーカハ問題デアリマセウ、取引先ガ何カ悪イコトヲシテ新聞ニデモ出テ住友銀行ガ其取引先デアルコトモ出レバ面目ナ

イコトデハアリマス、併住友家ガ取引先ノ内部ニマデ立チ入ッテ強制スルト云フコトハ到底不可能ナコトデ、ソノ辺ハ臨機ノ処置ヲ要スル所デアリマス、銀行ハ商人ノ機関デアッテ、商人ガ不潔ナモノデアルカラト云ッテ銀行ガ之ニ関係セント云フコトハ不可能デアリマス、ソコハ所謂和光同塵デアッテ適宜ニヤラネバナリマセヌ

銀行は商人の機関である

草鹿丁卯次郎（**倉庫支配人**）

倉庫ニモ種々ソウユウ注文ガアリマシテ、例ヘバ綿ノ看貫ノ目ヲ増スコトヲ依頼スルモノアリ、砂糖ノ看貫ノトキ秤ニ足ヲカケントスルモノモアリ、之等ハ余所デハ許シテ居ル様デアリマスガ、住友倉庫デハ一切許シマセヌ、其ノ為メニ砂糖ノ如キハ住友倉庫ニ来マセヌ、又或ハ窃ニ仲仕ニ頼ミ込ンダモノガアリマシタトキ、仲仕ハソノ様ナコトヲスレバ自分ハ直ニ罷メラル、ト云フテ肯ゼナカッタト云フコトモアリマス、住友倉庫ニハ其ノ様ナコトハ行ハレマセヌ

倉庫の看貫（計量）事例

鈴木馬左也

ソレハ倉庫ノ支配人ガ知ラナイノデ実ハ支配人ノ知ラナイ間ニ袖ノ下ヲヤルヨーナコトハアリマセヌカ

草鹿丁卯次郎

ソノ様ナコトハ決シテアリマセヌ

鈴木馬左也

余程注意シテ住友倉庫ノ看貫ハ余程正確デアルト信用セラル、様ニシナケレバナリマセヌ

草鹿丁卯次郎

各部主管者の打合会で画一を期したい

其辺ハ大ニ注意スベキ点デアリマシテ、特ニ力ヲ用イテ居リマス、又大体総理事ナドノ御話ヲ承リマシテモ各部ニ於テハ夫々細キ点ニ付テハ異ルベキ点モアリ、又一方ニテハ各部異ル遣方ニテハ宜シカラヌコトデアリマスカラ、各部主管者ノ打合会ニテモ時々アリテ各部ノ画一ヲ期シ度イト思ヒマス

鈴木馬左也

兵隊ノ訓練ノ様ニ一様ニハ行キマセヌケレドモ、各部異ナル様ニテハ不可マセヌ、或ハ各部ノ打合会ヲ開ク様ナコトモ宜シカロウト思ヒマス

草鹿丁卯次郎

倉庫ニテハ砂糖カ来ストモ相当ノ他ノモノガ来ル見込ハ付クノデアリマセウ？

ソレハ無論ソノ見込ハ付キマス

湯川寛吉（理事）

電線製造所の接待を質問

曽テ西崎君ヨリ宇治川電気ナド御馳走ヲスレバ遣リ好イト云フ御話ヲ伺ヒタルコトガアル様ニ記憶シテ居リマスガ

西崎傳一郎（電線製造所支配人）

右の回答

其御馳走トハ斯ウ云フ意味デアリマス、仕事ノ係ノミヲ御馳走スルノハ面白クアリマセヌ、会社全体ニ来テ貰テ懇親ヲ結ブ様ニスレバ、互ニ打解ケテ不断ハ云ハヌコトモ云ヒ合フ様ナコトニモナリ、懇親ヲ結ブ上ニ大ニ都合宜シイノデアリマス、特ニ当事者ノミヲ呼フノデナク、公然上ハ係長ヨリ下ハ係員マテ挙テ呼フノデアッテ、何ウ云フコトヲ要求シ、何ウ云フコトヲシテ貰フト

云フ意味デモナイノデアリマス

鈴木馬左也

ソレハ費用ヲ当方デ出シテ懇親会ヲヤルト云フコトデセウ、ソレハ尚研究シテ見度イト思ヒマス

懇親会費用は自前のこと

川田順（東京販売店支配人）

曩ニ総理事ノ御話ノコトハ疑ノナイコト、思ヒマス、今迄ノ短イ経験ニテモ、ソレデ宜シイト思ヒマス、之迄半ヶ年ノ経験デハアリマスガ、危カラウト思ヒヤラヌコトモ度々アリマシタ

鈴木馬左也

ソレニテモ事業ハ発達シテ行クノデセウ？

川田順

私共ノ方ハ前ノ出張所ノ関係モアリマシテ相当ニヤッテ居リマス、又贈物ハ曩ニ御話ノ盆暮ノモノ、外アリマセヌ、盆暮ノモノモ止メ度イト思ッテ居リマス、現ニ鉄道院テハ日本ノ慣習デアッテ賄賂トハ認メンケレドモヤメテ呉レト云テ居リマス、好イ機会デアリマスカラヤメル積デアリマス、其外逓信省、東京市役所及私ノ会社ノ重役二十人位ノモノニ贈テ居リマス

東京販売店の盆暮の贈物

鈴木馬左也

個人ノモノモアリマセウ

川田順

個人ノモノハアリマス、逓信省、市役所ノ外ハ私ノ会社ノ重役ナドテアリマス

鈴木馬左也

個人ニ対スル贈物ハ明白デ、且ツサッパリシテ居リ、賄賂ニ属スルモノデハナイト思ヒマス

呉販売店の事例

佐渡亮造（呉販売店支配人）

呉デハ海軍ニハ其ノ様ナ問題ハアリマセン、大倉組デ曽テ海軍ノモノヲ招待シマシタガ誰モ来ナカッタト云フコトガアリマス、殊ニ今回ノ海軍事件以来宅ニ行テモ玄関デ話ヲシテ帰サルルト云フ様ナコトモアル程デアリマス、海軍以外ノモノニハアリマセン、以前電線製造所ノ依頼デ贈物ヲシタコトガアリマスカ、ソレハ三円五十銭位ノ程度ノモノデアリマス

神戸の事例

山下芳太郎（製銅販売店支配人）

神戸ハ簡単デアリマス、以前ハ贈物モシ、御馳走モシテ居リマシタガ、今ハ何レモ致シマセヌ、ソレデ別段銅価ガ安イト云フヨーナ影響ハアリマセヌ

若松の石炭販売の事例

吉田良春（若松炭業所支配人）

石炭ノ販売ニハ種々困難ナル事情ガアリマス、例ヘバ船長又ハ機関長ニ口銭ヲ与ヘスシテ石炭ノ入ル船ハアリマセヌ、又バンカー（元ハ船ノ石炭ヲ容ル、所ノ名ナルモ、転ジテ燃料ノ意味ニ用ヒラル）ノ焚残ハ船長ノ儲ニテ、石炭積込ノ際幾分ノ焚残アリマシテ、夫丈ケ積込少イノニ拘ラズ、全部積込ミタルコトニシテ受取ヲ渡スコトヲ依頼シ、又忠隈炭ハ容積ニ比シ軽キ為メ、之ガ

忠隈炭

運送者ハ目方多キ様取計ヲ依頼スルコトアリ、何レモ住友デハヤッテ居リマセヌ、又呉ナドニテ石炭ヲ納ムル際ニハ多量ノ中ヨリ僅少ノ石炭ヲ取出シテ検査シ、其結果ヲ以テ全般ノ善悪ヲ定メテ受否ヲ決シマスルヨリ、其石炭ヲ運ブモノニ頼込ム向モアルナド、全ク納メ終ル迄ハビク〱シテ居ラナケレバナラナイ有様デアリマス

鈴木馬左也

ソノ様ニテヨク遣リ行ケルモノデスネ

吉田良春

外デハ何レノ店デモ皆其様ナコトヲヤッテ居リマス、併シソレニ不拘住友デヤッテ行ケルノハ住友ノ信用ニヨルコト、思ヒマス、大阪ニテモ随分信用シテ忠隈炭ヲ使ッテ呉レル所ガアリマス

住友の信用

鈴木馬左也

中田サン、却テ大阪ノ商人間ニハ住友ノ遣方ガ分ッテ居ル様デハアリマヌカ（セ脱カ）

吉田良春

商館デハ石炭ヲトルノハ番頭ノ働トナッテ居リマス、然ルニ其番頭ハ給料ハ少ク、口銭ヲ取ッテヤッテ行ク有様デアリマス、其レニ住友ハ口銭ヲヤリマセヌノデ、余程必要ガアッテ困ル時デナケレバ住友ノ石炭ヲ取リマセヌ

住友は口銭を取らない

又前述ノ様ナ購買方法デハ可成官庁ニ関係セナイ方ガ宜シイト思ヒマス

森源之助（鋳鋼場臨時支配人代理、同場支配人ノ代理トシテ出席ス）

鋳鋼場ニハ贈物ハ以前随分アリマシタガ、現今ハ少ウ御座イマス、民間ニ対シテハ住友ノ遣方ガ分ッテ来マシタガ、官吏ハ転任ガ多イ為メニ官庁ノ方ハ余程遣リ憎ウ御座イマス、又官吏ハ形式ニ拘泥シマスノデ不可ケマセヌ、形式ニ拘泥スルト云フハ、例ヘバ鋼ノ軟化ハ鋳鋼場デハ充分中マデ通ッテオル積リデアリマスノニ、官吏ハ住友ノ遣方ヲ呑ミ込マズシテ厳重ナ検査ヲスル様ナコトデアリマス

鋳鋼場の官吏との付き合い方

川田順

中央ニテハ形式ニ拘泥スルト云フ様ナコトハアリマセヌ、軟化ノ検査ノ如キハ法規ニヨッテヤルコトデ当然ノコト、思ヒマス

鈴木馬左也

更ニ念ヲ入レテ御考ヲ頂キマシテモ、従来ヨリ方針トシテ遣リ来リマシタモノハ皆適当デアルト云フ考デアラウト思ヒマス、此際改メテ更ニ方針ヲドウシヨウト云フノデハアリマセヌガ、為スベカラザル手段ヲ取ルコトハセン方ガ好イト云フコトハ時事問題ニ遭遇シテ適当デアルト認メラル、ニ付キマシテモ、今ノ如ク御考ヲ願ヒタイノデアリマス、愈之ヲ好イトシマスレバ、之ヲ苟且ト考ヘズ、則チ徳義ヲ帯ビタル高潔ナル方針ヲ以テ事業ニ従事シヨウト考ヘマス、世間ノ滔々タルモノトハ大ニ其選ヲ異ニシテ居リマス、友人ナドニ会ヒマシテ或ハ官吏デ同シク民間ノ事業ニ従事セナイモノ、中カラ民間ノ富豪ノ不都合ヲ責メテ、住友家モ其例外ニアラズト云フ様ナ語気ヲ以テ話サル、コトノアリマスノハ心外ニ思ヒマス、乍去住友ハ余程趣ヲ異ニシテ居リマスルガ、故ニ御同様ニ此方針ノ下ニ仕事ヲスルコトノ光栄幸福ナルコトヲ自覚シ、部下ノモノモ之ニヨリテ薫陶指導シテ事業ノ上ニ於テハ益発達シ、我々ノ従事スルコトハ極メテ国家社会ニ有益ナルコトデアル、国家ニ充分奉公シテ居ルコトデアルト云フ立派ナル観念ヲ以テ、世間ヲシテモ住友ノ右ノ如キ方針ニテ発達スルコトヲ知ラシメ、住友ヲ信ゼシメ、独リ日本ノミナラズ遠ク欧米マデモ住友ナル事業家ノ威信ヲ轟カスコト、致シ度イト考ヘマス、之レ住友ノ本分デアリマシテ、又住友ノ繁栄スル所以デアリマス、此方針ニテ喜ビ勇ンデ進ミ度ク、而シテ此方針ニテ益発達セ

徳義を帯びた高潔な方針で事業に従事

欧米までも住友という事業家の威信を轟かす

住友は他と違うといって空威張りしてはならぬ

シメ行クコトハ更ニ御一同ノ一層協心戮力ヲ要スル次第デアリマシテ、ドウカ之ヲ貫徹スル様切望致シマスル、尤モ何モゴツ〳〵シテ行クト云フ意味デハアリマセヌ、不都合デナイ範囲ニ於テ滑ラカニヤリタイモノデアリマス、住友ハ外ト違ウテ居ルト云ッテ空威張リヲシテハナラヌコトデアリマス、一個人ノ得意先ニ対シテハ贈物ナドスルコトハ好イコトデナイカト思ヒマス、特別ノ意味ノナイ範囲ニ於テハ、或ハ訪問モシ、或ハ贈物ヲスルモ宜シカラウト思ヒマス

又一方ニ於テハ得意先ノ為メニモナルヨーニト云フ親切デヤラネバナリマセヌ

自分ハ直接営業ノ衝ニ当リ居ルノデハアリマセヌガ、其衝ニ当ッテ居ル人々ノ御話ヲモ聞キ、熟慮シテ御話スル次第デアリマス、併之等ニ付キ御考モアリマスレバ御遠慮ナク御話シ下サレ度イモノデアリマス

二　議題一覧

第一議題、定例休暇（議事録四九頁）

一、定例休暇ハ明治三十六年十二月三十日付通牒ニ依リ、病気ノ故ヲ以テスル者ニハ許可セサル筈ナリ、今之ヲ改メテ病気ノ為ニモ出願シ得ルコト、ナサムトス

第二議題、指定休暇（議事録五七頁）

一、定例休暇中主管者ノ指定スヘキ（等内補助員ハ七日間等外給仕使丁ハ三日間連続）モノト雖モ、場合ニ依リ本人ノ願出ヲ妨ケサル趣旨ナレハ、規程第二条第三項ノ指定ハ主管者ノ見込ニ依リ店部ノ全体ニ及ホス所ト、又ハ必要ト認ムヘキ一部分ノ者ノミニ指定シテ、他ハ本人ノ出願ヲ許ス所ト其取扱ヒ自ラ一様ナラサルヘシ、就テハ其実況並ニ得失如何

第三議題、補助員の昇進（議事録六六頁）

一、補助員中到底等内雇ニ昇ス見込ナキ者ハ一定ノ時期ニ於テ等外雇トスルコト

但、現ニ永年勤続ノ者ヲ整理スヘキ適当ナル時期如何

第四議題、補助員の退身慰労金（議事録七三頁）

一、補助員ヨリ等外雇トナリタル者ノ退身慰労金ハ前後ノ在職年数ヲ通算スヘク規定スルコト

（等内雇ト補助員トハ通算スヘキ規定ナリ）

但、本文ノ規定ハ前項但書ノ整理時期ト同時ニ発表スルコト

第五議題、補助員の試験傭（議事録七四頁）

一、補助員ノ試験傭ハ日給ヲ以テスル例ナレトモ等内外ノ試験雇ト同様ニ改メテ月給トナスコト

第六議題、補助員以下の退身慰労金（議事録七九頁）

一、補助員以下ノ退身慰労金ニ付既ニ其実例アルニ依リ左記ニ該当スルモノハ今後各部ニ於テ給与方専行ノコト

（甲）自己ノ申出ニ依ル解雇者ニ給与スルモノ

一、病気ニテ全治又ハ勤続ノ見込ナキモノ　全額

一、老衰其職ニ堪ヘサルモノ　全額

一、学校ニ入学スルモノ　全額

一、夫ノ転勤地へ同伴スルモノ但在勤中ノ成績佳良ナリシモノ　全額

一、結婚（女子）又ハ妊娠ノモノ　三分ノ二

右ノ外他ニ転勤就職スル為メ退身スルモノニハ給与セス

（乙）諭旨退身ニ付全額ヲ給与スルモノ

一、近親者ノ不正行為ニヨリ職務ノ執行ニ臨ミ威信ヲ失ヘルモノ

一、前途ノ見込ナキモノ

一、病気ノ為ニ因ルモノ

一、事務上不都合ナキモ上司傭員間ニ不評ナルモノ

第七議題、準傭員の退身給与金（議事録八七頁）

一、準傭員ノ退身給与金ハ参年未満ノモノト雖モ給与スルノ例ナリ、自今傭員ト一様ニ三年未満ノモノニハ給与セサルコトニ改メタシ、但死亡ノ場合ハ此限ニ在ラス

右別子鉱業所提出意見

果シテ如此スルニ於テハ給仕・使丁モ同様ニ改ムル必要ナキヤ、現今ハ三年未満ト雖モ給与ス、又別子所属学校病院職員モ一様ナラシムル方可然乎

倉庫提出議題

倉庫提出意見

傭員労働者待遇ノ件

第八議題、傭員労働者の待遇（議事録九九頁）

一、傭員カ職務上ノ原因ニ基キ負傷ノタメ退身又ハ死亡シタル場合ハ退身慰労金給与ニ関シテハ特ニ規定アリト雖モ、不具又ハ之ニ類スル者カ尚勤続スル場合ニ於テハ何等ノ定ナシ、依テ現在給与セル治療費ノ外尚相当慰藉金給与ノ方法ニ定ムルコト

第九議題、傭員学力検定試験（議事録一〇〇頁）

二、傭員学力検定試験ハ其実質カ等内傭員資格認定試験ト為スコト

第一〇議題、労働者の傷害保険（議事録一〇一頁）

三、労働者ノ傷害保険（各部少クトモ在阪各部）制調査ノコト

会計ニ関スル件

第一一議題、会計見積書の変更（議事録一〇二頁）

一、会計見積書ノ変更ニ関シ、総本店ニ申請スヘキ事項ノ範囲改定ノ件（会計規則施行細則第三条第三、四、六号）

現在法ニテハ

第一　経費、営業費ノ定額超過ハ絶対ニ申請スルコト

第二　損益収入支出ニ付テハ著シキ変更ニ対シ申請スルコト

上記ノ内経費中俸給、旅費、諸税、賃借、保険料ノ如キ、又賃銀費保険料等ノ如キ、何レモ申請ヲ要セサルモノトスルコト

財産整理ニ関スル件

第一二議題、固定財産の使用権（議事録なし）

一、固定財産中ニ電話ノ如キ使用権ニ属スルモノモ其価額ヲ明了ニシ得ベキモノハ之ヲ包含セシムルコト

第一三議題、固定財産価額（議事録一〇二頁）

二、固定財産価額中ニ

一、直接ト間接トヲ問ハス建築上必要ナル費用ハ総テ之ヲ加算スルコト（原価ノ積数ヲ明ニシ、之カ償却ヲ数年ニ分チ以テ一時ノ支出ヲ避クルコト）（仮ヘハ仮設工費、出張員ノ俸給ノ如キ之ナリ）

二、土地建物ヲ利用スル為メ、其土地建物以外ニ加工シタル費用モ、之ヲ原価ニ加算スルコト（仮ヘハ安治川ニ於ケル架橋、官地堀割費ノ如シ、袋地ノ通路ヲ設クル為メ他人ノ土地ニ加工シタル場合亦同シ）

第一四議題、土地建物の原価算定法（議事録一〇三頁）

三、他店部ト土地建物ノ付替又ハ賃貸借ヲ為ス場合、其原価算定方法ヲ同一ニスルコト

雑件

一、市内官公衙ノ相当位置以上ノモノト各店主管者等ト会談ノ機会ヲ作ルコト

第一五議題、官公庁と主管者の会談（議事録一〇三頁）

二、店内労働者ノ定期預金ハ銀行ニ於テ特別ノ利率ヲ与フルコト

第一六議題、労働者の定期預金（議事録一〇七頁）

○大正三年には総本店経理課提出の三議題も協議されているので、以下に議題と提出理由を紀す。

総本店経理課提出議題

損害賠償報告方ノ件（附、保証金没収）

第一七議題、損害賠償の報告（議事録一〇八頁）

各部ニ於テ支払フ延滞違約金ハ解約償金（保証金ノ没収亦同ジ）等、損害賠償金ノ類ハ不可抗力ニ由来スルモノアルヘキモ、亦経営組織ノ欠陥及操業製作ノ未熟、並ニ注意警戒ノ粗漏等ニ原因スルモノ不少、此等ハ営業ノ信用乃至業主ノ面目ニ関係ヲ及ボス事アレバ、総本店ハ能ク事実ノ経過ヲ明カニシテ、其内情ヲ詳悉領会シ置ク事甚タ必要ナリトス

依テ右事件ハ総本店ニ報告ノ事トナサントス、但、実際賠償的ノ仕払ヒヲナサズシテ終レルモノモ、事ノ行違ヒアリタル場合、又ハ代金ノ低減（値引ノ類）ヲナシタル等、其ノ重要ナルモノノ亦同ジ

在庫品整理ニ関スル件（附、有物調ノ制度並ニ手続）

第一八議題、在庫品整理（議事録一一八頁）

我製造各店部ニ於テ毎期決算ノ時、在庫品ノ棚卸ヲ為スニ常ニ著シキ出欠アリテ、為メニ甚ダシキハ数万円ノ欠損ヲ計上シ、営業ノ成績ヲ不明ナラシムル事往々アリ、之レガ原因ハ計算組織ノ不備ト在庫品ノ整理法宜敷ヲ得ザルニ依ル

現在ノ状態ニ於テ原料品ノ如キ最モ整理シ易キモノニアリテモ、倉庫係ハ居ナカラニシテ、某品ハ某所ニ幾個アリト云フ事ヲ知リ得ズ、一々現場ニ至リテ現品ヲ見ザレバ所在ヲ知リ得ザル

方法トナリオレリ、且ツ各種材料ノ現在高ヲ関係係ニ知ラシメザルニ依リ、特殊ノ物品ハ終ニ下積トナリ、棚卸ノ際不要品トシテ処分シ、為メニ損失ヲ招ク事多キガ如シ。

第一九議題、原価計算問題（議事録一二六頁）

各店部の計算法

原価計算ヲ行フ事ニ依リテ生ズベキ手数ト実益如何

一、我各店部ニ於ケル計算法ハ各店部、前年度ニ於ケル其事業ニ要シタル各種費用ヲ産出品、製品ニ割当テ得タル単価ヲ以テ、其年ニ於ケル産出品、製品ノ産出益、製造益トナシ、産出、製造ニ従ッテ之レヲ計上シ居ルノミニテ、毎注文、毎 charge 、或ハ毎短期ニ於ケル実費ヲ計算シ、其年ニ於ケル実費ト産出益、製造益トヲ比較シ、過不足ヲ調制スル事ナキガ故ニ、壱ヶ年ヲ通ジテハ事業ノ繁閑、製品種類ノ相違、其他ノ諸事情ニ依リテ生ズル前年度ニ於ケルモノトノ差額ハ頗ル多額ニ上リ、計算ノ正確ヲ欠ク事

半製品の評価

二、産出、製造ノ途中ニアル半製品ノ評価如何ハ営業ノ成績ヲ示スニ至大ノ影響ヲ及ボスコト言ヲ俟タズ、現状ニ於ケル半製品評価ノ方法ハ各店部ニ依リ程度ノ差アリト雖モ、要スルニ仮定ノ標準ニ依テ各種材料代ヲ半製品、又ハ製品ニ振替フルカ故ニ、半製品並ニ製品評価ニ当リテハ現在工場保管高ト帳簿面トハ常ニ一致セズ、時トシテ棚卸ノ際数万円ノ出欠ヲ計上シ、営業ノ成績ヲ不明ナラシム、此不備ハ原価計算ニ依リ始メテ除クコトヲ得ベシ

原価計算の正確性

三、原価計算ヲ実施シテ正確ヲ期セント欲セバ、各注文、各 charge 、又ハ各短期毎ニ区画シテ計算スル事ヲ要ス、即チ注文ヲ待タズシテ産出、又ハ製造ヲ為ス所ニアリテハ、各 department 、又ハ各階梯ニ於ケル毎 charge ニ対スル原価ヲ計上スベク、注文ヲ受テ、産出、製造ヲ為ス所ニシテ、各 department 、又ハ各階梯ニ於ケル one charge ノ量数注文ヲ合シ

原価計算の実益と手数の釣合が問題となる

テ処理スルヲ経済的トナスガ如キ所ニアリテハ、先ヅ其ノ one charge ニ対スル原価ヲ計算シ、之レヨリ更ラニ各注文ニ対スル原価ヲ算出スル事ヲ要ス、採鉱業ノ如キニアリテハ、日々又ハ一定ノ短期（例ヘバ賃銀支払日ヲ区間トセル）ニ於ケル出鉱量ニ対シ、原価ヲ計算スルガ如シ、茲ニ問題タルハ斯ノ如キ原価計算ノ実行ニ依テ得ル実益ト之レガ為メニ要スル手数トノ釣合如何ニアリトス、蓋シ各種事業ニ就テハ各特殊ノ事情アル可ケレバ一律ヲ以テ処理スル事ヲ許サズ、即チ原価計算ハ精密ナル事ヲ要スルハ勿論ナリト雖モ、単ニ之レガ目的ヲ達セントシテ実益ノ伴ハザル点迄ニ立入リテ精密ヲ競フガ如キハ慎ムベク、又之レニ反シテ手数ヲ省ク事ニ専心ニシテ一事業総体ヨリ見テ大差ナシト云フガ如キ理由ニ依リ、各種製品ノ原価或ハ各 department ノ費用等分割シテ詳細ニ知ル非レバ、何等実効ナキモノヲモ gross ニ就テ見ルガ如キハ、又大ニ慎ムベキモノナリ、即チ各店部ノ実況ニ鑑ミ最モ適切ナル原価計算法ヲ制定スルコト刻下ノ急務ナリトス

三　議事録

第一議題議事録、定例休暇

明治三十六年十二月の通牒（編者註五七頁参照）

病気の時に定例休暇を与えては心身の休養にならない

一、病気ノ為ニモ定例休暇ヲ出願シ得ルコトトナスノ件

杉浦聞多（**総本店副支配人**）

病気ノ場合ニ定例休暇ヲ受ケ得サルコトハ休暇規定中ニナク、三十六年十二月ノ通牒ニテ定メラレタルコトニシテ、其以前ニハ病気ニテモ定例休暇ヲ受ケ得タルナリ、元来事ナキ時ニスラ休暇ヲ受ケ得ルコトナレハ、病気ノ場合ニハ尚更休暇ヲ受ケ得ルコトシテ可ナリト思フ、此通牒ノ趣旨ハ定例休暇ハ心身ヲ休養セシムル主意ノモノナルニ、病気ノトキニ定例休暇ヲ与フレハ休養セシムルコトトナラスト云フニ在ル、モノ、如シ

中田錦吉（**理事**）

如何デスカ

松本順吉（**別子鉱業所支配人**）

原案ニ賛成ナリ

佐渡亮造（**呉販売店支配人**）

通牒ノ如キモノトセバ普通ハ病気ナルコトヲ記載セスシテ定例休暇ヲ願出ツベシ、又此通牒アルコトヲ知ラサルモノハ病気ト記載シテ定例休暇ヲ願出テ、許可セラレサリシ例アリ

杉浦聞多

不正直ノモノハ病気ナルコトヲ隠シテ休暇ヲ受クベシ、併シ本店ナドニハ定例休暇ノ日カ残リ居ルニ係ラス、定例休暇ヲ受ケスシテ病気欠勤ヲナスモノ多々有之、結局不正直ノモノハ得シ、正直ノモノハ損スルコトトナル

草鹿丁卯次郎（倉庫支配人）
杉浦サン、病気ノ時ニ許可セサルコトニハ先ノ御話ノ外ニハ理由ナキヤ
杉浦聞多
無キモノ、如シ
草鹿丁卯次郎
其外ニ理由ナシトセハ原案ニ賛成ナリ
杉浦聞多
以前ハ定例休暇ノコトヲ慰労休暇ト云ヒタル程ニテ慰労ノ為ニ休マセル趣旨ノモノナリシナリ

以前は定例休暇を慰労休暇といった

山下芳太郎（製銅販売店支配人）
ドーモ具合悪シ、例ヘハ風邪ノ如キ、初ノ内ニ休マシムレバ早ク直ル、早ク休マセタル方ヨシ、私共ノ方ハ病気ニナレハ直グ休マスルコトニシ居レリ
吉田良春（若松炭業所支配人）
病気ナラハ定例休暇ヲ貰ハストモ休シテヨシト云フ程ノ趣旨ナレバ賛成ナリ
小幡文三郎（伸銅所長）
賛成
中田錦吉
皆賛成ナリヤ
西崎傳一郎（電線製造所支配人）

病気ニモ色々程度アルガ、到底出ルコトノ出来ヌモノハ許可セサルモ、出ルコトノ出来スモノナレバ、朝ニナリテ到底出ルコトノ出来スト云フ如キモノハ願出ヲ要セス、届出ノミニテヨキコトニセハ如何

山下芳太郎・草鹿丁卯次郎　ソレハ病気欠勤ナリ

山下芳太郎　通牒ニ、願出ハ前日マテトアルモ、業務ニ差支ナキ場合ハ翌日ニテモヨキコトトシテ可ナラン

願出は翌日で良いのではないか

西崎傳一郎　病気ノ場合ハ翌日ニテモヨキコトトセハ可ナラン

佐渡亮造　ソレハ賛成ナリ、病気ハ止ムヲ得サルコトナリ

杉浦聞多　ソレハ病気以前ノ事故ノ為ニ休暇ヲ受クルモノモ同様ナリ、定例休暇ヲ受ケタルモノハ皆遊ヒ居ルニアラス、止ヲ得サル用事ノモノモアリ、ソノ辺ハ主管者ニ任スレハ可ナラン

西崎傳一郎　ソレニ賛成ナリ

皆勤賞との関係

中田錦吉　此通牒ハ自分ハ反対ナリキ、通牒ノ趣旨ハ大体杉浦君ノ述ヘラレタル如キ趣旨ニテ、皆勤賞ノ為

ニ休マヌハケチナリ、定例休暇ハ慰労ノ為ニ利用スベキモノナリ、病気ノ為ニ定例休暇ヲ使ヘハ慰労ノ期無クナルト云フニ在リキ、当時別子ニテハ大分反対アリ、理由ハ一ハ休カ多クナルコトト、一ハ事情ヲ具セサル届出ナドニテハ一々内情ヲ調査スルコト出来ズ、為ニ幸不幸アリト云フニアリキ

西崎傳一郎

前日ニ許可ヲウクルコトニシ置キ、アトハ手心トセバ如何、若シ当日ニテモヨキコトトセハ前日ニ願出テサルモノナキニアラズ

草鹿丁卯次郎

通牒ノ精神ハ賛成シ、残シ置キ度シ、併病気ニモ程度アリ、到底出勤出来ヌモノアリ、其中ニハ病気ナルヲ隠シテ休暇ヲ受クルモノヲモ生ジ、法アルカ為ニ反対ニ人心ヲ卑屈ナラシム

病気にも程度がある

杉浦聞多

病気ニテモ休暇ヲ受ケ得ストセハ気息奄々トシテ出テ来ルモノアリ、殊ニ六月、十二月ノモノ僅ニテ皆勤賞ヲ貰ヘル時期ニ然リ

草鹿丁卯次郎

通牒ハ皆勤賞ニアリシヤモ知レス

山下芳太郎

併シ六ヶ敷モノナリ、一方ニハ皆勤賞ヲ掲ケ、皆勤ヲ奨励シ居ルナリ

草鹿丁卯次郎

定例休暇は前日までを原則とし、当日も許してはどうか

前日迄ニ願出ツルコトヲ原則トシ、場合ニヨリテハ当日ニテモ許スコトトセハ如何

山下芳太郎・西崎傳一郎

賛成

小幡文三郎

各部一定シ置カサレハ宜シカラス、伸銅所ハ消印ヲ押シ午後ノ消印ハ不可ナルコトトス

吉田良春

矢張前日トシテオク方可ナリ、当日ニテモ可ナリトセハ手心ニテ願出ノ形式ガ弛ムコトトナル

山下芳太郎

事情気ノ毒ナルモノアリ、又勝手ナルモノアリ、因テ可成前日トシ翌日ノ営業時間前マテハ許ストノ打合ニシ置キテハ如何

草鹿丁卯次郎

ソレハ前日ニ願出スベキ旨ノ規則アル以上ハ如何ノモノニヤ

小倉正恒（総本店支配人）

然ラハ其旨ヲ規則ニ書キ置カハ如何

杉浦聞多

右規定は通牒にあるが、休暇規程になし

尤モ前日ニ願出ツベキコトハ通牒ニアレトモ休暇規程ニナシ、休暇規程ニハ予トアルノミナリ、

結局予ト云フ語ノ解釈如何ニヨル

山下芳太郎

右通牒を廃止して　はどうか
然ラハ通牒ヲ廃シテハ如何
杉浦聞多
営業時間前ハ予メト解釈シ得ン
湯川寛吉（理事）
通牒全廃説アリ、但今之ヲ詳細ニ研究スル時間ナシ、兎ニ角前日ニ許可ヲ受クルコトハ一通道理アリ、定例休暇ハ店ヨリ予メ許可ヲ受クルコト必要ナルニ、当日ニ至リテ願出ツレハ人情ニテ仕方ナキコトトナル、併シ規程ニハ予メトアルノミニテ通牒ニ前日トアルニ過キサルコトナレハ、営業時間前モ予メト見テ可ナルベク、私ハ予メニテ宜キカト思フ、或ハ通牒全廃モ可ナラン

通牒全廃も可
中田錦吉
病気ノ為ニモ定例休暇ヲ受ケ得ルコトトセバ、当日ニナリテ病気ニテ休ミ度キコト屢アリ、之ヲ休ミ得ルモノトセサレバ半パニテ充分改正ノ精神ヲ発揮セズ、予ト云フコトナラハ当日ニテモ可ナラン

右当日申請も可
吉田良春
其日ニナリテハ実際予メニアラサルコトトナル

右当日は不可
杉浦聞多
書面ノ形式ハ出来ズトモ電話又ハ電信等アリ
松本順吉
私ノ方ニテハ到底ソノ様ニ行ケズ、電話ニテモ行ケズ

湯川寛吉 到底トレヌノハ仕方ナキニアラスヤ、ソレハ土地其他各部ノ事情ニヨルモノニテ不幸ナルナリ

松本順吉 余ハ吉田良君ノ説ニ賛成ナリ、余ノ方ハ人間多ク、又距離モ遠キカ故ニ取締上困難ナリ、出務時間間際ニ願出ツルモノアラバ人繰ノ都合モアリ混雑ヲ来スベシ

杉浦聞多 松本サン、別子ニテハ今モ尚執務時間後ニテモ許可シ居レリヤ

松本順吉 然リ

杉浦聞多 私ノ居リタルトキニハ執務時間後ニ宅へ願ヲ持チ来ルコトニナリ居リテ、予メ主任限リニテ許可シ得ルコトニ支配人ノ許可ヲ得置キテ許可セリ、時ニヨリテハ随分深夜五、六人モ来ルコトアリキ

吉田良春 普通願出ハ許可セサル訳ニ行カヌモノナレハ当日ニテハ不可ナリ

山下芳太郎 事業上ニ差支アル所アラハ其所ニテ定ムレバ可ナラン

吉田良春

右申請は、土地や各部の事情による

吉田良春の説に賛成

当日申請は不可

今迄ノ取締ガ弛マヌカト思フ迄ニテ、実際差支アリト迄ハ考ヘ居ラズ

草鹿丁卯次郎

山下君ノ御話ノ如ク、別子、若松ノ如キ所ニテハ主管者限リニテ通牒ヲ発スルコトトセハ取締出来サルカ

吉田良春

今迄各部一斉ニナリ来レルニ、今或店部ノミトスレバ不公平ナリ

湯川寛吉

吉田君ノ曩ノ懸念ハ通牒ヲ廃スルトキニ其意味ヲ明ニセハ可ナリ、能ク戒ムレハ願出ハ前日トナリ、止ムヲ得サルモノノミ当日トナラサルカ

吉田良春

其傾アリト云フノミ、取締ハ出来ズト云フニアラズ

中田錦吉

結局通牒ノ如ク前日トスベキヤ、又ハ規程ノ如ク予メニスベキヤ、原則トシテ前日トシ、或物ハ当日ニテモ許スコトトセハ如何

申請は原則前日とし、当日も許可してはどうか

西崎傳一郎

病気ニ限リ当日ニテヨキコトト出来サルカ

草鹿丁卯次郎

ソレデハゴマカスモノアリ

中田錦吉

原則ハ前日トシ、止ムヲ得サルモノノミ当日モ許スコトトセハ如何

杉浦聞多

単ニ予メトシ置カバ当日ニテハ到底許可セラレサルベシト思ヒテ願出ヲナサヽルベシ

中田錦吉・小倉正恒

其旨ハ無論明文ニ書クナリ

編者註　明治三十六年十二月の通牒

○明治三十六年十二月三十日本店支配人通牒「定例休暇願出方ニ関スル件」を、参考までに次に記す（大正二年「住友家法及諸規則類纂　甲」二五三頁より引用）。

定例休暇ハ明治三十六年甲第三号達休暇規程第五条ニ拠リ、予メ之ガ認許ヲ受クヘク、又病気ヲ理由トシテ定例休暇ヲ受クルコト能ハザル趣旨ニ有之候間、爾後病気ニ付定例休暇ヲ受クル旨願出、又当日ニ至リ定例休暇ヲ受クル旨願出ル事無之様御励行相成度、此段及御通牒候也

第二議題議事録、指定休暇

二、指定休暇ノ件

杉浦聞多（総本店副支配人）

諮問案記載ノ通説明

総本店の事例

総本店ニテハ指定休暇ハ本人ノ願出ヲ許サス、但建築係ハ多ク指定セズ

草鹿丁卯次郎（倉庫支配人）

如何ナル場合ニ指定スルヤ

杉浦聞多

必要アリテ指定スルト云フヨリハ業務ニ差支ナキ場合ニ指定シ居レリ

山下芳太郎（製銅販売店支配人）　規程第二条ハ以前ヨリ曖昧ナル規定ト思ヒ居レリ、第一項ハ本人ヨリ願出ヲ許ス如キ書方ニテ第三項ニ至リテ休マサルベカラサル義務アルコトトナリ居リ、矛盾セルヨウニ思ハル

休暇規程第二条（編者註六六頁参照）

銀行ハ指定シテ休マシムル必要アルモ、其必要ナキ所ニ於テ指定シテ休マシムルハ酷ノ様ニ思ハル

杉浦聞多　又一面ニ於テハ一方ニハ指定シ、一方ニハ指定セサルハ不公平ナリ

松本順吉（別子鉱業所支配人）　別子ハ金ヲ取扱フ所ノミ予メ主任ヨリ何々ハ指定スルモノナルコトヲ届出テシメ、其他ハ指定セズ、指定スルモノトシテ届出アルモノニテモ必要ナキトキハ指定セサルコトアリ

別子鉱業所の事例

杉浦聞多　指定スベキモノトスルモノ、範囲如何、或課又ハ係ト云フ風ナリヤ、又ハ係中ノ或モノト云フ風ナリヤ、

松本順吉　何係ト云フ如キコトナシ、係中ノ或モノト云フ風ナリ

杉浦聞多　可成範囲ヲ狭メントスルモノニヤ、又一定ノモノ以外ハ指定セサルコトトシ居ルモ不都合ナキヤ

松本順吉

否、範囲ヲ狭メントスルニアラス、必要ノ有無ニヨルナリ、又今日マテ不都合ナカリキ

吉田真一（銀行本店支配人）

銀行の事例

＊銀行ハ各支店ハ指定シ、本店ハ営業部ハ指定シ、文書、調査等ハ多少本人ノ都合ヲ見テ指定ス

（＊印の上部欄外書込）

「注意
一、支店ニテモ本人ノ都合ヲ見テ指定スル所アルモノノ如シ
一、本店ノ営業部ニテモ本人ノ都合ヲ斟酌スルニアラサルカ」

中田錦吉（理事）

本店ノ調査、文書等ハ形式ハ指定ナレトモ、実際ハ本人ノ都合ヲ斟酌シ、其他ハ真ノ指定ト云フ訳ナラン

吉田真一

然リ

若松炭業所の事例

吉田良春（若松炭業所支配人）

会計出納ヲ掌ル所ハ指定スルモ、其他ハ主任ニ於テ本人ノ都合ヲ聞キテ指定ス、即チ形式ハ指定ナレトモ本人ノ都合ヲ斟酌スルナリ、

草鹿丁卯次郎（倉庫支配人）

倉庫ニテハ全体指定ナシ

小幡文三郎（伸銅所所長）

伸銅所の事例

之迄ハ指定セス、併シ会計出納ニ付テハ指定ノ必要ヲ認ム、今日マテハ人少ク指定スルノ余地ナカリシナリ、

草鹿丁卯次郎

倉庫の事例

倉庫ニテハ人少ク、且ツ金銭ハ出納ヲ取扱フモノ、外、調査ノモノモ見テ金庫ニ入ル、コトニナリ居レリ、

西崎傳一郎（電線製造所支配人）

命令休暇の出来た理由

命令休暇ノ出来タルハ、之カ出来ル以前ニ何カ不都合アリテ出来タルモノナラン、其不都合ハ金銭ヲ取扱フモノニアリタルカ、或ハ又帳簿ヲ取扱フモノニモアリタルカ、其実例ヲ聞キタシ、電線ニハ金銭ヲ取扱フモノナシ

山下芳太郎（製銅販売店支配人）

直接金銭ヲ取扱フモノ以外ニモ随分アルコトナラン

中田錦吉

金銭ノミニ限ルハ狭キ失ス（ニ脱カ）、併此指定休暇ナルモノハ以前何カ不都合アリシ故出来タリトハ聞カス、一体毎日完全ニ其日ノコトヲ始末シ置キ、何時他ノ人ガ代リテモ差支ナシト云フ様ニシテ置キ度シ、指定休暇ハ一ハ其方ノコトモアリ、併重ニ悪事ノ為ニ出来タルモノナリ、

萩尾傳（鋳鋼場支配人）

定例休暇以外ニ命令休暇ヲ置キ、定例休暇ト命令休暇ト区別シテハ如何、而シテ命令休暇ハ必スシモ今日ノ如ク七日間連続セシムル必要ナク、都合ニヨリテハ一日ナリ三日ナリ、又ハ一ヶ月ナ

リ必要ニヨリテ命スルコトトセハ可ナリ

命令休暇の起源は銀行

湯川寛吉（理事）

命令休暇ノ起ハ銀行ナラン、定例休暇ハ命令的ニスベキモノナリ、其理由ハ銀行等ニテ不正アラハ調べ、又必ス休マセテ保養サスト云フニアリシナリ

小倉正恆（総本店支配人）

萩尾君ノ如クセハ或人ハ三十日休ミ、或人ハ何日休ムト云フコトニナリ一様ナラス、又此ノ如クセハ休ガ非常ニ多ナル

湯川寛吉

本店ニテ或日数ハ本人ヨリ願出ヲ許シ、或他ノ日数ハ店ヨリ指定スルコトトナセルハ本人ノ都合ヲモ見、又店ノ都合ヲモ見テ折衷シタルナリ

命令休暇ハ何処ニ如何ナル例アリシヤ為ト云フコトヲ聞カサルモ、銀行ニテ起レリ、併本店ナドニテ会計出納ノミナラス、其他ニモ及シタルハ、大体必要ハ規則ニテ定ムルコトヲ得サルト、又先年用度係ノ富田ノ不正事件モアリ、命令休暇ノ方法アラハ予メ不正ヲ発見シ得タリシナラント云フコトモアリ、其他ニモ仕事ヲ打チヤリ置クコト、又ハ不都合ヲシ居ルナドヲ発見シ、又ハ匡正センガ為ナリ、併シ之ヲ他店部ニ及スコトヲ得サルカ故ニ各部ニ任タルナリ

大体指定ヲ必要ト認ムル所ニ於テ、其年ノ情況ニテ変更スルコトハセサルヲ可トス

松本順吉

年ニヨリテヤラヌト云フハ、必要トスル人ガ他ニ手伝ニ行キタルカ為等ニテ、其必要ナキニ至ル

七日間不分割は困る

カ故ナリ

本人ノ希望ハ可成之ニ副フ様ニ取扱ヒタシ、七日間不分割ノ如キコトハ実際長過キテ困ルコトアリ、為ニ指定シ憎キコトアリ

吉田良春

自分ノ方モ七日間ハ具合悪シ

湯川寛吉

七日間ト云フハ保養ノ方ヨリ来レリ、健康ノ方ヨリ来レリ、

松本順吉

其方ヨリ云ヘハ別子ノ如キハ七日間ボンヤリシテ居レハ却テ健康ニ悪シ、

山下芳太郎

悪イコトハ七日間位モナケレハ発見セス、実際七日間ハ苦痛ノコトアルモ、併七日間ハ止ムヲ得ズ

松本順吉

七日ニテ不正ヲ発見スト前提セバ然ルモ、併シ必ズシモ七日ヲ要セサルコトアリ

吉田良春

若松ノ仕事ハ三日位アラバ分ル、又月曜ト日曜トノ間ニ一日休マシムレハ却テ健康ニ宜シク本人モ喜ブ、故ニ連続必スシモ可ナラズ

湯川寛吉

個人〳〵ニ付テ云ヘハ色々事情アルナランモ、大体ヨク考ヘサルベカラス、命令休暇ノ起ル店ヨリ休マスコト、連続シテ休マスコトニ強キ意味アルナリ

杉浦聞多

以前ノ慰労休暇ニモ分割スルモノト不分割ノモノトアリタリ

草鹿丁卯次郎

本店ニ改正案ナキヤ

小倉正恒

無キモ、命令休暇ハ実際馬鹿気タル所アリ。因テ他店部ノコトモ聞キテ、本店モ場合ニヨリ之ニ学ハントスルナリ

指定休暇中の呼出

吉田真一

指定休暇中ニ店務ノ為メ呼ヒ出スコトアリ、其場合ニハ残余ノ日数ハ抛棄サセ居レリ

草鹿丁卯次郎・吉田良春

自分ノ方モ同様ナリ

萩尾傳

指定休暇ハ休養トセス、宅ニオルコトトセハ如何

山下芳太郎

定例休暇ノ外ニ指定休暇ヲ置ケバ休暇多クナル

湯川寛吉

肥料製造所の事例

謹慎ヲ命スル様ニテ面白カラズ

梶浦鎌次郎（肥料製造所支配人）

必要ナキモノニハ指定スル必要ナシ、私共ノ方ニ於テハ一日及十五日ガ休ナレバ連続、分割、何レニテモ好キコトトシ度シ

中田錦吉

必要アル所ト必要ナキ所トニヨリ、或ハ指定シ、或ハ指定セス、又或ハ分割セス、或ハ分割スルコトトセハ如何

松本順吉・吉田良春

賛成ナリ

松本順吉

年末ナドニハ業務ノ都合上、二、三日ハ休ミ得ルモ、七日間ハ休ミ居ル訳ニ行カヌコトアリ、此場合ニハ七日間ノ休暇ヲ与フレトモ、本人ハ休ミ得ル日数ノミ休ンテ、其他ハ内所ニ出テ、執務ス

吉田真一

自分ノ方ニテハ右ノ如キ場合ニハ休暇ヲ与ヘズ

川田順（東京販売店支配人）

指定休暇ヲ存シ、且七日間連続セシムルヲ可トス、監督ノ為ニ絶対ニ必要ナレバナリ、之ヲ各部主管者ニテ決定スルハ不可ナリ、尤モ七日間溜メテ休養セシムルコト必要ナリトノ理由ハ之ヲ主

張セス、休養ノ為ニハ必スシモ七日ト限ルノ必要ナケレバナリ、然レトモ七日間休ムハ業務上都合付カヌトノ説ハ不可ナリ、他ニ人モアルコトナレハ七日間位ハ必ス都合付クモノナリ、

西崎傳一郎

総テ同感ナルモ、商売ニ従事セサル工場ナドノ如キハ休マシメテ監督スルノ必要ナカルベシ、事務ト現場ト区別スル方可ナラン

事務と現場の区別

吉田良春

坑内ニテハ毎日連続シテ事務ヲ執ラス交替シ居レリ、之等ニハ連続ノ必要ナシ

中田錦吉

仕事ノ種類ニヨリテ異ル、休マシメテ跡ヲ見ルモ効能ナキモノアリ

松本順吉

別子ノ守衛ノ如ク番ヲスルモノ、如キハ休マシムルモ効ナシ、故ニ事務ノ種類ヲ見テ取捨セサルベカラズ

吉田真一

命令休暇中断ノコトハ総本店ニテ御研究ヲ願ヒ度シ

総本店にて研究

小倉正恆

承知セリ

中田錦吉

必要アル所ノミニ指定スルコトトセハ、問題ハ日数ヲ分割スルヤ否ヤニアリ、分割スベキヤ否ヤ

（私語ヲ交換スルモノ少カラズ）

湯川寛吉

此問題ハ此位ニシ置キテハ如何

（異議ヲ唱フルモノナシ、終了）

編者註　休暇規程

○休暇規程第二条を参考までに次に記す（大正二年「住友家法及諸規則類纂　甲」家法第一編第十章より引用）。

第二条　傭員ハ各自ノ勤務上支障ナキ場合ニ限リ、毎年十五日以内、等外、給仕、使丁ハ毎年七日以内、ノ定例休暇ヲ受クルコトヲ得、此休暇ノ内傭員ハ八日間、等外、給仕、使丁ハ四日間ニ限リ、便宜分割シテ受クルコトヲ妨ケス

雇入レノ年ニ於テ、定例休暇ヲ許スト否トハ、各部主管者ノ見込ニ依ル、之ヲ許ストキハ七日以内ノ日数ヲ指定スヘシ

各部主管者ニ於テ必要トスルトキハ、第一項ノ日限内ニ於テ、特ニ引続キ傭員ハ七日間、等外、給仕、使丁ハ三日間、ノ休暇期日ヲ指定スルモノトス、但此他ノ休暇期日ト雖モ、特ニ指定スルコトアルヘシ、又都合ニ依リ本人指定ノ休暇期日ヲ変更スルコトヲ得

第三議題議事録、補助員の昇進

三、補助員中到底等内雇ニ昇ス見込ナキ者ヲ一定ノ時期ニ於テ等外雇トスル件

等内になる見込のある者を補助員とする

杉浦聞多（総本店副支配人）

家法及補助員規程ヲ見ルニ、高等、等内、補助員、等外ト云フカ如ク、補助員ナル階級ヲ置ク意味ニアラスシテ、等内ニナル見込アルモノヲ補助員トシテ置ク意味ニテ、補助員ヲ置ケルナリ、補助員中等内ニスル見込ナキモノハ好キ時期ニ整理シタシ、此ハ昨年ノ協議会ニモ出テタ

ルコトニテ前回ニハ大シタ御異論モナカリシカ如クナリシガ、整理スル時期カ問題ナレハ御意見ヲ承リテ立案シ度シ、整理上補助員中等内ニスル見込ナキモノヲ等外トスルモノアリトセバ、退身慰労金ニ付補助員及等外ノ在勤年数ヲ通算シタシ、之ヲ整理時期ト同時ニ発表スルコトハ補助員ヲ等外トセバ多少地位落ツルト考フベキヲ以テ、一方ニ退身慰労金ニ付テヨキ所ヲ見セ*ントスルナリ

（*印の上部欄外書込）
「備考　此解釈ハ現在ノ事実トハ大体一致セルモ、家法其他ノ法規ノ解釈トシテハ多少異論ナキヤト思ハル（例ヘハ多年ニ亘リテ退身慰労金ノ率ヲ定メタル点ナドヨリ見テ）」

補助員から等外になる場合の退身慰労金（第四議題）

小幡文三郎（**伸銅所長**）
等外ノ皆勤賞ハ半分ナラン、其他ニ不利益ナル点ナキヤ

杉浦聞多
年末賞同様、皆勤賞補助員ハ等内ニ準シ、等外ハ半分ナリ、旅費同様、被服料等内、九、十等十三円、等外七円、補助員拾円、酒饌料同様、退身手当補助員ハ等外ノ半分ナリ

補助員と等外の違い

山下芳太郎（**製銅販売店支配人**）
補助員ト等外トノ職務如何

杉浦聞多
補助員ハ等内員ノ事務ヲ補助スルコトニナリ居レリ、別職務上区別アルコトナシ

各部の実況

中田錦吉（**理事**）
各部ノ実況如何、別子ニハ等外多シ、銀行ニテハ守衛ノ外等外ナシ、銀行ニテ等外トスルモ唯二、

三人ノミ、二、三人ノ為ニ毛色ノ異リタル等外ヲ置クコトハ考物ニアラサルカ、別子ナドニテハ或ハ等外トスルモ何等差支無カランモ、工場ナドニハ多数ノ補助員アリテ、之ヲ等外トセハ同シ等外中ニ職務ノ異ニスルモノ混ジ居ルコトトナリテ如何ノモノニヤ

等外中に職務の異なるものが混じる

松本順吉（**別子鉱業所支配人**）

別子ニハ補助員少シ、少キニ拘ラス、尚落ス必要アリヤ

草鹿丁卯次郎（**倉庫支配人**）

本店ニテソノ様ニ片付クル必要アリヤ

杉浦聞多

差迫リテノ必要ナシ

草鹿丁卯次郎

給仕ナドヨリ昇ルモノニハ補助員ニナルモノアラン、将来モ事務ヲ補助スルモノ必要ナル以上、補助員出来来ルコトト思フ

杉浦聞多

出来来ルガ永ク補助員ニ置ク必要ナシ

小幡文三郎

自分丈ケニテハ階級ヲ少クシタシト思フ、等内、補助員、等外ナド種々ノ階級アルハ煩雑ナリ

松本順吉

ソハ補助員ヲ廃スルコトナリ

各部同様にするため別子でも補助員復活

中田錦吉

別子ニテハ以前制度ハアリシモ、階級ヲヤメントセリ、之レ日給雇アリ、之ヨリ等内又ハ等外ニ行クカ故ニ差支ナカリシヲ以テナリ、併他店部ニハ補助員アリシヲ以テ各部同様ニセントテ別子ニモ補助員出来、殊ニ近来甲種商業出モ出来、多少学問モアルコトナレハ等外トスルモ如何アルベキカトテ再ヒ別子ニ補助員復活セリ、

銀行ニハ初ヨリ日給雇ナル一種ノ階級ノモノナシ、等外ハ現今守衛ノ外ナシ、二、三人ノ為ニ且ツ仕事モ同シキニ、新ニ階級ヲ置クハ問題ナリ

湯川寛吉（理事）

今迄ノ慣習ニテハ銀行ニテハ仕事ヨリ見、家法ノ上ニテハ補助員ハ等内雇ニスル階梯ノ如ク見ユ、今家法ノ如ク整理セントスルナリ、永ク補助員ニアルモノアラハ家法ニ背ク訳ナリ、等外ニセハ退身慰労金モ殖エ、家法ノ明文ニモ添フコトトナル、但一、二ノ例外アリテモ差支ナシトノコトナラハ差当必要ナシ

中田錦吉

此頃ノ銀行ニテハ何時マデモ補助員ニ居ル者ヲ片付クル方針ニテ、将来現在存スル一、二人モ無クナル、

片付ケルトハ罷メルナリ、

職工・工手

西崎傳一郎（電線製造所支配人）

電線ニハ何時マテモ職工ニテハ都合悪シク、職工以上ニシ度キモノアリ

中田錦吉

別子ニハ工手アリ

吉田良春（若松炭業所支配人）

若松ニハ小頭アリ

西崎傳一郎

電線ノ原田、竹中ノ如キハ職工ニテハ都合悪シ、之等ハ随分等内ニモ劣ラヌ仕事ヲシ居ルナリ

湯川寛吉

之カラハ大体見込ナキモノハ等内ニセス、見込違ノモノハヤメルコトトセハ如何、竹中ノ如キハ別子ニ於ケル工手ノ如キ制度ヲ設クルコトトセハ可ナラン、之ハ別ニ研究スベキコトナリ

吉田良春

補助員アリ、日給アリ、余程多シ、斯ク多クナクトモ実際ノ上ニハ差支ナシ、漸次如何ナル風ニカ簡単ニナル様ニ進マハ斯ク複雑ナラスシテ可ナルコトトナラン

湯川寛吉

現ニ補助員ニテ永ク居ルモノ総本店、伸銅所ナドニアリ、之等ハヤメルトキニナクナル訳ナリ

小倉正恒（総本店支配人）

補助員ノ如キモノアラハ種々ノ点ニ付テ取扱甚タ複雑ナリ、例ヘハ現ニ例モアリタルコトニテ補助員カ罷メレハ直ニ退身手当金ガ問題トナル

湯川寛吉

＊補助員ノ退身手当金ハ規定ニヨレハ可ナリ
（＊印の上部欄外書込）
「備考　補助員、等外ハ率ヲ異ニシ、且ツ在勤年数通算ノ規定ナキカ故ニ、等外ヨリ補助員ニ転シ補助員ヨリ等外ニ転シタルモノ、退身手当金ハ規定ヲ適用セントセハ甚シク気ノ毒ナルモノアリ」

山下芳太郎　種々複雑ナルハ取扱ヲ異ニスレハナリ、取扱ヲ区別セサレハ簡単ナリ、名前ハ昇進ノコト等取扱異ルカ故ニ、新参ト古キ人ト一所ニシ置キテ、新参ノ者ヲ昇進セシムレハ古キ人ハ追越サレタル感ヲ生ズ

取扱を区別しない

杉浦聞多　別子ニテハ日給雇ヨリ直ニ補助員トナリ、等外以上トナル、因テ右ト反対ノコトトナル

山下芳太郎　何カ関門アリテ追越サルニモ諦ノ付ク方法アラハ可ナルモ、然ラサレハ不可ナリ

小倉正恆　＊ソハ学校ナドアリ
（＊印の上部欄外書込）
「備考　学力検定試験モ亦一ノ関門タルベシ」

川田順（東京販売店支配人）　簡単ニスルコトハ可ナルモ、職務上区別ナキヤ

小倉正恆　無シ、慣習ニ過キズ、

川田順

慣習上アルコトハ職制上ニ定ムル必要ナキヤ

杉浦関多

ソレ程迄ノ必要ハナキニアラサルカ

吉田真一（銀行本店支配人）

等外ヲナクシテハ如何、守衛ハ等外トセズ、別ニ守衛ナルモノヲ置キ、守衛及給仕、使丁トシテハ如何

等外をなくしては
どうか

八代則彦（銀行本店支配人）

ドッチ道必要ナルモノナラバ何カナケレバ結局又出テ来ルベシ

（同時ニ数人ノ談話アリ、聴取シ難シ）

八代則彦

余ノ考ニテハ等外ヲ廃スルヲ可トス

吉田真一

銀行ハ現状ニテモ可ナリ

湯川寛吉

ソハ家法ニ背クコトトナル、

草鹿丁卯次郎

将来新ニ斯ルモノヲ起サズ、従来ノモノハ自然ニ片付ケ行キテハ如何、総本店ニテハ如何

小倉正恆・湯川寛吉

ソレニテモ差支ナシ

杉浦聞多

唯時期ノ点ナリ

西崎傳一郎

守衛ト等外トヲ別ニセハ如何

守衛と等外を別にする

中田錦吉

銀行ノ支店ニテハ守衛ハ営業時間ハ制服ヲ着ケ厳然トシ居ルモ、営業時間後ハ制服ヲ脱キ捨テ、使丁ト共ニ働キ居ル所アリ

鈴木馬左也（総理事）

ソレニテモヨキニアラズヤ

中田錦吉

此位ニテ次ノ問題ニ移ラン

四、補助員ヨリ等外雇トナリタル者ノ退身慰労金ハ前後ノ在職年数ヲ通算スベク規定スル件

第四議題議事録、補助員の等外転任時の退身慰労金

中田錦吉（理事）

草鹿丁卯次郎（倉庫支配人）

補助員ヨリ等外ニ下スコトアリトセハ此必要アラン

賛成ナリ

杉浦閒多（**総本店副支配人**）

唯、但書ノ発表時期ガ問題ナリ（中田理事其他ニ聞エサリシモノノ如シ）

中田錦吉

何方ニモ異存ナキヤ……異存ナシト認ム

異存なし

五、補助員ノ試験傭ハ日給ヲ以テスル例ナレトモ、等内外ノ試験雇ト同様ニ改メテ月給トナスノ件

第五議題議事録、補助員の試験傭

杉浦閒多（**総本店副支配人**）

補助員ニ採用ノ前三ヶ月ハ日給ナリ、月給トスルモ可ナラン、相当ニ素養アリ、又等外ヨリ一ツ上ノ補助員ニナルモノニテ、昨日マデ日給ナリシモノガ一躍等外ノ上ニナルト云フカ如キ激変ナキコトトナル、併補助員ノ試験傭ハ日給ニセヨトノ規定ハナキモ、現在銀行其他日給ノ例ナリ、尤モ銀行ニハ別ニ規定アリ、

草鹿丁卯次郎（**倉庫支配人**）

賛成ナルモ更ニ進ンデ、試験傭ヲナクシテハ如何、実際試験傭ニテ不可ナルモノト雖罷メサセルコトハ出来サルナリ、

試験傭をなくしてはどうか

小倉正恆（**総本店支配人**）

否、本店ナドニテハ試験使用中不可ナルモノハ罷メサセ居レリ

杉浦閒多

倉庫ニテハ以前試験セズ、直ニ補助員トセリ、併補助員給仕採用内規ナルモノアリテ、之ニハ凡三箇月以内使用ヲ試ミ、将来有望ト認ムルモノニ限リ採用スベキコトニナリ居レリ、直ニ補助員トスルハ違法ナリ、

草鹿丁卯次郎

違法ナリヤ、然ラハ止ムヲ得ズ、

西崎傳一郎（電線製造所支配人）

試験傭ト名ケテ使用スルトキハ本人モ試験中ニシテ、若シ不可ナレハ罷メラル、コトヲ理解シ居リテ都合好シ

吉田真一（銀行本店支配人）

銀行ニテハ「為試験傭使ス」ト云ヒ居レリ、

湯川寛吉（理事）

其方好ト思フ

八代則彦（銀行本店支配人）

試験中ノ身分如何

試験中の身分は何か

杉浦聞多

日給雇トシテ補助員ニ準セラレズ

草鹿丁卯次郎

月給トスル必要如何

杉浦聞多
補助員トナルモノナレハ之ニ準シテ待遇スル方可ナリト思フナリ
草鹿丁卯次郎
補助員ヲナクセントスル趣旨ニ反セルカ

補助員をなくす

杉浦聞多
却テ其趣旨ニ適ハサルカ、補助員ハヤメ度キモ現ニアル以上ハ其試験傭ハ之ニ準シ度シ、月給トスルカ日給トスルカニテ階級ヲ造ルニアラス
草鹿丁卯次郎
家法ニヨレハ等内外試験雇ト補助員試験傭ト異ルカ如シ、月給トセハ新ニ一ツ作ルコトトナラズヤ
小倉正恒（総本店支配人）
精神ハ simplify シ度シ、併シ将来ナルモノニ準シ度キナリ、則将来補助員ニスルモノナレハ之ニ準スル方可ナリト思フナリ、

将来なるものに準ずるようにしたい

松本順吉（別子鉱業所支配人）
補助員ガ等外ノ上ニ居ルコトハ余程困ルコトナリ、別子ニテハ永ク日給ニ置キテ、其上ニテ補助員トスルモ尚不可ナリ、況ンヤ初ヨリ等外ノ上ニ置クコトハ余程変ナリ、

補助員が等外の上になるのは困る

小倉正恒
然ラハ初ヨリ等外ニシ、等外ノ上ニ置カハ如何

松本順吉
ソレモ一ノ方法ナラン、併シ他店部ニテハ三ヶ月ニテ補助員トシ居ル様ナルモ、別子ニテハソレガ余程出来難キ事情ナラハ矢張一年モ日給ニ置キ度シ

小倉正恆
ソレニテハ雇入ニ余程困難ニテ別子ニ来手ナシ、

松本順吉
ソハ他店部ガ右ノ如クナレバナリ、

小倉正恆
否、独リ各店部間ノコトノミナラス、世間ノ振合モアルコトナリ、

世間の振合

川田順（東京販売店支配人）
結局上ニナルモノナレバ初ハ具合悪キモ初ヨリ上ニ置キテハ如何

鈴木馬左也（総理事）
別子ニハ等外多シ、大低ノコトハ等外ニテ便ズ、元来自身責任ヲ感シ、徳義ヲ重セサレハ不可ナリ、実際等外ハ右ノ如キ有様ニ在リ、然ルニ今問題ノモノヲシテ等外ノ上ニ置カバ、等外ノ心持悪シカルベシ、然ラハ等外ヲ働ス上ニテ不得策ナリ、数多クトモ左マテ責任ヲ感セシメスシテ可ナリトノコトナラハ、一時ハ具合悪シクトモ初ヨリ上ニ置キテ可ナリ、例ヘハ士官候補生ノ如シ、種類異レバ一時ノ都合悪シキヲモ忍フナリ、依テ事情ノ真相ニヨリテ別子ノミ異ル取扱ニスルカ、又ハ一般ノ如クスルカナリ、

別子には等外多し

松本順吉
将来発達スルトモ当時ハ働ナシ、中々等外ハ働キテ責任ヲ負ヒ、商業学校出ナドノ及フ所ニアラズ、一年モ日給ニ置キテ、其上ニテ等外ノ上ニ置キテモ尚具合悪シ、況ンヤ初ヨリ等外ノ上ニ置クコトヲヤ

若松炭業所の事例

商業学校卒と工業学校卒の場合

吉田良春（若松炭業所支配人）
商業学校出ナドハ経理ニ用ヒ、忠隈ニ置クコトヲ得ズ、若キ等内モ忠隈ニ廻ハサズ、之等ト等外ト混合セサルコトニナシ居レリ、等外ニハ仲々ヨキモノアリテ、商業学校ヲ出テ、三年、四年ノ者ニハ其働ナシ、故ニ混合ハ今ノ処六ヶ敷情態ニアリ、坑内ノ現場ニハ工業学校出ノモノアリ、又現場ヨリ上リタルモノアリ、之レ工業学校出ハ一年志願ニデモ行キテ帰リ来ラバ相当ノ年齢ニモアリ、又学問モアリテ大差ナケレバナリ、商業学校出ハ上ニ置クコト困難ナリ

鈴木馬左也
等外ノ好キ方ハ等内ニ繰込ミテハ如何

松本順吉
仕事ハ出来ルモ人物ナドノ点ニテ繰込ムコトヲ得ズ

鈴木馬左也
品性悪ケレバ補助員ヲ等外ノ上ニ置ク方可ナリ、尚研究ノ余地アリ、

湯川寛吉
吉田良君ノ考ヘ居ラル、ハ筆算ノ点ニテ不可ナリシモノニアラズヤ、別子ナドニハ経歴ナキモ好

キ人アレハ等内ニ上セリ、尤モ甚タ稀ナリ、
植野繁太郎（**銀行本店支配人**）実務ノ上ニテハ余程好キモ、学力ナキモノアリ、殊ニ出納ニハ中々ヨク働クモノアリ、此ノ如キモノハ支店ナドニアリテ、現ニ神戸ナドニモ実務ノ大ニ出来ルモノアリ、此点ヨリ実力ヨリモ詮衡シテヤリタシト思フモノアリ
湯川寛吉 其点ニテヤレハ間違ヲ生ズ、右ノ如キモノハ教育ヲ受クレハ好クナル、支配人ナリ何ナリ、ヨク助ケテ相当ノ勉強サセルコトトシタシ、ソコハ杓子定規ト云フ程ニ行カサレバ間違ヲ生ズ、
植野繁太郎 忙シキ為メ勉強出来ヌモノアリ、
湯川寛吉 月給問題ハ大体之ニテ如何

第六議題議事録、補助員以下の退身慰労金

六、補助員以下ノ退身慰労金ノ件

杉浦聞多（**総本店副支配人**）補助員以下ノ退身慰労金ニ付既ニ実例アリテ、其給否重役ニテ確定アリタリト認メ得ル事項ニ付テハ、今後一々総本店ニ打合セズ各部ニ於テ給与方専行スルコトトシ度キ趣意ナリ

各部にて給与方を専行したい

鈴木馬左也（**総理事**）

退身慰労金の取扱は情実に流されないようにしたい

退身慰労金ノ取扱ハ情実ニ流レヌヨウニシ度シ、病気ニテ全治ノ見込ナキモノトアルモ、全治スベキモ全治ノ見込ナキモノト見ルト云フカ如キコトナクキッパリトシタシ、不公平及虚偽ヲ住友ヨリ取リ去リタシ、老衰其職ニ堪ヘサルモノト云ヘルモ同様ナリ、夫ノ転勤地へ同伴スルモノ但在勤中ノ成績佳良ナリシモノト云フモ亦然リ、先ヅ在勤中ノ成績佳良ナルコトニシテ置カント云フ如キコトアリテハ不可ナリ、疑ハシキモノハ総本店へ打合セテ貰ヒテ可ナリ、又本人ノ詐偽ニカ、ラヌ様ニシテ貰ヒ度シ、

退身慰労金ヲ与ヘサルコトニ改正シタル主意ハ、毫モ之ヲ愛ム意味、又ハ之ヲ倹約スルノ意味ニアラズ、併与フルニハ与フル丈ケノ価アル人ニ与フルナリ、所謂シンショウヒツバツノ趣旨ナラサルベカラス、可愛相ナリトカ困ルトカニテ与フベキモノニアラス、従テ転勤ニハ与フベキモノニアラスト思フ、其辺ヨク了解ヲ乞フ、尤モ此ハ私ノツマラヌ考ニアラス、又或人ニ付テハ考ヘサルベカラサルコトアリ、其時ハ申立又ハ口頭ニテ述ヘラレ度シ、毫モ酷薄ニスルニアラス、待遇スベキモノハ待遇シ、待遇スベカラサルモノニハ待遇セサルナリ、

雇入後学校へ入学する場合

吉田良春（若松炭業所支配人）

若松ニハ実例アリ、商業学校ノ卒業生ニシテ、雇入ノ際校長ニ照会シタルニ、高等商業学校ニ入学セスト証明シ来レルニ、雇入後高等商業学校ニ入学スルトテ退身セリ、此ノ如キモノニハ慰労金ハ与ヘスシテ可ナリト思フ、又学校ニ入学スルモノトアルモ、実際入学シ入学ノ証明書ニテモ差出シ、入学ノ確実ナルトキニ慰労金ヲ与フベキカ、又ハ入学ノ希望ヲ有シテ退身セハ其希望ノミニテ慰労金ヲ与フベキカ

草鹿丁卯次郎（倉庫支配人）
其辺ハ各部ノ見込ヲ打合セ置クコトヲ要ス
鈴木馬左也
学校ヘ入学ノ事ハ事実多カラサルベシ、余ハ形式的、規則的ナルヲ可トスルニアラス、入学ノ証明ヲ持チ来ラハ退身慰労金ヲ渡スト云フニテハ不可ナリ、学問シタシ、入学シタシト真面目ニ、熱心ニ希望シテ退身スルモノモアラン、其疑ナキモノ往々之アリ、願ハクハ事実ヲ見、其平生ヲ見、真相ヲ見届ケテ取扱ハレ度キモノナリ、学校入学ノ事実多カラバ右ノ如ク行クマジキモ、少ケレハ出来ルコトナリ、一旦入学シ後退学スルカ如キ趣旨ノモノハ不可ナリ、退身シテ入学シ、其卒業後又住友家ニ来ルモノアリ、此ハ大変ヨシト思フ、
萩尾傳（鋳鋼場支配人）
単ニ学校ニ入学スルモノトアルモ、事実ニ於テハ実際入学ハ主眼ナルモ、学校ノ所在地ノ干係上、又ハ生活ノ必要上他ニ転勤シ就職シツヽ、通学スルモノアリ、此ノ如キモノヽ、退身慰労金如何、本項中ニ含ムヤ
小倉正恒（総本店支配人）
本項ハ純粋ニ入学スルモノノミニ付テノコトナリ、御話ノ如キモノハ此中ニ含マス
鈴木馬左也
転勤入学ハ此中ニ含マス、此ノ如キハ事実ニ遭遇シタル際具体的ニ伺ヒ出テ、貰ヒ度シ
転勤入学の場合
吉田良春

病気全治の見込みのない者

曽テ本店ニ打合セタルモノアリ、然ルニ本店ヨリ果シテ全治ノ見込ナキヤ否ヤトノ照会アリ、自身ハ全治ノ見込ナシト思フモ、仕方ナケレハ医師ニ尋ネタルニ全治ノ見込ナカルベシトハ思フト雖、果シテ全治セサルヤ否ヤハ医学上断言スルコト能ハスト答ヘタルコトアリキ

鈴木馬左也

右は形式よりも真相を究める

成程、併病気其他何レモ医師ノ証明書ヲトルト云フカ如キ形式的ヨリモ、真相ヲ究メントス、又支配人ノ見込ニテ全治ノ見込ナシト思ヒタルニ他日全快セリトテ支配人ノ取計不都合ナリト云フニハアラズ、真相ヲ究ムルトノ精神ニテ其心持ヲ以テヤリタシ、然ラハ頭脳ヲ働セテ行フヲ以テ宜シキヲ得ルコトトナル、

松本順吉（**別子鉱業所支配人**）

学校ニ入学スルモノハ身分、給料ニテ異ルヤ、又等内ニモ同様ニ為スコトナリヤ

杉浦聞多

此ハ補助員以下ノコトナリ、実例ハ銀行ノ給仕ガ薬学校ニ入リ、別子ノ日給雇ガ工手学校ニ入リタルナリ、

中田錦吉（**理事**）

此ハ普通ノ場合ニシテ特種ノ場合ニ付テハ篤ト御相談スルコトトシ度シ、

鈴木馬左也

当分は打合わせてもらって実例を重ねたい

打合ハ煩ハシ、併未ダ実例ナキガ故ニ当分打合セ貫ヒテ実例重ネリ、確定スルニ至リテ規則ノ如キモノトシ打合セサルコトニシ度キ趣旨ナリ、

結婚退身の場合

佐渡亮造（呉販売店支配人）

夫ノ転勤地ヘ同伴スルモノ、但在勤中ノ成績佳良ナリシモノトアリ、他ノモノハ在勤中ノ成績佳良ナラスシテ可ナルカ如ク見ユ

松本順吉

結婚ノ為ニ退身スルコト明ナル以上ハ、又今日ノ女トシテハ結婚ハ結構ナルコトナレバ結婚ノモノニハ全額給与ヲ可トス、尤モ此ハ所長ト相談シタルニアラズ

鈴木馬左也

所長モソレト同様ノ主張ナリキ

交換手の場合

山下芳太郎（製銅販売店支配人）

交換手ノ如キハ廿才頃ニナレハ罷メルモノト此方ニモ予期シテ雇入レ居ルモノナリ

鈴木馬左也

僅ノ間勤メテヤメルモノナレハ三分ノ二ニテ結構ナリトノ考ヘナリ

結婚ハ相当ナリヤ否ヤ、人ノ所ニ勤務スルモノナレハ結婚ト雖自己ノ都合ト云ハサルベカラズ

看護婦の場合
女性教員の場合

松本順吉

私ノ方ハ看護婦ハソレニテモ可ナルベキモ、女教員ハ可成永ク勤務スルコトヲ希望ス、自己ノ都合ト云フハ酷ト思フ（其意味ハ女教員ハ当方ニテ可成永ク勤務スルコトヲ希望スルモノニシテ、退身慰労金ヲ多ク与フルトキハ、従テ永年勤務ノモノヲモ生スベク、又女教員ハ随分晩婚ノモノアルガ故ニ、三分ノ二ニテハ酷ニ過クト云フニアリタルモノ、如シ）

女性職員の結婚退身

鈴木馬左也

女ガ結婚ノ為ニ退身スルニ金額ヲ与ヘサレハ酷ナリト云フコトハ今迄考ヘタルコトナシ、少シモ与ヘサルニアラズ、三分ノ二与フルナリ、又結婚シタレバトテ退身セサルベカラサルコトナシ、退身慰労金ノ規定ヲ改正シタルハ転勤ハ主タル理由ナルモ、勤務スル以上ハ一身ヲ委ネテテ（ママ）永ク勤務スベク、此ノ如ク勤務シタルモノニ金額ヲ与フベキナリ、

松本順吉

相当ノ年頃ニナレハ結婚ハ予想シ得、又結婚ハヨキコトト思フ

鈴木馬左也

悪キコトトハ思ハサルモ、当方ヨリ奨励スルニモ当ラズ、要スルニ程度ノ問題ナリ

入学シ、卒業後帰ルモノアリ、悉ク帰ルコトナキモ其辺モ考ニ入レ居レリ、又住友家ニ来ラストモ進歩スルモノナレバヨシ、

（人名記載洩）

結婚シテヨキ子供ヲ生ムモノアリ

鈴木馬左也

僅ノ年数勤メテ金額ヲ与フルハ余リ好過キル、

（萩尾支配人等数人同時ニ話アリテ聴取シ難シ）

草鹿丁卯次郎（倉庫支配人）

各部ニテ手続ナド打合セ置ク必要ナキヤ

形式に流れるのは
弊害がある

中田錦吉
総理事ノ御話ノ精神ニテヤルコトトセハソウ形式ニ流ル丶ヲ要セズ、形式ニ流ル丶トキハ弊害アリ（診断書サヘアラバヨシナド云フコト）、真相ヲ見テ之ニ先ノ精神ヲ以テ当テ嵌メテ行クコトトセハ宜シキニアラサルカ

鈴木馬左也
中田理事ノ御話ハ尤ナリ、併打合ヲ要スレハ此会ノ後ニテテ為サハ如何

山下芳太郎
見込ナキモノ、堪ヘサルモノト云フカ如キ現在トセス、見込ナカリシモノ、堪ヘサリシモノト云フカ如キ過去トセハ余程分リヨシ、

小倉正恒
同シコトニアラスヤ

山下芳太郎
否、之ニテハ誤解スルモノアラン

杉浦聞多
尤モ此ハ一般ニ示ス意味ニアラズ

山下芳太郎
一般ニ示サストモ洩ルベシ

杉浦聞多

之ヲ知ルモノハ庶務ナドノ之ヲ取扱フモノノミナリ、ソコニテ秘密ニセハ可ナリ

山下芳太郎

ソレニテモ斯ルモノハ洩レ易シ、又洩レテモヨキニアラスヤ

中田錦吉

茲ニテハ意見ヲ聞キ置キ、字句ナドハ後ニテ修正スルコトトセン

この場では意見を聞いておき、字句は後に修正

草鹿丁卯次郎

字句ハ総本店ニテ加ヘラレタシ

小倉正恒

承知セリ

中田錦吉

甲ニ属スベキモノニシテ此外ニ明白ナルモノナキカ

（答フルモノナシ）

中田錦吉

乙ニ移ルベシ（乙朗読）、此ハヨキ様ナリ

（一、二実例ノ説明ヲ求ムルモノアリ、杉浦副支配人、吉田真支配人説明、別段異議ヲ唱フルモノナシ）

中田錦吉

今日ハ之迄トス

第七議題議事録、準備員の退身給与金

準備員には工手と日給雇がある

七、準備員ノ退身給与金ハ三年未満ノモノニ給与セサルコトニ改ムルノ件

松本順吉（別子鉱業所支配人）

曩ニ準備員トシ置ケルモ日給雇ト改メタシ、準備員ニハ工手ト日給雇トアリ、工手ニ付テハ三年未満ノモノニ給与セサル規定アリ、本案ハ工手ハ三年未満ノモノニ給与セサルカ故ニ日給雇ニモ三年未満ノモノニ給与セスシテ可ナラントノ趣意ナリ、但書ニ死亡ノ場合ハ此限ニ在ラストアルモ、実ハ昨年本店ヘ本件提出ノトキニハ準備員死亡ノ場合ニ傭員ノ如ク弔祭料ヲ給与スルコト能ハサリシヲ以テ、準備員ニシテ三年未満ノモノト雖、死亡ノ場合ニハ退身給与金ヲ給与スルノ必要アリト考ヘタルモノナルモ、其後準備員ニ対シテモ死亡ノ際弔祭料ヲ給与スルコトトナリタルヲ以テ、此但書ハ其必要ナキニ至レリ

小幡文三郎（伸銅所長）

工手ノ退身手当金ハ幾何ナリヤ

松本順吉

工手ト日給雇ノ職務如何

小幡文三郎

工手ハ日給月額三分ノ一ヲ以テ計算ス

工手ハ技術ニ従事シ、日給雇ハ事務ニ当ル

伸銅所の希望

伸銅所ニテハ日給二円五十銭ヨリ全部準備員ナレハ退身手当金ヲヨクシ、全部別子ノ工手ノ如ク三分ノ一トシタシ、而シテ準備員ニ階級ヲ置クコトヲヤメタシ、若シ伸銅所ニ於テモ工手ノ如キ

モノヲ置クトセバ、ソハ待遇ヲヨクセンガ為ナリ、工手ノ如キモノヲ置カサレハ待遇ヲヨクシ、何レモ三分ノ一トシタシ、

若松炭業所の事例

吉田良春（**若松炭業所支配人**）
若松ニテハ日給ハ総テ準備員トシ、同一ノ待遇ナリ、性質上別子ノ工手ニ当ルモノニハ機械並ニ坑内ニ小頭アリ、其他ニ少数ノ事務ニ従事スルモノアリ、何レモ同シ制度ナリ

西崎傳一郎（**電線製造所支配人**）
小頭ハ職工ニアラスヤ

吉田良春
職工ニアラス、監督ノ責ニ当ルモノナリ

電線製造所と伸銅所の小頭は職工に準ず

西崎傳一郎
電線製造所及伸銅所ニモ小頭アリ、鋳鋼場ニモアルコトナラン、此ハ純粋ノ職工ナリ、賃銀ノ計算、出欠勤怠、賞与金、退身手当金等何レモ職工ニ準セリ、唯職工ト異ル所ハ（聴取難シ）ガヨキコトノミ

小頭は新居浜の工手に当る

吉田良春
余ノ方ニテハ小頭ハ下級ノ役員ナリ、新居浜ノ工手ニ当ル

別子の工手は元職工

鈴木馬左也（**総理事**）
別子ノ工手ハ元職工ナリシナラン、ソレガ段々地位ヨクナリシナリ、機械ニ田村某（源太郎？）ナル工手アリテ、等内待遇ニシテ等内ノ宴会ニ列席ナドセリ、則チ主任ナドガ段々工手ニ圧迫セ

ラレテ準備員トシ、等内トシタルモノニシテ、元ハ職工ナリ

或所ニテハ職工ニシテ他ヘ持チ行ケハ工手トナルカ如キハ不可ナリ、職工ニテ使ヘルモノハ職工ニテ使ヒ、給料ヲヨクセバ可ナリ、併シ別子ニハ沿革アリ、工手ヲヤメルコトハ能ハサルベシ、出来得レバ各部共同名ノ下ニハ同位置ノモノアルベク、同名ノ下ニアルモノハ値打モ同シモノナルコトトシタシ、同シ人間ガ一方ニテ職工タリ、一方ニハ準備員タルガ如キハ面白カラズ、併今忽ニ総テヲ整理スルコトハ出来サルベシ

職工と準備員は各部とも同名で同等としたい

小幡文三郎

伸銅所ノモノハ性質ハ工手ナリ、準備員ナリ、重ニ海軍ノ技手上リナリ

鈴木馬左也

伸銅所ノ準備員ハ別子ノ工手ヨリ退身手当金少シ、此ハ不出来ナリシ如シ

西崎傳一郎・小幡文三郎

伸銅所ノ職工ハ三年三ヶ月分ナリ、

萩尾傳（鋳鋼場支配人）

鋳鋼場ノ職工ハ退身手当金ヲ与ヘズ

鋳鋼場ノ小頭ハ別子ノ等外ニモ相当スベク、ヨク之ニ類似セリ、ソレニテモ尚職工ナリ

鈴木馬左也

其辺ハ他日ノ打合等ニ譲リ、今ハ本題ノミヲ論セン、

小倉正恆（総本店支配人）

三年未満ノモノニ与ヘサルコトトセハ退身手当金ノ額ヲ上ケサレハ酷ナリ、職工ノ監督ヲナスモノ、換ハルハ宜シカラズ、依テ引止策トシテ退身手当金ヲヨクスルヲ可トス

湯川寛吉（理事）

職工で優秀なものは準備員としたい

職工ノ中ヨキモノハ準備員ニスルコトトシ、又実際ナリ居ルモノアリ、職工、監督者ノコトヲ本店ニテ調ヘタル上ニテ退身手当金ノコトヲ定メテハ如何

鈴木馬左也

一得一失ナラン

小倉正恒

給仕・使丁

給仕、使丁ノ退身手当金モ少シト思フ

鈴木馬左也

其事ハ後廻シニシテハ如何

小幡文三郎

大体ノ趣旨ヲ聞キ置ケハ都合ヨシ、

鈴木馬左也

各部の準備員

各部ニ於ケル準備員ニハ如何ナルモノアリヤ

各部支配人・所長又ハ副支配人ノ答ニ曰ク

別子、　工手、日給雇宛頭、事務員、看護婦、調剤師、頭手子

若松、　坑内小頭、機械土木小頭、看護婦、調剤師、事務員

伸銅、　工手ニ当ルモノ、補助員試験傭、交換手、

電線、　準備員ナシ、唯一時補助員試験中ノモノアリ、

銀行、　交換手、補助員試験傭、女給仕

総本、　交換手、事務員

吉田良春・松本順吉

給仕、使丁ハ傭員ニアラスシテ可ナリ

吉田良春

給仕、使丁ハ労働者ト同様ノモノナリ、若松ハ銀行ト同所ナルカ故ニ、給仕、使丁ハ傭員ナルモ、忠隈ニテハ労役者ナリ、

＊交換手ハ炭業所ニ於テハ準備員ニ在ラズ

（＊印の上部欄外書込）
「備考　若松ノ交換手ハ銀行ノ交換手ニシテ準備員ナリ、炭業所ハ給料半分支出ス、炭坑ハ交換手全部労役者ナリ」

鈴木馬左也

訂正ノ方法アラハ訂正シタシ、

中田錦吉（理事）

日給雇

沿革上、此ノ如クナリタルモノ、如シ、日給雇ハ臨時雇ト称シ、元臨時ノモノニシテ用事済マバ帰スモノナリシナリ、其中勤続ノモノアルモ、右ノ事情ニテ準備員トスルコトヲ得ストノ反対アリキ

鈴木馬左也
別子ニテ日給ヲ廃スルコトヲ得サルカ
松本順吉
出来ズ、中々日給ノモノ多シ
鈴木馬左也
何故月給ニ出来サルカ
松本順吉
慣習ニテ深ク考ヘタルコトナシ
吉田良春
余ノ方ニモ日給多カリキ、或ハ事務ニ従事シ、或ハ坑内監督ナリ、之等ハ臨時ノ性質ニアラスシテ使ヘリ、其中良キモノヲ坑夫頭トシ、又ハ等内外トスルコトアリ、併経済上中々アグルコトヲ得ズ
今日給ヲ改メテ月給トスルコトハ随分変ルコトナレバ、事務員ハ出来ルモ坑内ノ方ハ皆月給トスルコトヲ得ズ、中々人数多シ
中田錦吉
等内、等外、日給雇の職掌漠然
等内、等外、日給雇ノ職掌漠然タリ、例ヘハ三人ニテ仕事ヲスル所ニ於テ、三人共等外トスルモ、又等内、等外、日給雇各一人宛置クモ、仕事ハ同シ事ヲナスコトアリ、此ハ何トカシタシト考ヘタルコトアリ、併第一ニ起ル問題ハ経済ナリ

待遇の問題

西崎傳一郎 臨時ノモノハ日給ナルモ、永ク続クモノハ月給トスル必要アリヤ

鈴木馬左也 其必要ナキガ如シ

西崎傳一郎 自分ノ方ニテ将来拡張スルトキハ雇入ル、モノ、待遇ガ問題トナル、吉田良君ノ御話ノ如ク給仕、使丁ヲ月給トセハ都合悪シ

梶浦鎌次郎（肥料製造所支配人） 工手、日給雇ト分タズ、日給雇ニテ可ナラン

松本順吉 新制度ヲ設クルコトナラバソレニテ可ナリ、併工手ハ古キモノナレハ此処ニテ俄ニ賛意ヲ表スルコトニ躊躇ス

梶浦鎌次郎 日給雇ニハ工手ヨリ勝レタルモノアルガ故ニ、待遇ヲ良クシタシ

松本順吉 工手ガ良キ待遇ヲ受クルハ、特ニ待遇ヲ好クセサレバ機械ナドニテハ居ルモノナキガ為ニアラサルカ

鈴木馬左也

等外をやめたい

等外ト云フ名ハ非道シ、廃シ度キモノナリ、等外ヲヤメテハ如何、等外ヲヤムレハ随テ等内モナクナル訳ナリ

吉田真一（銀行本店支配人）
等外ト云ハス守衛ト云フコトニシタシ

西崎傳一郎
守衛、給仕、使丁トシ、守衛ヲ等外ヨリ除カバ始末シ易シ

鈴木馬左也
守衛ハ取締上大ナル責任ヲ有スルモノナレバ、等外ト云フガ如キ身分卑シク感セラル丶モノニテハ都合悪シキカ如シ（別子ノ守衛ノ例）

吉田真一
工手規則ノ如ク守衛規則ヲ設クレハ如何

鈴木馬左也
其方サッパリス
政府ニハ最早等外ナカラン

杉浦聞多（総本店副支配人）
ナシ、今日ハ雇、御用掛アリ

湯川寛吉
補ト云フモノアリ

小倉正恒　職務ト身分トヲ分タサレハ面倒ナリ

草鹿丁卯次郎（倉庫支配人）　小倉君ノ御話ノ如ク退身手当金ヲ上クル必要ナカルベシ、

小倉正恒　永年勤続ノ者ハ如何

草鹿丁卯次郎　何カ特別ノ詮議ニナル方法ナキカ

小倉正恒　之ニハ特別ノ詮議ヲナスノ制度ナシ、

吉田良春　給仕、使丁ハ住友ノ方他ヨリ好シトテ居ルニアラスヤ、中々永ク居ルモノアリ、待遇好キ為ニモアラン

給仕・使丁

鈴木馬左也　ソハ待遇ノ為ナリヤ、又ハ月給ノ為ナリヤ

吉田良春　先ツ第一ニ月給ノ為メナリ

吉田真一

銀行の事例

銀行ニテハ使丁ヲ逐ヒ使フト雖、得意先ノ所ニ使ニ行ク等得意先ニ接シ、多少古ク居ルコト必要ナリ、好キ人ハ安シテ永ク居レル様待遇シ度シ、何年居リテモ金ガ同ジニテハ如何カト思ハレ、率ニテモ上ケテハト思フコトアリ、従テ給仕、使丁ヲ日給ニテ使フコトハ銀行ニテハ不利ナリ、安シテ勤メサセタシ、

給仕、使丁の日給制は不利

吉田良春

吉田真君ノ説ニ賛成ナリ、併他ニ比較スベキモノアルガ故ニ、即チ日給ノモノ業務上重要ナル仕事ヲナシ、又世間ニテモ同様ナルガ故ニ、且ツ又経済上日給ナルナリ、然レトモ日給ハ休メハ食料ヲ窮ス、労役者ニハ安ク物ヲ売ル方法アリ、又労役者ニハ投薬スルモ、日給雇ハ当前ナリ、又労役者ノ家族ニハ可成ニハ仕事ヲサセルコトトシ居ルモ、日給雇ノ家族ハ仕事ヲスルコト能ハサル事情アリ、又日給雇ニハ傭員ノ如キ積金ノ制ナシ、業務上重要ナル地位ヲ占ムト雖、各方面ヨリ酷ナリ、退身手当金ヲ三年以上トセバ、立ツトキニ汽車賃モナキ有様ナリ、其辺考ヘラレ度シ、余ノ方ノ如ク多数日給雇ヲ使ヘル所ニテハ同様ノコトナラン、各方面ニテ困リ居ルナリ、サリトテ月給トスルコトヲ得ズ

日給雇は積金制なし

日給を月給とするのは不可

松本順吉

給仕、使丁ハ傭員待遇ニテ不都合ナキモ実際好過キル

西崎傳一郎

家法ノ給仕、使丁ニアラサルモノ必要ナリ

鈴木馬左也

家法に給仕・使丁のある部所

家法ノ給仕、使丁アル所如何

杉浦聞多　総本店、鋳鋼場（使丁一人）、倉庫、銀行

鈴木馬左也　此ハ場所ニヨリ異ル様ナリ、或ハ給仕、使丁ニ家法ニヨルモノト然ラサルモノト二種設クレハ可ナランカ

小幡文三郎　役所ト工場トハ給仕、使丁ハ一様ナラス

鈴木馬左也　給仕、使丁ニ二様アリ、二様ニスル処置ハ後ニテ決メテハ如何（総本店ニ向テ）

総本店の使丁は日給で可

杉浦聞多　総本店ハ銀行ト異リ、使丁ハ日給ニテモ可ナリ

鈴木馬左也　家法ノ給仕、使丁ノ退身手当金ノ程度如何ハ問題ナリ、今ニテハ足ガ止マラヌト云フ程ニハアラズト思フ、他ト比較シテ考ヘテハ如何

学校・病院職員

杉浦聞多　学校、病院職員ハ三年未満ニテモ可ナリヤ

松本順吉

学校ハ特別ニ考フル必要アリ、現在ニテ可ナリト考フ

病院ハ昔ノ致仕慰労金ノ規定ニヨリ居ルモノナルガ、三年未満ハ給与セサル方可ナラン

日給雇ノ退身手当金ハ其程度高マラバ三年以上トシ、然ラサレバ三年未満ニテモ給与シテ可ナリトノ説アリ、故ニ全体問題トシテ総本店ニ於テ可然考ヘラレ度シ

吉田良春

一方ガ三年ナレバトテ三年ニスルハ性質上都合悪シカラン、日給ナルモノ、性質上不可ナリト思フ

小幡文三郎

交換手と準備員

準備員ノ資格ヲ少シ高メ、其上ニテ交換手ノ如キハ準備員ヨリ下ゲ、準備員ハ三年未満ハ給与セサルコトトシ、交換手ノ如ク永ク居ラヌモノニハ、吉田良君ノ説ノ如ク三年未満ニテモ給与スルコトトシタシ、交換手ノ如キハ給仕、使丁ニ準スルコトトシオケバ差支ナシ、然ラハ準備員ニハ三年未満ノモノニハ給与セサルコトニシ得ベシ

又給仕、使丁モ給料額ヲ高ムルコトハ至極賛成ナリ

湯川寛吉

別子の日給雇と工手

別子ニテハ日給雇ト工手ト退身手当金ヲ同等ニスルトノ考ナカリシカ

松本順吉

日給雇ハ臨時ノ性質ノモノニナリ居ルモ、実際ニ適合セズ、常時ノモノトシテ認可ヲ受ケタキ考ナリ、工手ノ退身手当金ハ一ヶ月ノ三分ノ一ナルモ、日給雇ハ四分ノ一トスベク考ヘ居レリ、三

分ノ一トナリテモ差支ナシ、尚研究シ度シ

第八議題議事録、傭員労働者の待遇（倉庫提出）

傭員労働者待遇ノ件

一、職務上ノ原因ニ基ク不具者、又ハ之ニ類スル者ガ尚勤続スル場合ニ於テ相当慰藉金給与ノ方法ヲ定ムル件

草鹿丁卯次郎（倉庫支配人）（議案説明）

家法規定とする主意か

小倉正恒（総本店支配人） 其ハ家法ニ定メントスル主意ナリヤ

草鹿丁卯次郎 家法ノ明文トセストモ茲ニ打合セ置キテ各部一定シタシ

小倉正恒 之迄各部ヨリ申立、又ハ打合アラバ重役ニ詮議ヲ乞ヒ決定シ居レリ、以前方法ヲ考ヘタルコトアルモ、種々ノ事情アルモノナレハ一定スルコトヲ得ズ各個ノ場合ニ付事情ヲ明ニシテ決定スルコトトシ度シ

草鹿丁卯次郎 右ノ如キ道アリヤ、余ハ之ヲ知ラサリキ、ソハ家法ニ規定アリヤ

小倉正恒

家法ニ規定セルニアラスト雖実際然取扱ヘリ

湯川寛吉（**理事**）

右ノ如キコトハ各部ニ知ラセ居ルヤ

杉浦聞多（**総本店副支配人**）

例少ク、知ラセ居ラス

鈴木馬左也（**総理事**）

例をまとめて規定に定めたい

各部ニ斯ル道アルコトヲ知ラセテハ如何

例ヲ集メ纏メテ規定カ何ニカニ定メタシ

第九議題議事録、傭員学力検定試験

二、傭員学力検定試験ノ実質ヲ等内傭員資格認定試験ト為スノ件

草鹿丁卯次郎（**倉庫支配人**）

（議案説明）

湯川寛吉（**理事**）

其通ナリ居ル筈ナリ、通牒カ何カモシ居ル筈ナリ

小倉正恒（**総本店支配人**）・**杉浦聞多**（**総本店副支配人**）

然リ

杉浦聞多

本件、倉庫から出た注意は省略

本件ニ付倉庫ヨリ出テタル注意ハ茲ニ記載セサリシモ、本店ニ於テ既ニ其考ニテ試験ハ可成出勤

時間前ニ施行シ、且ツ一日ニ各課ヲ施行セス、幾日ニモ分割スル積ナリ、昨年ハ種々ノ事情ヨリ差迫リテ施行セリ

松本順吉（**別子鉱業所支配人**）

ソハ連続シテ行フモノナリヤ

杉浦聞多

然リ

第一〇議題議事録、労働者の傷害保険

三、労働者ノ傷害保険制調査ノ件

草鹿丁卯次郎（**倉庫支配人**）

労働者ノ傷害ハ保険ニ付スル必要アリト認メラルヽモ、若シ付スルモノトセハ一般ノ傷害保険ニ付スベキカ、又ハ住友家ニ労働者多キカ故ニ住友家ノミノ労働者ノ傷害保険ニ付スルヲ可トスルカ研究シ度シ

小倉正恒（**総本店支配人**）

総本店ニテハ傷害保険ノミナラズ老衰、疾病ノ如キ、一口ニ云ヘハ労働保険ニ付考ヘツヽアリ、現今労働保険発達シ、鉄道院、砲兵工廠等何レモ労働保険アリ、名義ハ保険ナレトモ、政府ヨリ補助ス、総本店ニテハ中村主トシテ調査シツヽアリ、遠カラサル中ニ解決ヲ得ン

総本店にて調査中

第一一・一三・一四議題議事録、倉庫提出の問題

倉庫提出ノ問題

第一一議題、会計見積書の変更（倉庫提出）

一

小倉正恒（総本店支配人）

茲ニ掲ケタル一ノ問題ハ総本店ニテ既ニ成案アリ、茲ニ掲ケアル以上ニ進行シアリ、後日御覧ニ入ル、コトトセン、併シ別子等ニテハ此問題ハ各課ニ対スル監督上必要アルコトト聞ケリ、併シ今日ニテハ差支ハナカルベシ

萩尾傳（鋳鋼場支配人）

営業費、経費ノ超過ニ就テハ常ニ総本店ヨリ食ヒ込マレツ、アリ、追認ノ申請ヲナスコト多シ、之等モ予メ見積ノ方法ヲ改ムレバヨカラント思フ、機械ノ購入等ニ就テモ品質ノ変更ハ御下問ナキモ、金額ノ変更ハ一々之ヲ申請セサルベカラザルガ如シ

小倉正恒

夫レ等モ皆問題トシテ、形式ニ流レズ実質ヲ主トシテ起案セントス

総本店にて起案

第一三議題、固定財産価額（倉庫提出）

二

小倉正恒

現在既ニ多クノ実例アリ、起業予算ハ会計規則上将来財産トナルヘキモノニシテ、足場ノ如キハ間接ノモノナルカ故ニ、之ヲ除外スルコトトセルガ如キ不都合ナル規定ナルガ故ニ、之ヲ改ムルコトニセントス

鈴木馬左也（総理事）

会計規則全体ヲ支離滅裂ナラシムルガ如キコトハ之ヲ避ケサルベカラズ

第一四議題、土地建物の原価算定法（倉庫提出）

三

小倉正恆

之レハ異議ナシ、只時価差益ヲ如何ニスヘキカ、此利益ヲ如何ニ処分スルカ等ノ説ヲナスモノアリ、曰ク之ハ fund トシテ保存シ置クベシト云フ、併シ fund トナスコトハ実際困難ナリト思フ、猶研究セントス

此問題ハ全体ハ尚研究シテ極ムルコトニセン

第一五議題議事録、官公庁と主管者の会談（倉庫提出雑件）

雑件

一、市内官公衙ノ相当位置以上ノモノト各店主管者等ト会談ノ機会ヲ作ルノ件

草鹿丁卯次郎（倉庫支配人）

税務署、市役、府庁等トノ交渉起リシトキ、予メ知合ニナリ居ルトキハ都合好シ、之ノ如キコトハ各部ニ於テ其必要ヲ認メサルカ

曽テ深川ニペストアリタル際、倉庫ガ警察官ト衝突シタルコトアリ、其後倉庫ト警察官トカ会合シテ深川ノ如キコトナカランコトヲ申合セ好結果ヲ得タルコトアリ

規則とするのは良くない

鈴木馬左也（総理事）

官吏ト会合、会談スルコトハ差支ナシ、併規則トスルハ宜シカラス

草鹿丁卯次郎
規則トスルニアラス、各部ニテ必要ナリトセハ合同シテ行ヒ、必要ナシトセハ倉庫ノミニテ事ノ起リシトキニ行ハントスルナリ

鈴木馬左也
何カ事ノ起リシトキハ各部へ相談セバ可ナラン

草鹿丁卯次郎
ソレニテハ遅シ、予メ打合ヲナシ置クコト必要ナラン

予め打合をして置くことが必要

鈴木馬左也
倉庫ニテ警察カ何カ招フトキハ各部ニ相談セハ可ナリ

草鹿丁卯次郎
総本店ニテ気付ケヲ通知アリタシ

鈴木馬左也
総本店ノミニ任セストモ可ナラスヤ、総本店ニテモ気ヲ付ケ、倉庫ニテモ気ヲ付クベキナリ
規則トシテ予メ何時誰ヲ呼フト云フカ如キハ宜シカラズ

萩尾傳（鋳鋼場支配人）
人ノ所へ呼ハレテ結構ナリト思フコトアリ（例ヘハ藤田へ呼ハレタルトキ）、ペストノ如キ何カ事アリテ呼ブハ面白カラズ

鈴木馬左也

官民協力を可とする

ペストノトキノ如キ例ハ至極好シ、少シモオカシキコトナシ、此ノ如キ場合ニハ官民協力スルヲ可トス
萩尾サンノ如ク住友家ニテ呼フコトハ年ニ一回アリ、他ニアルヤモ知レサルモ何時如何ニセハヨシトノ考ハ今ナシ、神戸ニテモ外国人ヲ年一回呼ベリ、

草鹿丁卯次郎

各部合同とするが、必要なければ倉庫のみとする

規則ニアラス、各部ニテ必要トセハ各部合同シテ行ヒ、必要ナシトセハ倉庫ノミニテ行ハントスルナリ

吉田良春（若松炭業所支配人）

私共ノ方ハ鉱業組合ニ於テ鉱務署長、知事等ニ挨拶スル機会アリ、南知事ノ時ニハ支店支配人ト共ニ知事ヲ呼ヒタリ、更迭ノ際支店支配人ト呼フ必要アリ、三井、三菱ハ呼ヒ居レリ、但平日ハ呼フ必要ナシ

鈴木馬左也

御馳走は弊風

御馳走スルハ一種ノ弊風ナリ、交際ハ御馳走ニ限ラス、時折訪問シテ話ヲシ、又ハ話ヲ聞キ、又時候ノ挨拶ノ為ニ訪問スルハ官民何レニ対シテモ敬意ヲ表スル所以ニシテ可ナリ、未タ一度会ハサル人ヲ突然招クハ相手ハ妙ニ思フナラン、御馳走必スシモ不可ナナ（ママ）ラサルモ、其辺ハ世間ノ滔々タルモノ、真似ヲナサ、ルヲ可トス、

大阪倶楽部の活用

又大阪ニハ大阪倶楽部株式会社カ設立セラレ、官民カ集ル目的ナレバ費用モカ、ルコトナレハ、下級ノ者ハ入ル能ハサルモ力ノ及フモノハ入会シ、親睦ヲ計ラレ度シ

御馳走ヲ否トスルニアラサルモ意味ナキ様ニセズ、流石ニ住友ナリト云ハレ度シ、三井、三菱ノ真似ヲスル必要ナシ、三菱ハ殊ニ御馳走スルトノナリ

社交的会合に主管者が出席すれば好都合

山下芳太郎（**製銅販売店支配人**）
可成社交的ノ会合ニ主管者ガ出テ居レハ都合好シ、種々ノ会合アルコトナレバ、之ニ出テ居レバ種々ノ人ト知合トナル、且ツ此ハ御馳走ノ如キ非難ナキモノナリ、住友ガスルトナラバオカシクナル、努メテ社交的ノ所へ出テオレハ都合好シ、

草鹿丁卯次郎
（議案ノ主意ヲ重ネテ説明ス）

鈴木馬左也
草鹿サンノ主意ヲ誤解シ居ルモノナカルベシ、併レ共下ノ如クニテハ謹マサレハ誤解ヲ受クル虞アリ、故ニ絶対ニ不可ナリトハ思ハサルモ、余程謹マサルヘカラズ、御馳走ノ外ニモ訪問スルナドノ方法アリ、痛クナキ腹ヲサグラル、如キコトヲ為サスシテ遣ル方法アリ、併予メ一般的ニ規則ニシテ置クコトハ不可ナリ、総本店ニテモ人ヲ招クコトアリ、家長公（十五代友純）モ招カル、コトアリ、併総本店ニノミ任セ置キテハ忘ル、コトモアリテ不可ナリ

山下芳太郎
警察署長ナドハ人ヲ停車場ニ送迎スルトキニ知合ニナリ易シ

鈴木馬左也

ペストノ例ノ如キ場合ハ余程ヨシ、目的明ニシテ誤解ナシ

第一六議題議事録、労働者の定期預金（倉庫提出雑件）

二、店内労働者ノ定期預金ハ銀行ニ於テ特別ノ利率ヲ与フルコトトスルノ件

草鹿丁卯次郎（倉庫支配人）

労働者多キ店部ノ意見ヲ聞キ度シ

頼母子講・郵便貯金

自分ノ方ニテハ或ハ頼母子講ヲヤリ居ルモノアリ、或ハ郵便貯金トシ居ルモノアリ、郵便貯金ナド有セハ之ヲ名誉トシ居レリ

之等ヲ保護スル為メ、普通ヨリ利率ヲ高メテ六分カ看板ナラバ六分三厘ナリ、六分五厘ナリトシ与フルハ可ナリト思フ

中田錦吉（理事）

銀行にて引受は出来そう

未タ相談ハシ居ラサルモ、御話ノ程度ノモノナラハ銀行ニテハ引受ハ出来ソウナリ、世間ノ人ニハ利率一様ナラス、利率ヲ八釜シク云ヒ、若シ高率トセサレバ他銀行ニ行クナド云フモノニハ人情上止ムヲ得ス高率ヲ与ヘ居レリ、此ハ住友ノ遣方トシテハ面白カラス、大人シク住友ニ信頼シ居ルモノニコソ奮発シテヤルコトニセント話シ居レリ、今ハ六分カ看板ナルガ大低三厘又ハ七分マテ出シ居レリ、

内ノ傭員又ハ傭員ニアラサルモ、密接ノ干係アルモノハ算盤ノ持テヌ迄保護スル必要ナキモ、世間ノ公衆ヲ相手トシテ算盤ノトレルマテ与ヘテ可ナリト思フ（正金銀行、山口銀行）、因テ労働者モ世間ノ人ニ奮発スル迄ハ奮発シテ可ナラント思フ、勿論程度アリ、其程度以上ナラハ総本店

ヨリ補給シ貰フカ、又ハ総本店ニテ預ルコト、セサルベカラズ

鈴木馬左也（**総理事**）

銀行ニテ考ヘテ貰ヒタシ

草鹿丁卯次郎

本案ニハ直ニ出ルモノヲ考ヘズ、特別ノ利率ヲ与ヘテ可ナルモノハ主管者ヨリ紹介スルコトセハ如何

積金

倉庫ニハ労働者ニ積金ノ制ナシ

小幡文三郎（**伸銅所長**）・**西崎傳一郎**（**電線製造所支配人**）

伸銅所ニ積金ノ制度アリ、労働者ハ月六ナリ、傭員ノ七ナリシトキ伸銅所ハ六ニテ預リシカ、傭員カ下リタルトキニ労働者ノモノハ下ラサリキ

積金ヨリモ貯金ヲ奨励シ銀行ニ預ケタシ

鈴木馬左也

其方好シト思フ

第一七議題議事録、損害賠償の報告（総本店経理課提出）

損害賠償報告ノ件

議案提出の理由

小倉正恒（**総本店支配人**）

本問題提出ノ理由ヲ説明センニ従来各部ノ売買契約等ニ関シ、延滞又ハ不履行等ヨリ生スル賠償金等ノ支払アリタル場合ニ総本店ハ之ヲ知ラズシテ経過セルモノ多シ、而シテ之等損害賠償等ノ

事業の信用、主家の面目と関係する

場合ハ多クハ吾カ事業ノ信用、主家ノ面目ニ関スルコト多キヲ以テ、之等ノ賠償アリタル場合ニハ報告アランコトヲ望ム、嘗テ鋳鋼場前支配人カ契約遅延ノ場合不可抗力ナリシコトヲ弁明センガ為、官庁ニ虚偽ノ証明書ヲ作ラシメ、以テ賠償ノ責ヲ免レタリシ場合アリシコトヲ聞キタリ、如此ハ主家ノ信用ヲ傷クルノ甚タシキモノナルヲ以テ、今后ハ事ノ大小ヲ問ハズ、可成報告アランコトヲ望ムモノナリ

延滞不履行の場合の追加事項

川田順（東京販売店支配人）

此問題ハ主家ノ信用ヲ益々確実ナラシメ、且永久ノ発展ヲ期スル上ニ於テ必要ナルヲ以テ提案通リ通過セラレンコトヲ主張スルモノナリ、尚右ニ附加シテ一ノ事項ヲモ併セ報告スル必要アリト信ズ、元ハ仮令、賠償金ヲ現実ニ徹セラレザリシ場合ト雖モ、延滞不履行等ノ事情重キモノニシテ、主家ノ信用ニ関スト認メラル、モノニ関シテナリ

監督を周到にして問題を未然に防ぐため

此追加事項ノ理由ハ申ス迄モナシ、即チ本提案ノ精神ハ金銭上ノ損失ヲ知悉セント云フヨリモ、寧ロ操業ノ円滑、不円滑、信用ニ関スル事件ノ発生ノ有無ヲ総本店トシテ知悉シ、監督ヲ周到ニシテ、事ノ挽回スベカラサルニ至ル前未然ニ防カンガ為ナリ、サレバ実際賠償ヲ取ラレタルト否トハ大シタル問題ニアラズト思惟ス、之ヲ実際ニ就テ見ルニ契約ヲ厳重ニ励行シ、賠償金ヲトルヤ否ヤハ先方ノ取扱ニ依リテ大ニ異ナルモノアリ、逓信省、鉄道院、東京倉庫、三井、桂川水電、等ハ励行シ、電気局、中央倉庫、其他日電等ノ大会社ハ励行セズ、而シテ其賠償金ヲ取ラサル方ノ取扱ヲスナス官庁、会社ト雖モ、決シテ延滞、不履行ソノモノヲ歓迎スルニ非ス、否寧ロ大ニ之ヲ嫌フモノアリ、只之ヲ徹セザルハ経理トカ会計トカ購買ノ事務ニ当ル一部ノ人間ガ、自己ノ

違約の責重きものは報告を要す

注文延滞の免責三条件

事務ガ面倒ニナルヲ厭ヒテ励行ヲ閑却セルモノナリ、物品ヲ使用スル技術側ノ現場ニ於テハ苟モ延滞等ハ大ニ其製造家ヲ嫌フコト論無シ、故ニ賠償金ヲ取ラレタルト否トニ関セズ、違約ノ責重キモノハ報告ヲ要トスルヲ可トス、但シ之ヲ行フニ当リテ前提条件トシテ総本店モ、工場モ、販売店モ、皆注意シ置クベキモノアリ、第一ニ注文ヲ受クル初ヨリ延滞等アルベキコトヲ十中七、八ハ予想シツヽ、尚之ヲ受ケザルヲ得ズ、又ハ受クルヲ利多ク害少シトスル場合アリ、即チ工場ノ繁閑ノ都合ニ依リ、自衛上注文ヲ引受ケ置カザルベカラザルトキトカ、又ハ始メテノ製品其他製造六ケシキモノヽ如キ、研究ノ為少々ノ不安アリテモ注文ヲ受クル必要アル場合、又ハ注文先ノ指定期限ニ掛値アルコト明白ナル場合、又ハ他ノ競争者ト雖モ決シテ吾レヨリ早ク出来サル確信アルトキ等ノ如キ、三ツノ場合ニハ必ズシモ延滞等ヲナスモ不面目トナラズ、又賠償金ヲ徴セラルヽモ、初メヨリ之ヲ計算ニ入ルヽコトヲ得ガ故ニ損トナラズ、只右ノ場合ニ注文ヲ取ルコトハ可及的狭義ニ解シテ、無暗ニ取込ムコトヲサケサルベカラズ、現今ノ処ニテハ一般ノ同業者及注文先カ全体ニ取引上進歩セザルヲ以テ、此時吾独リ最モ理想的ニ働クコトハ往々困難アル故、先日総理事ノ御訓話ノ精神ヲ以テ事ニ当レバ可ナラント信ズ、第二ニハ総本店ニ賠償等ノ失態ヲ報告スルコトヲ避ケンガ為、当然当方ニ責任アルトキ、又ハ賠償金額些少ナルトキニテモ、之ガ免除方ヲ無理強ニ官庁、会社等ニ迫ル様ノコトアリテハ、住友家ガ取引先ヨリ嫌ハルヽ本トナルヲ以テ、大局ノ利益ヲ見テ、取引先ニ対シテハ内部ノ報告責任ノ有無ニ関ラズ、充分ノ話ヲナサンコトナリ

中田錦吉（理事）

工場注文品の延滞時の議論

只今川田君ノ御話ハ大ニ必要ノコトナリ、只茲ニ憂慮スベキ一例トシテ、工場ノ都合ニ依リ、期限迄ニ出来ザルコトガ明白ナル場合ト雖モ、尚注文ヲ引受クル必要アル場合アリト云フ如キハ大ニ一考セザルベカラズ、完全ニ契約ヲ履行スルコト不可能ナルコトガ予知セラレ居ルニ係ラズ、猶注文ヲ引受クルガ如キハ住友家事業ノ方針ニ悖ルコトナキカト考ヘラル、ガ如何

西崎傳一郎（**電線製造所支配人**）

之レハ得意先ノ如何ニ依リテ、如此場合アルハ免レザルナリ、例之期限ノ如キハ得意先ノ方ヨリ不履行ヲ斟酌シテ注文セラル、ガ故ニ、真面目ニ之ニ応ズルトキハ他ト競争スルコト能ハサルニ至ルコトトナルナリ

小幡文三郎（**伸銅所長、理事心得**）

絶対ニ出来サルモノニアラズトノ見込アル場合ニ多ク期限ノ遅延ヲ来スガ如シ、如此場合ニハ報告スルコトハ宥恕スルモ可ナリト思フ

中田錦吉

期限内ニ出来得ルト云フ覚悟アリテ引受ケタルトキト、川田君ノ所云、出来サルコトガ分リテ居テ引受ケタル場合トハ差異アリ

草鹿丁卯次郎（**倉庫支配人**）

川田君ノ述ヘラレタル処ニテハ、出来サルコトガ分明ナル場合ニモ引受クルコトアリト云フモノナリヤ

川田順

左様十中七八迄ハ困難ナルモ、工場ノ仕事ノ都合上ドウシテモ引受クル必要アル場（合脱カ）ニハ引受クルコトアリト云フ

小倉正恒

競争者ノ懸引アル場合ヲ云フニハアラザルカ、又現在ノ契約ノ仕方ガ期限等ニ対シルーズナル為、多少遅延等ヲ来スハ慣習トナリ居ルモノニハアラズヤ

萩尾傳（鋳鋼場支配人）

鋳鋼場の事例

鋳鋼場ノ仕事ノ如キハ期限等ヲ厳格ニスレバ、完全ナル履行ハ二十％位ナリ、之ハ仕事ノ性質上注文先ノ掛引アル場合多ク、為ニ期限ヲ注文先ノ指定通リ必ス履行セヨト云ハルレバ寧ロ商売ヲ止メヨト云ハル、ガ如シ、例之期限内ニ出来得ル見込ニテ引受ケタルモノガ実際仕事ニ当リテハ齟齬スル場合多シ

鈴木馬左也（総理事）

掛引はなるべくしない方針

大体期限ニ重ヲ置クヘキコトハ無論ノコトニシテ、之等ノ問題ハ凡テ此ヨリ推論セサルベカラザルモノト思フ、即チ掛引等ハ可成ナサヾルノ方針ヲ採リタシト思フ、従来鋳鋼場ハデリヴァリーガ遅レテイカヌト云フコトガ注文ノ少キ理由ナリト聞ケリ、之レハタシカ萩尾支配人ヨリ聞キシト記憶ス、此等ノ点ヨリスルモ期限ハ可成正確ヲ期セザルベカラズ、只不得已場合ニハ又考ヘ方モアルコトナリ、例之国ト国トノ場合ニ於テモ勝敗ハ予メ不明ナルモ、自己ノ力量ヲ計ルコトヲ得ハ、百戦百勝ハ期スルコトガ出来ル訳ナリ、各店部ニ於テモ自己ノ力量ヲ知リ得ルコトノ必要アルハ疑義ヲ容レズ、然レドモ商業ナルモノハ相対的ノモノナレバ、自己許リニテハ行カズ、注

文先ノ都合モアルヲ以テ自己ノ意思ノミニ依ル訳ニモ行カザルモ、期限等ヲ重視セザルベカラサルハ大切ナルコトナリト思フ

萩尾傳

信用は品質と期限の両者

期限ガ注文ノ少キ唯一ノ理由ニハアラズ、品質ノ如何ニモ依ルモノナリ、信用ハ品質ト期限トノ両者ニ俟タサルベカラズ

鈴木馬左也

住友ノ技術ガ不完全ナレバ、不完全ノ侭ニテ契約シタル場合、期限ノ通リ履行シテ不得策ナリヤ否ヤト云フモノニシテ、ノーマルコンヂッションノ場合、期限ヲ励行セサルコトヲ甚タ遺憾トスルモノナリ、故ニ不得已場合ノ外ハ可成正確ニ履行スル必要アリ、只事業ヲ凡テ理想通ニセントスルモ花客ノ如何ニ依リテハ一考セザルベカラザルコト勿論ナリ

報告は各部の取締のためではないか

萩尾傳

本問題ハ報告スベシト云フ表面ノ注文ナルモ、之ニ依リテ各部ノ仕事ヲ取締ラル、モノナラントト思フ、併シ其取締リノ為仕事ノ敏活ヲ欠クガ如キコトナキヲ保スベカラズ、寧ロ当局者ヲシテ充分責任ヲ負ハシメ充分手腕ヲ発揮セシメラレンコトヲ希望ス

総本店を除外して自由放任には出来ないが、制限する意ではない

鈴木馬左也

取締ト云フコトニアラズ実況ヲ審ニシテ、之ニ依リテ宜シキニ従テ所理セントスルモノナリ、凡テ人ハ君子ナラサルガ故ニ只凡テヲ知リ置ク必要アリト云フコトニシテ、先日モ述ベシ如ク住友ハオルガニズムナルコトヲ忘ルベカラズ、総本店ヲ除外シテ各自ノ自由ニ放任スルコトハ只今ノ

処ニテハ不可能事ナラン、併又凡ヲ制限セント云フ意ニハアラズ、要ハ相互相識リテ中正ヲ得ントスルニ外ナラズ

萩尾傳

損害賠償等ニ関シ報告ヲナストスルモ、重役カヽル細微ノ点迄モ直接ニ知ルコトヲ一般従業者ニ考ヘシムルコトハ、仕事ノ敏活ヲ期スル上ニ於テ弊害ノ伴フモノ多カラント思フ

鈴木馬左也

総本店ニテ各部ノ仕事ニ関スル智識ナキハ甚タ差支スル訳ニシテ、若シ各部ヨリ各種ノ報告、其他ノ呈出アルコトハ弊害ノ加ハル傾向アルモノニアラズシテ、実際ハ整理ノ行届キツ、アルモノナリト云フベシ、例之十数年前会計規則ノ発布アリタル以来、各店部ト総本店トノ意思疏通ヲ得ツ、アル次第ニシテ、萩尾支配人ガ考ヘラル、如キ弊ハ各部ノ報告、其他ヲ徴ルコトニ依リテハ生セサル筈ナリ、若シ実際ニ於テアリトスレバ可成之ヲ詳ニセラレンコトヲ望ム

会計規則の発布で店部と総本店との意思疎通

萩尾傳

大体組織ヲシムプルニスルト云フ御話ナリシガ、各部ノ損害ノ賠償額ハ皆帳簿ニ記入シアルヲ以テ、総本店ヨリ人ヲ派遣セラレテ帳簿ノ検査ヲ施サルレバ直ニ明白ナルヲ以テ斯クセラレンコトヲ望ム

小倉正恆

本店ノ趣旨ハ只賠償ノ金額ヲ知ラントスルニアラズ、事実ノ真相ヲ知ランガ為ナリ、監督等ニ就テモ形式ヲ避ケテ実質ヲ採ラントスルモノニシテ金額等ヨリモ事実ヲ知ルニアリ

草鹿丁卯次郎

現在ノ実状ハ如何ニナリ居ルヤ

小倉正恒

何モ之ニ関スル報告等ハナシ、倉庫ノ如キハ之迄賠償等ヲ払ヒタル場合ニハ報告アリシ如クナルモ、其他ノ店部ニハ無キモノ多シ

萩尾傳

只事実ガ多数ナルヲ以テ報告ノ手数ヲ避ケタルモノナラン、故ニ書面ヲ廃シテ口頭ヲ以テスルコトニスレハ容易ナラン

小倉正恒

書面ナドハドウデモヨシ、口頭ニテモ何デモ事実ガ明瞭ニナルヲ得バ可ナラン

口頭報告でも事実が明瞭になれば良い

草鹿丁卯次郎

総本店ノ重役ヲ初メ皆ガ各部ノ事情ニ精通セラレタナラバ、此辺ノ事情モ明瞭スルナラン、総理事方モ時々倉庫ノ中ナドヲ御覧アランコトヲ望ム

鈴木馬左也

総本店ニテハ重役ガ必スシモ各種ノ報告等ヲ見ルト云フコトヲ必要トセズ、支配人デモ副支配人デモ其他ノ人ガ見テモ、其事実ガ何時ニテモ明瞭ニ所置シ得ラルレバ可ナリ

総本店では重役が各種の報告を見ることを必要とせず

小倉正恒

倉庫ノ現状ニテ取引ヨリ来ル賠償ヲ払フ場合アリヤ

倉庫で賠償金支払の事例あるか

草鹿丁卯次郎

前ニハ仲仕ガ種々賠償ヲ負担セシガ如キコトアリシモ、今ハ倉庫ノ責任トシテ之ヲ負担スルコトニナリ居ルモ、余リ取引ヨリ来ル賠償等ハナキガ如シ

小幡文三郎

一々書面ニテ報告スルコトハ甚ダ繁雑ナルヲ以テ、月ニ一回位件名ト金額ヲ纏メテ報告スルコトニセバ簡単ニシテ宜シカラント思フ、而シテ若シ必要アル場合ニハ総本店ヨリ出張セラレテ詳細調査セラルレバ可ナラント思フ

鈴木馬左也

小幡氏ノ説ハ可ナルベシ、一々詳細ナルモノヲ呈出セシムル必要ハナカラン、特殊ノモノハ口頭其他ニテ説明セバ簡単ナラン

小倉正恆

要領ヲ挙ケ得バ可ナラン

萩尾傳

鋳鋼場の賠償金支払事例

鋳鋼場ニテハ賠償ヲ支払ハザルモノハ二〇％ナリト云ヒシハ、統計等ニ依リタルモノニアラズ、只二〇％位ナラント思ヒタルノミナルヲ以テ取消ヲ乞フ

鈴木馬左也

住友一家は有機体

議論モ此位ニテ済ミシ様ナリ、一言注意ヲ要スヘキハ、オーガニズムナルコトニ気ヲ付ケテ貫ヒタシ、住友一家ハ有機体ニシテ総本店ガ頭ナレバ、各店部ハ手足、胴体ノ如キモノナリ、其間互

ニ融和シテ他人行儀ヲ廃セラレンコトヲ望ム、之ハ何デモナキコトノ様ナレドモ、能ク誤ルコト多シ、例之一国ニ於ケル陸海軍ノ如キ、一国ノ安全ヲ計ル為ニ必要ナルモノモ無暗ニ之ヲ拡張センカ、遂ニハ其国ヲ亡スニ至ルコトアリ、夫レデ住友家ニ於テモ益々強健ニ発達シテ経済上有力ナル機関トシテ活動センコトヲ期スルニハ、各店部ハ総本店ト共ニ共同結束ヲ強固ニシ行カンコト必要ナリ、現今社会ノ各方面ニ於テハ現ニ憂フヘキ現象発生シツ、アルモ、吾住友家ハ健全ニ発達シツ、アルコトヲ疑ハズ、而シテ此有機体ヲシテ益々強健ナルモノトナスコトニ努力セラレンコトヲ望ム

各店部と総本店が共同結束

中田錦吉

報告ノ如キハ上下ノ立場ニ依リテ誤解ヲ招ク恐アルヲ以テ、能ク注意ヲ要ス、部下ニ対スル場合ト総本店ニ対スル場合トヲ能ク考査シ行クコトヲ得バ可ナラン

鈴木馬左也

各店部と総本店との関係は良好

各店部ト総本店トノ関係ハ近頃ヨホドヨクナレリ、各位ノ努力ニ依ル処ナランモ、尚一層強壮ニ発達セシメラレンコトヲ望ム、又決シテ油断スヘカラズ、此問題モ此位ニテ宜シカラン

松本順吉（別子鉱業所支配人）

賠償金問題は製造店部だけの問題か

本問題ハ製造店部ノミ問題ナルヤ

小倉正恒

凡テニ通スベキモノナリ

鈴木馬左也

別子鉱業所での賠償金支払事例

別子ニテハ嘗テ製錬課ノ大災アリシ場合ニ販売延引セシ為、賠償ヲ払ヒタルコトアリシモ、外ニハ余リ多カラサルヘシ

松本順吉

営業ニ関スルモノハ少キモ、汽車、汽船等ニテ他ニ損害ヲ被ラシメタル場合ハアリ、如此場合ヲモ含ムモノナルヤ

小倉正恒

当初ノ予定ハ営業上ノ問題ノミト考ヘ居リシモ、夫レ等ノ問題ニ対シテ必要ナルガ如シ

肥料製造所でも要注意

梶浦鎌次郎（肥料製造所支配人）

将来、肥料製造所等ニテモ起ル問題ナラン、ヨク指示セラレンコトヲ乞フ

若松では都度申請

吉田良春（若松炭業所支配人）

若松ニテハ土地ノ陥落ニ就テハ屢々起ルモ、之ニ関シテモ同一ニスル必要アルヤ、若松ニテハ之迄其都度申請ヲナシ居ル筈ナリ

小倉正恒

若松ノ土地陥落等ノ賠償等ハ之迄通ニテ可ナラン

鈴木馬左也

之ニテ本問題ハ終結トシ、次ノ在庫品整理ノ問題ニ進行セン

第一八議題議事録、在庫品整理（総本店経理課提出）

在庫品整理ニ関スル件

小倉正恆（総本店支配人）

問題提起の動機は鋳鋼場

本問題ヲ提出セシ動機ハ、鋳鋼場ニ於テ前支配人時代ヨリ手ノ付ケラレサリシ在庫品整理ヲ昨年断行セラレシ結果、差引四万余円ノ雑損ヲ生スルニ至リシヲ以テ、各店部ニ於テ各種物品ノ整理ガ宜シキヲ得居ルヤ否ヤニ就キ多少疑ヲ抱カシムルニ至レリ

各部と共同して研究

茲ニ於テカ之ニ関スル整理方法ヲ東京方面ニ於ケル一、二製造工場ニ就テ視察セシメタルニ、余程有益ナルモノアリシヲ以テ、各店部ト共同シテ之ヲ研究セハ能ク効果ヲ収メ得ベシト信ジ、本問題ヲ提出セシ所以ナリ

日本電気の事例

今日本電気会社ニ於ケル物品整理ノ状況ヲ少シク述ヘテ本問題ノ必要ナル例トセハ、同会社ニ於ケル倉庫係ハ常ニ製造ニ要スル原料ノ種類、数量等ヲ識別シ得ルヲ以テ、物品ノ受払以外、原料使用ノ監督ヲナシ得ルナリ、次ニ倉庫ノ整理ニ於テ、倉庫内ノ各物品ハ常ニ規則正シク各品毎ニカードヲ置キ、品名、在高迄明瞭ニ記シアリ、之カ整理ニ関スル帳簿組織亦整斉セルヲ以テ整理容易ナリ

又常ニ設計係、倉庫係、販売係等ノ人々ガ協議シテ、製造高、販売高及原料使用高等ヲ協定シ置キ、受払高ヲ注意シ居ルヲ以テ、常ニ一定ノ残高ヲ保チ、工場ガ不時ニ巨額ノ請求ヲナスコトモナケレバ、請求セラレタル品ヲ即時ニ供給シ得サルガ如キコトナシ

如此整理ノ方法ハ整然タルモノナルガ、採リテ以テ直ニ我各工場ニ応用シ得ルヤ否ヤハ、仕事ノ性質異ナルモノアルヲ以テ、之ガ実行ニ就テハ猶充分研究セラレンコトヲ望ムモノ也

吉田良春（若松炭業所支配人）

若松炭業所の事例

吾人ハ此問題ヲ見テ、私カニ怪シミ居タルモノナリ、何トナレハ吾人ハ別子在勤ノ当時ヨリ準備品ノ保管、受払等ニ就テハ毎月之ヲ調査シ、充分注意シ来リタル積ニテ、又充分整理行届キ居ル積リナリ、近来若松等ニ於テハ需要課ノ主任ガ一々伝票ヲ点検シテ請求ヲナスガ故ニ、倉庫係ニテ直接ニ監督ヲナサヽルモ監督ハ充分ナリト思フ、石炭ノ如キ重要ナルモノニ就テモ毎月出欠量ヲ注意シ居リ、決シテ乱雑ニハナリ居ラサルコトヲ明言シ得ルナリ

別子鉱業所の事例

松本順吉（**別子鉱業所支配人**）

余ハ乍遺憾実情ニ通ゼザルヲ以テ明確ニ言フコトヲ得ザルモ、別子等ニ於ケル準備品ハ毎月調査シ居レリ、尤モ商品ハ品種多キ為、年ニ二回調査スルコトニナリ居レリ、其倉庫内ノ整理ノ如キモ、係員ハ品物ノ所在等ハ充分呑込ミ居リ、決シテ惑フガ如キコトナキガ如シ、只之迄品物ヲ停滞セシメタル場合アリシモ、元ハ設計変更等ノ為、鉄材ノ如キ不要ニ帰シタルモノアリシ為ニシテ、十年モ据置カレタルモノアリシガ今ハ如此モノナシ、猶別子ニ於テハ改良スベキ点ハ多々アルベキモ、今小倉支配人カ云ハレタルガ如キ不整理ニハナリ居ラサル筈ナリ

多くは製造店部の問題

小倉正恆

多クハ製造店部ノ問題ナリ

会計制度の欠点

萩尾傳（**鋳鋼場支配人**）

在庫品ノ欠量ヲ生シ易キモノナルコトモ注意シテ貰ヒタシ、大体原料品ハ整理ノシ憎クキモノナリ、其原因ノ一ハ会計制度ノ欠点ヨリ来ルモノモアルベシ、鋳鋼場ノ原料ハ普通スクラップト云ヒ、実ニ整理ノ困難ナルモノナルガ、其整理方法ニシテ完全ナルモノアレバ幸ナリ、又毎月之ヲ

調フルニ於テハ一々看量スル為、多額ノ費用ヲ要スルヲ以テ、其都度原価ヲ引上ケサルベカラズシテ甚タ不経済ナリ

芝浦製作所の事例

平岡廣吉（**総本店経理課主計係**）

芝浦製作所ニテハ前ニハ注文ヲ受ケタルトキニ原料ノ購入ガ遅レタル為、製品ノ引渡遅延セルコト屢々アリシヲ以テ、設計、販売、倉庫ノ各係員相談シテ、原料ノ購入、製造ノ期間等ヲ完全ニスルコトヲ研究シ、近来ニ於テハ能ク其効果ヲ挙クルヲ得ルニ至レリト云フ、其他不用品ノ如キモ、可成使用シ得ル場所ニ廻スヲ以テ、案外不用品ノ処理容易ナルコトヲ得ルニ至レリト云フ、出欠量ノ整理ニ就テモ従来ハ置場ノ処置宜シカラサリシ為、一々之ガ数量ヲ検スル能ハサリシヲ以テ処理困難ナリシガ、近来ハ原料ヲ貯蔵スルニ可成小サキ容積ノモノトシテ積置キ各山ノ数量ハ予メ計算シ置キ、一山宛処分シ行クヲ以テ残高ノ数量モ容易ニ算出スルヲ得ト云フ

萩尾傳

芝浦ニテ用ユル原料ハ如何ナルモノナリヤ

（平岡君、多クハ pig iron ナリト答フ）

スクラップの取扱は複雑

萩尾傳

pig iron ノ如キ、其形状一定セルモノ、整理ハ如何ニスルモ容易ナルガ、鋳鋼場ニ於ケルガ如キスクラップハ恰モ紙屑ノ如キモノニテ、之ガ取扱ニ甚タシキ複雑ナル手数ヲ要スルヲ以テ、シカク簡単ニハ行クマジト思フ

平岡廣吉

受入ノ時ニ於テ小サキ山ヲ幾ツモ作リ置キ、使用ニ従テ其量ヲ算出シ行ケバ便利ニハアラズヤ

萩尾傳

山ニナスニハ貯蔵ヲ多クスル場合ニ必要ナルモノナルガ、少量宛購入シテ使用スル場合ノ整理ニハ不適当ナリト思フ

松本順吉

先ニ鉄材ノ不要品十年間モ残リ居タルコトアラント云フハ、特別ノ材料ナリシカ為ニシテ、現在ニテハ材料ヲ使用スル各課ヘモ常ニ現在高ヲ通知シ居リ、需要ニ差支ヘサル程度ニ貯蔵シ置クモノナルガ、材料ヲ用ユル方ニテハ常ニ新規ノモノヲ使用セントスル傾向アルヲ以テ、倉庫係ノミニ監督セシムルコトハ果シテ充分ナルモノナルヤ否ヤ

倉庫係の監督のみで十分か

平岡廣吉

人ガ珍ラシキモノヲ使用セントスルハ普通ノコトニシテ、常ニ倉庫ノ現在高ヲ通知シ置ケバ新規ノモノヲ使用セントスル為常ニ不用品ヲ生セザルニ至リシト云フ

松本順吉

芝浦等ニテハ果シテ好果ヲ収メツヽアルモノナルヤ

平岡廣吉

実状ハ不明ナルモ、当路ノ人ガ好果ヲ得ツヽアリト云フヲ以テ見レバ、満更ラ不整理ノモノニハアラサルヘシト考ヘラル

鈴木馬左也（総理事）

別子鉱業所の倉庫内整理はどうか

鉱業所ニ於テハ品物ノ倉庫内ノ整理ハ如何ニナリ居ルヤ、例之係員ハ品物ノ請求アリタル場合、品物ノ所在ヲ明瞭ニ知リ居ルヤ否ヤ

松本順吉
係員ノ熟練ニ依ルモノナルモ、係員ハ凡テ何処ニ何ガアル位ノコトハ分明シ居ルガ如シ

鈴木馬左也
鉄材等ヲ不必要ニ多量ニ買込ミ貯蔵シ置クコトハ面白クナキコトト思フ

松本順吉
調度課ニ於テハ其必要ノ程度不明ナルヲ以テ、機械課ヲ信シテ購入スル外ナシ

鈴木馬左也
使用スル人以外倉庫係等ニテ之ガ監督ヲナサントセハ、機械事業ニモ堪能ノ人ナラザレバ能ハサルベシ

倉庫係では技術的のものは不明

松本順吉
倉庫係等ニテハ小サキ紙、文房具ノ如キモノニ就テハ能ク監督的ニ小言ヲ云ヒ得ルモ、機械、土木等ニ於ケルカ如キ、特ニ技術的ニ亘ルモノハ不明ナルガ如シ

萩尾傳
現在ノ処ニテハ倉庫係ハ恰モ番人ノ如キモノナルコトヲ説明セラレタルモ、倉庫係ハ或ル場合ニハ番人ノ方ガヨロシカラン、例之鋳鋼場等ノ如キ注文製品ノ如何ニ依リテ各種ノ必要品ヲ請求セル場合、急ニ調ハヌ場合等ニハ責任ヲ重ズルモノ、到底堪ヘ得ザル処ナルベシ

工場の種類で異なる

小倉正恒　工場ノ種類ニ依リテ異ナルコトト思フ

物品会計組織の不備か

鈴木馬左也　物品会計組織ノ不備ニ依ルモノニハアラズヤ

小倉正恒　物品会計組織ハ甚タ不備ナリ、例之半製品等ニ就テモ其価格ハ現今ノ処正確ナルモノヲ知ルコト困難ナリ

鈴木馬左也　之ヲ明瞭ナラシムルコトヲ得ル方法アリヤ

小倉正恒　充分アルコトト思フ、計算ノ組織ガ吾々ノ思フ如クナレバ、現今ノ組織ノ侭ニテモ充分出来得ルコトト信ズ

松本順吉　如何ニシテ実行セントスル意ナルヤ

小倉正恒　其点ハ各位ト共ニ相談シ、出来得ル丈一所ニ研究シテ極ムルコトニセント思フ

中田錦吉（理事）　如此問題ハ各部ノ事情ヲ確メ、又外部ノモノヲモ照合シテ長短ヲ取捨センコト必要ナリ、之レハ

各位共異存ハナカルベシ

平岡廣吉

別子、若松、其他ニ於テモ品物ヲ引渡スコトハ大体同一ナルモ、小倉支配人ノ話サレタル処ハ倉庫係ニテハ採鉱課、製錬課等ノ材料ヲ充分知リ得サルガ為ニ、現在ニテハ凡テ之ヲ製錬課又ハ採鉱課ノ注文ニ任セサルベカラズ、併シ工場長又ハ工務部長ガ一々些細ナル請求伝票迄凡テ眼ヲ通シ得ルヤ否ヤノ問題ニシテ、如此事柄ニ就テハ設計、販売、倉庫等ノ各係カ協議シテ極メ居ル処モアリト云ハレタルモノナリ

倉庫係が余りやかましく言うのも問題

鈴木馬左也

之レハ余程研究セサルヘカラズ、倉庫係其モノガ余八ケ間敷ク云フモ如何カト思フ

各課各係の意思疎通・連絡

中田錦吉

此問題ハ規則ニ依リテ定ムヘキモノニアラズ、要ハ各課各係員ノ意思ヲ疏通シ、其連絡ヲ充分ナラシメバ円満ナル結果ヲ得ベシ、今迄調度課ノ米ノ如キハ尤モ適当購買サレツヽアルガ如シ、而モ倉庫係ニテ厳格ニ取締ルコトアリ、併シ多クノ場合要求者ノ意ヲ第一ニセザルベカラザルコトヽ思フ

鈴木馬左也

而シテ倉庫係ハ単ニ注意スル位ニ止メテハ如何

芝浦製作所の事例

西崎傳一郎（電線製造所支配人）

倉庫係ガ絶ヘズ材料ヲ充分ニナシ置クコトハ困難ナリ、芝浦ニ於テハ pig ノ如キハ月ニ何屯鋳

造スルモノト云フコトハ既定ノコトニシテ、倉庫係ガ購買係ニ請求スルモノナルガ故ニ、簡単ニ整理シ得ラル、モ、芝浦ニテモ近来追々異ナリタルモノヲ作リ、段々発展ヲ計リツ、アル状態ナルヲ以テ、之ニ伴フ注文ノ如キハ倉庫係ノ手加減ニテハ何トモ決定スル訳ニハ行カサルベシ、要スルニ平素極マリテ使用スルモノト、臨時不特定ノモノトノ二ニ分チテ、予メ其整理ノ方法ヲ講スル必要アラン、電線製造所等ニ於テモ、注文ノ如何ニ依リテハ常ニ原料ノ取締ヲ行ハサルヘカラズ、而シテ之ガ撰択ハ倉庫係ノ到底能フ処ニアラズ、即チ特定ノモノト不特定ノモノトノ二ニ分チテ初メテ漸ク其整理ヲナスコトヲ得ンカ

電線製造所の事例

鈴木馬左也

中田理事ノ云ハル、如ク、各課各係ノ意思ノ疏通ヲ計リテ、充分円満ニ整理スルヲ得バ、尤モ適切ナラント思フ

中田理事の意見が適切

西崎傳一郎

材料ノ請求ニ対スル監督ハ物ニ依リテハ倉庫係ニテ出来得サルニアラザルモ、変化ノ多キ不特定物ニ至リテハ、出来得サルハ勿論ナリ、例之新規注文ノ製品ニ要スル材料ノ如キハ其必要ノ如何ヲ倉庫係ニテ到底監督シ能ハサルベシ

鈴木馬左也

此問題ハ此位ニシテ置テハ如何

第一九議題議事録、原価計算問題（総本店経理課提出）

原価計算問題

提出理由

帳簿の組織に不都合の点が多い

前年の実績に依るため計算不確実

小倉正恒（総本店支配人）

本問題ノ理由ヲ説明スルニ当リ、茲ニ掲ゲタル以外ノ事ヲ少シク述ベントス、凡ソ物ヲ産出、又ハ製造スルニ当リテ、之ニ要スル費用ノ伴フヘキハ当然ナルガ、現在ニ於ケル我帳簿ノ組織カ果シテ之ニ適当ナルヤ否ヤヲ考査スルニ不都合ノ点多シ、即チ現行法ニ於テハ俸給、賃銀、其他ノ総費用ヲ損失トシテ計上シ、之ニ対シテハ前年ノ実際等ヨリ成ル単価ヲ以テ製造高、又ハ産出高ニ乗シタル製造益、又ハ産出益ヲ掲ゲ、資産勘定トシテハ製造益、産出益ト同シキモノヲ製品、産出品トシテ掲ケ居レリ、乍併現在迄研究シタル処ニ依レバ産出、製造ニ要シタル賃銀其他ノ総費用ハ損益計算ニアラズシテ、資産ノ部ニ入ル、ヲ至当トシ、又実際資産勘定ニテ整理シ居ルモノ多シ、而シテ資産トシテ之ヲ整理スルニ就テモ、最近ニ於テハ産出品、又ハ製品ノ単価ハprecalculation ナル方法ニ依ルモノナリ、precalculation ハ凡テ産出品、製品ノ原価ヲ記帳以前ニ算出スルモノニシテ、尤モ或ル程度迄仮定ノモノヲ用ヒザルベカラザルハ已ムヲ得ザル処ナルモ、此方法ニ依リテ記帳シ、月ノ終等ニ於テ其月ノ実際ニ照合シテ、毎月ノ実際価格ニ改ムルモノナリ

吾ガ各店部ニ於テモ、之ニ似タル計算ヲ試ミツ、アル店部モアリ（会計帳簿以外ニ又ハ会計帳簿ニテ）、若松炭業所《（ママ）》ニ於ケル月々ノ産出費計算、伸銅、鋳鋼等ニ於ケル帳簿原価ノ如キ之レナリ

前述ノ如クニシテ現今ノ制度ニ於テハ、産出品、製品ノ価格ガ実際生産費ト直接関係ナキ前年ノ実際等ニ依ルヲ以テ、損益、資産共ニ不安少カラズ、就中半製品ノ如キモノニ至リテハ殆ンド価

格ヲ計ルコトヲ得サルノ状況ニシテ計算甚ダ不確実ナリ、帳簿ハ鏡ノ如シト云フニ反シ、如此不確実ノモノニテハ甚ダ心許ナシ、特ニ別子ノ如キハ前年ノ単価ヲ其侭数量ニ乗シテ産出品勘定トナスガ故ニ、含銅率ノ如何ニ依リテハ常ニ実際ト非常ノ懸隔アルヲ見ル、計算ノ不安之ヨリ甚タシキハ無シ

大略上述ノ如クナルヲ以テ、之ヲ改ムルニハ多分ノ手数ヲ要スベキモ、充分精密ナル計算ヲナシ、以テ確実ナルモノヲ得ンコトヲ期スルモノナリ

鈴木馬左也（総理事）

内容ヲ極メザレハ手数ノ掛ルコトハ不明

小倉正恒

内容ハ極メザレドモ、手数ノカ、ルコトハ明白ナリ

松本順吉（別子鉱業所支配人）

原価計算は宿題として研究したい

原価計算ノ何タルカハ知ラザレドモ、元来産出益、製造益其モノガ未ダ充分了解出来ザルコト故、次ノ会期迄宿題トシテ延期セラレンコトヲ望ム、左スレバ帰所ノ上、自分モ研究シ、又経理課ノ人々ヘモ研究セシメントス思フ

鈴木馬左也

宿題トシテ研究スルモ可ナラン、去レド尚詳シク説明等ヲ聞キシ上ニテナスモ妨ゲザルベシ

吉田良春（若松炭業所支配人）

損益ノ個条ヲ資産トスルト云フコトナリシガ、会計組織ノ改正ト相俟テナサルベキモノナリヤ

小倉正恒

現在の会計規則では不充分

製品ニ要スル各種ノ費用ヲ資産トナストキニハ現在ノ会計規則ニテハ不充分ナラン

鈴木馬左也

本日之位ニシテ余ハ次ノ日ニ延ハスベシ

六月一日

平岡廣吉（総本店経理課主計係）

原価計算ニ関スル説明

鈴木馬左也

年数経験を要す

原価ハ品物ヲ造ルニ原料代、及其製造ニ要スル賃銀、俸給、原動費、其他一般ノ費用全部ヲ積算シタルモノナリヤ、然リトスレバ其総費用丈ノ価格ニ売レバ損得ナシト云フコトニナル訳ナリ、而シテ之ヲ、accurate ニヤルト云フコトハ余程六ヶ敷キコトト思フ、例之鋳鋼場等ニ於テモ製品ニ総費用ヲ割掛クルトシテ、一般ノ俸給、其他ノ費用ヲ割掛クル、各製品ニ割掛ルコト、特ニ原動費ノ如キハ一々ノ製品ニ割掛クルニハ余程面倒ナラン、之レハ其日〳〵ニナスコトハ不可能事ニシテ、矢張リ年数ヲ経過シテ経験ヲ要セザルヤ

中田錦吉（理事）

原価計算は単価の問題

此問題ハ今日聞ク処ニ依レバ多少精粗ノ差ハアルモ、現行ノ産出益、製造益ト同シ system ニ依ルモノニアラズヤ、別子ノマット（鈹）ノ如キハ其品位常ニ変化多ク、之等ノ原価ヲ知ルコトハ余程必要ナルモ、其算定ニハ余程困難ナラン、兎ニ角原価計算ノ問題ハ現在ノ単価ヲ可成実際ニ近キモ

ノニセント云フモノナラスヤ

小倉正恆

中田理事ノ御説ノ通リナリ

中田錦吉

即チ只今デハ一ヶ年ヲ通シタル単価ヲ半年、又ハ三ヶ月、一ヶ月ト短縮シテ行ケハ精密ニナルト云フニ止マルモノナラズヤ

本荘熊次郎（伸銅所支配人）

政府ノ事業ハ歳出、歳入ノ主義ニ依ルモノナルガ、民業ニテハ政府ノ如ク歳出、歳入主義ニ依ルコト能ハサルガ故ニ、勢ヒ原価計算ノ上ニ立タザルベカラズト思フ、併シ現在ニ於ケル会計上ノ損益勘定ト原価計算トヲ関連セシムルコトハ困難ノコトナラント信ズ、即チ事前ニ原価ノ計算ヲナスコトハ兎テモ六ヶ敷ト思フ、之ヲ事前ニセントセバ勢ヒ長期ノ統計等ニ依リテ見ルヨリ外ナカラン、統計其モノハ必スシモ正確ナルモノニハアラサルモ、大数ハ之ニ依リ得ベシ、伸銅所ノ如キハ注文ト製造トヲ別ニスル方法ニ依リツヽアルガ、紡績会社ニ於ケルガ如ク、注文、製造、倉出等ノ伝票ニ依リテ取扱ヒツ、アル処ニテハ、原価計算ニ依ルコトハ不可能事ナラン、統計ニ依リテ原価ヲ算出スルコトハ、一見計算ノ根拠ニ充分ナル効果ヲ挙ケ得ルコト能ハサルガ如キモ、之レ計算ノ誤ニアラズシテ、伸銅所等ニ於テモ現在ニテハ単価ハ一ヶ月毎ニ之ヲ精算シツ、アルヲ以テ、幾分精確ナルモノヲ得ツ、アリ、只前以テ原価ヲ定ムルコトハ不可能ナリト思フ、伸銅所ニ於テハ年々各工場別ニ原価ヲ計算シツ、アルヲ以テ、余程明確ニ製造費ヲ算出スルコトヲ得

民業は政府のように歳出歳入主義ではない

伸銅所では単価を一ヶ月毎に精算

伸銅所では原価計算を会計上に用いるのは不可能

ルニ至レリ、現在ノ処ニテモ、之等ノ原価ニ依リ統計ヲ作製シテ長期ニ亘リテ注意シ居レハ、漸次完全ニ近ツキツ、アルヲ見ル、ソコデ原価計算ハ別子等ニ於テハ必要ナランモ伸銅場等ニ於テハ原価計算ヲ会計上ニ直ニ用ユルコトハ不可能事ニシテ、統計ニ依リテ之ヲ調節シテ行クヲ可トスルニハアラザルカト思フ、半製品ノ如キニ至リテハ原価ヲ計算シ置クコト必要ナルガ如クナルモ、各 step 毎ニ原価ヲ算出シ行クコトハ複雑ナル手数ヲ増スノミニハアラズヤ、若シ各 step ニ於テ戻品等ヲ生スル場合ニハ余程複雑トナルヲ以テ、宜シク完成ノ上帳簿ニ計上スルトキニ原価ヲ附スルヲ可ナリト信ズ、尤モ事業ノ異ナルニ従テ相違ハアルヘキモ、伸銅所等ニ於テハ上述ノ如シト信ズ、尚ホ在庫品ノ出欠量ノ如キモ、各工場ニ於テ原料品ノ種類ヲ分チ居ルガ、技術者ハ計算等ハ考至リテラッフノモノ多キガ故ニ、別々ナル製品ニ同一原料ヲ使用シテモ、之ヲ一々計算係ヘ通知セサルガ如キコトアルヲ以テ、此場合一方ノ原料ハ欠量トナリ、他方ノ原料ハ出量トナリ、甚ダシク不整理ノ如クナルモ、之ヲ原価計算ノ方法ニテ救済スルコト果シテ可能ナルヤ否ヤ、如此出欠量ハ内容ノ入違丈ナルヲ以テ、左程八ヶ間敷云フ必要ハアラザルベシ

小倉正恒

(註)本庄支配人ノ云ハレタル如ク、原価計算ヲ事前ニナサントスルモノニアラズ、初メハ仮定ノモノニ依リテ記帳シ——仮定単価ノ採リ方ハ統計其他ノ方法ニ依ルトシテ——、一ヶ月ノ終等ニ於テ之ヲ regulate シテ、其月ノ標準ヲ定ムルモノナリ、故ニ初ヨリ定マリタル原価ニテ記帳セントスルモノニアラズ、出欠量ノ如キモ可成之ヲ整理シ、又半製品ノ原価ヲ算定スルコトハ、計算ノ正確ヲ期スルニアルヲ以テ、只安全ナリト云フ為ニ此方法ヲ捨ツルガ如キハ採ラサル処ナリ、例

之別子精銅ノ如キ総費用ト総出来高トヲ見レハ、之迄ノ処ニテハ大体ヨカリシモ現在ノ如ク進歩シタル考ニテハ各 stage ニアルモノヲ正確ニ見タシ、且各年ノ前后ニ於ケル繰越高ニ就テモ之ヲ正確ナラシメ置ク必要アルナリ

本荘熊次郎

伸銅所ニテハ各工場共大体原価ヲ割当テ居ルモ、鋳造費丈ヲ分割スルコトガ問題トナリ居ルナリ

萩尾傳（鋳鋼場支配人）

現場と総本店の考えの連絡を充分にする

現行法ニ於テモ、此方法ニ於テモ困難ナル点ハ実際仕事ヲナスニ当リテ原料ト工賃トハ如何シテモ考ヘテ見ル必要アルモノナルガ、実際現場ニ従事スルモノノ考ト総本店ニ於テ考ヘラルヽ点トノ連絡ヲ充分ナラシムルヲ得バ、只精粗ノ別アルノミナラント考フ

小倉正恆

其主意ナリ

西崎傳一郎（電線製造所支配人）

売上損益と純損益の一致

平岡君ノ話ノ中ニ売上損益ト純損益トハ一致スベキモノナリトアリタリ、之レハ理想トシテ一致スベキモノナルガ、実際ハ一致サセルコト困難ナリト思フ、例之売上益ヲ計上セルニ係ラズ純損トナルガ如キ之レナリ、又原価計算ヲナスニ当リテモ、賃銀等ハ之ヲ各工事ニ割当テルコトハ分明ナルコトナルモ、之等ノ直接費用ハ比較的小額ニシテ間接費ノ方大ナリ、之等ヲ細カニ計算スレバスル程不確実ノモノトナル恐アリ、故ニ原価ヲ定ムルニ当リテ、之等間接費ヲ短期ノ実際ニ依リテ算定スルコトハ不充分ナリ、寧ロ一年位ノ見当ニテ統計上ノ数字ニ依リテ算出スル方穏当

ナルニハアラズヤ、原価計算ヲ行フノ得失ヲ論スルニハ製品ノ種類ニ依リテ分類サル、コトナルベシト信ズ、即チ電線ノ如キ単純ナルモノニアリテハ、原価ヲ定ムルコトハ比較的容易ニシテ、只技術ノ進歩ニ伴フ生産高ノ増加位ガ原価ヲ安クスル位ノモノニテ、原価計算ハ現在ノ侭ニテ充分ナリ、併ケーブルノ如キ製造上複雑ナルモノハ原価計算ヲ行フニアラザレバ捕へ処ナキモノナレバ、之ヲ行ハサルベカラズ、電線製造所ニ於テハ現今此主義ニ依リテ実行シツ、アリ

吉田良春

会計ト分離シテ仕組ヲナスト云フナラバ異議無シ、原価計算ハ統計ニ帰スト云ヘバ可ナルモノニアラズヤト思フ、何トナレバ費用ハ時ニ依リテ不定ナルモノアルヲ以テ、前以テ之ヲ割付クルト云フ如キハ、所云一ヶ年中ノ統計ニ依ルト云フコトニアラズヤ、費用ノ割付ヲ行フニハ如何シテモ一ヶ年ヲ期限トスルニアラザレバ出来サルコトト思フ

原価計算と会計を分離する

小倉正恆

一ヶ年ヲ基礎トスルモノハ十二分シ、其月ニテ分明ナルモノハ其月分ノ計算ニ依ル

吉田良春

原価計算ト会計ノ根本トハ如何シテモ touch セサルモノト信ズ

本荘熊次郎

製造益ハ茲ニハ一口ニ示シアルモ実際ハ異ナリテ、各工場ニ分レ居ルモノニシテ見積書作成ノトキニ於テ、統計其他ニ依リテ其年ニ於ケルモノヲ定ムルコトニナリ居レリ、実際支払ノ時期不定ノモノ、割当及毎月ノ支出額等ヲ割当ツルコトハ、矢張リ一ヶ年ヲ通セザレバ六ヶシカラント思

フ

鈴木馬左也
伸銅所ハ新規事業多キ為、例之 steel tube ノ如キハ原価ノ算定困難ナルヤモ知レネド可成知ル必要アリト思フ、銀行ノ損益ハ毎日知ルコトヲ得ルガ、銀行ト製造工場トハ同一ニ論スルヲ得ザルベキモ、今少シク原価ノ計算ヲ速ナラシムル方法アレバ可ナラン、之等ハ程度ノ問題ナルガ注文引受等ノ場合ニ於テ之ヲ呑込ミ置ケバ、価格ノ交渉等ニ就テ頗ル便利ナルモノアラン

銀行と製造工場は同一に論じられない

本荘熊次郎
会計ヲ離レテ原価ノ統計ヲ作リ、工場経営等平岡君ノ云ハル、如クスルナラバ至極賛成ナリ

鈴木馬左也
併会計ト統計ヲ別ニスルコトハ差支ナキモ、一所ニ出来得ルモノナラバ手数ヲ両方ニ用ユル必要ナクシテ効果ヲ挙ゲ得ル訳ナレバ、最モ妙ナラント思フ、去レド都合ニ依リテ両方設ケザレハ分明セザル如キモノナレバ両方併行スル外ナカラン、現在ノ会計規則ニテ損益勘定トセルモノヲ資産勘定ニ改ムルト云フ意如何

損益勘定を資産勘定に改める

小倉正恒
本庄《(荘)》支配人ノ云ハル、損益ヲ全ク資産勘定トナスコトニシテ、之ハ阿部君ヨリ説明アルベシ

阿部源吾（**総本店経理課主計係**）
資産ノ説明

吉田良春

記帳方法の問題

営業費経費ヲ記帳スル補助帳ハ必要ナルヤ、之等ヲ全部製造勘定ニテ処理スルトセハ、俸給ノ如キハ各工場ニ分割セザルベカラズ、如此割付クコトハドウシテモ出来得ザルモノト信ズ

本荘熊次郎
製造勘定ノ記帳方法如何

松本順吉（別子鉱業所支配人）
例示ナケレバ甚ダ了解シ難シ

各店部とも一律にはできない

湯川寛吉（理事）
支払ノコトトハ関係ナカラン、大体本問題ヲ提出シタル訳ハ原価計算ノ法ヲ規定セントスルモノニアラズシテ、之ガ各部ニ於テ必要ナルモノナリヤ、必要ノモノナリトセバ如何ニシテ之ヲ実行セントスルカ、此事ヲ総本店並ニ各店部相寄リテ協議ヲナサン為ニシテ、之ニ関シテハ各店部共各異ナリタル事情アルヲ以テ、必スシモ一律ニハ行クマジク、之ヲ調査セントスルニモ各位ガ部下ヲ奨励シテナサシムレバヨカラン、故ニ今ノ処ニテハ帳簿整理等ノ問題ハ未定ナリ、如此総本店ニテハ製品又ハ産出品ノ原価ヲ可成早ク知ル必要ヲ感セシ為、本問題ヲ生セシモノニシテ、之カ為現行法ノ侭ニテ改良スル必要ナシトナラバ、問題ハ茲ニ消滅スルモ、吾々ハ尚改良ノ余地アリト信スルカ故ニ、各位ニシテ本問題提出ノ趣旨ニ同感ナレバ研究ヲ進メタシト思フ、更ニ之カ実行ノ暁ニ於テ工場管理、其他経営上充分効果アルベキハ明白ナルコトト信ズ、余ガ伸銅所支配人タリシトキ従来ノ仕来リニ就テ不満ノ点アリシヲ以テ、新規ノ事業タル電線等ニ就テ原価計算ヲ行フノ方法ヲ講シタルモ、未ダ充分ナルヲ得ズ、其他伸銅、鋳鋼ニ於テモ未タ完全ナルモノト

電線の原価計算方法

云フコトヲ得ザルベシ、茲ニ於テカ総本店ト各部ト協力シテ研究セハ聊カ其効ヲ収ムルヲ得ルニ庶幾カランカ

吉田良春

御話ノ如ク産出品、製品ノ原価ヲ正確ナラシムルコトハ結構ナルコトニシテ、之ニ達スル会計ノtechnicニ解シ難キ点アリシヲ以テ、其疑ヲ正シタルモノナリ、即チ製品、産出品ノ価格ヲ正確ナラシムルコトハ非常ニ賛成ナルモ、其方法ニ至リテ行詰マリタルモノナリ、例之産出、製造ニ要スル総テノ支出ヲ製造勘定ニ記帳スルトキニ製品ニ何ガ幾何、何ガ幾何ト記帳スルコトニ於テ会計ノ始末ガ出来得ルヤ否ヤヲ推シ得サル処ナリ

湯川寛吉

会計上ノ問題トシテハ猶幾分疑問アルモ、併本問題ハ支払等ノコトニハ関係ナキコトナラント思フ

中田錦吉

会計上原価を定めることは必要

今湯川理事ノ御説ノ如クンバ原価ヲ定ムルコトハ必要ナルヲ以テ、現在ノ方法ニ於テ悪ケレバ更ニ宜シキ方法ニ向テ進ムコトニ就テハ異存ナカルベシ、偖テ各部ニ於テ各種ノ材料ニ依リテ之ヲ調査シ行ケバ効果ヲ収ムルニ庶幾カランカ、往時別子等ニ於テハ支払ノ方法ガ採鉱費、製錬費等ノ名ニ依リテ整理セラレタルガ如シ、併シ会計規則ノ制定ト共ニ現在ノ如キモノトナレリ、故ニ大体論トシテ原価ヲ知ルニ充分ナラザル点ヲ研究シテ、可成正確ナル方法ニ改良シ行クハ必要ノコトナラント思フ、兎ニ角統計其他ノ材料ニ依リテ製造費ヲ計算シテ見タル上、現行会計法上ノ

方法ト合致スルニ至リテ初メテ system ヲ変スルモ可ナラズヤ

鈴木馬左也

此問題ハ宿題ニスヘシトノ説アリシカ、此問題ハ茲ニテ議論スルコトハ此位ニ止メ、更ニ問題ヲ進メテハ如何、尚原価計算ニ関係アル店部ノ人々ハ打合ヲナシテハ如何

原価計算問題は宿題とし、関係店部で打合せ（編者註一三八頁参照）

湯川寛吉

結局ハ其点ニ落付クコトト思フ、総本店ニテモ具体的ニ之ガ実行方法ヲ研究セルニハアラサルヲ以テ、只店部ニ於テ本問題ヲ研究スルニ至レバ本問題提出ノ趣旨ハ貫徹スルコトト信ズ

鈴木馬左也

会計規則ヲ改メテ原価計算ヲ行フカ、現行法ノ侭ニテ之ヲ行フカノ点ハ重要ナルコトナリ、現状ノ侭ニテ可ナリト云フ人ナシトセバ如何ニシテ原価計算ヲナスカト云フ実質ノ研究ヲ要スル訳ナリ、会計法トノ関係モ之ヨリ進ムルコトヲ得ベシ

湯川寛吉

此問題ハ瑣細ノ点迄進ムヘキヲ以テ、寧ロ各店部ノ係員ト総本店ノ関係係員ト打合ヲナサシムルヲ可トスルガ如シ

鈴木馬左也

ソウ云フコトニシテ、本問題ハ切上クルコトニセン

西崎傳一郎

此問題ノ研究ヲナスニ就キ外部ノ例ヲ調査セラレタルガ如キモ、主トシテ芝浦、鐘紡ノ例ニシテ、

之等ハ吾事業ト余程離レテ居ルガ如キ感アリ、芝浦ノ如キハ仕事ガ細ニ過キ、紡績ノ如キハ粗雑ナリ、故ニ今少シク適切ナル例ヲ調査サレンコトヲ望ム

湯川寛吉

関係店部ノ人々丈ハ明日亦打合ヲナスコトトシテ此問題ハ之ニテ打切ルベシ

○原史料で第一九議事録に続けて記載される「六月二日関係店部主管者協議」の全文を、参考までに次に記す。

編者註　関係店部主管者協議

小倉正恒

現行法ノ仮計算ヲ行ッテ見ルコトニシテハ如何

湯川寛吉

原価計算ヲ極ムルトスレバ如何ナル方法ニ依ルカ、各部丈ニテ之ヲナスカ、或ハ各部及総本店共同ニテ之ヲナスカ、或ハ各店係員ニ会合セシメテ之ヲナサシムルカ等ノ問題ヲ極メントス、時期ノ問題等ニ就テモ次ノ会期迄ト云フ如ク予メ定メ置キタシト思フ

小倉正恒

方法ヲ定ムルコトハ必要ナリ、在阪店部ノ係員丈ハ嘗テ集会ヲ催シテ話ヲシタルコトアルモ、尚一層ノ連絡ヲ取リタシ

原価計算と会計の混同

松本順吉

原価計算ト会計ト混同スル点アルガ如シ、故ニ将来ノ問題トシテモ、会計ト結付クル迄ナスモノナリヤ、別子ニハ統計等アルモ、未ダ学理的ノモノニハアラザルモ、今日ノ処ニテ計算ト関係シテ研究セントセバ、複雑ナル問題多々之レアルヘキヲ以テ、余程面倒ナラント思フ、故ニ別子ニ於テ一ノ案ヲ作リ、総本店ノ同意ヲ得ルコトトシ、期限ノ如キモ次ノ会期迄ト云フ如キ漠然タルモノナレバ出来得ベキモ、確定セル期限内ニ進行セシムルガ如キハ六ケシキコトト思フ

萩尾傳

別子各課ヲ通ジテ原価計算ヲナストセハ、各課ノ費用ヲ知ルコトヲ得ヘキカ

松本順吉

直接費丈ハ明瞭ナルモ、間接費ハ不明ナリ――今日ノ統計ト cost keeping ト関連セシメテ、会計ト一致セシムル様ニデモセバ幾分話ヲ進行シ得ヘキカ

直接費は明瞭だが間接費は不明

萩尾傳

統計ヲ精密ニシテ cost keeping ト結付ケル方法ヲ講ゼバ、強チ出来ザルモノニハアラザルベシ、現ニ鋳鋼場ニ於テモ之ト稍ヤ似寄リタル計算ヲ行ヒツヽアリ

松本順吉

原価計算ヲ行フコトハ大ニ賛成ニシテ、現ニ製錬課等ニテ之ヲ研究シツヽアリ、只統計ヲ今少シ精密ナラシメテ、之ヨリ推シ進メ行カンカト考ヘシ処ナリ

萩尾傳

会計ト統計トヲ結付クルヲ得ハ、本問題ハ充分ニ達スルコトヲ得ン

会計と統計を結付

吉田良春

会計ト各課ノ費用ヲ精密ニ知ルト云フコトトハ一致セズ、即チ cost ニハ必ズ数量ノ伴フモノナルガ故ニ、金銭ノ支払ト数量ノ計算トヲ一所ニスルコトヲ得ザルモノト思フ

川田順（東京販売店支配人）

会計ノ補助トシテ、コスト a/c ノ補助帳ヲ作ルコトニナルニハアラズヤ

小倉正恒

当方ニテハ統計ニ依ラズ、寧ロ会計ニテ之ヲ行ハントスル意ナリ

統計に依らず会計にて行う

吉田良春

乍併工場ノ如何ニ依リテハ、総費用ヲ各工場ニ割充ツルコトハ直ニ行フコトヲ得ザルベシ

湯川寛吉

今ノ処ニテハ吉田支配人ハ現行会計規則ヲ其侭ニナシ置クコトヲ主張シ、小倉支配人ハ現行法ハ不備ナリト云ハルヽガ如シ、乍併何レニシテモ会計、統計ノ両方ノ可否ヲ定ムルコトハ本問題ノ目的ニアラズ、cost a/c ヲ研究シテ充分ノ効果ヲ挙クルニ至レバ、統計、会計ヲ同一ニスルコト、又ハ別ニスルコト等ハ放テ差支ナカルベシト信ズ

帳簿組織に関連

吉田良春

帳簿組織ノ関係上本問題ニ疑ヲ抱クモノニシテ、本問題ハ帳簿組織ニ関連スルモノナルガ故ニ、初ヨリ此方針ヲ以テ考ヲ進メタルモノナリ

湯川寛吉

原価計算ハ統計、会計ノ何レヲ論セズ、要ハ原価ノ算定ハ充分ニ出来得レバ、本問題ノ趣旨ヲ達スルコトヲ得ルナリ

松本順吉

cost a/c ノ必要ナルハ無論ナルガ、会計ノ問題モ之ニ伴フモノト思フガ故ニ、総本店ノ方ヨリ之ニ関スル具体的成案ヲ指示セラレンコトヲ望ム、去レバ之ヲ各係員ニモ示シ、各課トモ協議シテ之ヲ定メントト思フ

総本店より立案するか各部と協議するか

湯川寛吉

之ヲ総本店ヨリ立案スルガ可ナルヤ、或ハ各部ト総本店ノ各係員ガ協議シタル上シタ方ガ可クハナキカト思フ

西崎傳一郎

各店部各其仕事ノ趣ヲ異ニスルヲ以テ、cost a/c ノ目的ヲ達セントセバ、矢張リ細目ハ各自ニ於テ考ヘ、其上協議ヲナセバ進行スルコトヲ得ンカ

萩尾傳

原価計算ノ可否ヲ決定シテ、其上各店部ニ於テ係員ヲシテ之ヲ研究セシムルコトニセハ可ナラン

松本順吉　原価計算ヲ行フコトノ問題ハ已ニ異議ナシ、只総本店ノ希望ニ副ハシムル要アルヲ以テ、一ノ成案ヲ示サレンコトヲ望ム処ナリ

本荘熊次郎　cost a/c ヲ行ヒツ、アル処ニテハ損益計算ハ行ハサルモノナルヤ

平岡廣吉　損益勘定ハアリ

本荘熊次郎　会計ノ帳簿ハ現行ノ侭トシ、更ニ原価ニ関スル帳簿ヲ設ケテ整理スルコトニセハ可ナラント思フ、昨日ノ話ノ如クニテハ如何シテモ現行会計組織ニテハ割当困難ナルヲ以テ、之ヲ別ニセサレバ不都合ナリ、若シ別ニスルトシテ、会計上ノ元帳ハ cost a/c ニ依ル産出益ヘ益不突合トナルコトアリ

原価に関する帳簿で整理するのも可

平岡廣吉　補正勘定ノ如キ方法ニ依リテ其会計ヲ改メテ行ケバ充分之ガ平行ヲ見ルニ至ルベシ

本荘熊次郎　半製品ニ就テハ如何ナル計算ヲナスカ

半製品

平岡廣吉　其問題ハ小倉支配人ガ此間説明セラレタル製造勘定ノ必要ナル所以ナリ、半製品ニ掛ケル損益ヲ正当ナラシムル点ニ於テ必要トナル所以ナリ

本荘熊次郎　原価計算ヲ行フモノトシテ之ヲ永久ニ続ケ行クヘキモノカ、二、三年統計ヲ採リテ見レバ明白ニナリ得ルモノニハアラザルカ、之ハ未ダ研究シタルモノニハアラザルガ故ニ確言スルコトヲ得ザルモ、同一物品ノ原価ガ常ニ変動ヲ来ス様ノコトハアルマジク思ハル、而シテ原価ヲ実際少シク詳細ニ調査セシメン

原価計算は巨額の費用がかかり不経済

トスレバ人物ヲ要スルコトトナルヲ以テ、原価計算ヲ実現スルニ至レバ巨額ノ費用ヲ要スルコトトナリ、甚ダ不経済ノ如ク思ハル、故ニ会計ト原価計算トヲ永久ニ連絡セシメントスル必要アルヘキモノナルヤ否ヤ、疑ノ存スル処ナリ、例之一工場ニ於テ高賃ノ職工ノミヲ使役シタル場合ト低賃ノモノヲ使役シタル場合トニ於テモ、原価ノ相違ヲ来スヘキヲ以テ、余リ詳細ニ原価計算ヲ行フガ必ズシモ有効ナルモノトモ云フコトヲ得ザルベシ

工場経済とコスト勘定は一致しない

小幡文三郎（伸銅所長、理事心得）

工場経済ト cost a/c トハ一致スヘキモノニハアラサルベシ、例之嘗テ和蘭ノ海軍大臣ガ英米ノ工場ヲ比較セシメタル結果、management system ノ方法ガ必スシモ利益ノアルモノニアラザルコトヲ発見セリト云フ、現ニ各工場ニテ原価計算ヲ採用スルトスルモ、time keeper ノ有力ナルモノナケレバ、未ダ完全ニ計算スルコトヲ得ザルヘシ、茲ニ於テカ和蘭ノ海軍大臣ハ経済ノ目的ハ management ノ方法ヨリモ、寧ロ人ニアリト云フコトヲ看破シタルモノナリト思フ、故ニ此問題ニ就テハ具体的ニ成案ヲ示サレンコトヲ望ム

伸銅所の事例

本荘熊次郎

伸銅所ニ於テ四月分ノ原価ヲ算出シタルモノアルヲ以テ、茲ニ其方法ニ就テ述ベンニ、営業費経費、其他ノ費用ハ之ヲ各工場ニ於テ費消セシ高ニ依リ各工場共通ノモノ、例之動力費ノ如キハ各工場ノ機械力ノ平均（目安ニ依ル）（又ハ時間ニ依リ）トロールノ種類等トニ依リ割宛テ、償却ノ如キハ全体ノ償却ヲ各仕事ニ按分チ、炉ハ時間ニ依リ、機械ハ使用時間ニ依ラズ賃銀ノ割合ニ依ルト云フ如ク、其他ノ一般共通費用ハ各費用ニ分シ、倉庫ノ費用ハ総重量ニ依リテ割当テ、如此シテ四月分ガ漸ク六月ニ至リテ出来リタルガ、之ニ依リテ実際ノキアパシチーガ確然ト分明セルカト云フニ、印度板ノ如キ原料、其関係ハ変リナキモ生産費高キニ失シテ損失ヲ来スコト多シ、ヨク調査セン結果印度板ニハ高賃ノ職工ノミヲ使用シタルコト明ニナリタルコトアリ、尤モ此計算ヲ以テ公平ナルヤ否ヤト云フニ、印度板ノ如キニ対シテハ尚不充分ナリト思フ、少クトモ六ヶ月以上ノ実際ニ見タル上ニアラザレバ不充分ナラン、尚之

会計と原価計算は一致しない

ニ依レバ会計ト一致スル点モアレドモ（製造益ノ如キ）、大体別々ニナラントスルノ傾アリ、而シテ原価計算ハ此位ノ程度ニ止ムルカ、或ハ尚細カニ行ク積リカ不明ナリ、而モ尚之ニハ仮定ノ数字ヲ多ク含ムコトハ当然ナリ、注文ニ就テハ一々原価ヲ明ナラシムルコトハ未ダ能ハサルナリ（本庄（荘）支配人ノ説ハ中途ヨリ筆記シタレバ或ハ意ノ通セサル処アラン）

平岡廣吉

特殊ノモノニ就テハ皆同様ナリト云フコト能ハサルハ、誰モ否認セサル処ニシテ、多少ノ差アルハ免レサル処ナリ、毎月別々ナルモノ、計算ヲ行ヒ、一年、二年ノ后全体ヲ完成スルヲ得ハ可ナラン

本荘熊次郎

特定ノモノニ就テ調査シテ見ルコトモ必要ナルコトト思ヒ、幾分試ミタルコトアルモ、事実ハ却テ不明トナレルガ如シ、初メヨリ精細ニ行フコトハ余程困難ナルガ如シ

吉田良春

如此統計ハ会計ノ帳簿トチェックシテ見ザレハ、果シテ一致セルモノナルヤ否ヤ不明ナルヲ以テ、一事一物ニハ粗ナルモ、正確ナルモノヲ得ル必要アリ

本荘熊次郎

既往ノ事実ニ就テ見ルニ、会計帳簿中ノ製造益ト、原価計算ニ依ル製造益トヲ対照シ見ルニ、或ル月ノ後ニハ幾分接近スル様ニ思ハル、モ、寧ロ原状ノ方ガ伸銅所等ニ於テハ可ナルニハアラズヤト思ハル、原価計算ハ事后ニシテ実際的ノモノニスルカ、事前ニシテ仮設的ノモノニスルカト云フコトガ重要ナルコトナルカ、伸銅所等ノ仕事ハ紡績ノ仕事ニ似通ヘル点多キヲ以テ、紡績会社等ニ適当ノ方法ヲ採リツ、アル処アレバ、研究ノ資料トシテ好個ノモノナリ、紡績会社等ニテ倉入スルトキハ原価ニテ計上スルヤ

紡績会社の原価計算を研究すべし

平岡廣吉

工場ニテ計算スルモノニシテ、半年毎ニ予定シ居レリ、生産費ハ凡テ損失ヲ通シテ計算セリ、工場ハ各

原価計算は総本店と各店部の相談で決める

番手ニ就キ原価ヲ計算スルモノナリ

本荘熊次郎

出来高ニ対シテ費用ヲ見ルモノニアラズト云フニハアラズヤ

西崎傳一郎

芝浦トテ紡績ト同一ニシテ、所云原価計算ニ依ルモノニアラズ

本荘熊次郎

住友家ノ採レル方法ハ世間ト比シテ余程進歩シタルモノニシテ、他ガ劣レルモノニハアラズヤ

平岡廣吉

紡績等ニテハ工賃ト原料トヲ別ノ費用トセズ、製造勘定トセルモノナリ

阿部源吾

之ニ就テ渡シタル綿ト残リタルモノトハ毎月調ヘテ整理シ居レバ明瞭ナリ

本荘熊次郎

原料ハ原料、費用ハ費用トシテ整理スルヲ可トスベシ

西崎傳一郎

品物ノ種類ニ依リテ原価計算ノ異ナルハ当然ナルヲ以テ、物々ニ依リテ考ヘサルベカラズ

湯川寛吉

大分話ガ接近シタル様ナルガ、各個ヲ通シテ一律ニスルト云フニハアラズ、原価計算ノ可否ヲ論セラル、点ニ就テ、先刻本庄(荘)支配人ノ説明ハ大ニ有益ナルモノト思フ、即チ長ク之ヲ行フカ否カハ問題ナリ、又各店部ニ依リテ異ナルコトモ明ナルヲ以テ、各店部毎ニ研究スル必要モアラン、又共通ノ点モアルヲ以テ、夫レ等ノ点ハ総本店ト各店部ト相談シテ決スルヲ可トスベシ、又之ヲ行フ時ノ関係モ研究スル必要アルガ如シ

吉田良春

会計組織ノコトハ何等関係ナキモノト云フコトニナリタルガ、各店部ニ於テ事情ヲ異ニスル点ノ主要ナルモノハ記帳ノ方法ナリ、若松ノ如キ予算ニ依リテ産出品ノ価格ヲ記入スルモノナルガ、各部ニ於テ互ニ之等ノ実状ヲ知ル必要無キヤ、又ハ其可否ノ如キモ之ヲ議論スル価値ナキヤ、総本店ノ意見如何

小倉正恆

之レ以后ノ話ハ各部ノ希望アルヘキヲ以テ、本問題ハ各位御帰店ノ上充分研究セラル、コトトシテハ如何

原価計算は各店部で研究し総本店に相談

湯川寛吉

各部毎ニ研究シ、総本店ニ相談スルコトトセバ可ナラン、本庄（荘）支配人ノ説明セラレタルモノニ就テモ余程準備ノ必要アルベキヲ以テ、相当ノ時間ヲ必要トスベク、一先ツ之ヲ中止シ、後ハ各部ノ研究ニ俟ツコトトセンカ

原価計算ハ不肖嘗テ伸銅所支配人タリシ際、必要ナルモノト認メタル処ナルガ、総理事ノ御考モ同様ナリト思フ、総本店ノ意向モ大体ノ議論ヲナス目的ニテ細目ヲ示スコト能ハサリシ訳ニテ、各位ニ色々ナル考査ヲ費サシメタルハ申訳ナキ処ナリ、又小幡君ノ御話ハ有益ナルモノナリシカ、総本店ニ於ケル大ナル目的トシテハ経済上ノ利益ニアルコトモ明白ナルモノナルヲ以テ、絶対ニ原価計算ノミニ依ラントト云フモノニアラズ、人ニ依ラサルベカラサルハ亦明ナラン

会計組織の研究も総本店で実施してほしい

会計ノ組織ニモ幾分ノ関係アルコトト信スルヲ以テ、此点ノ研究モ総本店ニテナサレタシ

小倉正恆

充分研究セン考ナリ

湯川寛吉

簡単ナル成案ガアリソウナモノナリ

小幡文三郎

統計ニ依リテ仕事ヲスルコトモ余程ノ注意ヲ要ス、却テ某工廠ノ監督官ガ或ル品物ノ製作ニ当リテ在来

ノ統計ヲ考量セシ結果、内地ニテ製作スレバ不引合ナルヨリ、外国ヨリ輸入シタルモノヲ使用スルコトトシ居タルガ、他ノ監督官ハ内地ニテ安ク出来サル筈ナレトテ、其製作ニ従事セシメタルニ、果シテ外国品ヨリ安価ナルモノヲ得タリト云フ例アリ、元ヨリ之等ハ統計ノ不完全ナルニモ依ルモノナレドモ、其完全ナル統計ガ中々得ラル、モノニアラズ、各自ノ理想通ノ統計手ナキ限リ、到底出来得ルモノニアラズト思フ、寧ロ長ヒ間ノ経験ニ依リテ見レハ却テ夫レ以上ノ効果アルコトアリ、之ハ海軍等ニ於テモ実例ノアルコトナリ、故ニ原価計算ノ方法ニシテ簡単ニ出来安キモノアレバ御教示アランコトヲ乞フ

吉田良春

各部ノ実状ヲ知ラサルヲ以テ、在阪店部ノ工場ノ実際丈ニテモ明白ニ教示サルルコトヲ得ハ大ニ利益スル処アルベシ

在阪店部の実際を教示されれば利益もある

主管者協議会議事録　大正四年

総理事演説（速記）五月廿五日午後二時十五分

余程御相談ノコトモ進行致シマシテ、大抵此会ノ結了スル場合ニナッテ居リマスル様デスガ、私モ考ヘテ居リマスルコトヲ御話申上ゲテ置キタイト思ヒマス。

各店部は総本店の耳目

アナタ方ハ各方面ノコトヲ担当シテ居テ下サルノデ、一面ハ総本店ノ耳目デアルノデス、故ニアナタ方ノ耳目ニ触レ、アナタ方ノ脳髄ニ感ズル所ヲ以テ総本店側ニ十分ニ之ヲ移シテ下サッテ、而シテ総テ事ノ処置ガ宜シキニ適フ様ニアリタイト思ヒマス、換言シマスレバ、アナタ方ガ各方面ヲ担当シテ御イデニナリ、色々生スル所ノ意見ヲ遠慮ナシニ住友ノ幹部ニ向ヒ申出テ貰イタイノデス、事ニ付余リ遠慮ガ過ギルト事情ガ疎隔シ、又甚ダシキニ至ッテハ意思ノ疏通ヲ欠クコトニナルノデス、事情疎隔シテ意思ノ疏通ヲ欠クコトニナリマスルト、協心戮力シテ共ニ此住友家ノ隆盛ヲ計ルコトガ弱クナルコトニナルノデスカラ、其点ハ余程肝要ナコトデアルト思ヒマス。

住友全体が一つの有機体

是迄度々御話スルコトハ、住友ノ全体ガ一ノ有機体トシテ働イテ居ルトイフコトデアリマスガ、之ガ為ニハ統一モ必要、秩序モ必要、規則モ必要デアルト思ヒマス、此方面カラデモ能ク御考ヘ下サルレバ趣意ハ解ルコトト思ヒマスルカラ、今日ハ他ノ方面カラ同ジ事柄ヲ御話シテ見タイ。

総本店と各部、各店部間の関係を生きたものにする

従来御話シテ居ルコトヲ浅薄ニ考ヘルト只形式的ニナリ、社祚（裃）着用トイフコトニナッテシマウ、総本店ニ向テ報告スルコトハ夫々ノ規則ニ依リテ報告シ、認可ヲ経ルコトハ亦夫々ノ規則ニ依リテ認可ヲ受ケレバヨイトイフ訳デアリマスルガ、カウナルト効能ハ甚ダ薄クナルノデス、即チ総本店ト各部、又ハ各店部間相互ノ関係ハ死シタル関係ニナル、生キタ本当ノ関係ハナクナッテ、結局住友家ノ隆盛ヲ計ル上ニ効能ガ少クナル、故ニ其関係ヲ生キタルモノニシナケレバナラヌト

考ヘマス。

自由の意思

此処ニ居ラレル方ハ年ノ多イ方ガ多イノデスカラ、従テ其御考モ極メテ新式デナイカモ知レマセンガ、新シキ考トイフ様ナモノヲ見聞致シマスルニ——観察研究スルトイフ訳デハナク、只見囓リ聞囓リスル所ニ依ルニ——、或ハ芝居、或ハ絵画、或ハ詩ナリ、或ハ文芸ナリニ於テ、如何ニモ従来ノモノト現今ノ新シイモノトニハ差ガアル様ニ感ズル、其新シイモノトイフノハ、従来ノ規則トイヒマスカ、定マツテ居ルモノヲ離レ、即チ其レニ拘泥セス、囚ハレナイデ各自由ノ意思ヲ発表スル有様ノモノカト考ヘマス。或ハ私ノ考ガ肯綮ニ当ラヌカモ知リマセヌガ、左様イフモノト思ヒマス。

思想の解放

私共歴史ヲ読ムトキニ、奴隷解放 emancipation of slave トイフコトヲ見タコトガアル、現今ハ思想ノ emancipation ガ流行スル様ニ考ヘラル、従テ言語動作ニ至ルマデ同様ト考ヘラレマス、何カラ emancipate シタイト考ヘルカトイフト、総テ此、Orthodox カラ emancipate シタイトイフコトニナル、ソーイフ考ハ西洋諸国ニアルノデ、我国ニ伝ハツテ来ルノハ、深キ学問ニハ哲学ナドモアリマセウガ、多クハ芸術方面カラシテ日本ニ斯カル考ガ入込ムモノト思ハレル、一方カライヘバ或ハ人間ノ本能、或ハ自然主義ノ自然ニ基キタルモノト考ヘマス。カヽル思想ヲ以テ住友家カ今日事業界ニ立ツテ事業ヲ経営シテ行クトスレバ、住友家ニハ事業モ多ク、従事者モ可成リ数アルコトデアルカラ、此処ニ今ノ emancipation ヲ十分ニヤルト考ヘタ時ニハ、私ハ気遣フノハ名々個々別々ニ individual ニ各本能ヲ発揮シテ、其為ニ云ハント欲スル所ヲ云ヒ、為サント欲スル所ヲ為ストイフ弊ニ陥ル様ニナリハセヌカト思フノデアリマス。然ラバ何ニヨリテ此弊害ヲ除去シ、衆力ヲ纏メテ事業ヲ経営シテユクカ、大ニ望洋ノ感ナキ能ハス、故ニ従来云フ如ク協心戮力、統一ヲ計ルノ外ナシト思フノデアリマス。

協心戮力、統一を計る

西洋諸国ニ於テモ、私ハ事業ヲ経営シ行クニハ亦同様ノコトト思ヒマスルガ、乍併人々ノ思想ガ束縛ヲ脱スルコトヲ希望スルノハ人情ノ自然ト思ヒマス、又其束縛ヲ脱却シタル、自由自在ノ思想ガナケレバナラヌト考ヘマス、此両端ノ思想ヲ如何ニシテ調和シテ行クカトイフニ、其処ガ実ハ六ツケ敷イ処ナルモ、私ハ古イ言葉ヲ籍リテ申シマスルト、誰ノ言葉カハ記憶シマセヌガ、和而不同、或ハ之ヲ不就不離トイフ漢語カ何カ知ラヌガ、能ク聞ク所デアル、之等ノ言葉ノ意味ヲ能ク味ハツテ見レバ、Orthodox ト emancipation トノ意味ガ能クトレルト思ヒマス。単ニ旧套ヲ墨守スルハ stationaryニ隔ル、苟クモ stationary デアレバ degenerate スル、住友家ニ於テモ我々不肖ノ者ガ重役ニナツテ居リマスルガ、重役ノ考ヘル所モ徒ニ旧套ヲ墨守セントスルニ非ズ、サレバトテ朝令暮改ヲ事トスルニモアラズ、サレド曽テ決定シタルコトヲ変易スルコトハ是迄モ必ズアツタコトデ、将来モ益々之ヲ計ラナケレバナラナイト思ヒマス。住友家ノ事業ニ付テモ現在ハ如此デアルガ将来ハ斯く〳〵デアリタイト希望スルコトガアルガ、之レモ何時迄モ同一ト思フノデハアリマセヌ、進歩改易ハ勿論必要デアリマスルカラシテ、私共カラモ希望シ、或ハ命令的ニ云フコトモアルガ、墨守セントスル訳デハアリマセヌ、進歩改良ニ付テハ及バズ乍ラ、何トイフカ、一方ニ余地ハ正ニ存シテ居ル心算デアリマス。

進歩改良は必要

此考ハ何処デモ同様デアルカラ、世界ノ大勢モ観察スルコトヲ忘レテハナラヌ、又我東洋又ハ帝国内ノ状況ニ付テモ常々注意ヲ怠テハナラヌト思ヒマス。現在ニ於テ唯斯ウイフ方針（確

世界の大勢を観察

信?）……命令……ト思ヒマス。現今ノ欧州大戦争ノ有様ヲ観ルモ明瞭デアリマス。秩序・命令・報告・斥候・命令、皆活潑ニ行ハルルガ、武器ハ日進月歩シ、作戦計画モ大ニ進歩スルコト思ヒマス。此等ノ点ニ油断スル国ハ必ズ劣敗者トナル、之ガ万世ニ渉ツテ不変ノモノナルヤ否ヤニ至ツテハ、私共ノ小サナ頭デハ分リマセヌガ、根本ノ主義ハ有史以来変リナシト思ヒマス。孫子カ呉子ニ将帥タルヘキ者ハ英雄ノ心ヲ収攬スルニ在リトイフ言葉アリ。之ハ支那ノ戦デモ、日本ノ戦デモ、又西洋ノ戦デモ一般ノ心ヲ収攬スルトイフハ動カヌコトト思ヒマス。彼ヲ知リ己ヲ知ラバ百戦百勝トイフコトモ千古不磨ノ原則ナリト思ヒマス。

第一次世界大戦

或ハ之モ孫子カ呉子ノ初ニアルコトト思ヒマスルガ、戦ヲスルニハ名ヲ正シウセザルベカラズトイフコトガアリマス、欧羅巴ノ今ノ戦ハ利之ヲ事トスルノデ、名ヲ正シウスルコトハナイガ、戦ノ責任、戦争ノ原因トイフモノヲ互ニ他国ニ譲ル点ヨリ見レバ、矢張リ名ヲ正シウスルコトニ努力セルモノデアル。某国兵ハ斯ウ曰フ我々ハ已ムヲ得ズ力ヲ用フルノデアルト、即チ名ヲ正シウスルモノデアル。名正シカラザレバ振ハザルナリ、日清・日露ノ二戦ノ如キモ、日本ハ圧迫サレテ不得已立ツタノデアル、名正シ、故ニ士気自ラ振フタノデアル。丁度今日ノ政治ニ関スルガ、――此所デ云フノハ差支ナイト思ヒマスルガ――日支交渉モ日本国民ハ一生懸命ニナレヌ、最後通牒ヲ発シテモ国民ハ平気デアル、之レハ惜シイ哉、名正シカラザルガ故ナリト思フノデアリマス。

戦は名を正しくすることを要す

如斯、進歩改易ハヤラナケレバナラナイガ、其大原則ニ至ツテハ先ヅ千古不磨ト思ヒマス。最モ深キ哲学者ノ議論トシテハ兎モ角デアリマスルガ、御同様ニ考ヘテ居ル事ハ根本ニ於テ変ルコ

大原則は千古不磨

根本以下のことは常に改変

トハナイト信ジテ居ルモ、根本以下ノ事ハ常ニ変改シナケレバナラナイト思ヒマス。故ニ陳套ヲ墨守シ、従来ノ事ヲ固守スルトイフノデハアリマセヌ。故ニ総本店ニ於テモ鋭意熱心ニ調査、観察、研究シナケレバナラヌガ、アナタ方モ各方面ノ事業ニ従事セラル、ニ付テハ、種々ナル事柄ニ接スルコトモ多クアリマセウカラ、之ニ依テ得ラレタル所ヲ十分ニ本店ニ注入シテ貰ヒ度イ、

得た経験・思想を本店に注入
主管者は住友家の耳目

アナタ方ハ住友家ノ耳目デアリマスルカラ、其目的ヲ十分ニ達シテ、得タル経験・思想ヲ本店ニ移スコトヲ希望スルノデアリマス、形式的デハ駄目デアルカラ、生キタル関係ニ於テ御尽力ヲ願ヒ度イノデアル、果シテ能ク此ノ如クナラバ、協心一致、住友家ノ事業ノ隆盛ヲ計ル上ニ遺憾ナシト思フノデアリマス。

総本店では意見を歓迎する

総本店ニ於テハアナタ方ノ意見ヲ聴クコトヲ歓迎スルノデ、タトヒ本店ノ従来ノ意思ニ反スルトモ差支ナイ、遠慮ナク申出テ貰ヒ度イ、決シテ、頑迷不霊ヲ得タリトシテ圧迫的ニ行クノデハアリマセヌ。私ガ此席ニ於テ云フコトハ唯口上ノミニアラズ、真ニ其意ヲ言フノデ、私一人ノミナラズ、家長公(十五代友純)ハ申ス迄モナク、他重役モ皆同一デアル、重役以下ニ於テ頭角ノ業ニ当ル支配人、副支配人、主任皆同一デアリマス。之ハ真実ノ意思ナリトイフコトヲ信用セラレテ、遠慮ナク常ニ意見ヲ言フテ貰ヒ度イ。申シ様ガ不充分ナリシヲ以テ了解セラレタルヤ否ヤ分リマセヌガ、考ハ十分申述ベタル心算故、其積ニテ篤ト御勘考ヲ願ヒ度イト思ヒマス。

二　議題一覧

第一議題、英語科目試験の存廃（議事録一六八頁）総本店の諮問案

第一　傭員学力検定試験科目中、英語ノ存廃、若クハ其程度ニ関スル意向（総本店庶務課提出）

諮問案

蓋シ此試験ニ応セントスル者ハ多ク正則ノ教育ヲ受ケタルモノニアラス、故ニ此種ノ人ニシテ別子、若松等ノ僻遠ナル地方ニ勤務シタル者ハ独学、之ヲ力ムルノ外途ナキモノナルヘシ、而シテ英語ノ如キハ特ニ独学ニ適セサルモノナルヲ以テ、他ノ学科相当良好ナルニ拘ハラス、僅ニ英語ノミノ為ニ及第シ能ハサル人ヲ生スル虞アリ、又英語アルカ為メニ応試ノ念ヲ絶ツモノナキヲ保シ難シ、実状如何

又一方実務ニ於テモ、如上山間僻遠ナル場所ニ勤務スル者ニハ英語ヲ要スルコト殆ント無キコトト察セラル、之レカ実況如何、又一般店部ニ於ケル其必要ノ程度如何、仮ニ全般ニ亘リ、又ハ一部ニ於テサシタル importance ナシトセハ、英語ハ之ヲ如何ニスヘキヤ

（案一）程度ヲ低下スヘシトイフ説　最モ多ク聞ク所ノモノノ如ク覚ユルモ、試験規則ニ於テ各科ノ程度ヲ中学、甲種商業卒業程度トセルニ拘ハラス、英語ハ已ニ読本第三程度トセリ、故ニ之レ以上低下スルハ難シ、

（案二）廃止説　試験科目中ヨリ全然削除スヘシトイフ案ナリ、然レトモ此案ハ少シク極端ニ失ス、蓋シ今日ニ於テ英語ハ殆ント普通学科ニ均シキ有様アリ、従来英語ヲ試験科目トセサリシ文官試験規則等ニ於テモ戦争前規則ヲ改正シテ英語其他ノ外国語ヲ加入セシメタル事実アルノミナラス、前述僻遠ノ地ニ在ル者ト反対ニ横浜、神戸其他都会ニ在ル者ニハ直ニ随分必要ナルモノアルヘク、又容易ニ修学ノ便ヲ得ル処アリ、此

等ノ為ニハ寧ロ存置スルヲ要ス、例外的ノ者ノ為ニ全般ヲ過ルコトナキヲ要ス、於茲乎第三案アリ

（案三）選択科目説　英語ハ一般普通学ノ範囲ニ入レル今日ノ状態ヨリ見、及ヒ英語其モノヨリモ英語学修ニヨリテ練ラレタル頭ハ事務員トシテ要アルモノタルノ見地ヨリ、左記学科ト共ニ其中ノ一ヲ選択受験セシムルコトニシテハ如何

英語（読本第三程度ノ英文和訳及和文英訳）

法制（憲法、民法、商法等ニ関スル通論的ノモノ）
経済（原論及商工業経済学的ノモノ）

地理（商工業ニ関係アル東西地理）

歴史（同上　　東西歴史）

第二議題、給仕・使丁の傭員除外（議事録一七八頁）

第二　傭員例第一条ノ五給仕、及六使丁ヲ削除スル可否、但給仕及使丁ヲ傭員ノ範囲外トスルモノナリ（総本店庶務課提出）

総本店の諮問案

諮問案

給仕、使丁ノ職務タルヤ、手足ノ労ヲ提供スルニアルヲ以テ、其性質寧ロ労働者ニ類ス、故ニ後者同様ノ身分待遇ニ改メントスルモノナリ

然ルニ(一)各店部ニ必須ナル人員（menber）ハ之ヲ傭員トスヘシトイフ前提ノ下ニ、給仕、使丁モ亦傭員ナラサルヘカラストイフモノアリ、尚(二)彼等ハ傭員ノ扱ヲ受クルコトニヨリ、之ヲ名誉トシテ永ク且着実ニ励精勤務スルモノナルカ故ニ、除外スヘカラストスルモノ等

アリ、各部ノ実状如何

第三議題、特許・意匠等の総本店取扱（議事録一九〇頁）

第三　特許、意匠、実用新案等ノ出願、及特許証保管ヲ総本店ニ取扱ハシメントスル希望（別子鉱業所提出）

特許、意匠、実用新案等ハ何レモ特許代理業者ノ手ヲ経サルヘカラサルヲ以テ、当初ニ於テ取扱フヨリハ総本店ニテ全部ノ取扱ヲ受クル方便宜ト思考スルニ付、将来ハ総本店ニ於テ総テ取扱ハル、コト、シ、其特許証等モ総本店ニ保管セラレタシ

第四議題、病院職員の退身慰労金（議事録一九三頁）

第四　病院職員ノ退身慰労金ニ関シ、従来其規程ナキヲ以テ新ニ規程ヲ設クルノ希望（若松炭業所提出）

理由　目下一般傭員ニ付テハ退身慰労金ノ制アレトモ、病院職員ニ就テハ殆ント廃文トナリテ、既ニ家法中ニモ編纂セラレザル旧致仕慰労金制度ヲ適用スルコトトナリ居リテ今日ノ時宜ニ適セザルモノ、如ク思考セラル、サレバ是ニ対スル適当ノ退身慰労金制度ノ速ニ制定セラレンコトヲ希フ

第五議題、日給雇の積金規定（議事録一九八頁）

第五　日給雇ノ積立金ニ関スル規程ヲ設ケントスル希望（若松炭業所提出）

理由　一般低給ニシテ日給制ナル準傭員ニ於テ貯蓄的積金ノ必要ナルコトハ月俸ヲ受クル傭員以上ニシテ、且退身慰労金トシテモ寔ニ微々タルモノナル此日給雇ニ於テ、積金貯蓄ヲ為サシムルコト疾病解雇ノ場合等ニ一層痛切ニ感ゼラル、然ルニ労役者ニ於テモ各種ノ貯蓄積金ヲ奨励実行スルニ拘ラズ、独リ此種ノ役員ニ於テ一般的積金ノ制度ナキハ甚ダ遺憾ナルニ因ル

第六議題、身元保証金と積金の合体（議事録二〇四頁）

第六　傭員ノ身元保証金ト積金トヲ合一セシメテハ如何（若松炭業所提出）

理由　身元保証金及積金ハ結局其目的同一ニ帰着スルモノナルニ、二者分立スル為メ其収支突合、通帳ノ取扱等、手続頗ル繁雑ナルヲ以テ、寧ロ両者合一セラル、コトヲ便宜ナリト信ズ、即チ傭入レノ最初ニ於テ若干ヲ身元保証金トシテ預入レシメ、而シテ其後ハ毎年一定ノ積入ヲ為サシメハ簡ニシテ要ヲ得ン

第七議題、使丁の等級廃止（議事録二一七頁）

第七　使丁ノ等級ヲ廃止スルノ希望（銀行提出）

理由　使丁ノ等級ハ其待遇及身元保証金額等ニ何等ノ関係ナク、之ヲ存置スル実際上ノ必要ヲ認メサルノミナラス、却テ支店ニ於テ辞令ヲ交付スルニ当リ、其等級ヲ誤ルノ不便アリ、之カ廃止ヲ希望ス

第八議題、使丁の身元保証金改正（議事録二一九頁）

第八　身元保証金中等外・三等・四等ヨリハ使丁ノ方其額多キモノアルニ付、之ヲ改正シ度希望（銀行提出）

使丁ノ身元保証金ハ俸給十二円以上ハ四十円均一ニシテ、守衛ハ三等（自二十円至二十四円）三十六円、四等（自十五円至十九円）三十円ナリ、身分及俸給ヲ比較シ、彼是失当ノ感アリ、相当調和ヲ講セラレンコトヲ望ム

第九議題、兵役職員の退身慰労金（議事録二二一頁）

第九　兵役服務ノ為メニ退身スルモノニハ勤続三年未満ト雖モ、之ニ退身慰労金ヲ給セントスル希望（銀行提出）

理由　傭員兵役服務取扱規程第一条ニ依レハ、傭員普通兵役ニ服スル場合ニ於テハ服役前退身セシムルコトヲ要ス、然ルニ一般入営ハ十二月一日ナルヲ以テ十一月末日退身スルヲ

要シ、十二月ニ至レハ三年ニ満チ退身慰労金ノ給与ヲ受クヘキ者モ僅々一日ノ差ノ為、遂ニ此恩典ニ浴スル能ハサルコトアリ、給仕ヨリ補助員ヲ命セラレタル者ニ此例多ク、一年志願兵ニ対スル待遇ト権衡ヲ得サルコト甚シ、此等ハ退身慰労金制度ヲ設ケラレタル趣旨ニモ副ハサルモノナルカ故ニ、救済方法トシテ本案ヲ提出シタルモノトス

第一〇議題、使丁の退身手当増額（議事録二二五頁）

第十　使丁ノ退身手当ハ其勤労ニ照シテ特ニ増加スルコトヲ得ヘク規定スルノ希望（銀行提出）

現規定ニ依レハ使丁ハ勤続幾年ニ亘ルモ退身手当金ノ率ハ累進セス、従テ十年以上勤続スル者少ナカラスト雖トモ、之ニ支給セラルヘキ退身手当ハ四五十円ニ過キス、勿論単ニ勤続年限ノ多キモノ之ヲ優遇スルニ足ラスト雖モ、永年精勤シ功労ノ認ムヘキモノハ、其退身ニ当リ累進率ヲ応用セストモ何等カノ特典ヲ与フルノ途ヲ開カレンコトヲ望ム

第一一議題、定例休暇中断の救済（議事録二三六頁）

第十一　定例休暇中指定セラレタル期限内ニ出勤ヲ命シテ中断セル場合ハ、其事故ノ止ミタル後、残余ノ日数ヲ引続キ休務セシメントスル希望（銀行提出）

理由　現行規定ニ依レハ、命令休暇ハ如何ナル場合ニ於テモ其期間ヲ分離スルコト能ハス、然ルニ該休暇中已ムヲ得サル店部ノ都合ニ依リ出勤ヲ命シタル場合ニ、残余休暇日数自然消滅スルコト、ナルハ穏当ナラサル如シ、本案ノ特例ヲ設ケラレンコトヲ望ム

第一二議題、転任・新任の日当宿泊料廃止（議事録二四九頁）

第十二　傭員カ接近ノ地ニ転任セル場合ハ、新任地着後七日間ノ日当宿泊料支給ヲ廃止スルノ希望（銀行提出）

理由　京阪神間相互ノ店部ニ転任ヲ命セラレタル者ニ対シテハ、転任手当ハ勿論、其当日ノ日当、宿泊料ヲ本人及家族ニ支給スル外、尚著後七日間ノ日当、宿泊料ヲ支給スルコ

ト、ナリ居リテ、其割合トシテ大阪ト東京間、若クハ東京ト博多、久留米間、転任ノ場合ト同一ナルカ、其途中ニ要スル時間ノ如キ、僅々一時間内外ヲ以テ足リ、大阪ト東京、若クハ九州間ノ比ニアラス、殊ニ阪神沿道ニ居住スル者、及新任地ニ居住シテ従来旧任地ニ通勤シ居タル者ノ如キ、何等ノ失費ヲ要セスシテ、旅費ノ全部ヲ剰シ得ル者往々是アリ、此等ハ旅費給与ノ精神ニモ反ス故ニ、斯ル接近地ノ転任ニ付テハ少クモ著（着）後七日間ノ日当、宿泊料ヲ支給セサルコト、スルモ、転任者ニ何等ノ苦痛ヲ与ヘサルノミナラス、多少ナリトモ上述ノ不権衡ヲ緩和スルコトヲ得ヘシ

第一三議題、贈答品の処置（議事録二五六頁）

第十三　得意先等ヨリ到来スル贈答品ノ処置ヲ一定セントスル希望（銀行提出）

此等ノ到来品ニ対スル取扱方ハ従来区々ニシテ一定セス、仍テ適当ノ方法ニ依リテ之ヲ処分シ、其所得代金ハ雑益ノ科目ヲ以テ整理セラル、ヲ妥当トス

第一四議題、経費の内訳科目改正（議事録二六九頁）

第十四　経費科目中内訳改正ニ関スル件（別子鉱業所提出）

現行経費科目中ノ内訳ハ其ノ分類細微ニ過キ、内訳相互ノ区別ニ付問題ヲ生スルコト尠カラサルヲ以テ、左ノ如ク改正セラレタシ

現行			改正案	
科目	内訳		科目	内訳
旅費	内国旅費 外国旅費	ヲ	旅費	旅費ト

諸税	営業ニ関スル国税 地　　　租 県　　　税 市町村税 区　　　費 雑　　　税	ヲ	諸税	諸税ト　細節ニ於テ現行内訳ノ如ク区分スルコト
賃借及保険料	借家料 借庫料 借地料 火災保険料	ヲ	賃借及保険料	賃借及保険料ト　細節ニ於テ現行内訳ノ如ク区分スルコト
雑費	帳簿及印刷物 紙及文房具 器具及修理 消耗費	ヲ	雑費	物品費ト
〃	諸印紙 通信費	ヲ	〃	印紙及通信費ト
〃	諸給与及手当 報酬	ヲ	〃	報酬及給与ト
〃	接待集会及祭典費 諸見舞及吉凶贈答費	ヲ	〃	接待集会祭典ト 及諸見舞費
〃	組合費 船車賃 小口諸雑費	ヲ	〃	諸雑費ト

以上

第一五議題、起業終結時の科目廃止（議事録一一七九頁）

第十五　起業終結ニ際シ科目廃止ノ伺出省略ニ関スル件

会計規則施行細則第十六条ニ依リ、元帳科目ノ設定変更及廃止ハ、総本店ノ認可ヲ受クヘキ規定ナルカ、新ニ起業ヲ始メ其工事竣成シテ決算ヲナシ、起業終結ヲ告クル場合ニ、該起業元帳科目廃止ノ認可ヲ受クルハ繁雑ナルヲ以テ、稟申ノ手続ヲ省略シテ、自然廃止ノ事ニ改メラレタシ（別子鉱業所提出）

第一六議題、科目流用（議事録二八一頁）

第十六　科目流用ニ関スル件

別子鉱業所会計規程ニ依レハ、科目相互ノ流用ヲナサントスルトキハ総本店ニ稟申シテ認可ヲ受クヘキコトニナリ居ルモ、各科目ノ流用ハ会計年度末ニ至ラサレハ詳細判明セサルヲ以テ、之レカ認可ヲ俟テ整理セントセハ、勢ヒ元帳ノ締切リ遅延シ、諸表作製ノ期限ニ間ニ合ハサルヲ以テ、予備費及内訳流用同様、鉱業所限リニテ決行シ事後届出候事ニ改メラレタシ（別子鉱業所提出）

第一七議題、日給雇の賞与科目（議事録二八九頁）

第十七　日給雇ノ年末賞与金ハ賞与科目ヲ以テ支出シ度事（若松炭業所提出）

理由　日給雇ノ年末賞与金ハ、雇員賞与金ト其率ニ於テ差アルノミニシテ、性質上同一ニシテ、総本店ニ対スル手続上総テ同一トナリ居ルニ拘ラズ、会計科目ノミニ於テ不同ヲ見ルハ不便ノ点多キニ因ル

第一八議題、固定財産編入規定の改正（議事録二九四頁）

第十八　特殊ノ事由ニヨリ固定財産ニ編入シ難キモノニ関スル規定ニ付改正ヲ施サレ度事（若松炭業所提出）

支坑道内の軌条

1支坑道内ニ敷設スル軌条ハ財産トセザルコトニ定メラレ度事

理由　支坑道其物ハ財産トセザル規定ナルニヨリ、其一小部分タル軌条ノミヲ財産トスルハ不穏当ナルニ似タリ、単ニ費用ノ点ノミヨリ観ルモ、支坑道ノ開鑿ニハ一間ニ付平均八円内外、多キモノハ三十円乃至四十円ヲ要スルニ、軌条ハ一間ニ付僅ニ二円内外ヲ要スルニ過ギズ、加之軌条ハ終始所在ヲ転シ、破損朽廃モ甚ダ多ク、整理困難ニシテ帳簿ト実際トノ対照ノ如キ殆ド不可能ノコトニ属セリ、故ニカヽル物ハ主物ト共ニ財産ノ一

部タルハ差支ナキモ、単独ノ財産トスルハ事実ニ徴シ不当ノコトナリト信ズ、故ニ此等ハ総テ費用ヲ以テ支弁ノコトニ定メ度シ

引込電力線

2電力線ハ本線ノミヲ財産トシ、引込線ハ之ヲ財産トセザルコトニ致度事

理由　ケーブル其他送電幹線ノ如キハ、其電柱ト共ニ延長本数等ヲ明記シテ整理シ得ルモ、電灯引込線ノ如キハ、数量ノ加除等明細シ難キヲ以テ、是等ハ財産トナサヾルコトニ定メラレタシ

水道

3水道ハ二時以下ノ支線ハ財産トセザルコトニ定メラレ度事

理由　給水ハ従来最大拾弐時、最小四分ノ各鉄管総テ財産ト為シ居ルモ、斯ル些末ノモノヲ細記シ、一々其増減ヲ整理スルカ如キハ徒ニ煩累ヲ増スノミニシテ、其必要ナキヲ信ズルニ因ル

第一九議題、固定財産内訳規定の改正（議事録二九八頁）

第十九　固定財産其他物件内訳規定改正ノ件（総本店経理課提出）

明治三十七年五月乙第十二号達、固定財産其他物件内訳規定ニ左ノ通改正ヲ加フ

権利の追加

其一　固定財産勘定中永代借地権ヲ除キ、什器ノ次ニ左ノ欄ヲ加フ

元帳科目	内訳	摘要
権利	工業所有権	特許権、意匠権、商標権
	使用権	電話等
	地上権	地上権、営業終了后無償返還ヲ要スル不動産
	地役権	

理由　主家各種事業ノ趨勢ヲ見ルニ、時勢ノ進運ニ伴ヒ事業ノ種類増加スルニ従ヒ、各種ノ権利ヲ取得スルコト益々多カラントス、即工業所有権ノ如キ、使用権ノ如キ、或ハ地上権ノ如キ、将来此ノ種資産ノ増加スルコトハ避クベカラザル自然ノ勢ナリトス、然ルニ現行規定ニ依レバ此種資産ヲ帳簿上財産ト認メズ損失トシテ整理シ、専ラ支出シタル営業期ノ負担トナスガ故ニ、一ハ不当ニ重ク、他ハ不当ニ軽ク、各営業期ニ於ケル負担ヲ公正ナラシメズ、従テ事業成績ノ認定ヲ誤ラシムルノ弊アリ、左レバ此種資産ハ之ヲ固定財産勘定ヲ以テ整理シ、営業各期ニ於テ相当額ヲ負担償却スルモノトセントス

営業専用の土地他

其二　固定財産勘定ノ次ニ左ノ欄ヲ加フ

元帳科目	内訳	摘要
土地		寄附ヲナシタルモ営業ニ専用シ得ルモノ
鉄道線路		同　引込線等ヲ云フ
電線路		同　海底電線、電信、電話線等ヲ云フ
港湾		同
建設物		同

以上ヲ準固定財産勘定トス

注意　従来ノ準固定財産ノ名称ハ元帳外固定財産ト改メントス

理由　茲ニ又別種ノ目的物ニシテ、従来之ガ建設購入ノ為メニスル支出ヲ損失トシタリシモノニシテ、資産勘定ヲ以テ整理スルヲ可トスベキモノアリ、例ヘバ道路、電線路、及

法令により官公署に寄附の物件

鉄道引込線等ノ如ク、専ラ自己ノ営業ニ使用スルノ目的ヲ以テ建設又ハ購入スルモ、法令ニヨリ之ヲ官公署ニ寄附セサルベカラサルモノ之レナリ、此種物件ハ専ラ自己ノ営業ノ用ニ供スルニアリト雖モ、其所有権ハ他ニ移リタルモノナレバ、之ヲ自己ガ所有権ヲ有スル一般ノ財産ト同様ニ、自己ノ財産トシテ帳簿上ニ記載スルハ一見不当ナルガ如シト雖モ、此種物件ハ之ガ建設購入ニハ多額ノ支出ヲ要スルモノニシテ、且其効用ハ数年或ハ数十年ノ長キニ亘ルコト、自己ノ所有ニ属スル同種ノ財産ト異ルコトナシ、左レバ此種所有権ナキ物件ト雖モ、其使用収益ノ点ニ於テハ所有権アル財産ト毫モ異ナルナシ、然ルニ之ニ要スル支出ヲ損失トシテ、其支出年度ノミニ負担セシムルニ於テハ、彼ノ財産権ヲ取得スル為メニシタル支出ヲ損失ヲ以テ整理スル場合ト同様ニ、営業各期ニ於ケル損益ノ拠テ来ル所ヲ紛淆シ、従テ事業ノ成績ヲ曖昧ナラシムルモノナレバ、本件ノ為メニ支出シタル金額モ亦之ヲ資産勘定ヲ以テ整理シ、適当ナル年限ヲ定メテ償却セシトス欲スルモノナリ、而シテ此種物件ヲ普通固定財産ト混合シテ記帳スルハ財産状態ヲ不明ナラシムルガ故ニ、之ヲ準固定財産ノ名称ノ下ニ整理シ、一般固定財産ト区別セントス、若シソレ改正規定ノ為メニ財産ノ安固ヲ害スルト云フ説ニ至リテハ、適当ノ償却ダニ実行スルニ於テハ此懸念ナカルベキヲ信ズ

追テ此改正ニシテ実行サル、ニ於テハ此ニ抵触スル諸規定ハ同時ニ改正サル、モノトス

第二〇議題、会計規則の施行細則改正（議事録三一七頁）

第廿　住友家会計規則施行細則改正ノ件（総本店経理課提出）

会計規則施行細則第九条ノ次ヘ左ノ一条ヲ加フ

固定財産と準固定財産改正の理由

産業界において減価償却をおろそかにしている

第九条ノ二　財産ノ内固定財産幷ニ準固定財産ノ価格ハ之ヲ取得スルニ要シタル一切ノ費用、並ニ之ニ附随スル総テノ損失ヲ合算シテ之ヲ定ム、但著シキ欠損若シクハ減価格ハ控除スルモノトス

理由　固定財産ヲ建設又ハ購入シタル際、之ガ帳簿謄記価格ヲ幾何ニ算定スベキカハ事業経営上重要ナル問題ナリ、元来営業ノ用ニ供セシガ為メニ固定財産ヲ購入又ハ建設セントスルニ当リテハ、近キ将来ニ於テ之ヲ売却スル事アルベキヲ予期セサルヲ普通ノ状態トス、左レバ帳簿謄記価格ハ必ズシモ市場ノ売買価格ニ依ルベキモノニアラサルナリ、而シテ此ガ為メニ要シタル一切ノ費用ハ、其財産ヲ使用スル営業各年度ノ収益ニ比例シテ分割償却スルヲ至当トス、然ルニ世間往々固定財産ノ取得ニ要シタル費用ノ中、間接ノモノハ之ヲ当初ニ於テ償却シ、帳簿上ニ記載セサル方法コソハ財産ノ帳簿価格ヲ安全ニ見積ルモノナリトシテ之ヲ推奨スルモノアリ、之レ現今世上産業界ニ於テ往々固定財産ノ減価償却ヲ忽ニスルガ為メニ生スル、後年固定財産ノ廃滅ノ時ニ至リ一時ニ多大ナル損失ヲ出シ、其事業ノ基礎ヲ危クスルガ如キ弊害ヲ防ガントスルノ意ニ出テタルモノナレトモ、余リニ極端ニ走リ、所謂角ヲ矯メントシテ牛ヲ殺スニ比スベク、此方法ハ却テ事業ノ成績ヲ曖昧ニシ、将来之方針ヲ誤ルガ如キ危険ニ陥ルノ恐アルハ、先キニ固定財産内訳規定改定ノ件ニ就キテ述ベタルト同様ナリ、而シテ各店部ニ於テ現在実行シ居ル所ヲ見ルニ、固定財産中ニ於テモ堅牢ナラサルモノ、軽易ナルモノ、又ハ一時的ノモノヲ除外スル範囲広キニ過グルモノ往々アリ、甚シキハ機械ノ地形ノ如キヲモ財産価格ニ編入セサルモノアリ、又固定財産

其他物件内訳規定ニ記載ナキノ故ヲ以テ往々ニシテ除外サレ居ル財産アリ、此レガ為メニ固定財産ヲ購入又ハ建設スル時ハ原則トシテ幾何カノ損失ヲ計上セザルベカラズ、而シテ此種損失トナリタル金額ハ其決算期内ニ於テ産出製造サレタル物品ノミニ負担セシムルカ、又ハ特種ノ損失トシテ製品産出品ニ負担セシメザルガ故ニ、爾後其財産ヲ使用シテ産出製造サル、物品ハ全然之ガ負担ヲ免ル、モノナリ、従テ其決算期以後ノ製品産出品ノ原価ハソレ丈ケ不当ニ低廉トナルモノニシテ、事業経営ノ方針ヲシテ誤ラシムル恐アリ、依テ本文ノ如ク改正セントスル所以ナリ

注意

右改正案実施ノ場合ニハ之ニ抵触スル諸規定ハ同時ニ改正セラル、モノナリ

第二一議題、固定財産償却規定の改正（議事録三二五頁）

第廿一　固定財産償却規定改正ノ件（総本店経理課提出）

現行我住友家固定財産償却規定ハ、財産ノ使用年限ノミヲ標準トシ、其間ニ於ケル決算期数ニ等分シタル償却額ヲ算定スルガ故ニ、収益ニ比例シタル償却ヲナスコト能ハサルノ憾アリ、例ヘバ鉱区ノ毎期償却額ノ如キヲ出鉱量ニヨリテ算定スルコトナク、各期同一額ヲ償却スルコトト定メタルガ如ク、又船舶ノ如ク年齢ニヨリテ其価格及収益力ニ大差アルモノニ対シテモ、終始同一額ヲ各期ニ於テ償却スルコト、定メタルガ如シ、且其標準期間ニ関シテモ制定后幾多ノ歳月ヲ経過シタル今日ニ於テハ、長短其宜シキヲ得サルガ如キモノアリ、殊ニ輓近各種ノ新事業増加スルニ至リテハ従来ノ規定ニ拠リ難キ財産モ少カラズト思ハル、ガ故ニ、此際各店部ニ於ケル実際ノ状況ニ鑑ミ適当ノ改正ヲ施ス必要ナキヤ（以

鉱区

船舶

償却の標準期間

上三題、総本店経理課提出）

第二二議題、外国出張の例外規定（議事録三四四頁）

第二十二　営業上頻々起生スル事件ノ交渉ニ付、東洋各地ヘ急速出張ヲ要スル場合ノ為メニ外国出張ニ関スル例外規定ヲ設ケ度キ希望（電線製造所提出）

（事由）近時我ガ製品ノ需要地域著シク拡張セラレ、支那、西比利亜ハ勿論、比律賓、印度、濠州等ヨリモ続々照会ヲ受クルニ至リ、商売上機ニ臨ミ、時々出張ヲ要スルコトアリ、斯ル場合ニ於テハ多ク急速ヲ要シ、其都度一々予メ総本店ノ指令ヲ受クルコト甚ダ困難ニシテ、為メニ商機ヲ逸スルノ憂アリ、故ニ現行家法中外国出張ニ関シ例外ヲ設クル様改正ヲ望ムモノナリ

商機を逸する憂あり

三　議事録

第一議題議事録、英語科目試験の存廃

第一、傭員学力検定試験科目中英語ノ存廃、若クハ其程度ニ関スル意向

（総本店庶務課提出）

杉浦聞多（総本店副支配人）

英語は独学に不便

両三年来行ハレ来リシ傭員学力検定試験中ニ英語ノ一科目アリ、之ハ業務上必要アルモノナレハ捨テ難キモノトシテ科目中ニ入レルナルカ、実験上他ノ学科ハ相当出来ルニモ拘ラス、英語ノミノ為ニ失敗スルモノアリ、別子等ノ山間僻陬ニ在ル者ハ独学ニ不便ナル学科ナルカ故ニ、之ノミノ為ニ幾年タチテモ及第スルヲ得ス、サレハトテ其地方ニテハ等内ノ仕事ニモ英語ハ左程必要ニ非サル職務モアリ、英語ハ出来ナクトモ他ノ学科相当ニシテ、且人物モ良ケレハ一角役ニ立ツモノナリ、故ニ寧ロ之ヲ廃スルモ可ナラムトノ説アリ、

英語科目の全廃説

然レトモ之ヲ全廃スルハ余リ一方ニ偏セル説ナリトスル考モアリ、倉庫・銀行等ニハ物ノ名ニ英語ヲ用フルコトモアリ、工場機械其他一般普通ノモノニモ使用スルモノ故、全廃スルハ不可ナリトイフナリ、

英語読本の程度低下説

於茲乎折衷説トシテ程度低下説アリ、目下ノ程度ハ読本第三程度故随分低キモ、更ニ低下シテ兎モ角英語モ知リ居レリトイフコトヲ認メ得ル程度ニセハ、後ハ刺戟ニヨリテ発達セシメ得ヘキカ故ニ、傭員登用上差支ナカルヘシトイフ訳ナリ、店部ニ於ケル実況如何、

英語の選択科目説

尚一説トシテ、選択科目トシテ法制及経済、地理、歴史等ヲ置キ、之等ノ中ヨリ其一ヲ選択セシメテハ如何トイフモノアリ、右等諸説中何レニシテ可ナルヤ御意見ヲ承リ度シ

鈴木馬左也（総理事）

受験資格

受験資格ハ何人ニモアリヤ、給仕ナトハ如何

杉浦聞多

等内ニナラサル者ハ凡テ等内ニナル準備トシテ受クルコトヲ得

草鹿丁卯次郎（倉庫支配人）

別子の事情

別子ニテ御困リニナル事情ヲ詳シク説明セラレ度シ

松本順吉（別子鉱業所支配人）

私ノ方ニテ困リタルコトヲ本店ニ申述ヘタルコトナシ、唯今日迄受験者ハ二、三人アリシカ、中一人ハ杉浦氏ノ言ハレシ如ク西ノ川ノ者ニテ落第セリ、而シテ今日迄ノ受験者ニ付テ見ルニ受験シテ可ナリト思フ者ハ受験セス、寧ロ学力不足ノ者受験シ居レリ、故ニ不成績ハ英語ニ付テノミ然ルニアラス、蓋シ別子トシテハ山林課等ニハ英語ノ必要ナキモ、機械課等ノ者ニハ多少必要ナリ、夫レモ多少出来ルトイフ程度ナレハ十分ニテ、要スルニ機械名位ヲ了解シ得レハ可ナリ、此意味ニ於テ低下説ニ賛成ス

機械課では必要

低下説に賛成

草鹿丁卯次郎

廃止スル丈ノ理由ハナカラム、根本的ニ傭員ヲ精選シ行ク上ニハ、英語モ甲種商業学校卒業位ノ程度ヲヤルヲ要ス、此試験ハ殆ント給仕ヨリ上ル者ニ対スル変則ノモノナレハナリ

英語試験は給仕クラスのもの

杉浦聞多

文官普通試験科目ハ各府県ニテ選定スルモノ故区々ナランモ、北海道、福井、愛知、宮崎、大阪等ニハ英語ヲ科セリ、尤モ重キヲ措カス、即チ之カ為ニ落第サスルコトナシ、各府県ノ実際ヲ見ルニ、英語ナクテハ余リ田舎メクナトイフ、即チ体裁上ノ制度ナルヘシ

各府県の文官試験に英語試験あり

松本順吉

無キ所モアリ、松山ニハ無シ

杉浦聞多

アル所モ全ク名ノミナリ

草鹿丁卯次郎

今ノ英語ノ程度ハ甲種卒業程度カ

小倉正恆（総本店支配人）

大体低クナリ居レリ、採点方法モ非常ニ寛ナリ、現在ノ程度ヲ低下スルトセバ、It is a dog 位ニナリ、寧ロ無キモ同様ナリ

草鹿丁卯次郎

甲種商業卒業程□□必要アリト信ス

英語試験の程度

松本順吉

現在和文英訳ハアリヤ

小倉正恆・杉浦聞多

英文和訳ト和文英訳ノ二種ナリ

松本順吉

和文英訳ハ自分ノ方ニハ全ク必要ナシ

小倉正恆

否、諸方面ヨリ検定セントスルモノナリ、実際ニハ委員ノ方ニテ余程手加減セリ

佐渡亮造（呉販売店支配人）

英語ハ英文和訳、和文英訳共ニアリシ方良シ、第三リーダー程度ニテアリシ方良シ、廃スヘカラス、自分カ委員ヲ為シタリシ頃ニハ三十点ナト増セシ者ナシ、品物ノ注文等ノ取扱、凡テノ規格等皆英語アリ、故ニ全廃スヘカラス、三年位ノ程度ノ英語ハ寧ロ義務教育ナリト思フ

物品の注文の取扱規格などは皆英語

吉田良春（若松炭業所支配人）

其レハ特種ノ事情ナリ、其他ノ学力、技能、人格等、等内傭員トシテ差支ナシト思フ者補助員ニアリ、永年勤務スルモ英語アルノ故ヲ以テ登第出来ストイフコトニナル、過渡時代ノ制度トシテハ事務ノ種類ニヨリ区別シ、尚若イ者ヲトル上ニハアリテモ良ク、否アリシ方良ク、又従来ノ勤務者ニ付テハ前述ノ事情ヨリ随分苦シク、素養ナキ者ハ原案者説明ノ通リ独習ニ困難ナル為ニ絶望トナル、カヽル人ヨリイヘハ、一科ヲ欠キテモヨシトシテ本店ノ詮衡ニ任セタシ、過渡時代ノ制度トシテ便利ナリト信ス

過渡時代の制度として、事務の種類で区別

鈴木馬左也

松本君、機械場担当者ニ英語カ必要ナルハ如何ナル程度ニヤ

松本順吉

機械ノ名ヲ読ミ得レハ便ナリ、筆記スル等ノ程度ニアラス、機械名ハ沢山用フ、之ヲ読ミ得レハ可ナリト思フナリ

鈴木馬左也

英語ノ実際必要ナル場合如何

草鹿丁卯次郎

実際普通教育ヲ受ケ来リタル者ハ三年程度ノ英語ハ出来ル、一般世人ノ一般智識ノ地平線ハ英語ノ若干ヲ修ムルコトヲ要求ス、此過渡時代ハ一時ノ事ナリ、根本策トシテハ各部ノ傭員トシテ若干ノ英語ノ学力アルコト緊要ナリ、勿論諸種ノ業務ニヨリ必要ノ程度ハ異ランモ根本策トシテハ右ノ如クナラム、学力不足ナル者ハ入店後勉強スヘキナリ、

根本策として若干の英語の学力必要

学力不足なら入店後勉強すべし

鈴木馬左也

佐渡君ノ意見ト同シキカ

佐渡亮造

然リ、要スルニ及第スルハ少数例外ノ場合ニ過キス、乍併心掛サヘアレハ通信教授ニテモ此程度ノ勉強ハ出来ルト思フ、尚吉田良支配人ノ云ハルル如ク、特別ノ者ニ対シ例外規定ヲ設クルコトハ可ナラム、乍併之カ為ニ全然規則ヲ変ヘルトイフハ、極少数ノ場合ノ為ニ他ノ多クノ場合ヲ犠牲ニスルコトニナルト思フ

鈴木馬左也

私ハ思フ、英語ハ少々ヤリタリトテ中々本当ノ役ニ立タス、松本君ノ言ハルル程度ニ行クハ容易ナラン、サレト夫カ為ニ可成リ骨折ルヨリハ、或程度松本君ノ云ハル、位ノ程度ニテ試験スルカ可ナラム、傭員トシテ役立ツ上ニ違フト思フ、書物、雑誌、新聞ナトニ書ケルモノカ読メ、手紙カ書ケルトナルト大分程度カ違フ、中途半端ノコトノ為ニ努力スルヨリハ日々実用ノアル方ニ尽力シ、検定試験ハ正発音ハ出来ストモ一寸ハ読メル、例ヘハ読本ハ第一位《フハースト》ヲ読メル位イ程度ニス

実用性を重視

ル方寧ロ得策ニ非サルカト思フ

中田錦吉（理事）

私ハ折衷説、銀行ノ相談（私ハ与ラサリシガ）デハ、現在ノ程度ニ存シ度シトイフニ一決セリ、一寸シタ英語ハ要ル、B.L. トイフコトハ常ニイヘル一例ナリ、或程度ノモノハ必要ナリト思フ、夫レハ夫レトシテ私ハ折衷説ナリ、家法上資格ニ制限アリ、等内タルニハ少クトモ甲種商業、中学ノ卒業者位ノ者タルコトヲ要セリ、試験ノ制アルハ給仕等ヨリ適当ナル者ヲ抜擢センカ為ニシテ、彼等給仕中ニハ独学ニテモ可成出来ル者アリ、一般傭員ニ伍シテ十分ナルモノアリ、之等ヲ抜擢センカ為ノ制度ナリ、科目中ニ英語アルカ為ニ比較的年トレル者ハ困ランモ、大体ハ成績良好ノ若者ヲ登用センカ為ニシテ、不良ナル者トノ間ニ差別ヲ立テ得レハ、以テ目的ヲ達シタルモノト謂フヲ得

試験は給仕などより適当な者を抜擢するため

鈴木馬左也

自分ハ制定ノトキノコトハ覚エス、永ク給仕等ニ従事セルモノハ算盤、簿記等ニハ能ク練レ居ラム、サレト学科劣等ナルトキハ困ル故、試験ヲ為ス訳ナラム、而シテ学科中英語ハ中学校、若クハ甲種商業学校卒業程度迄ノ力ハナクトモ、一方実地ノ方面カ出来ル故、学科ハ或程度ニテ可ナリ、実地方面ニ於テ優ル故、学科ハ中学校、若クハ甲種商業学校卒業者ニ劣ルトモ特ニ等内ニスルトイフカ主旨ニ非サルカ

中田錦吉

甲種商業学校、中学校等ノ卒業程度ニ比スレハ幾分低キニ非サルカ

杉浦聞多
大体低シ
中田錦吉
立派ナル者ノミヲ等内ニシタシトノ考ヨリ、銀行カ発案シタルニ非サルカ

抜擢方法は銀行が主として考えた

吉田真一（銀行本店支配人）
銀行カ主トシテ考ヘタルナリ
中田錦吉
補助員ヨリ等内ニスル場合、其詮議ノ相談ニ暇トル、実地方面ヲ以テ認別スルハ頗ル面倒ナリ、故ニ本店ニ提案シテ成リシモノナリ
湯川寛吉（理事）
然リ
中田錦吉
小学校ニテモ今日ハ随意科ナランモ英語ハアリ、小学校ニ於テスラ然リ、夫以上ノ学校ニ於テハ必スヤ或程度ノ英語ハアル訳ナラム
湯川寛吉
此規則ヲ制定スルトキニ、其程度ヲ凡テ甲種商業学校ト同一ニスルコトハ難シ、主要ノ学科丈同一ニシ、動植理化等ハ省クトイフ訳ナリシト覚ユルカ、現在ノ学科ハ何ニナリヤ
杉浦聞多

読書、作文、英語、簿記、算術及商事要項ナリ。

吉田真一

関西商工学校ノ学科ニ比スレハ余程少シ

湯川寛吉

而シテ実際ニ於テハ主要学科モ其採点法モ余程寛ナリ、委員ニ頼ミテ負ケテ貰ヒシモノモアリ

中田錦吉

前述ノ通リ、給仕ノ詮議ニハ何時モ困ル、各地ニ支店カ沢山アル故、皆上申通ニハ行カス

鈴木馬左也

成ルヘク給仕ハ少クシタシ、上ニ居ル人ニ十分働イテ貰フ風ヲ養ヒ度シ、給仕ノ始末ニモ困ルコトナレハナリ。

給仕を少なくしたい

西崎傳一郎（電線製造所支配人）

唯今ノ総理事ノ御話ハ初耳ナリ

鈴木馬左也

然リ、私共ノ評議ノ際談シ居ルコトナリ、本店、銀行等ニテハ承知ノコトナリ。

西崎傳一郎

給仕トハ男ノ方ノコトナリヤ

鈴木馬左也

然リ、而シテ女子ハ余リ使ハサル方針ナリ

給仕に女子は採用しない方針

西崎傳一郎
給仕ヲ多ク用イサルコトノ為ニ無理ヲスルヨリモ、給仕ハ給仕、職工ハ職工ト夫々用イタシ。
鈴木馬左也
総本店ニテ考ヘシ処ハ、余リ人ヲ使ハス、凡テ自分ニテスルコト根本ナリ、等内ハ椅子ニ腰掛ケ人ヲ頤使スルハ不可ナリ。

雑用は自分ですることが根本

西崎傳一郎
勿論成ルヘク働ク様ニスルモ、御客ノ靴、外套、茶等ノ世話ハ如何ニスルヤ。
鈴木馬左也
御尤モナリ
西崎傳一郎
右ニハ女子ノ方都合ヨシ、他日当方増設ノトキニモ其考ナリ。
鈴木馬左也
実際上然ラム、或数ノ給仕ハ置カサルヘカラス、総本店ハ自分ノ云ヘル通行ヒ居レリ、併シ幾分増セル様ナリ
湯川寛吉
主旨ヲ変ヘンニアラス、重役支配人等ニテ仕事中々多ケレハナリ。
杉浦聞多
建築物モ大キク、旁取次等ノ上ニモ支多シ、故ニ已ムナク一人増加シタルナリ、伝票等皆係員ノ

持運ヒスルモノナリ

鈴木馬左也

例ヘハ庶務主任印ヲ捺ス、之ヲ支配人ニ提出スルカ、此間ノ持運ヲ自分デ為ストスルモ、一日六、七回ニテ事スムコトナラム、実際給仕ノ始末ニハ困ルナリ、等内傭員ニセサルヘカラサル者ハ成ルヘク、之ヲ少クシタシトイフ訳ナリ、枝道ニ入リタル話ナリ、大抵話ハ尽キタリヤ

給仕の等内職員抜擢は少なくしたい

佐渡亮造

此試験ニ漢文アリ、之ハ余リ役ニ立タサルモノナリ、ニモ拘ラス之アルガ、該程度ノモノニテハ支那人ト話モ出来難シ、畢竟床ノ飾トイフ位ニテ紳士ノ体面ヲ保ツ上ノモノナリ、此故ニ英語モ第三程度位ヤレルトイフコトハ住友傭員タルノ面目ヲ保ツ上ニ於テ必要ナリ、高等学校ニテ或先生ハ pest ノコトヲ best トイヘリ、世俗ニモ牛乳ハ嫌ナルカ、milk ハ好キナリトイフコトアリ、之レ全然知ラサルニ出ツ、第三位ヤリ得レハ此誤ハナキ訳ナリ。

英語も面目を保つ上に必要

鈴木馬左也・中田錦吉

其 milk ハ condence サレタ milk ノコトナリ。

佐渡亮造

所謂 milk ハ milk ノ condence サレタルモノナルコトヲモ知ラサルナリ

鈴木馬左也

本問題ハ先ツ此位ノ処ニテ可ナラムガ、諸君ノ意見ニヨリ決定シテ可ナリヤ

草鹿丁卯次郎・佐渡亮造

従来通りのまま

従来通リノ儘ニテ可ナリ

編者註
学力検定試験規則第五条

○原史料の「四　議題ニ関スル調査」の箇所に、大正元年十一月十九日「乙第拾弐号達　傭員学力検定試験規則」があるので、参考までに同規則第五条を抜粋して次に記す。

第五条　試験ハ左ノ六科目ニ就テ之ヲ行フ、其程度ハ中学校並ニ甲種商業学校ノ程度ニ準ス

一　読書　和漢文ノ訓読、釈義
二　作文　往復文、記事、論説等
三　英語　英文和訳、和文英訳（読本第三程度）
四　簿記　商業簿記、銀行簿記、工業簿記ノ内ニ就キ応試者ヲシテ其一ヲ選択セシム
五　算術　珠算、筆算
六　商事要項　商事ニ関スル一般概念、及之ニ関スル法規ノ大要

第二議題議事録、給仕・使丁の傭員除外（総本店庶務課提出）

第二、傭員例第一条ノ五給仕、及六使丁ヲ削除スルノ可否、但給仕、使丁ヲ傭員ノ範囲外トスルモノナリ

傭員例（編者註一八九頁）
傭員から給仕・使丁を除外

杉浦聞多（総本店副支配人）

傭員例第一条ハ、傭員ノ種類ヲ挙ケテ高等、等内、補助員、等外・坑夫頭、給仕、使丁、試験雇、臨時雇、学校病院職員ノ九トセリ、本問題ハ此中ヨリ第五ノ給仕及第六ノ使丁ヲ削除シテ、之ヲ傭員中ヨリ除外セントスルモノナリ、之ハ昨年モ出タル問題ニシテ御異議ハナカルヘシ、尤モ別子ニハ此規則ニ依ル使丁ヲ使用セラレサルヲ以テ余リ御関係ハアラサルヘシ

松本順吉（別子鉱業所支配人）

別子では給仕・使丁は労働者

別子ニテハ給仕、使丁ハ労働者ナリ

西崎傳一郎（電線製造所支配人）

電線製造所では使丁は職工

電線ニテハ使丁ハ職工ナリ、職工ノ名ヲ冠ス。

森源之助（鋳鋼場経理部長）

使丁ハ四人居レルカ、傭員例ニ依ル使丁ハ一人、他ハ臨時雇ナリ。

松本順吉

賛成ナリ、関係ハ無キモ。

吉田良春（若松炭業所支配人）

若松ハ銀行ト一緒故、給仕、使丁アレト、忠隈ニハ無シ、別子ト同様ナリ

杉浦聞多

大概現場及工場ニ於テハ給仕、使丁ハ労働者ニナリ居レルト思フ

佐渡亮造（呉販売店支配人）

使丁と給仕を分けて考える

使丁ト給仕トハ分ケテ考ヘタシ、使丁ハ雑役ニ従事スルモノナルモ、給仕ハ将来益々発展スヘキモノナリ、使丁ハ生存競争ノ落伍者ナリ、然ルニ給仕ハ学校ニモ入リ、倶楽部ニ出入シテ幼少ノ頃ヨリ自重セシムルヲ至当トス、故ニ二者ハ待遇上ニ差別スルヲ要ス

杉浦聞多

然リ、給仕ハ第二条ニ入レテ準傭員トスルモ、使丁ハ第二条ヨリモ除外シテ労働者待遇ノ者トシタシ

佐渡亮造

第二条準備員ハ倶楽部ニ出入スルヲ得ルヤ

杉浦聞多

然リ

草鹿丁卯次郎（倉庫支配人）

賛成ナリ、更ニ進ンテ総理事ノ言ヘル如ク給仕モ廃シ度シ

給仕を廃止

杉浦聞多

給仕ニ類スルモノハ要ナキヤ。

草鹿丁卯次郎

給仕ノ仕事ハ一部ヲ使丁ニ、一部ハ補助員ニヤラス、例ヘハ客ノ取次、伝票ノ持運等ハ補助員ニ扱ハシメ、其他使丁的ノモノハ使丁ニ扱ハシム、以テ補助員ニ応接振等ヲ覚エシムルナリ。

杉浦聞多

給仕ハ一切置カヌ訳ナルカ

草鹿丁卯次郎

大体然リ

西崎傳一郎

給仕の事務は補助員へ

草鹿氏ノ説ニ依ルトキハ、給仕ノ事務ヲ補助員ニ扱ハシムトイフガ、斯テハ補助員ノ実ハ之レ無キニ至ラン。

草鹿丁卯次郎

然リ、サレト要ハ補助員ニ当ル者ニ扱ハシム、例ヘハ補助員トナル前ノ日給雇ニテモ宜敷カラン、名義ハ何ニテモ可ナリ。

吉田良春

給仕・使丁は労働者としたい

自分ノ方モ給仕、使丁ハ除キタル方可ナリト信ス、或種ノ係員ハ日給ニテ使用セルヲ以テ、給仕、使丁ハ係員以上ニ使用セラルル嫌アリ、故ニ之等ハ労働者トシタシ。

草鹿丁卯次郎

総本店ニテハ給仕、使丁ヲ絶対ニ廃止スルコトハ出来スヤ

杉浦聞多

当分ノ処ハ出来ス、サレト現在ノ使用範囲ハ極メテ狭シ、大ニ局限セリ

草鹿丁卯次郎

給仕の仕事を補助員に分けてはどうか

今後ハ現在ノ給仕ノ仕事ヲ使丁、補助員ニ分ケテ扱ハシメテハ如何

杉浦聞多

総本店の仕事は給仕専務の者が必要

総本店ノ給仕ハ家長ノ用事ヲ達シ、重役会議ノ時ニモ書類ノ伝達ヲ為スモノナリ、之等ノ仕事ハ補助員ヨリモ給仕専務ノ者ニ非サレハ扱ハシメ難シ

草鹿丁卯次郎

補助員ニテハ如何

杉浦聞多

補助員ハ甲種商業学校ヲ卒業シ、係ニ所属スル者ナルヲ以テ不可ナリ

草鹿丁卯次郎

各係ニ属セサルモノヲ作リテハ如何、思フニ甲種商業学校卒業生ハ礼ヲナラハス（其他ノ学校卒業者モ然ランガ）故ニ、客ノ取次、書類ノ持運等ヲサシテハ如何

杉浦関多

今日迄ノ処ニテハ、所要人数少キ故人物ヲ精選シ得、且関西商工学校ニ入学セシムルヲ以テ、皆相当ニ進歩シ得テ、後ノ始末ニ困リシコトナシ、一人二人位ノ僅カナル人数ナルヲ以テ自然有望者ニシテ学資ナキ者ヲ採リ、旁就学セシムルヲ以テ、毫モ差支ナキノミナラス有用ニシテ便宜ナリ

小倉正恒（**総本店支配人**）

総本店ニ於テハ給仕ノ仕事モ亦一ノ技術ナリ、而シテ余リ成長シタル者ヨリハ年少者ヲ却テ適当トス

総本店では給仕の仕事も一つの技術

草鹿丁卯次郎

然ラハ長ク使用スル訳ニハ行カサルヘシ

小倉正恒

高等小学卒業後一、二年ナリ大キクナルト、却テ不適当ナリ、故ニ補助員ノ如キハ使用シ能ハス

杉浦関多

今日迄ノ処ニテハ銀行ニテモ始末ニ困リタルコトヲ聞カス

草鹿丁卯次郎

倉庫では給仕をやめてもよい

監督上ノ不注意モアランカ、厄介者時ニ表ハレ来ル、例ヘハ一寸事務モトレ、気モキク如キ者ニシテ家庭悪キ者ハ終ニハ不都合ヲナスニ至ル、現在ノ給仕ハヤメ、其仕事ハ補助員ニ扱ハシムルモ倉庫ニテハ差支ナシ

西崎傳一郎

家法傭員例第一条ノ五、給仕中ニハ女ノ給仕ヲ含メリヤ

吉田真一（銀行本店支配人）

銀行も賛成

銀行ノ現状ヲ述ヘン、本案ハ銀行モ大体賛成ナリ、唯急ニ給仕ヲ廃シテ草鹿氏ノ言フ如クスルハ余リ急激ニ失セスヤ、総理事ノ御主旨ハ早クヨリ承知シ、銀行ニテハ支店迄徹底セリ、故ニ成ルヘク給仕ハ置カサルナリ、近来ハ給仕デナク日給雇ノ形ニ於テ女ヲ使用ス、本店ニ於テモ支店ニ於テモ然リ、総本店ニ於テモ女ヲ使ハレテハ如何

鈴木馬左也（総理事）

女給仕はどうか

女給仕ハ如何ニヤ自分ハ嫌ナリ

吉田真一

試験中ナリ、大体女ハ好マシカラサルモ、補助員ヲ伝票運ニ使フ訳ニ行カス、勿論女モ始末ハ悪シ、銀行ニハ特ニ若キ者モ多ク、一々目ハ届キ兼ヌルノミナラス、女ハ僅カノ間ニ成人スルモノナレハナリ、之等ノ点ヨリ給仕ヲ使フハ止ムヲ得スト思フ、御趣意ハ能ク解リ居レルモ現状上漸次ニ実行シ度シ

草鹿丁卯次郎

伝票ノ持運ヲ補助員ニヤラセルコトハ必要ナリ。

西崎傳一郎

伝票持運等ハ可ナルモ客ノ取次、塵払ヒ、手洗ノ周旋等ハ性質上女ノコトニシテ、男子ニハ堪エ得ラレス

草鹿丁卯次郎

性質上ノ議論ニハ賛成出来ス

西崎傳一郎

一方ニハ女ノ職工アリ、目ニ一丁字ナキモノナリ、多少ノ教育アリ手紙位書ケル電話交換手等ヲ之等ト同一ニ取扱フハ如何ニヤ、使丁ハ別論トシテ、給仕丈ハ店ニモヨルガ、女ヲ使ヒテ都合好キ場合多シト思フ、此場合ニハ職工ト区別シテ待遇シ度シ、而シテ傭員ヨリ除外シテ適当ナリヤ、準傭員トシテ可ナリヤ否ヤハ考フヘキコトト思フモ、自分ハ準傭員ニテ可ナリト信ス、吉田氏ノ説ノ如ク年少者ヲ使用スルハ予テノ御趣意ニ反スルコトトナル、可成ハ女ヲ使用シ度シ

女性職工と電話交換手を同等に扱うか

湯川寛吉（理事）

大体給仕ヲ傭員中ヨリ除外スルニ付テハ御異議ナキヤ、畢竟本問ハ給仕全廃説、給仕準傭員説、及女ヲモ給仕トスルヤノ三問題トナル。

給仕全廃説、同準傭員説、女性給仕説

杉浦聞多

給仕ハ準傭員、使丁ハ労働者並ニシタシ

西崎傳一郎

サスレハ異論ナシ、女ヲ給仕トスルヤ否ヤノ問題ナリ

杉浦聞多

給仕規定ヨリハ差支ナシ

西崎傳一郎

男女共ニ給仕ナレハ準傭員トナルカ

杉浦聞多

女ヲ給仕トスルニ付別ニ抵触条項ナシ、理論ヨリスレハ傭員モ男子ニ限ルトイフ規定ハ無キカ如シ

男女とも給仕は準傭員となるか

湯川寛吉

研究ヲ要スル問題ナリ、規則ハ別トシテ女給仕ノ可否如何

西崎傳一郎

一寸参考ニ承リ度シ、総本店ニテハ電話交換手ハ如何ニ取扱フヤ

杉浦聞多

準傭員ナリ

西崎傳一郎

女給仕モ同様ニシテ差支ナカラン

杉浦聞多

左様

草鹿丁卯次郎

給仕ハ職工ヨリ上ニ位セシムルノ必要アリヤ

給仕は職工より上位か

西崎傳一郎

女職工ハ技術ノ上ヨリ給料増加ス、給仕ハ教育モアリ、将来モアルコトナレハ職工ヨリハ上位ナルヘキナリ

湯川寛吉

将来本問題ハ大ニ考慮ヲ要ス、職工中ニハ中学位ヲ卒ヘタル者アリ、給仕ト何レカ上ナリヤノ比較ハ大ナル問題ナルヘシ

給仕と職工の比較は大問題

草鹿丁卯次郎

給仕ヲ多ク要スル店部ハ別トシ、一人二人ヲ用フル処ニテハ、多数男子ノ間ニ少数ノ女子ヲ交フルニテ、利害果シテ如何、銀行支店ノ例ニ見ルニ余リ面白カラス

吉田真一

補助員ニ客ヲ扱ハシメハ常ニ客ヲ怒ラセ通シトナル、女ハ此点ニ於テハ都合宜シ

鈴木馬左也

府県在勤当時、病院ノ受付ハ男ニテハ不可ナリトノ説ヲ聞ケリ、男モ気ヲ付ケテ勤ムレハ女子同様ナラン、自分ハ良イコトハ同様ニ良シト思フナリ、賃銀ノコトハ別問題ナリ

男も気を付けて勤務すれば女同様

吉田真一

監督モ行届クコトヲ必要トス、銀行（支店）ノ電話ハ一室ニテ扱フ故、主管者モ直接監視シ居レハ不都合ノコトナシ

草鹿丁卯次郎

電話丈ニ使フハ可ナランモ、客ノ取次等ニ余リ下級ノ者ヲ使フハ不可ナリ、電話ノ取次等モツマリハ客ニ接スルモノナルノ点ヨリ、可成ハ上級ノ思慮アル者ヲ使フ様シタシ

吉田真一

客ト通話スルコトハ女ニテハ不適当ナリ、サレド女ナレハ安キ給料ニテ足ルトイフ、結局ハ金ノ問題ナリ

鈴木馬左也

日本生命保険会社ノ受付タリシ女ノ如キ者ニテハ困リモノナリ、尽ク此ノ如キ訳ニハアラサランモ、成ルヘクモットサッパリヤリタキモノナリ

吉田真一

同感ナリ

西崎傳一郎

人ニヨルナリ、男ニテモ女ニテモ。

男でも女でも人による

草鹿丁卯次郎

少シ使ヒテ役ニ立ツ頃ニハ喧嘩ヲスル、白粉ヲ塗ルトイフ次第ハ普通見ル所ナリ、目下中ノ島支店ニ居ルモノハ薩張セルモ、以前ノハゴテ〳〵ナリキ。

湯川寛吉

電話ノ交換ニハ如何ニスルモ女ナリ、長キ間ノ世界的経験上ノ意見ナリ、然レトモ給仕ニ使用スルハ考ヘモノナリ、要ハ其取締方ニアリ、伸銅所ニ居リシ頃交換手ヲ傍ラ給仕ニ仕ヒタリシカ、危険ナル関係ハ生セストスルモ、一般ニ柔弱ノ風ヲ招ク虞アリ。

鈴木馬左也

同感ナリ、交換手ハ女ナルヘシ

吉田真一

銀行ニテハ黒衣ヲ着セ、赤色ヲ表ハサシメス

西崎傳一郎

男ノ若キハ可ナルモ、斯クテハ総理事ノ御趣意ニ反ス、成績良好ノ者ハ可ナルモ、不良ノ者ハ直ニ見放スコト難ケレハナリ。

湯川寛吉

補助員ニ給仕ノ仕事ヲナサシムルハ永続セス、又片手間ニテヤラスハ無理ナルヘシ

補助員に給仕の仕事をさせるのは永続せず

草鹿丁卯次郎

補助員ヲ使フモ一年又ハ二年ナリ、余リ長ク使フトキハ所謂給仕風トナリテ将来ノ為メ悪シ

湯川寛吉

御趣意ニハ反対ナラス、給仕モ一ノ職務ナルヲ以テ多年之ニ習練スルヲ要スルモ、補助員ニテハ不可トイフニアラス、成績良シケレハ他モ其例ニ倣フヘク、先ツ実行ヲ試ムルモヨカラン、総本

店ハ乍遺憾之ニ倣ヒ難シ

中田錦吉（理事）

使丁ヲ労働者トスルコトハ如何、皆様御意見ハ如何

草鹿丁卯次郎

使丁ヲ労働者トスルノ意ナリヤ

小倉正恆

総本店ノ案ハ、給仕ヲ準傭員、使丁ヲ労働者トスルモノナリ

総本店案は給仕を準傭員、使丁を労働者

草鹿丁卯次郎

賛成ナリ、給仕ノコトモ自分ノ方丈ニテ試ムルコトニセハ差支ナカラン、全部此クスルトイフニアラサレハナリ

湯川寛吉

他ニ意見ナキヤ

（発言者無シ）

編者註

○原史料の「四　議題ニ関スル調査」の箇所に、「傭員例」が掲載されているので、参考までに次に記す。

傭員例

第一条　左ニ列挙スル者ヲ傭員トス

一、高等傭員　　二、等内傭員　　三、補助員

四、等外傭員（坑夫頭ヲ包含ス）五、給仕　　六、使丁

七、準等外以上ノ試験傭員

八、明治三十三年乙第二十号、総本店及別子鉱業所臨時雇規定ニ依ル月給臨時傭員

九、別子鉱業所々属ノ学校及病院ノ職員

第二条　前条ニ列挙スル者ノ外、各店各部ニ於ケル傭員ハ之ヲ準傭員ト称ス

第三議題議事録、特許・意匠等の総本店取扱（別子鉱業所提出）

第三、特許、意匠、実用新案等ノ出願及特許証保管ヲ総本店ニ取扱ハシメントスル希望

特許証の出願と保管の問題

松本順吉（別子鉱業所支配人）

格別大ナル問題ニハアラス、特許ハ家長名ニテ出願スルモノ故総本店ニテ扱フ、而シテ此扱振リハ漸次私ノ方主トナリ、総本店ノ方薄ラキ来レリ、著シキモノハ特許証ナリ、下付ノトキハ総本店ヨリ送致シ、別子ニテ保管ス、主トシテ保管ノ問題ナルカ、総本店ニテ保管シ貰ヘハ如何トノ問題ナリ、特許ニ付テハ代理者ニ頼ムモノ故私ノ方ニテ解ラス、出願ハ主トシテ総本店ノ扱ハル、心持ト思フカ、特許証ノミヲ送ルハ少シ変ナリ

中田錦吉（理事）

特許証ハ家長名ニテ受クルモノ故総本店ニテ扱フモ、事実ハ各部ノコトナリ、故ニ各部ニ送ルナルヘシ、総本店ノ御意見如何

杉浦聞多（総本店副支配人）

総本店は主管店部の委託により特許出願

当初ノ出願、延長ノトキノ出願等、主管店部カ主トシテ扱フモノニテ、総本店ハ其委託ニヨリ扱フ迄ナリ、故ニ期限等モ気カ付ケハ御知ラセスルモ、実際延長追願等ノ要否ハ分ラス、ツマリ切実ノ感ナキヲ以テ必要ノ手続等ヲ忘ルルコトナキヲ保セス、故ニ各部ニテ扱ハレタシ、必要ニヨリ相当ノ手続等ノ労ヲトルコトハ現在将来共ニ同シ、而シテ中ニハ家長名ナラサルモノモアル位

ナレハナリ、別子ハ遠方ノコトニテ一々総本店ニ委託スルハ煩雑ナリトノ感一層深キモノナルヘシ

中田錦吉　他店部ニ御意見ナキヤ

松本順吉　一般ノ心得方ニ付テハ明治四十五年ニ御通牒アリ。

明治四十五年の特許通牒

杉浦聞多　読上クヘシ、「傭員業務上ニ関シ発明又ハ考案ヲ為シタルモノニ付テハ、特許法第三条実用新案法第二条等ニ依リ、家長名ヲ以テ其登録ヲ受クヘキモノニ有之候、就テハ右発明又ハ考案ノ中ニ付貴所ニ於テ重要ト御認メノモノハ、自今家長名義ニテ登録ヲ受クルコトトシ、其出願等ノ手続ハ総テ当店ニテ取扱可致、而シテ比較的軽微ノモノハ従来ノ例ニ依リ御取扱可相成、又従前特許ヲ受ケラレタルモノニ付テハ、重要ト御認メノ分ニ限リ、此際家長名ニ書換フヘキコトニ決定相成候、尤右書換出願ノ手続ハ当店ニテ取扱可致候間、此際書換ヲ要スル分ト書換ヲナササル分トヲ区別シ、当店迄御申出相成度シ、追テ尓今従来ノ例ニ依リ御取扱可相成モノモ、出願前予メ総本店へ経伺手続相運ハレ度シ」

家長名義で登録を受けること

出願は総本店を経由すること

松本順吉　其時ノ御趣旨ハ手続丈総本店ニテ扱ハルルトイフ意ナリヤ

杉浦聞多

然リ、利用上保管等ノコトハ各部ニテ当ラレタシ

松本順吉

各部ノ特許ノ趣旨ハ知ラス、私ノ方ノハ専用セントノ考ニテ為セルモノハナシ、他ノ者カ先ニ特許ヲ受ケテ、私ノ方カ為ニ使ヘヌコトニナルヲ恐レル、曰ハ、消極的ノモノナリ、今日迄ノ分ハ右ノ如キモノニテ一度受クレハ夫ニテ可ナルニテ、其後他ノ者カ受ケテモ当初ノ目的ハ達セラレタルナリ、特許証ノ受授ハ煩ハシキ故出願手続序ニ保管モヤリテ貰ヒ度キナリ、兎モ角初メノ頃ハ写ヲ送ラレタルカ後、本証来ル様ナリ居レリ。

出願手続序でに保管もやって欲しい

杉浦聞多

夫レハ前述趣旨アリシニ依ル

小倉正恒（総本店支配人）

要ハ責任者ヲ定メタシトイフニ在リ、主脳ヲ当方ニスルナラハ夫レトイフ具合ニ明ニ定ムルヲ可トス、期限等ニ付テハ各部ニテ扱フ方可ナランカ。

草鹿丁卯次郎（倉庫支配人）

出願ノ家長名ナルコトハ四十五年ニ始メテ定レルコトナリヤ。

小倉正恒

従前ハ区々ニシテ、或ハ家長名ナルモノモアリシナリ

中田錦吉

如何ナルヘキ、魂抜ケスヤ、期間ノコトナト注意スルカ主ナルニ、物丈保管サスルトイフハ如何

特許は住友の魂の問題である

ナルヘキカ

松本順吉　全体御任セ致シタキ次第ナリ、私ノ方トシテハ一度特許ヲ受クレハ足ル訳ニテ、其後ノ期間延長等ハ必要ニアラサレハナリ。

草鹿丁卯次郎　倉庫ニハ二度経験アリ、私ノ名ニテ受ケタリ、適切ノ感ハ当局ノ方宜シ

松本順吉　当初ニアリテハ誠ニ然リ、発明考案等アリシ店カ言ヒ出ス訳ナレハナリ

遠方の別子と総本店の問題

草鹿丁卯次郎　別子ハ遠方故別トシテ、各部カ各自ニヤルカ可ナリト思フ、要スルニ本問題ハ別子ト総本店トノ間ノ問題ナリ

中田錦吉　他ニ御異存ナキ様ナリ

第四議題議事録、病院職員の退身慰労金（若松炭業所提出）

第四、病院職員ノ退身慰労金ニ関シ従来其規程ナキヲ以テ新ニ規定ヲ設クルノ希望

吉田良春（若松炭業所支配人）　傭員ニハ退身慰労金ノ制度アルモ、独リ病院職員ニ付テハ此制度ナシ、併シ昔ハ致仕慰労金ノ制度アリテ、之カ新シク退身慰労金ノ制度トナルヤ、其適用ハ一般傭員ニハ廃セラレテ僅ニ病院職

若松炭業所では傭員と病院職員の間に差があり不便

員ニノミ適用シテ可ナリトイフコトニナレリ、サレト規則其モノハ已ニ廃絶シテ、現行家法ニモ載セ居ラス、加之制度ハ昔ノモノニシテ、今日ニ適用スルトキハ甚タ時宜ニ適セスト考ヘラル。先ツ炭坑トシテハ、附近ノ三井、三菱等ニ比較スルニ、病院ノ職員ハ同様炭坑ニ附属シテ、多少ノ差異ハアルモ、一般傭員ト似タル待遇ヲ為セリ、炭業所ニテハ傭員ト病院職員トノ間ニ著シキ差異アルヲ以テ、実際上甚タ不便ヲ感ス、別子モ御同感ト存ス、新シク適当ノ退身慰労金制度ヲ設ケラレタシ。病院職員以外ニハ学校職員アリ、別子以外ニハナカランモ、兎ニ角之ハ一般小学校同様、慰労金年功加俸等アリ略一様ナラン、病院職員ニナルト世間ニテハ永年勤ムレハ慰労金モ多ク与へ、又ハ贈物等ヲナスモノナリ、然ルニ我現行法ノ下ニ在テハ金額モ甚タ僅ニシテ不適当ナレハ、之ニ対シテ総本店カ新制度ヲ設ケラレンコトヲ希望ス。

小倉正恒（**総本店支配人**）

他ノ炭坑ノ退身慰労金制度ノ説明アリシカ、給料ノ点ハ如何

吉田良春

区々ナリ

小倉正恒

給料ハ少ク、其為ニ慰労金多キニアラスヤ

吉田良春

否、給料モ幾分高ク、賞与金、慰労金ヲモ多クセル所アリ、三池ノ如キハ一般傭員ト大差ナシ

杉浦聞多（**総本店副支配人**）

付近炭坑の実況を調査して立案してほしい

附近炭坑ニ於ケル給料、賞与其他ノ給与ノ有様、退身慰労金制度ノ実況等ヲ調査シテ案ヲ具セラレタシ、当局ノ者カ関係最モ切実ナレハナリ、且ツ具案セラルレハ其方決定モ早カルヘシ、可相成ハ全般ニ関スル問題ナラサルヲ以テ関係店部ニテ取調ヲ願度シ

松本順吉（別子鉱業所支配人） 若松ノ方ノ病院職員ノ等級、俸給ハ如何、別子ニテハ総本店ノ認可ヲ受ケ居レリ

杉浦聞多 初メテ設クルトキニ、別子ハ斯々トイフコトヨリ鉱業所同様ニナレリ、認可ニナリ居レリ

別子鉱業所の状況

松本順吉 他ノ鉱山トノ権衡ハ私ノ方ニハナキモ、実際少額ナリトイフコトハ同感ナリ、中田理事在任中ヨリノ宿題ニテ、今日迄延引シテ未タ遂ケサルナリ、実ハ具案認可ヲ受ケテハ如何ト思ヘリ、如何、又ハ総本店ノ規定トナルヤ

杉浦聞多 俸給、雇入等各々ナセルモノ故、退身慰労金制モ其方然ルヘシ、認可ハ勿論必要ノ手続ナリ

松本順吉 自分ノ方デヤル心算ニテ今日迄愚図〳〵シタリシナリ

総本店にて共通のものを定めて欲しい

吉田良春 工場等モアルコトナレハ追々病院モ作ラルヘク、就テハ総本店ニ於テ共通ノモノヲ定メラレンコトヲ望ム

杉浦聞多
学校教員ニ付テハ別子ニテ規定セラレタリ
松本順吉
然リ、兎ニ角私ノ方モ案ヲ作ラン、而シテ別子ニテハ傭員同様ニシタシ。
吉田良春
官吏ノ退身慰労金ヨリ少シク大ナルヲ望ム、今ノ致仕慰労金ノ如キニテハ余リ少額ニシテ与ヘ難シ
松本順吉
別子ト若松ト協議シテ具案スヘシ
小倉正恆
医師ニ退身慰労金ヲ与フルヤ否ヤノ問題ハ如何、私ハ現在ノモノヲ以テ餞別位ノ意味ニ考ヘリ、医師ハ平常ノ給料高キモノナルヲ以テ、退身ノ際ニハ何モ給スル要ナシト思フ
中田錦吉（理事）

学校・病院職員と一般傭員との違い

素ト学校病院ノ致仕慰労金制ヲ設ケタルハ其趣旨ナリシナリ、一般ノ傭員トハ月給カ違フ、若シ退身金ヲ傭員同様ノ割合ニスルト多額ノモノニナル、改正スルトシテモ傭員同様トスルハ考ヘモノナリ
松本順吉
傭員同様トハ率ニ付テ言フニアラス、例ヘハ十年勤メテ退身スル者アル場合ニ、平生ノ俸給高、

賞与少等ノコトヲ考ヘ通算シテ、退身慰労金ハ少キモ、通算ノ上ヨリ同様ニシタシトイフ訳ナリ

中田錦吉

現在ニ於テハ少過キル様思ハル、初ハ月給多キ故別ニ率ヲ設ケタル次第ナルカ、其後傭員ノ方段々良クナリタル結果、其間隔ハ大ニ減シタルナラン。

医師の昇進は遅い

杉浦聞多

医師ノ昇進ハ遅ク、傭員ニハ俸給令改正等アリシ為、彼是ニテ然リシナリ。

松本順吉

長ク居ル人ニ付テ比ヘルト然リ、而シテ近来一般病院等ニ雇ハルルモノカ総テ高給ヲ以テ迎ヘラルルニヨリ、低廉ナル給料ニテハ雇入レ難シ

吉田良春

若松ハ多ク別子ノ例ニ準ス、サレハ別子ニテ改正アリテ、若松ニ知レサルモノハ若松方手落トナルニ付、病院規程ハ一般ニ通スル様作ラレタシ

病院規程の改正を希望

杉浦聞多

今後ハ御通知シテモ可ナリ、唯或ハ一方ニハ改正ノ要ナシトスルコトモアラン

吉田良春

改正スレハ両方同時ニヤルト便利ナリ

松本順吉

総本店ニテ願ハレ間敷ヤ

小倉正恆
折角多少ニテモ進行セルモノ故、貴方ノ方便利ナラン。
松本順吉
然ラハ其様スヘシ
中田錦吉
若松ヨリ炭坑ノ例ヲ調ヘテ本店ニ廻付アリタシ、独リ医師ノミナラス傭員ニ付テモ同様ナリ

編者註　慰労金の旧法と現法の差異

〇原史料の「四　議題ニ関スル調査」の箇所に、「旧法致仕慰労金ト現法退身慰労金トノ主ナル差異」が掲載されているので、参考までに次に記す。

一、現法ハ勤続三年未満ノ者ニハ給与セサルヲ原則トスルモ旧法ハ一年以上ナレハ給与ス
二、現法ハ自己ノ都合ニ依リ退身スル者ニハ給与セサルヲ原則トスルモ、旧法ハ如此者ニモ必ス給与ス
三、旧法ニヨル給与金額ハ新法ニ比シ概シテ少シ。

編者註　総本店所見

〇原史料の「議題ニ関スル調査」の箇所に、「㊞調」として総本店の所見が掲載されているので、参考までに次に記す。

総本店ニ於テモ已ニ其必要ヲ認メ、傭員一般ニ亘リテ、共ニ目下考慮中ナリ、尚右ニ付キ提案者ニ私案アラハ参考ノ為メ此際拝聴シ度シ

第五議題議事録、日給雇の積金規定（若松炭業所提出）

第五、日給雇ノ積金ニ関スル規定ヲ設ケントスル希望
吉田良春（若松炭業所支配人）
炭業所ニテハ日給雇ニ仕事ヲナササシムル場合多ク、其数非常ニ多シ、傭員、労役者ニハ夫々積金

ヲナサシムルモ、独リ日給雇ニハコノ制度ナシ、其必要ノ場合ハ傭員ニ比スレバ日給雇ニ最モ多シ、即病気ノ時、退身ノ時ノ困難ヲ感セルコトハ日夕聞ク所ナリ、能フベクンバ準傭員ニモコノ制度ヲ設ケテ、日給ノ一日乃至二日分ヲ利付ニテ預カルコトヲ得バ、幾分ノ救助ヲナスコトヲ得可シ、上下共積金ノ制度ハ家法上認メラル、ヲ以テ、日給雇ニモ之ヲ実行セシメラレタシ、別子ニハ工手ニ積金アリ

日給雇に積金を採用したい

別子鉱業所では工手・宛頭に積金の制度あり

松本順吉（別子鉱業所支配人）

別子ニハ工手ト宛頭トニ積金ノ制度アリ、宛頭ハ小作人ノ貯蓄組合ノ仕事ヲ取扱フ様ニナリシ時認可ヲ得テ定メタリ

小倉正恒（総本店支配人）

コハ広ク各部ニ適用スベキカ、将タ若松ノミノ問題ナリヤ

吉田良春

各部モ同様ナラン

小倉正恒

日給雇ニハ其種類甚ダ多ク、交換手モ使丁モ日給雇トセル所アリ、故ニ全般ノ問題ナリトスレバ全般ニ渉リテ研究ヲ要スルモ、若松ノ特別ノモノトスレバ少モ差支ナシ

炭業所の交換手は労役者

吉田良春

炭業所ニテハ交換手ハ労役者ナリ（銀行ト同シ所ニテハ日給雇）、日給雇ハ役員ニシテ交換手以上ノモノナリ

総本店の交換手は日給雇

小倉正恒

総本店ニテハ交換手ハ日給雇ナリ、其在職期間短クシテ去就常ナラズ、故ニ其制度ノ要ナシト思ハル、併シ若松ノミ別ニスルコトヲ得可シ

吉田良春

別ニ規定ヲナシ得ルコト、ナレバ都合宜シ

小倉正恒

認可ヲ得テヤラレテハ如何

中田錦吉（理事）

別子ニテハ如何

松本順吉

吉田氏ト同シ考ナリ、病気ノ時ニ用立ツルニハ其効果疑ハシ、乍併改正案ニハ之ヲ加ヘ置キタク、昨年モ工手、日給雇ノ問題起リ、其時日給雇ノ規則ハ本店ニテ定ムルコト、ナリシニハ非ズヤ

別子の日給雇は本店と同じか

小倉正恒・杉浦聞多（総本店副支配人）

然ラズ

中田錦吉

日給雇ハ漸次減シテ、等内外、補助員ヲ使用スルノ方針ナラズヤ

杉浦聞多

然ラズ

日給雇を傭員の一に加えてはどうか

中田錦吉
別子ニ在リテハ、初メ日給雇ハ臨時日給雇ナリシモ、近来ハ臨時ニアラザレトモ大ニ便利ナルモノニシテ、又経済的ノモノナリ、退身慰労金ナク仕事ニハ馴レルシ、近来ハ賞与ヲ与フルコト、ナリタリ、日給雇ハ一階級ヲ作リ得ルモノナレバ、等内外、補助員ノ如ク傭員ノ一ニ加ヘテハ如何、数年前コノ話アリタル時決定セシ様覚ユ

別子では甲種商業卒業生の日給雇の期間が長い

杉浦聞多
別子ニテハ甲種商業卒業生ハ日給雇ノ期間長ク、等内、補助員、日給雇ノ関係、他店部ノ如ク宜シカラズ

松本順吉
日給雇ヲ廃スルコトハ難シ、製錬課ノ看貫等ハ日給雇ヲ使用スルヲ便トシ、等外トスルハ不便ナリ、故ニ臨時日給雇トセス、日給雇トシタシ、日給雇ヲ廃スルハ不便ナリ

草鹿丁卯次郎（倉庫支配人）
昨年傭員ノ階級ヲ可成少クスルコトノ話アラザリシヤ

若松炭業所の事例

吉田良春
日給雇ニハ臨時ノ文字ナシ、只今八十人、坑内ノ小頭五十人以上、其宜シキモノハ坑夫頭ニ採用ス、之ヲ日給雇トスルハ大不経済ナリ、一日休ムモ構ハザルコトニナレバ非常ノモノナラン、他ノ炭坑ニテハ日給雇制ハ大ニ発達セリ、三井抔ニテハ高工卒業生ハ三ヶ月位日給雇ナリ、日給雇ヲ月給雇ニスルハ宜シキモ大不経済ナリ

松本順吉
別子ノ頭（アキママ）ハ日給四十銭ナリ
吉田良春
日給雇ヲ永久ノモノトシテ、下級傭員トシテ総本店ニ於テ認メラレタシ
草鹿丁卯次郎
日給雇ハ別子、若松、伸銅所等ニモ必要ナラン、倉庫ニテハ労働者ノ積金ハ自治制度ヲ採レリ
小倉正恒
積立金制度ヲ定ムレバ利子ハ店費ニテ補給スルヤ
吉田良春
然リ
松本順吉
別子モ同様ニ希望ス
中田錦吉
小倉説ノ如ク臨時ノモノハ別トシ、永久ニ置ク必要アル店部ハ総本店ト相談セラレテハ如何

積立金制度を制定してはどうか

編者註
別子工手規則

○原史料の「四　議題ニ関スル調査」の箇所に、「別子鉱業所工手規則抄録」が掲載されているので、参考までに本議事録と関係の深い条文を抜粋して次に記す。
第十条　工手ハ毎月日給一日分以上、三日分以下ヲ積立金トシテ預入スヘシ
第十一条　積立金ノ預入極度額ハ元利金ヲ合セ金壱千円トシ、極度額ニ満タル以後ノ利息ハ毎年現金ヲ以テ支払フモノトス

第十二条　勤務中金員ヲ徴収スル場合ニ於テ之カ支出ヲ為シ能ハサルトキハ、積立預金ヲ以テ之ニ充テ、尚不足ヲ生スレハ別ニ徴収スルモノトス

編者註　別子宛頭の積立預金規程

○原史料の「四　議題ニ関スル調査」の箇所に、別子鉱業所「宛頭積立預金規程」が掲載されているので、参考までに次に記す。

第一条　宛頭ハ毎月日給一日分以上、三日分以下、又ハ月給三十分ノ一以上、十分ノ一以下ヲ積立金トシテ預入スヘシ

第二条　積立金ノ預入極度額ハ元利金ヲ合セ壱千円トシ、極度額ニ満タル以後ノ利息ハ毎年現金ヲ以テ支払フモノトス

第三条　勤務中金員ヲ徴収スル場合ニ於テ、之カ支出ヲ為シ能ハサルトキハ、積立預金ヲ以テ之ニ充テ、尚不足ヲ生スレハ別ニ徴収スルモノトス

編者註　日給雇使用現況

○原史料の「四　議題ニ関スル調査」の箇所に、「日給雇使用現況」が掲載されているので、参考までに次に記す。

	伸銅所 人員	伸銅所 給与	鋳鋼場 人員	鋳鋼場 給与	銀行 人員	銀行 給与
技術ニ従事スルモノ	六人	九十銭乃至二円七十五銭	七人	五十銭以上五十四銭		
事務ニ　〃	三人	六十銭乃至九十銭	三人	五十銭以上七十五銭		
守衛補助	二人	五十銭乃至七十五銭				
使丁代用			三人	五十銭以上六十銭	三人	二十五銭以上五十五銭
給仕代用			四人	二十銭以上五十銭	二十五人	十五銭以上五十三銭
交換手	三人	四十七銭乃至五十銭				
	計十四人		十七人		二十八人	

電線製造所ハ日給雇ヲ使用セズ
総本店　事務ニ従事スルモノ一人　六十銭　交換手　四人　二十八銭以上四十五銭
其他ノ店部ハ判然不致候

第六議題議事録、身元保証金と積金の合体（若松炭業所提出）

第六、傭員ノ身元保証金ト積金トヲ合一セシメテハ如何

吉田良春（若松炭業所支配人）

身元金と積金の取扱は手数の問題

身元金ト積金トハ何レモ積立中ノ取扱方ハ同一ニシテ、同一ノ性質ヲ保タシアリ、只考フル所ハ手数ノ問題ナリ、二種ノ通帳、利子計算、記入上ノ手続等ノ取扱上、及各人ノ間ニ授受スルノ不便ヲ見ル事実ハ、傭入ノ初ニ身元金ヲ入レテ、其以後漸次積立ツルコト、スレバ同意義ニシテ、手数簡単トナルベシ

外山一郎（総本店会計課主任）

両者の性質は異なる

会計課ノ意見ヲ云ヘバ、原案ニハ身元金及積金ハ結局其目的同一ニ帰着スル云々トアルモ、性質ハ異レリ、即身元金ニ就テ規定第五条ニ、

身元金規程第五条（編者註二一四頁参照）

在勤中不都合ノ所為ニ因リ金員ヲ徴収スル場合ニ於テ、之ヲ支出シ能ハザルトキハ身元金ヲ以テ之ニ充テ云々

トアリ、積金ハ其第一条ニ、

積金規程第一条（編者註二一四頁参照）

傭員ヲシテ勤倹ヲ旨トシ、其後栄ヲ図ランガ為メ積金ノ制ヲ設ク

トアリテ、各性質及目的ハ異リ、従テ其積立ノ方法モ亦異レリ、即身元金ニハ預入高、元利ノ極

度ナク、積金ハ其極度ヲ定メ、又積金ハ不時ノ必要ノ場合ニ其幾分ヲ払戻スコト、ナリ居レリ、斯ク二者ハ其取扱ノ方法モ異レルヲ以テ、之ヲ合一スルトキハ大ニ混雑シ、手数モ亦却テ大ナルベシ、吉田氏ノ説ノ如ク、二者ヲ合一スルトキハ手数ヲ省キ得ル如キモ、基礎ノ異レル二者ヲ纏メルハ困難ナレバ同意シ難シ

吉田良春

身元金、積金ヲ両立セシメテ、通帳ヲ一ニスルト云フニ非ズ、其金ノ性質ハ結局同一ナレバ、二種ノ積金ハ不必要ナル如ク思ハルレバ、規則ヲ改正シテ活用セラレタシ

草鹿丁卯次郎（**倉庫支配人**）

之ハ根本ノモノナリヤ、身元金ヲ廃シ、又ハ積金ヲ身元金トモ積立金トモ見ルベキヤ、手数ノ問題トスレバ只総本店ノ問題ニ付今回ノ問題ニナラズト思フ

吉田良春

根本ノ問題ニ非ズ

中田錦吉（**理事**）

帰着点は両者の合併

帰着点ハ二者ヲ合併シテ一、二規則ヲ改正セント云フコトナラン、両性質ヲ合シテ一トスル考ナラン

川田順（**東京販売店支配人**）

古河の事例

根本問題ニ就テ参考ノ為ニ申サン、古河ハ実行セリ、古河ニハ前ニハ積立金ト身元金ノ二種アリシモ、雇傭ノ初メニ会社ニ損失ヲ蒙ラシメタル時ハ、会社ヨリ受クル金額ヲ以テ塡補スルノ契約

アリ、又民間ノ雇傭契約ノ保証金ハ法律上優先権ナシ（官吏ニハ別ニ規定アリ）、故ニ名ノ如何ニ拘ハラズ、積立金モ身元金モ同一ナリ、故ニ保証金ノ名義ヲ以テ対人信用ヲ証スルハ其名義甚ダ面白カラズトシテ、之ヲ廃シタルガ如シ、三井、三菱ニハ書記以上ニハ積金ノミニシテ身元保証金ナシ

小倉正恆　**（総本店支配人）**

川田君ノ云ハル、古河ノ話ハ身元金ハ不用ト云フモノナリ

佐渡亮造　**（呉販売店支配人）**

身元金ハ一般傭員ヲ侮辱スルモノナリ……

身元金ノ納入率表、積立金ノ預ケ率表ヲ合セテ、従来ノ身元金、積立金ノ合同率ヲ作ルハ強チ不能ニ非ザルベシ、両種只積金ノ性質アリ

小倉正恆　**（草鹿丁卯次郎モ共ニ）**

詮ズレバ身元金廃止説トナルベシ

小倉正恆

若シ身元金ヲ廃シテ積金ノミトスルハ別問題ナリ、二種ヲ合一スルハ名称モ面倒ナリ

外山一郎

一方の廃止と両者の合同は別問題

二種ノ性質中一方ヲ廃シテ一ノミトナスカ、又ハ両積金ヲ合同シテ一トナスト云フガ如キハ別問題ナリ、佐渡君ノ説ノ如ク積立金ノミトシ、積立金ニ身元金ト積立金ノ両性質ヲ帯バシメルトスレバ差支ヲ生ズベシ、即災害ニ罹リタル時等ニ其三分ノ一以内返還シ得ル場合ニ、新シキ

雇入ノ人ニハ身元金ノ一部ヲ払戻スコト、ナリ、身元金ノ力ハ薄弱トナルベシ、故ニ一ヲ廃シ、
＊又ハ他ニ新シキ一種ヲ生ズルト云フハ別問題ニシタシ（＊印の上部欄外書込「此間稍混乱セリ」）

中田錦吉

古河等ノ例ハ一寸外聞ハ宜シキモ、不法行為ノ時ニ取ルゾト云フハ侮辱スル訳ニテ、別ニ変リタルコトハナシト思フ、所謂頭隠シテ尻隠サズナリ

外山一郎

之ハ双方共沿革アルコトナレバ、手数問題アルモ二者存置シ度シ

双方共沿革のあることなので二者存置したい

川田順（小倉正恒ニ答ヘテ）

古河ハ前ヨリ身元金ハ賞与金中ヨリ分納セシム、三菱ハ不明ナリ、保証人ハ古河、三井、三菱ニモナシ

小倉正恒

現行法上甚敷差支ナキヤ

吉田良春

区別シテ存置スル必要アレバ手数ハ厭ハザルモ、同種ノモノナレバ二種ノ通帳ヲ置クノ要ナシト考フルノミ

小倉正恒

身元金ハ自己ノ出金ナリ、積立金ハ頂戴スル金ヲ積立テ行クコトユヘ性質ハ異ナル

中田錦吉

原案ニ賛成ノ方アリヤ

草鹿丁卯次郎

根本問題ニ携ハラザレバ決行スル能ハズ、若シ左スレバ大ニ研究ヲ要スル問題ナリト思考ス、原案ニハ只々賛成スルコト能ハズ

中田錦吉

其ノ位ニテ可ナラム、閉会。

川田順

（＊印の上部欄外書込）「翌日」

＊昨日ハコノ提案ノ如クナレバ、意思カ其根本問題ニ触レザルヲ以テ決定ニ至ラザリシモ、其根本ノ意思ニ付少シク御協議シタシ

中田錦吉

ヨカラン、暫ク第六ノ問題ヲ討議スベシ

川田順

身元金全廃は弊害あるが、一定身分は全廃

身元金ヲ全廃スルコトハ後ニ述ブル如キ弊害アルベキモ、一定ノ身分ノモノニハ之ヲ廃スルコトニ改正アリタシ、其一定ノ身分トハ満三年以上勤続ノモノ、及ビ六等以上ト云フ如キ等級ニ依ル身分トニ制限ヲ加ヘテ、身元金ヲ廃スルコトニシタシ

右理由の一

理由一、相互ノ関係ハ人ノ信用ニ depend スル問題ナレバ、之ニ物上ノ担保ヲ出スハ其精神ニ矛盾スルコト

右理由の二

二、佐渡氏モ云ヘル如ク、実害ノ起リタル時ニ今ノ如キ金高ニテ償ヒ難シ、蓋シ身元金ノ

origine タル雇人ガ雇ハレ中ニ起ル損害ヲ担保スルニ非ズシテ、被雇ノ初メニ当リテ其人ノ精神ヲ検スル点ニ存スベシ、即身元金ヲ差出シテ迄モ雇ハル、精神アルヤ否ヤニ起因スルガ如シ、若シ実害ヲ償フモノトスレバ外国ニ盛ニ行ハル、ガ如キ信用保険ヲ要スベシ

右理由の三

三、手数ノ関係ニ於テ実益ナキモノニハ手数ヲ省クコト

全廃しないのは新参の者を試験する主意

以上ノ理由ニシテ、住友ノ雇人ニ対シテ全廃セザルハ新参ノモノヲ試験スル主意ニテ、条件付ニテ存置スルヲ穏当ト考フ

別紙「官吏ノ身元保証金」（編者註二一五頁参照）

尚、世間ノ実例ハ官吏ノ身元金ハ強制セズ、主務大臣ノ意見ニ依リテ之ヲ徴収スルコト、ナリ居レリ、出納官吏ノ如キモ尚之ヲ徴収セズ、又官吏ニ対スルモノハ之ヲ調ベタルモノアルニ付、総本店ニ御参考迄ニ提出スベシ（別紙参看）、民間ニ在リテハ二、三ノ会社ニハ之レナシ、古河ノ如キハ中田理事ノ御説ノ如ク不徹底ナリ、三井、三菱ニハコノ制度ナシ、其理由ハ之ヲ知ラズ、後日研究シ置クベシ、外国ノ如キモ之ヲ知ラザルモ、信用保険ノ制度アリテ米国等ニハ非常ニ発達シ居レリト聞ケリ

中田錦吉

君ノ案トシテ適当ナル所ヲ示サレタシ、住友ニテ重役ニハ之ヲ徴収セズ、君ノ意見見（ママ）ノ一部ヲ現実シアリ、サレド昔ハ重役ト雖モ之ヲ徴収セシモ、今ハ之ヲ廃止セシナリ、故ニ主義トシテハ実行セル訳ナリ、君ノ程度ヲ定メ範囲ヲ示サレタシ

徴収は試験雇期間と六等以下の傭員

川田順

住友ニテハ最高ノ方ニナキハ特例ナレバ、之ヲ主義トハ云ヒ難シ、主義トシテハ原則トシテハ三

年間勤続者（三年間ニハ其人物ハ大概試験シ得ラルベシ）ト六等以上ノモノ、六等以上ノモノハ高等官ノ程度ナレバ、対人信用完全ト見做シテ之ヲ廃スルコト、以上ノ程度ニシタシ、併シ之ハ確定的ニ非ズ

中田錦吉

他ニ意見ナキヤ、要之川田君ノ説ハ制限ヲ六等以下ニシテ、勤続満三ヶ年未満ノモノトスルコト、ナルベシ

杉浦聞多（総本店副支配人）

低キ等級ノモノ、短キ勤続ノモノニ課スルトセバ、之ヲ全然廃シテ可ナリト、如此地位ノモノハ太シタル《(ママ)》損害ヲ来ス程ノ仕事ニ平素携ハラズ、相当ノ地位ノモノ、相当ノ信用ヲ得タルモノニ大過アルコト多シ

相当の地位・信用を得た者に大過多い

小倉正恆

年限ヲ条件ニ加フル理由如何

川田順

対人信用ノ不完全ナルニ因ル

小倉正恆

例之等内傭、等外傭ノ如キモノハ、金ヲ有スルモノニ非ザレバ信用ナシト云フ訳トナレバ、傭入ノ時ノ check トナルベシ、併シ実際ハ充分身元ヲ確ムレバ少許ノ金ヲ取ルヨリハ有益ナルベシ

草鹿丁卯次郎

身元保証金で損害を償うは不可能

充分身元ノ調査出来ルトセバ身元保証金ノ全廃説ニ賛成スベシ、但従来ノ歴史ハ知ラザレドモ、恒産ナケレバ恒心ナシトノ懸念ナルベシ、身元保証金ヲ以テ其実害ヲ償フハ不可能ナリ、即銀行ノ如キ大金ヲ取扱フ所ハ尚更ノ事ナルベシ

故ニ本問ハ人物ノ問題ト他ノ振合トヲ十分調査シテ決定スル問題ト考フルモ、他ノ振合ハ之ヲ知ラザルニ付今定リタル意見ヲ有セズ、只程度ヲ以テ定ムル方寧ロ標準ガ採レルト考フル迄ナリ

小倉正恒

大分重大ノ問題ナレバ軽忽ニ取捨シ難シ

中田錦吉

御意見丈ケデモ聞キタシ

西崎傳一郎（電線製造所支配人）

若シ弊害ナケレバ従来ノ関係上存シ置キタシ、今廃スルコトヲ要セズト思フ

小倉正恒

近来学校出ノ若キ人達ハ之カ為ニ大ニ苦ム所アリヤ

川田順

学校出の若い人は調達に困る

苦メルガ如シ、之ハ延納ヲ認許セラル、ハ其主意ヨリ出タルナルベシ、学校ヲ出テ、直グニ百円、二百円ヲ調達スルハ困ルベシ、故ニ延期ヲ認メラレタルモノト思フ

西崎傳一郎

延納期間ヲ今少シ延長ヲ望ム

佐渡亮造

延納ハ保証金ノ目的ニ関シ疑アリ、不正ヲナサントスルモノハ其一年ノ間ニヤルナラント思ハル

西崎傳一郎（私語）

延納二年位ニシタシ

小倉正恒（私語）

貯蓄ノ目的ハ達セラルベシ

草鹿丁卯次郎

身元保証金ノ延納ヲ許スルハ之ヲ廃スルト同様ナリ

身元金の延納許可は廃止と同じ

西崎傳一郎

実際納入ニ困ルモノ多シ

吉田良春

身元保証金ノ未納ハ傭員タル資格消滅ノ達アルニ依リ、漸ク整理スルヲ得ル位ナリ

杉浦聞多

延納ノ期限ヲ経過スルモ尚納金セザルモノモアリ、裏面ヨリ見テ元気ヲ喪失セルモノト見ラル

松本順吉（別子鉱業所支配人）

一日、二日ハ本店ニ内密ニ延期スルコトモアリ

杉浦聞多

利息ヲ考ニ入レズシテ、単ニ銭高ヲ見テ新規ニ追納ヲ怠ルコトモアリ

西崎傳一郎

併シ本店ヨリハ納入額ノ通知アリ

杉浦聞多

資格喪失ニ関スル達アルニ依ル

草鹿丁卯次郎

以前ハ中々ヅルキモノモアリタリ

中田錦吉

川田説でどうか

身元保証金ノ起源ハ知ラザルモ、以前ヨリ存セシモノ、如シ、其精神モ亦能クハ知ラザレドモ、今積金ト身元金ト両立セル所ヨリ見レバ、川田君ノ説ノ如ク人物試験ノ時ニ身元保証金ヲ徴収シ、後ニ之ヲ返還スル主義ヨリ起リタルニハ非ザルベシ

被傭中上下通ジテ納ムルコトナリシナラン、其後重役丈ケハ其適用ヲ免レタルモノナラン、従来ノ精神ヨリ考フレバ真ノ身元金ニテ、御勤スル間地位カ重クナレバナル程多ク納ムル精神ナリシナラン、今日ノ規則ノ上トハ別ナリシナラン

全廃説は一説として考える

総本店トシテモ身元金廃止説ハ一説トシテ考ヘ置カレタシ

議事録筆記者注記（議論傾向を解せず）

議論ノ傾向スル所ヲ知ルニ苦ム

編者註

身元金規程第四・五条

○原史料の「四　議題ニ関スル調査」の箇所に、「身元金規程」第四・五条が掲載されているので、参考までに次に記す。

第四条　身元金ハ退身、若クハ死去ノ時ニアラザレバ、元利トモ一切還付セズ、但、戦時、若クハ事変

ノ為ノ臨時召集サレタル者ニ対シテハ情願ニ依リ之ヲ還付スルコトヲ得

第五条　在勤中不都合ノ所為ニ依リ、金員ヲ徴収スル場合ニ於テ之カ支出ヲナシ能ハザルトキハ、身元金ヲ以テ之ニ充テ、尚不足ヲ生ズレバ積金ヲ以テ之ヲ償ハシメ、其積金ニ剰余アレバ之ヲ身元金ニ充ツ、若シ其額身元金（元利ヲ合算ス）ヲ補充スルニ足ラザルトキハ、別ニ其不足金ヲ差出サシム、此場合ニ於テ更ニ出金セシムルトキハ期限ヲ定メ、猶予ヲ与フコトアルベシ

編者註　身元金の総理事内達

○原史料の「四　議題ニ関スル調査」の箇所に、「明治三十六年十二月二十三日総理事内達」の抜粋が掲載されているので、参考までに次に記す。

傭員身元保証金ノ義ハ、其本傭入ノ際直ニ納入可致規定ニ有之候処、特ニ事情不得已者ニハ壱個年以内ノ期間ニ於テ猶予ヲ与ヘ来リ候得共、往々納入方怠慢ニ渉リ、整理上不都合尠カラザルニ付、自今左ノ各項ニ照シ厳重ニ処分可相成、此旨相達ス

一、身元保証金ヲ即納シ能ハザル者ニハ其本雇入ノ日ヨリ向フ一ヶ年内ノ延期ヲ許可スルヲ得、但、右期間内ニ於テ数回ノ分納ヲ妨ケザルモノトス

一、昇等ニ由リ納入スベキ身元保証金増額ハ年末ニ必納入セシムベシ

一、現ニ身元保証金延納ノ許可ヲ受ケ居ルモノハ其期限迄ニ必納入セシムベシ

一、現ニ延納期限ヲ経過シテ尚延滞シ、其他理由ナク未納ノモノハ本達ノ日ヨリ弐個月以内ニ納入セシムベシ

一、若シ右各項ノ期限ヲ経過スルモ、尚身元保証金ヲ納入セザルモノハ其傭員タル資格ヲ喪失セシムルモノトス

編者註　積金規定第一・二・六・七条

○原史料の「四　議題ニ関スル調査」の箇所に、「積金規定」第一・二・六・七条が掲載されているので、参考までに次に記す。

第一条　傭員ヲシテ勤続ヲ旨トシ其後栄ヲ図ランカ為メ積金ノ制ヲ設ク

第二条　積金ハ等内外ノ傭員（坑夫頭ヲ含ム）ヲシテ家長ヨリ受クル金員ノ内ヲ割キテ積立テシムルモ

ノトス

等内外ノ傭員（坑夫頭ヲ含ム）ハ毎年十二月二十五日迄ニ別表ニ照シ積金ヲ預ケ入ルベシ、但シ、新ニ傭入ノ者ハ便宜翌年度ヨリ之ヲ為スコトヲ得

前項ニ依リ其年度内ニ預ケ入レヲナサヾル時ハ、翌年一月ヨリ三月迄ノ月俸ノ内ヨリ別表各等最低額ニ相当スル金額ヲ差引キ、之ヲ預ケ入レシムルモノトス

第六条　積金ハ総テ本人退身、又ハ死亡ノ時ノ外ハ元利其一切還付セズ、但、非常ノ災害ニ罹リ、止ムヲ得ザル事情アリト認ムルトキハ、情願ニ依リ其積金総高三分ノ一以内ヲ、又戦時、若クハ時変ノ為メ臨時召集サレタル者ニ対シテハ、情願ニ依リ其全部、若クハ一部ヲ還付スルコトヲ得

第七条　身元保証金第五条ノ場合ニ於テ、不足金ヲ生ズルトキハ積金元利ヲ以テ之ヲ償ハシメ、又ハ補充セシムルモノトス

編者註

川田支配人提出の官吏の身元保証金

○原史料の「四　議題ニ関スル調査」の箇所に、川田順が参考のために提出した「官吏ノ身元保証金」が綴られているので、参考までに次に記す。

官吏ノ身元保証金

概説

(a)概説　其初メ政府ニ於テハ現金又ハ物品ノ出納ヲ掌ルモノニハ、一般ニ即出納官吏ニ止ラズ出納員ニモ身元保証金ヲ納付セシメタリシガ、信用ノ発達ト会計組織ノ進歩トハ相俟ッテ、此ノ必要ノ度ヲ減シ、現在ハ納付セシムルト否トハ主務省大臣ノ任意トス

会計法第九章第二十八条　明治三十五年法律第四十八号

「現金又ハ物品ノ出納ヲ掌ルニ就キ身元保証金ヲ納メシムルコトヲ要スルモノハ勅令ヲ以テ之ヲ定ムベシ」

会計規則　明治三十五年八月二十日勅令第二〇五号

「各省大臣ハ必要ト認ムル場合ニ於テハ現金、若クハ物品ノ出納ヲ掌ル所ノ官吏ニ身元保証金ノ納付ヲ命スルコトヲ得」

而シテ実際ヲ見ルニ、納付セシムルガ例外ナルノ有様ナリ、従来納付セシメタルモノモ還付セシガ如シ
（36／4／1逓信省公達　#355　35／10／8大蔵省達甲二号）

種類

(b)種類　現金ヲ以テ納付ス、公債証書若クハ土地ヲ以テ現金ニ代用スルコトヲ得、公債及土地ノ価格ハ時価ニヨル、又弁償ノ時ハ公売ニ附スコト民法ト同ジ

利子

(c)利子　大蔵省預金局通常預金ノ利子ヲ付ス

分納

(d)分納　各省大臣ハ相当ト認メタル期間内ニ於テ身元保証金ノ分納ヲ許可スルコトヲ得

損失金弁償

(e)損失金弁償　会計検査院ノ判決ニ依リ、各省大臣出納官吏ノ損失金弁償ヲ命シタル場合ニ於テ其指定シタル期限内ニ出納官吏ヨリ損失金ノ弁償ヲ為サヽルトキハ、其身元金ヲ以テ弁償ニ充ツルモノナリ又身元保証金ヲ以テ損失金ノ弁償ニ充ツルニ足ラザルトキ、其不足ハ出納官吏ヨリ徴収セラルト会計規則第百六条ニ規定スル所ヨリ見レバ、出納官吏ノ弁償額ハ身元保証金額ニ止ルニアラザルナリ、損失金額ハ全部弁償セザルベカラザルガ如シ

身元保証金還付期

(f)身元保証金還付期

会計規則第百十条ニヨレバ出納官吏ノ身元保証金ハ其辞職后、会計検査院ニ於テ其官吏ノ執行シタル会計事務ニ付責任解除ヲ与ヘタル後ニ非サレバ之ヲ還付セズトアリ、サレバタトヒ政府ヘ損失ヲ醸サヾリシ者ト雖トモ、其迄ハ還付セラレザリシモ、其後三十五年八月二十日附勅令第二〇五条ノ附則ニ、同令施行前納付シタルモノニシテ必要ヲ認メザレバ払戻スベシトアリ、故ニ其時ヲ以テ必要ナキ者ニ対シテハ一般ニ払戻シタルナルベシ

唯其保管ニ係ル現金若クハ物品ヲ紛失毀損シ、未ダ会計検査院ニ於テ責任解除ノ判決ヲ受ケサルモノ、又ハ既ニ其損失金ニ対シ弁償ヲ命セラレ未ダ弁償セザルモノノ身元保証金ハ払戻シサレザリキ、乍然其后大正元年十一月五日勅令第四十一条ヲ見ルニ、出納官吏ノ弁償責任ニ基ク債務ニシテ大正元年七月三十日前ニ於ケル事由ニ因ルモノハ、将来ニ向ッテ之ヲ免除ス（但シ犯罪行為ニ因ル本人ノ債務ハ此限ニアラズ）トアルニヨリ、此時ヲ以テ責任解除アリシモノナルベシ、従テ保証金ノ還付アリシ

身元保証人

モノト思ハル（此ノ点自分？）

(g)身元保証人　出納官吏ガ相当ノ資産アルモノ二人以上ヲ以テ保証人トナストキハ、各省大臣ハ身元保証金ノ全部若クハ一部ヲ免除スルコトアリ、斯ク保証人ヲ以テ身元保証金ノ免除ヲ得タル官吏損失金ノ弁償ヲ命セラレタルトキ、弁償スルコト能ハザルトキハ其保証人之ヲ弁償セザルベカラズ、乍然保証人ノ責ハ免除セラレタル保証金額ニ止ルモノナリ、尚保証人ハ其ノ住所、氏名、職業ヲ会計検査院ニ報告セザル可カラズ

保証金の流用

(h)保証金ノ流用　出納官吏本職以外ニ数職ヲ兼務シタル場合ニ、其ノ兼務ノ上ニ於テ損失ヲ醸シタル場合、其ノ弁償ノ為メ保証金ヲ流用セラル、

以上

第七議題議事録、使丁の等級廃止（銀行提出）

第七、使丁ノ等級ヲ廃止スルノ希望

杉浦聞多（総本店副支配人）

朗読スヘシ

廃止の理由

使丁ノ等級、一等乃至三等ヲ廃止スルコト、理由ニ曰ク、使丁ノ等級ハ其待遇及身元保証金額等ニ何等ノ関係ナク、之ヲ存置スル実際上ノ必要ヲ認メサルノミナラス、却テ支店ニ於テ辞令ヲ交付スルニ当リ、其等級ヲ誤ルノ不便アリ、之カ廃止ヲ希望ス、ト

吉田真一（銀行本店支配人）

第二議題の身分除外と同趣旨

大体唯今朗読セラレタル通リニテ、即チ使丁カ傭員例第一条ヨリ除外セラルレハ此問題ハ解決セラル、モノナリ、ツマリ根本趣旨ヨリスレハ第二問モ此第七問モ同一ニシテ、労働者ニ対シ何モ六ツヶ敷等級ヲ付スルノ要ナシ、一等使丁ナルカ故ニ甲、三等使丁ナルカ故ニ乙トイフコトナシ、

単ニ等級カ異ルトイフノミ、辞令交付ニ当リ月給ノミ上ケテ等級ヲ昇スコトハ、支店等ニテ時ニ見ル所ナリ

草鹿丁卯次郎（倉庫支配人）

支店ニ於テ辞令交付ノ際、辞令ヲ誤ルハ困リモノナルカ、趣旨ニハ賛成ナリ、尚使丁ニハ長ナルモノアリヤ

杉浦聞多

大ナル店部ニハ守衛長アリテ監督セリ

中田錦吉（理事）

等級ハナクトモ自然ノ順序アラン、官庁ニ於テ車夫ノ如キ者ハ其旦那ノ身分ニ依リ自然順序付ケルモノナリ、斯様ノ理ニテ等級ハ不要ナラン、第二ノ問題ト関連シテ研究スルコトニシテハ如何

編者註　使丁規程第三条

○原史料の「四　議題ニ関スル調査」の箇所に、「使丁規程」第三条が掲載されているので、参考までに次に記す。

第三条　使丁ノ等級及給料ハ左表ノ通リトシ、其支給方ハ家法ノ規定ヲ準用ス、但、特別ノ事情アルモノハ総本店ノ認可ヲ経テ定額以上ノ増給ヲナスコトヲ得

等級	金額	
一等	自二二円	至二五円
二等	自一六円	至二〇
三等	自一〇円	至一五

編者註　給仕規程第二条

○原史料の「四　議題ニ関スル調査」の箇所に、「給仕規程」第二条が掲載されているので、参考までに次に

記す。

第二条　給仕ハ等級ヲ付セス参円以上、拾弐円以内ノ月手当金ヲ給ス

編者註　補助員以下身元保証金の件

○原史料の「四　議題ニ関スル調査」の箇所に、「補助員以下身元保証金ノ件」として以下掲載されているので、参考までに次に記す。

補助員、給仕、使丁共、左ノ割合ニ応シ身元保証金ヲ預入ルヘシ、該保証金ハ等内外員ト同シク家法ニ依リ取扱フモノトス（但以下略、割納ノコト）

俸給月額十二円以上ノモノハ　金四拾円
同　十二円未満九円以上ノモノハ　金参拾円
同　九円未満ノモノハ　金拾五円

編者註　給仕、使丁積金の件

○原史料の「四　議題ニ関スル調査」の箇所に、「補助員、給仕、使丁積金ノ件」第二項として以下掲載されているので、参考までに次に記す。

二、給仕、使丁ハ本人ノ望ニ依リ金壱円以上、金四拾円以下ノ範囲ニ於テ前項（補助員、家法積金ノ規定ニ準拠スルコト）ニ準拠シ預ケ入ヲ為スコトヲ得

編者註　其他

○原史料の「四　議題ニ関スル調査」の箇所に、「其他」として以下掲載されているので、参考までに次に記す。

休暇、退身手当等、諸給与、贈与、其他ノ待遇ニ付テ見ルニ、等級ニ依ル差異ナシ、

編者註　総本店所見

○原史料の「四　議題ニ関スル調査」の箇所に、「(調)」として総本店の所見が掲載されているので、参考までに次に記す。

廃止可ナラム。各店部ニ於テモ存置ノ要ナカルヘシ。
尚、使丁ヲ傭員トスルノ可否ハ問題ナラン、別ニ諮問スヘシ。

第八議題議事録、使丁の身元保証金改正（銀行提出）

第八、身元保証金中、等外、三等、四等ヨリハ使丁ノ方其額多キモノアルニ付之ヲ改正シ度希望

杉浦閒多（総本店副支配人）
朗読スヘシ
守衛ト使丁トノ身元保証金調和ノ件、理由ハ使丁ノ身元保証金ハ俸給十二円以上ノ者四十円均一ニシテ、守衛ハ三等（自二十円至廿四円）三十六円、四等（自十五円至十九円）三十円ナリ、身分及俸給ヲ比較シ、彼是失当ノ感アリ、相当調和ヲ講セラレンコトヲ望ム、トアリ、茲ニ守衛トアルハ等外ノコトナルヘシ

守衛と使丁の関係

吉田真一（銀行本店支配人）
然リ、而シテ此問題モ使丁ノ根本問題解決セラルレハ、自然使丁ノ方ヲ低下スルカ、廃止スルカシテ均衡ヲ保ツコトヲ得ヘシ
杉浦閒多
使丁ノ四十円ト等内十等トハ共ニ同額ニシテ差支アラン
吉田真一
使丁カ傭員中ニ入レルカ故ニ妙ナコトニナルナリ。

使丁が傭員に入っているのが問題

中田錦吉（理事）
他ニ御意見ナキヤ

編者註
等内外俸給及身元保証金調

○原史料の「四　議題ニ関スル調査」の箇所に、参照として「等内外俸給及身元保証金調」が掲載されているので、参考までに次に記す。

等内	一等	二等	三等	四等	五等	六等	七等	八等	九等	十等
	360 330	300 270	240 210	180 160 140	130 120 110	100 90 80	自50 至70	自36 至49	自26 至35	自20 至25
身元金	2000	700	500	400	300	220	160	110	70	40

等外	一等	二等	三等	四等	五等
	自30 至40	自25 至29	自20 至24	自15 至19	
身元金	60	48	36	30	24

坑夫頭	一等	二等	三等
	自35 至50	自25 至34	自20 至24
身元金	75	60	48

補助員ノ月給ハ拾円已上、四拾円迄ヲ支給ス

使丁	一等	二等	三等
	自21 至25	自16 至20	自10 至15

身元金　補助員以下給仕使丁

	俸給月額拾弐円以上ノモノハ	金四拾円
同	拾弐円未満九円以上ノモノハ	金参拾円
同	九円未満ノモノハ	金拾五円

第九議題議事録、兵役職員の退身慰労金（銀行提出）

第九、兵役服務ノ為ニ退身スル者ニハ勤続三年未満ト雖モ、之ニ退身慰労金ヲ給セントスル希望

杉浦聞多（総本店副支配人）

先ツ原案ヲ朗読スヘシ

家法第一編第十四章退身慰労金第六条中ニ「兵役服務ノ為メ退身スル者」ヲ加フルコト、其理由

ニ曰ク、傭員兵役服務取扱規程第一条ニ依レハ、傭員普通兵役ニ服スル場合ニ於テハ服役前退身セシムルコトヲ要ス、然ルニ一般入営ハ十二月一日ナルヲ以テ十一月末日退身スルヲ要シ、十二月ニ至レハ三年ニ満チ退身慰労金ノ給与ヲ受クヘキ者モ、僅々一日ノ差ノ為メ遂ニ此恩典ニ浴スル能ハサルコトアリ、給仕ヨリ補助員ヲ命セラレタル者ニ此例多ク、一年志願兵ニ対スル待遇ト権衡ヲ得サルコト甚シ、之等ハ退身慰労金制度ヲ設ケラレタル趣旨ニモ副ハサルモノナルカ故ニ、救済方法トシテ本案ヲ提出シタルモノトス、ト、即チ一年志願兵ノ除隊ハ翌年ノ十一月卅日ナルヲ以テ、其日ニ復職ヲ命スル関係上、十二月一日ニ休職ヲ命ス、休職期間ハ満一年ヲ最長期トスレハナリ、二年ノ普通兵トナルト退職入営セシム、而シテ辞表ヲ出セハ直ク許ス、遅クモ十一月三十日迄ニハ許ス、故ニ一年志願兵トノ関係上、之ヲ十二月一日トスルトキハ、退身慰労金ノ上ノ不公平ヲ救ヒ得ヘシトイフナリ

兵役入営日の差によって、退身慰労金の恩典に浴せない

給仕より補助員を命じられた者にこの例多い

中田錦吉（理事）

十一月三十日退身ノ為メニ、即チ僅一日ノコトノ為ニ斯クナルニヤ、之ヲ改正スル丈ニテ目的ヲ達シ得ルヤ

吉田真一（銀行本店支配人）

広キ意味ニ於テ出セルニアラス、狭キ意味ニ於テ出セルナリ、二年兵ニ行ク者ニ対シ屢々気ノ毒ノ思ヲスルコトアレハナリ

杉浦聞多

補助員ハ一月五日付ヲ以テ任命セラル、故ニ十一月付デ退職ニナルト満十一ヶ月勤仕トイフコト

ニナリ、ツマリ一ヶ月不足ノ為ニ満何年トナルコトナキ訳ナリ

中田錦吉

一年志願兵休職ハ十二月一日付ナリヤ

杉浦聞多

然リ、休職期間ハ満一ヶ年ナレハナリ。

中田錦吉

サラバ其方ニ従ヒ十二月一日付トシテハ如何

休職辞令は十二月一日付でどうか

吉田真一

何レノ方法ニテカ兎ニ角救済セラレ度シ

中田錦吉

前述ノ如クニシテハ如何、他ニ御意見ナキヤ

編者註
一年志願兵と普通兵の比較

○原史料の「四　議題ニ関スル調査」の箇所に、「調」として総本店の所見が掲載されているので、参考までに次に記す。

一年志願兵服役者ニ対スル待遇ト普通兵服役者ニ対スル夫レトノ差異ノ主ナルモノ左ノ如シ

◎一年志願兵	◎普通兵
一、服役ノ際ハ休職トナル	一、同上、退身セシム
一、辞令ハ十二月一日付	一、同上、十一月三十日付
故ニ	
(イ)俸給十二月分半額ヲ給ス	(イ)此事ナシ。（十一月末日以前ニ辞スレハ夫レ丈減額ス）

(ロ)退身慰労金算定年数ニ中断ナシ

(ロ)同上ニ付テハ提案ニ曰ヘル如キ結果ヲ来スコトトナル。

而シテ輜重輸卒ノ現役トシテ入営スル者（期間ハ三ヶ月）ハ退身セスシテ服役スルコトヲ聴許シ、初六十日間ハ俸給半額ヲ支給シ、以後ハ俸給ノ三分ノ一ヲ支給スルコトトナリ居レリ、故ニ之ト比較シ見ルモ、普通兵服役者ニ対シテハ甚タ薄キノ嫌アリ、是レ本案ノ提出アル所以ナルヘシ、然レトモ其救済方法トシテハ本案ニ云フ所モ一法ナレト、又別ニ案ナキニ非サルヘク、自ラノ順序トシテハ左ノ如キモノナランカ

休職辞令を十二月一日とする　＊1

(一)普通兵服役者ノ退身辞令日付モ、一年志願兵トシテ入営スル者ノ休職辞令日付ト同様、十二月一日トスルコト。（＊1印の上部欄外書込）「一年志願者ノ辞令日付ヲ十一月下旬トセンカ、復職辞令ヲ入営日ニ出スアラザレバ、休職期間ガ成規ノ一年以上ニ渉ルノ不都合アリ」

(イ)目下ノ取扱ニ依レハ十一月下旬（多クハ十一月三十日トナリ居レトモ）ノ日付ヲ以テ退身辞令ヲ出ス、而シテ兵役服務者ノ退身ハ自己ノ都合ニ依ルモノトスルカ故ニ、十一月分ノ給料ハ日付以後ノ分ヲ日割計算ニヨリ減額スルコトトナル、今此日付ヲ十二月一日トスルトキハ、十一月分全額及ヒ十二月分ノ中一日分ヲ給スルコトトナル。

(ロ)又補助員等ノ昇進ハ多ク一月五日付ナルヲ以テ、退身ノ月ヲ十二月トスルトキハ丁度満何年トナリ、従来ノ如ク満何年十一月ヶ月トナルコトナク、僅カニ一ヶ月ノ為ニ有利ナル待遇ヲ受ケ得ルコトトナル。

即チ優遇ノ一法タルヲ失ハサルノミナラス、一年志願者トノ均衡ヲ保ツ第一法ナリト信ス

普通兵役は全額支給に改正　＊2

(二)普通兵役服務者ノ為ニ退身スル者ニハ退身慰金全額給与ノコトニ規則改正スルコト。

規程ヨリ見ルニ普通兵服役者ハ服役前ニ退身セシムトアリ、事実上ヨリスルモ国家ヨリ其権力ヲ以テ徴集セラルルモノナルカ故ニ、一般ノ自己ノ都合ニ依ルモノト同一視スヘカラス、故ニ退身ノ形式ハ本人ノ願書ニ依ルモノ即チ「依願解雇」トスルモ、其退身慰労金ハ全額給与ノコトトスルハ当然ナルヘシ、当然ナルヘキカ故ニ之ヲ法ノ上ニ規定スヘシトイフ案ナリ（＊2印の上部欄外書込）「大正二年規則改正以来、此理由ニヨリ詮議アリタルハ三年度ニ（伸）日給雇天地茂一人ノ

ミ。」

亦優遇ノ一法タルヲ失ハスト雖、右ハ実際ニ於テ給仕、使丁、其他準備員等満一年以上勤務シテ退身金ヲ受クル者ニノミ適用アルコトトナル、何トナレハ等内、補助員等ノ如ク三年以上ヲ勤続スルニ非サレハ退身金ノ恩典ニ与ラサル者ハ、其入営前即満二十一才以前ニ於テ三年以上等内、補助員ヲ勤務スルコト稀ナレハナリ、於茲乎、乃チ提出案アリ。

＊3

（＊3印の上部欄外書込）
「二十一才頃ニハ給仕タリシ者モ大抵ハ補助員ナリ、而シテ三年ヲ経過セサルヲ以テ規則改正以来問題トナリタル者ナシ。」

本提案の採用

㈢本提案ノ通リトスルコト。

即チ職務ノ為メニ死亡シ、又ハ死亡セストモ勤務ニ堪エスト認メ解傭スル者ト同様、「本傭入後満三箇年未満ト雖モ、特別ノ詮議ニヨリ給与スルコトアルヘシ」トスル案ナリ、蓋シ前述ノ如ク普通兵服役者ノ多クハ補助員トシテ一、二年勤務シタルモノナリ、故ニ三年未満ノ為ニ退身金ナシトセハ、寧ロ中途ニ於テ補助員級ニ昇進セサリシ方有利ナリシヤモ知ルヘカラス、此遺憾ヲ除カンカ為ニハ本案モ亦一法ナリ。

㈣尚優遇ノ方法トシテハ多々アラン、或ハ退身セシメズニ服役セシムルモ一法ナラン、然レトモ之等ノ点迄ハ今論スル要ナカラン。

第一〇議題議事録、使丁の退身手当増額（銀行提出）

第十、使丁ノ退身手当ハ其勤労ニ照シテ特ニ増加スルコトヲ得可ク規定スルノ希望

杉浦聞多（総本店副支配人）

提出理由

提出理由書朗読

使丁は勤続年数にかかわらず退身手当金の率累進せず

使丁永年勤続者ニシテ功労ノ認ムベキモノハ、特ニ退身手当ヲ厚フスルノ途ヲ開クコト、現規定ニ依レバ、使丁ハ勤続幾年ニ亘ルモ退身手当金ノ率ハ累進セス、従テ十年以上勤続スル者少カラ

スト雖モ、之ハ支給セラルヘキ退身手当ハ四五十円ニ過キズ、勿論単ニ勤続年限ノ多キモノ之ヲ優遇スルニ足ラスト雖モ、永年精勤シ功労ノ認ムベキモノハ、其退身ニ当リ累進率ヲ応用セストモ何等カノ特典ヲ与フルノ途ヲ開カレンコトヲ望ム

吉田真一（銀行本店支配人）

只今朗読セラレタル理由ノ外ニ格段ノ理由ナシ、実際今ノ規定ハ卅六年ノ定ニシテ、爾来世態モ変遷セシヲ以テ、今日十年以上御役ニ立チ精勤相当ノ功労アル使丁ニ対シテハ、御暇ノ時ニ只四五十円ニテハ稍物足ラヌ心地ス、累進率モ必要ナカルベキモ、有功者ニハ増加シテ功労表彰ノ実ヲ揚ケタシ

杉浦聞多

傭員ニ関スル規定ニハ「其額ヲ増加スルコトヲ得」トアリ、別子ノ工手規則ニモ学校職員規定ニモ其準用規定アリ、独リ使丁ニ対シテハ最モ明白ニシテ、

　給仕使丁退身スル時ハ左ノ割合ヲ以テ手当金ヲ給与ス

　　俸給月額拾円以上ノモノ満一ヶ年ニ付金四円、同拾円以下ノモノ同金参円

トアリ、増率ノ余地ナシ

湯川寛吉（理事）

工手規定ハ累進ニハナリ居ラズヤ

西崎傳一郎（電線製造所支配人）

累進ノ規定アリ

工手規定に累進あり

杉浦聞多
累進以外増加給与ノ活路アリ
湯川寛吉
兎ニ角累進スルヲ好マザルモノナルヤ、随分十年以上ノ勤続ハ悉ク有功者ト云フニモ非ザレバ、十年勤続者ニ五十円ハ当然ナラズヤ
吉田真一
之ト云フ程ノ案ナシ
中田錦吉
理由中ニ特ニ勤続年限ノミニ関セザルノ文字アリ
湯川寛吉
大体ニ於テ多シト思ハザルモ、只其事ヲ申シタル迄ナリ
吉田真一
勿論多シトハ思ハズ
中田錦吉
活路ハ作リタシ、然レトモ老年ノモノ罷メヌモノアリテハ困ルトノ反対説アリ
湯川寛吉
当方ヨリ罷メル場合ト自己カ退身スル場合ト区別ヲ要スベシ
杉浦聞多

罷免と自己退身は
区別すべし

稀ナル例ナルモ、互ニ老朽ヲ自覚セルモ退身金ノコトヲ顧慮シテ解雇願出ヲ見合スモノアリ、此等ハ自己ノ都合ナルモ金額ヲ与ヘテハ如何ヤト思フ

草鹿丁卯次郎（**倉庫支配人**）

使丁ノミニ限ラス随分傭員中ニモアリ

中田錦吉

如此モノニハ当方ヨリ無遠慮ニ諭旨シテ充分ニ与ヘテハ如何

草鹿丁卯次郎

本案ハ賛成ナリ、矢張リ累進法ヲ定メラレテハ如何、役ニ立タザルモ十年勤続ナレバ矢張勤メタルモノニ相違ナケレバ、之ヲ場合ニ依リテ斟酌スルハ事面倒ナラン、各店部区々ニ渉ルハ事面倒ナリ

中田錦吉

使丁ハ労働者ナレバ、其賃金ハ其時々ノ経済情態ニ依リテ相違スルモノナリ、草取女ノ賃銀ノ如シ、労働者ト云フ考ヨリスレバ其勤続ニ就テ考ヘザリシモノナラン、活路ヲ開クニ異見ナシ、乍去傭員ト同様ニセントノ意見モナシ

小倉正恆（**総本店支配人**）

本案ノコトハ昨年モ議案ニ上リタルモ、少キコトニハ気付タリ、乍併俸給其他ノ事ヲ他ニ比較スレバ、住友ハ稍宜敷方ナリ（官庁抔ニ比スレバ）、十年勤続ト云フモノアルハ此等実際利益アルカ為ナルベシ、故ニ四、五十円トスレバ左程少シト云フ方ニアラズ、尚比較研究ヲ要ス

他との比較研究が必要

吉田真一

他ノ店部ニアリテハ労働者同様ノ使丁ナレドモ、銀行ニ於テハ永年勤続ノモノハ得意先トノ関係上箪笥ヲ担ガス訳ニ行カヌ場合アリ

草鹿丁卯次郎

同感ナリ、官庁抔ノ使丁トハ異ル、官庁ノ使丁ハ落伍者ナリ、役ニ立タズ

官庁の使丁とは異なる

小倉正恆

一時傭員ニ入ル、ヲ可トセシ理由モアリシナラン

中田錦吉

研究ヲ願フ

西崎傳一郎

使丁ハ昨日ノ研究ノ結果ニテハ場合ニ依リ労働者トスル筈ナリシモ、左スレバ職工ト同様ノ取扱ナルモ、職工ニハ退身慰労金ナク勤続賞アリ、是等ト比較スル要ナキヤ、取調ヘラレテハ如何

職工との比較が必要ではないか

中田錦吉

取調ベテハ如何、サレド普通労働者トハ異ル

西崎傳一郎

区別ヲ設クルハ如何ヤト思フ

中田錦吉

工場ノ労働者ハ特別ノモノナラズヤ

給仕と使丁の関係は準備員と労働者

西崎傳一郎
給仕ト使丁トハ準備員ト労働者トナル訳ユヘ、準備員ナラザレバ労働者トセザルベカラズ
中田錦吉
使丁ニ退身慰労金ヲ与フルモ、工場ニ於ケル職工ニモ之ヲ要スルヤト云フ考ハ如何ヤ
西崎傳一郎
銀行ト工場ト考フルトキハ貴説ノ如ケレモ、工場ノ中ニテハ之ヲ区別シ得ズ、同シク職工ナルヲ以テ
草鹿丁卯次郎
使丁トスルカ職工トスルカ其名ノ問題ニシテ、其仕事ノ性質ニ依リテ区別セラレテハ如何
此時私語スルモノ多シ、次ノ如キ個人間ノ問答アリタリ
西崎傳一郎
名ヲ改ムレバ宜シキモ、左スレバ今日迄職工ト名ツケタル理由ヲ知ラズ
中田錦吉
別子ニモ使丁ハナシ

小使と職工を区別する規定の制定

湯川寛吉
小使ト職工ト同様ニシテ宜シケレバ、今ノ職工トシテ使用セラルヽニ毫モ拘泥スルコトヲ要セザルベシ、サレド小使ト職工トヲ同一ニスルノ要ナカラン、職工ニモ累進法ヲ要スル考ナリ、其処ハ小使ト職工ト区別シタル規定ヲ定ムルコト、シタシ

西崎傳一郎
今定マリタルコト、シテ小使ト職工トヲ同様ニシテハ、為ニ不権衡ヲ生シテハ困ル
松本順吉（**別子鉱業所支配人**）
今第二ノ案ハ直ニ之ヲ実行スル筈ナリヤ
杉浦聞多
然リ
松本順吉
現在ノ使丁ヲ労働者トスルトキハ尚身元金ヲ徴シ、退身慰労金ヲ給スルヤ
杉浦聞多
今定マリタル所ナキモ両立スル場合モアリ、然ラザル場合モアリ
松本順吉
使丁ヲ労働者トスレバ、第七（使丁ノ等級ヲ廃止スル案）、第八（使丁ノ身元金ヲ改正スル案）ハ問題ニナラズト思フ

使丁を労働者とすれば第七・八議題の問題なし

草鹿丁卯次郎
同感、第二（使丁ヲ傭員ノ範囲外トスル案）ヲ先決スルヲ要スルト思フ

第二議題の先決を要す

杉浦聞多
使丁カ労働者タルト傭員タルニ依リ仕事ノ性質ニ関係ナシ、故ニ使丁カ傭員ナレバ身元金ヲ徴シ、労働者ナレバ之ヲ徴セザルノ理由ナシ

中田錦吉
夫ハ理屈ナリ

松本順吉
第七、八、十ノ案ハ、使丁ガ労働者トナリタル場合ヲモ包含スルヤ否ヤヲ先決シテ、後ノコトニシタシ、西崎君ハ第七、八、十ノ案ヲ使丁ヲ労働者トシテ考ヘラレタル説ニアラズヤト考ヘラル

第七・八・一〇議題は使丁が労働者か否かを先決した後にする

中田錦吉
銀行ニテハ第二案ヲ知ラズシテ提出シタルモノナレバ尚議論アルベシ

小倉正恆
使丁ノ退身慰労金ヲ考フル時ニ、職工ノ退身慰労金ヲモ考ヘヨト云フコトナラン

西崎傳一郎
然リ

小幡文三郎（伸銅所長）
コノ取扱ニテハ職工ノ退身ノ場合ハ使丁ヨリハ甚ダ悪シクナルベシ、現在ノ使丁ノ退身慰労金ヲ増ストセバ職工ノ方ガ益悪シ（数字ノ説明アリ）

別子鉱業所の事例

中田錦吉
別子ニテハ一般労働者ニ対シテ退身慰労金ノ規定アリヤ

松本順吉
一般ノ労働者ニハ其規定ナシ

中田錦吉
杉浦君、別子ニテ小使ヲ労働者トスルニ経済上ノ理由アリシヤ
杉浦聞多
然リ、衣服、当宿直料、酒饌料及退身慰労金等ノ関係アリテ、之ヲ積算スレバ人員モ多数ナルヲ以テ経済上大ナル関係アリシ訳ナリ
中田錦吉
銀行ト鉱山トハ使丁ノ取扱ニモ異ル所アリ

銀行と鉱山とは使丁の取扱が異なる

松本順吉
経済上ノ問題ヲ離レテモ銀行ト山ノ使丁トハ別ト考フ
小幡文三郎
西崎君、使丁ノ規定変レバ従来ノ使丁ノ仕事ヲナス職工ハ使丁トスルヲ可トス、今ノ使丁ノ身分ハ宜シキニ付、使丁トスレバ準傭員トノ比較上不権衡ニ付職工トセシモノナラン
吉田良春（若松炭業所支配人）
沢山ノ労働者ヲ使用スル所ニハ傭員トシテノ使丁ヲ使用スル必要ナキヲ以テ、第二案ノ決行ヲ望ム
小倉正恒
銀行ノ使丁ハ性質カ異ル様思ハル

銀行の使丁は性質が異なる

吉田真一

使丁ガ使ニ行ク故ニ労働者ニテハ都合悪シ、名義丈ケハ存スルヲ可トス

草鹿丁卯次郎
給仕ヲ廃スレバ使丁ノ人物ヲ択ブ必要アルベシ、青年ノ使丁ヲ望ム、使丁ニ給仕ノ仕事ヲナサシメン考ナリ

小倉正恆
使丁ヲ労働者トシテハ工合悪シカラン

草鹿丁卯次郎
今日ノ労働者ハ学校ニ通テ居ル

小幡文三郎
今ノ使丁ハ月給ナリヤ、労働者ニシテ月給トスルハ如何

吉田真一
月給ナリ、併シ総本店ニテハ使丁ノ名ヲ存シテ其待遇ヲ労働者トスル考ナリ

杉浦聞多・草鹿丁卯次郎
然リ

杉浦聞多
傭員外トスルモノナリ

中田錦吉
現在使丁ノ規定アリナカラ別子及ビ工場等ニテハ之ヲ適用セズ

使丁規程は別子及び工場では適用されず

総本店、倉庫、銀行ニ在リテハ、今ノ待遇ハ勿体ナケレバ幾分資格ヲ下ゲテ之ヲ労働者トシ、之ヲ別子及工場ニテモ適用シ得ラル、様ニスルハ宜シカラン、若シ総本店、倉庫、銀行カ統一セラルレバ宜敷カラン

小幡文三郎

取扱カ労働者トナレバ退身慰労金、職工ヨリ能クナルナリ

小倉正恆

今日ノ問題ハ傭員例ヨリ省クコトナリ、其他ハ後日ノ問題トセン

松本順吉

昨日ヨリノ話ハ然カ聞取レザリキ

決議

本件は第二議題の決定後に取扱う

本件ハ使丁ヲ傭員ヨリ除外シ、労働者ノ取扱トスル件（第二案）ヲ先決シテ、然ル後議セザレバ、現ニ使丁ヲ労働者トセル店部ト其給与上ニ於テ不権衡ナルコトヲ免レズ、故ニ第二案決定ノ後ノ問題トスベシ

編者註

○原史料の「四　議題ニ関スル調査」の箇所に、本議題の関係規程の抜粋が掲載されているので、参考までに次に記す。

関係規程抜粋

○給仕、使丁退身手当金内規

第一条　給仕、使丁退身スルトキハ左ノ割合ヲ以テ手当金ヲ給与ス

俸給月額拾円以上ノ者	満一箇年ニ付	金四円
同　拾円以下ノ者	同	金参円

○退身慰労金家法第一編第十四章

第三条　在勤中顕著ナル功績アルモノニハ前条所定ノ金額ヲ増加シテ給与スルコトアルヘシ

○別子、工手規則

第七条　前条手当金ノ給与ニハ家法第一編第十四章第三条乃至第七条ヲ準用ス

○別子、学校職員慰労金支給規則

第二条　前条ノ給額ハ在勤中勤労ノ多少ニ依リテ斟酌シ、校主ノ見込ヲ以テ増減スルコトアルヘシ

編者註
その他調査事項

○原史料の「四　議題ニ関スル調査」の箇所に、「其他」として以下掲載されているので、参考までに次に記す。

＊補助員退身手当金規程　斟酌増減ノ規定ナシ

準備員退身手当金給与方ノ件　同前

但旧法致仕慰労金ノ規定ハ減額シ得ルコトハ明ナルモ増加シ得ルヤ否ヤ曖昧ナリ

（＊印の上部欄外書込）
「使丁ニ特典ヲ与フルコト必要ナラバ
給仕ニモ
補助員ニモ
一般準備員ニモ
同様必要ナルベシ（尤モ給仕、補助員ニハ永年勤続トイフ場合原則トシテ少カルヘシト雖）」

編者註
総本店所見

○原史料の「四　議題ニ関スル調査」の箇所に、「(調)」として総本店の所見が掲載されているので、参考までに次に記す。

傭員一般ニ関シ目下考慮中ニシテ、本案ニ付テモ亦然リ、提案者ノ私案拝聴シタシ

第一一議題議事録、定例休暇中断の救済
（銀行提出）

第十一、定例休暇中指定セラレタル期限内ニ出勤ヲ命シテ中断セル場合ハ、其事故ノ止ミタル後残余ノ日数ヲ引続キ休務セシメントスル希望

提出理由

杉浦聞多（総本店副支配人）

之モ銀行ヨリノ提出ナリ、理由ヲ朗読スヘシ

現行規定ニ依レハ、命令休暇ハ如何ナル場合ニ於テモ其期間ヲ分離スルコト能ハス、然ルニ該休暇中已ムヲ得サル店部ノ都合ニ依リ出勤ヲ命シタル場合ニ、残余休暇日数自然消滅スルコトトナルハ穏当ナラサル如シ、本案ノ特例ヲ設ケラレンコトヲ望ム

吉田真一（銀行本店支配人）

夫以上別ニ申上クヘキコトナシ

西崎傳一郎（電線製造所支配人）

命令休暇トハ定例休暇十五日中ノ一部ナリヤ

杉浦聞多

定例休暇中命令スルモノヲ俗ニ□謂フナリ。

湯川寛吉（理事）

残余日数ハ全ク与ヘサルモノカ。

杉浦聞多

然リ、解釈上然ルノミナラス実際モ亦然ク行ヘリ

吉田良春（若松炭業所支配人）

若松ニ於テモ然リ

杉浦聞多

定例休暇中の命令出勤には残余日数を与えない

家法中ニハ七日間引続キトアリ

吉田真一

余程強キ意味ニ書キアリ、即チ特ニ引続キ云云トアルナリ。

湯川寛吉

然ラハ出勤ヲ命セシ場合ニ、都合ニ因ルコトナレハ与ヘナホスコトハアリテモ、残部ヲ消滅サスルノ理ハナキ訳ナリ

救済策として残余日数は定例休暇とする

佐渡亮造（呉販売店支配人）

十五日全部ヲ定例休暇トスルモ可ナルガ、救済策トシテハ、例ヘハ七日間指定シタル場合、三日ノ後ニ事起リテ出勤ヲ命シタル如キ時ハ、残余ノ日数ハ普通ノ定例休暇トシテモ可ナラスヤ

杉浦聞多

提案ノ意味ハ異ル

吉田真一

然リ、事故止メハ引続キ休マセントスルナリ

湯川寛吉

事故ノ止ミタル後直グニアラストモ可ナラム。

吉田真一

銀行提案ノ意味ハ引続キ進行サスルニアリ、別ニ主張スルニハアラス

草鹿丁卯次郎（倉庫支配人）

定例休暇ハ幾日ナリヤ

杉浦聞多

十五日ナリ

梶浦鎌次郎（肥料製造所支配人）

分割シテモ差支ナキコトニ昨年定レリト記憶ス

分割は昨年許可

松本順吉（別子鉱業所支配人）

此問題ハ解釈ニテ行クコトニ昨年定レリ

解釈で対応

小倉正恆（総本店支配人）

解釈ニテ行ク様ニシテハ如何

湯川寛吉

賛成ナリ

松本順吉

賛成ナリ、加之梶浦氏ノ言ヘル如ク、昨年ノ時ニ簡単ニ取扱ヘル様ニ決シタリト思フ、御決定ナランコトヲ希望ス

草鹿丁卯次郎

賛成ナリ

佐渡亮造

指定セサル以上ハ続クルノ要ナキニ非スヤ

梶浦鎌次郎
分割スルコトニハ反対アリ
佐渡亮造
分割スル方ガ休養ニモナルトイフ話アリタリ

分割する方が休養となる

草鹿丁卯次郎
一週間ニセサルヘカラサル理由ハナカラン、二日ニテ良シト認メタルトキニ態々一週間与フル必要ハナシト思フ
杉浦聞多
同時ニ分割スル必要モナシト思フ

分割する必要なし

梶浦鎌次郎
年末迄休マセス、年末、例ヘハ三十日、三十一日ニナリテ休マントスルモ、事実能ハサルコトニナル、一週間与ヘントスレハ二十五日ヨリセサルヘカラス、斯クテハ具合悪シ。
杉浦聞多
肥料製造所ニ於テ必要アレハトテ之ヲ以テ一般ニ及ホス必要ナシ
松本順吉
梶浦氏ノ説ノ如キハ自分ノ方ニモ随分起ルコトナリ、当人トシテモ一週間ハ休ムノ要ナキノミナラス、店トシテモ中二、三日ハ出勤シテ貰フ必要アルナリ、年末ノ如キ初メハ出勤シテ貰ヒ、終リニ至リ当人ニモ用事アルトキ休マシム、是レ畢竟現行法ノ不備ナルカ為ニ斯ル不都合ヲ来スコ

トトナル、規則ニハ反スルガ已ムヲ得サルカ故ニ見テ見ヌ振セルナリ、銀行ニテハ御経験ナキヤ、此等ノ点ハ店ニヨリ融通ノキク様取扱振ニテモ改正シテ戴キタシ

融通のきく様に改正して欲しい

草鹿丁卯次郎

然リ、倉庫ノ方モ同感ノ場合アリ

梶浦鎌次郎

松本氏ノ言ハルルハ七日ノ分ノ場合ナリヤ

松本順吉

然リ

杉浦聞多

年末迄ニ惜シマスニ具合好クトレハ可ナラムト思フナリ

松本順吉

理論ハ然ランモ、言ヒテ行ヒ難キヲ如何ニセム

草鹿丁卯次郎

傭員カ任意ニトリ得ル休ハ八日、後ノ七日ハ店ノ都合ニテ命スルトイフコトカ実際励行シ得トスレハ問題カ違フ、此精神ニテスルトシテ提案ノ如クスルノ可否ハ賛成ナリ、実際励行シ得ルヤ

杉浦聞多

出来ルト思フガ、出来ヌ処アルコトヲ知レリ

吉田良春

励行セル心算ナルカ、年末ニ困ルナリ

杉浦聞多

年ノ初メニ考ヘ置ケハ可ナルナリ

吉田良春

忙シキ人ニハ与フル暇ナシ

杉浦聞多

年末迄与ヘスニ置キ、遂ニ抛棄セシムルコトアリ、気ノ毒ノコトナリ

草鹿丁卯次郎

気ノ毒ニハアラス、当方ヨリ与フルモノナレハナリ。

湯川寛吉

定例休暇の起源は静養のため

夫ハ定例休暇ノ起源並ニ定メ方ニヨリ異ル訳ナリ、思フニ今日引続キ一週間休マストイフハ、結局定例休暇ハ自家ノ用ヲ弁スル為ニ与フルモノニアラサル証拠ナリ、即チ平常励精セル者ニ対シ静養ノ為ニ与フルモノタルナリ、静養ノ為ニ与フルモノナルカ故ニ引続キ与フヘシトイフナリ、唯時々休ムモ亦静養ノ目的ヲ達ストイフ説モアリ、説トシテ聴クヘキモノ故、今日ノ規則制定ニ当リ両者ヲ斟酌シテ、半分ハ此従来ノ例ニヨリ、半分ハ引続キ休マシムトイフコトニナリタルナリ、勿論監督上ノ意味モアリタルナラン、而シテ自家ノ用ヲ足ス為トナラハ定例休暇ハ不用ナリ、又忙シキ為ニ休メヌ人コソ休マシメテ静養サスルカ可ナルナリ、定例休暇ノ根本ノ理カ分ラサル故、此種ノ人ニ休マシメサルコトトナルナリ

都会と田舎では異なる

松本順吉

定例休暇ノ主旨ハ了解セリ、同シク休養ヲ与フルニ付テモ都会ト田舎トハ異ル、都会ニアリテハ一週間休メハ旅行スルコトモアラン、其他給与ノ方法多々アラン、反之田舎、例ヘハ別子等ニスルト、上級者ハ旅行スルコトモアランカ、下級者ニ至リテハ之ハ困難故、勢ヒ同地ニテ暮スコトトナル、却テ不養生ナトシテ休養ノ目的ヲ達シ難キコトアリ、自分ノ方トシテハ一週間引続カストモ休養ニナリ、且監督上甘ク行クモノト信セリ、銀行等トシテハ監督上ニハ一週間位ハ必要ナルナラン

湯川寛吉

実際問題トシテハ考フヘキコトナリ

松本順吉

又一両日休ムハ可ナルモ、一週間モ引続キ休マセルハ当人ニトリテ所在ナシ

湯川寛吉

斯ル土地柄ナレハ日曜、正月休等ニテ沢山ナリ、休暇制定理由ナキコトトナラスヤ。

松本順吉

休養スル方法ナキニ困ルコトアリトイフナリ

梶浦鎌次郎

休養ヲ旅行等ト解セハ然ラン、自分ハ本ヲ読ムモ休養ナリト思フ

松本順吉

故ニ全部ノ人ニ付テイヘルニアラス

梶浦鎌次郎
手持無沙汰トイフ意ナリヤ。

杉浦聞多
以前ノ定例休暇ハ二週間ニシテ、三度迄ハ分割シ得タリト記憶セリ

草鹿丁卯次郎
初メハ本人ノ願出ニヨリシモノカ、中途今日ノ様ニ変セルナリ

杉浦聞多
命令スルノ必要ハ銀行カ重キヲ置カレタルナリ、引続キタル休暇中、其人ノ事務ヲ調査スルトイフニ在リシナリ

命令の必要は銀行でその人の事務を調査することから

草鹿丁卯次郎
分割シテモ精神ニ悖ルトイフコトハナカラム

杉浦聞多
然リ、七日スルカ五日スルカ程度ノ問題ナリ

佐渡亮造
定例休暇ニハ皆勤賞ノ問題伴フナリ、湯川理事御説明ノ趣旨ハ結構ナルガ、大掃除ナリトカ、親父ノ上阪等ノ場合ニ定例休暇ヲ受ケテ、皆勤賞ヲ備ケサルコトニスル、故ニ分割ハ少クトモ七日以上位ニシ、而シテ多々益々可ナリ

定例休暇には皆勤賞の問題が伴う

中田錦吉（理事）

定例休暇は浩然の気を養うため

制定当時私モ席ニ列ナレリ、故ニ当時ノコトハ記憶セリ、即チ自家ノ用ヲ弁スル為ナラハ事故欠勤セヨ、病気ノ為ナラハ病気欠勤セヨ、定例休暇ハ日常勤務ノ者ニ浩然ノ気ヲ養ハシメン為ノモノナリ、故ニ規則改正以前ハ当日願出ヲ許セルヲ廃シテ現行ノ如クシタルナリ、実際ハ佐渡君ノ云ヘル通リノ事情ニナリシナリ、休養以外ニ休暇ヲ許サストセハ病気欠勤、事故欠勤等多クナリ、傭員一般ノ頭数ニモ関係スル故、改正ノコトヲ別子ヨリ持出シタルモ排斥セラレタリ、理由ハ身体精神ヲ健全ニスルトイフ積極的ノ意味ニアリシナリ、善悪ハ別トシ現行規定ノ精神ハ明白ナリト思フ。

草鹿丁卯次郎

現行精神モ励行出来レハ可ナリ、分割、非分割、支給、不給等ハ問題ニ非ス、曽テ守衛ナリシト覚ユ、忌引ノ場合ニ定例休暇ヲ貰ヒ度シト申出テタルモノアリシカ自分ハ許ササリキ、其時銀行ヤ総本店ハ定例休暇ニテ休メリト抗弁シタルモ、他ハ或ハ然ラン、乍然倉庫ニテハ許サスト強情ヲ張レリ、八日ノ方ハ兎モ角トシ、七日間引続ノ方ハ各部共励行シ度シ

中田錦吉

成ルヘク左様シタシ、内実ノ調査迄ハ手カ届カス、故ニ大体ノ趣旨ヲ示シテ後ハ各人ノ人格ニ譲ルニ止メムト、制定ノ際ニモ質問アリテ定メン位ナリ。

吉田真一

銀行の主管者会議で命令休暇を励行

銀行ノ主管者会議ニ命令休暇ハ大ニ与フルコトニ決シタリ、実際ハ忙シキ等ノ為ニ与ヘラレヌ処

モアレト主義ハ励行セリ。

草鹿丁卯次郎

七日間引続ノ方ハ監督ノ為ナリヤ。

吉田真一

夫ハ監督上ト休養上ノ両方ノ意味アリ

草鹿丁卯次郎

然ラハ幾分ハ願出ヲ許サスヤ

吉田真一

休養ノ目的ノ為ノミノ場合ニハ願ヲ容レ居レリ。

中田錦吉

杉浦君ノ云ヘル通リ、命令休暇ノ起リシハ銀行ノ提案ニ依リシナリ、当時日本銀行其他ノ例ヨリ見、銀行ノミナラス一般ニ渉リテ制定スル方可ナリトノコトニテ成リシナリ、総本店等ニテ或ハ不必要ナランモ、同一建物ノ内ニアルコト故、御附合上同一ニ励行セルナリ。

命令休暇制定は銀行の提案による

梶浦鎌次郎

一週間ハ必スシモ一週間ナラストモ可ナリ、六日ニテモ良シカラン。

八代則彦（銀行本店支配人）

命令休暇制定ノトキハ定例休暇ハ十四日ナリキ、其二分ノ一トイフ処ヨリ来リシナリ、後ニ十五日トナリ一日増シタ八日ノ方ヲ自由ニシタルナリ

梶浦鎌次郎
夫ニシテモ必スシモ一週間デナクトモ可ナラスヤ。
八代則彦
六七日位トイフ処ナリ
草鹿丁卯次郎
銀行案ニ賛成ナリ、中田理事ノ趣旨ニヨリ七日間命令不分割トシタシ
銀行案に賛成し、七日間命令不分割
杉浦聞多
昨年希望モアリシ如ク、本人願出ヲ内認スルハ差支ナカラン。
松本順吉
昨年決定ノコトハ実行シテ可ナリヤ、表向病気トアリテハ与ヘヌコトニシテ。
小倉正恆（総本店支配人）
彼ノ病気ノ為ニハ与ヘストイフ通牒ヲ取消ス筈ナリシカ、手続運ハサリシナリ
佐渡亮造
八日間ノ方ハ病気、忌引、看護等ノ為ニ与ヘテ差支ナキヤ。
杉浦聞多
然リ
佐渡亮造
鑑定召喚ハ自己ノ都合ニアラス、故ニ之ハ俸給金額ヲ与フル趣旨同様、皆勤賞ニ関係セサルコト

ニシタシ

吉田良春

簡閲点呼等亦然リ

佐渡亮造

定例休暇ノアル間ハ病気ニテ休ミ得トスルモ、休暇尽クルト病気モオシテ出勤シ、遂ニ倒ル、トキハ更ニ引続キ休ムモノナルカ、之ハ畢竟皆勤賞ノ為ナリ、誠ニ見苦シキモノナリ、故ニ之等ノ原因トナレル皆勤賞ヲ廃スルカ可ナリト思フ

草鹿丁卯次郎

定例休暇と皆勤賞は関係なし

夫ハ本問題ト関係ナシ

佐渡亮造

然リ、乍然今迄ノ問題ニモ脱線ハ多々アリキ。

湯川寛吉

佐渡君ノ希望ニ止メン、銀行提案ニハ異議ナシヤ、今日茲ニ述ヘタル趣旨ハ能ク了解セラレタリト思フ

西崎傳一郎

皆勤賞は精勤奨励上廃止しないことを希望

佐渡君ノ最後ノ希望ニ付キ一ノ希望ヲ述ヘム、自分ハ皆勤賞アルカ為メニ多少ノ見苦シキコトアリトシテモ精勤奨励上廃止セサル方ヲ希望ス

編者註

○原史料の「四　議題ニ関スル調査」の箇所に、参照として「休暇規程」第二条第三項・同第六条が掲載され

休暇規程

ているので、参考までに次に記す。

第二条第三項　各部主管者ニ於テ必要トスルトキハ第一項ノ日限内（傭員ハ十五日以内、等外、給仕使丁ハ七日以内ヲ与フル規定）ニ於テ、特ニ引続キ傭員ハ七日間、等外、給仕、使丁ハ三日間ノ休暇期日ヲ指定スルモノトス、但、此他ノ休暇期日ト雖モ、特ニ指定スルコトアルヘシ、又都合ニ依リ本人指定ノ休暇期日ヲ変更スルコトヲ得

第六条　傭員休暇中ト雖モ、事務ノ都合ニ由リ本人ヲ必要トスルトキハ特ニ其出勤ヲ命スルコトアルヘシ

編者註
総本店所見

○原史料の「四　議題ニ関スル調査」の箇所に、「(調)」として総本店の所見が掲載されているので、参考までに次に記す。

本案ハ昨年ノ協議会ニ於テモ問題トナリタルモノナリ、而シテ銀行、倉庫、若松等ハ此ノ如キ場合ニ於テ、其残余日数ハ之ヲ拋棄セシメ居レリ、兎モ角指定休暇中断ノ場合ニ於ケル残余日数ノ処置方ニ付テハ、総本店ニ於テ研究スルコトトナリ、大体出勤ヲ命シタル日以後ハ当初ノ予定通引続キ休ミ得ルモノトスルコト却テ休暇ノ制ヲ設ケタル趣旨ニモ適合スヘク考ヘラルルモ、尚彼是熟考中ニテ、未タ発表ノ機ニ至ラサルヲ遺憾トス

第一二議題議事録、転任・新任の日当宿泊料廃止（銀行提出）

第十二、傭員カ接近ノ地ニ転住（任）セル場合ハ新任地着後七日間ノ日当宿泊料支給ヲ廃止スルノ希望

杉浦聞多（総本店副支配人）

（理由書ヲ朗読）

提出理由

接近地間（殊ニ京阪神間及京浜間）ノ転任者ニ対シテハ、着後七日間ノ日当宿泊料ヲ支給セサルコト

理由、京阪神間相互ノ店部エ転任ヲ命セラレタル者ニ対シテハ、転任手当ハ勿論、其当日ノ日当宿泊料ヲ本人及家族エ支給スル外、尚着後七日間ノ日当宿泊料ヲ支給スルコト、ナリ居リテ、其割合トシテハ、大阪ト東京間、若クハ東京ト博多、久留米間転任ノ場合ト同一ナルカ、其途中ニ要スル時間ノ如キ僅ニ一時間内外ヲ以テ足リ、大阪ト東京若クハ九州間ノ比ニアラズ、殊ニ阪神沿道ニ居住スル者、及新任地ニ居住シテ従来旧任地ニ通勤シ居タル者ノ如キ、何等ノ失費ヲ要セスシテ、旅費ノ全部ヲ剰シ得ル者往々之レアリ、此等ハ旅費給与ノ精神ニモ反ス、故ニ斯ル接近地ノ転任ニ就テハ少クトモ着後七日間ノ日当宿泊料ヲ支給セサルコト、スルモ、転任者ニ何等ノ苦痛ヲ与ヘサルノミナラス、多少ナリトモ上述ノ不権衡ヲ緩和スルコトヲ得可シ

日当宿泊料は旅費給与の精神に反す

吉田真一（**銀行本店支配人**）

之ハ銀行ガ支店多キ故ニ遠隔セルコトアリ、且転任ト云フコトガ多ク、銀行ガ本問ニ対シ最モ痛切ニ関係ヲ有スルモノナルベシ、例之旧任地神戸、新任地大阪ナル場合ニハ通勤スル間ニ家ヲ捜シテ一日ニ引越スコトヲ得可ク、遠隔地ノ転任ニ比シ其失費混雑等大差アルベシ、故ニ交通機関ノ完備セル今日、近距離ノ転任ニハ着後七日間ノ日当宿泊料ヲ給スルノ必要ナシ、甚シキハ阪神沿道ニ住居スルモノハ之ハ特例ナルモ、転任ト雖トモ其住所ヲ異動セズシテ可ナリ、而モ本人ニハ苦痛ナク、又遠距離転任ノモノニ比シテ公平ナルベシ、銀行ハ節減ヲ希望スル所ナリ

支店の多い銀行が痛切に関係を有す

転任といえども住所を異動せず

佐渡亮造（**呉販売店支配人**）

接近ノ語ハ意味漠然ナリト思フ

吉田真一

程度の問題

コノ議実用セラル、ナラバ今少シ詳細ニ区別シ得ラルベシ、例之京浜間、京阪神間、呉広島間、広島尾道間等ナリ

佐渡亮造
要之程度ノ問題ナリ、却テ不公平トナルコトナキヤ、家族ノ少キモノ多キモノ、荷物ノ少キモノ等余リ内情ニ立入ルコトハ如何ト思フ

吉田真一
身分ニ依リテ相当ノ金ヲ要スベシ、着後七日間ノ日当ハ謂レナシト思フ

佐渡亮造
着後家ヲ捜ス為ニ近キモ一週間ヲ要スルコトアリ、遠隔ノ地ト雖トモ友人ニ依頼シテ早ク家ヲ定ムレバ費用ハ少カルベシ
又予想外ノ損失ヲ蒙ルコトアリ、阪神電車ノ通勤切符ノ例
遠近ノ差ハ単ニ汽車丈ケノ関係ナリト思フ

川田順（**東京販売店支配人**）
少モ動カザル時ニモ規則ニ依リテ旅費ヲ給セザルヲ得ザルヤ

草鹿丁卯次郎（**倉庫支配人**）
川田支配人同様ノ質問アリ

吉田真一
旅費ハ住所ヲ基礎トセズ、故ニ之ヲ給セザルノ理由ナシ

草鹿丁卯次郎
住所ヲ動カサヾル時ハ本案ハ勿論、旅費抔ヲ給スル限リニ非ズト思フ
中田錦吉（理事）
程度ノ問題ナリ、別子ニ於テハ経済上事業区域内旅費規定ヲ設ケテ総本店ノ認可ヲ得タリ、転勤モ然シタリ

別子鉱業所の事例

草鹿丁卯次郎
本案ハ総本店ニ研究ヲ依頼シテハ如何
吉田真一
例之神戸支店ノ支配人御影ニ居住シ大阪ニ転任ノ場合ニ、旅費ヲ給セズトセバ困ルコトアルベシ、荷物身体ヲ動スコトノミガ転任ニ非ズ、送別、留別、家族関係ノ費用ヲモ要スベシ
草鹿丁卯次郎
其費用ハ性質カ異ルト思フ
吉田真一
転任手当ヲ与フルニ非ズヤ、之ハ其等ノ費用ニ充ツル為ナリ

転任手当

小倉正恒（総本店支配人）
是ハ程度ノ問題ナリ、御影ニ居ルモノハ平素通勤ニモ汽車賃ヲ要スル訳ニ付、其場合ニ旅費ヲ給スルハ穏当ト思フ
草鹿丁卯次郎

原則トシテハ勤務店部ノ所在地ニ居住スベキ筈ニテ、転居セザルモノニハ旅費ヲ給スルニ及ハズト思フ

吉田真一

銀行ノ改正案モ草鹿氏ノ説ト同様ナリ

湯川寛吉（理事）

本案ハ実際問題トシテハ随分些細ノ問題トナルベシ

本案は些細の問題

小倉正恆

汽車賃ノ如キ、御影ニ居ルモノカ蘆屋ニ引越シタリトセバ如何ニスベキカノ問題生ズベシ、転居シタルニ全然旅費ヲ給セザルハ不穏当ナリ

吉田真一

旅費規定ニ規定スルカ、又ハ特別規定トスルカ

小倉正恆

特別規定ヲ設クルコトニシタシ

特別規定を設ける

佐渡亮造

本案ノ反面ニハ、中ノ島支店ヨリ船場支店ノ支配人ニ転勤シタル場合ニ転任手当ヲ与フルコトヲ要スルコト、ナルベシ、挨拶廻リ等ノ費用ヲ要スルヲ以テナリ

吉田真一

得意先廻リ抔ノ費用ハ店費支出シテモ宜敷カラン

川田順
松本氏ニ伺ヒ度シ、特別旅費ハ遠近ノ問題ノミナリヤ、其他ニモ勢力範囲上ノ問題アリヤ
松本順吉（**別子鉱業所支配人**）
（アキママ）
湯川寛吉
本案ハ必要ト認ム、総本店ニテ調査ヲナスコト
小倉正恒
銀行ニテモ研究アリタシ
中田錦吉

若松、忠隈は特別旅費規定あり

若松、忠隈ハ特別旅費規定アリヤ
吉田良春（**若松炭業所支配人**）
然リ
中田錦吉

銀行・総本店・倉庫等にて研究

本案ハ銀行、総本店、倉庫等ニテ研究スルコト、セン
佐渡亮造
尚傭員ニ転任手当ヲ給スル場合ノ一家ヲナシタルモノノ解釈ハ如何、例之妻カ病気ノ為メ国ニ帰リ居リ、自身ハ下宿シタルトキハ之ハ一家ヲナスモノト認ムルヤ
中田錦吉

佐渡君ノ説ノ如クンバ、一家ヲナサヾルモノハナキト云フコトヲ得可シ、学校出ノモノモ国ニハ両親アリト云フヲ得ベキナリ、斯クテハ規則ノ精神ト異ルト思フ

杉浦聞多

転任手当ハ転任スル為ノ費用ヲ補給スル主旨ナルヲ以テ、家族ヲ国ニ帰シタルトキハ之ニハ給セズシテ可ナラムト思フ

転任手当は家族帰省に該当せず

湯川寛吉

独立ノ一戸トハ夫婦ニ非ズトモ、兄弟ニテモ一戸ヲ構ヘタルモノヲ云フ、所謂具体的ノ家庭ヲ指セルモノナラン

中田錦吉

然リ、場合ニ依リ気ノ毒ナルモノモアラムモ事実ヲ見テ解釈スルノ外ナシ

杉浦聞多

有妻、無妻ノミニ限ラザルベシ

湯川寛吉

一時的ノモノカ然ラザルカ等、事実問題ナリト思フ

決議

本案ハ大体ニ於テ必要ト認ム、銀行、総本店、倉庫ニ於テ各々研究アリタシ

規定ノ形式ハ特別規定トシタシ（小倉支配人）

規定形式は特別規定としたい

第一三議題議事録、贈答品の処置（銀行提出）

第十三、得意先等ヨリ到来スル贈答品ノ処置ヲ一定セントスル希望

杉浦聞多（**総本店副支配人**）

理由書朗読

提出理由

各店ニ其得意先其他ヨリ到来シタル贈答品ノ処置ヲ一定スルコト

理由、此等到来品ニ対スル取扱方ハ従来区々ニシテ一定セズ、仍テ適当ノ方法ニ拠リテ之ヲ処分シ、其取得代金ハ雑益ノ科目ヲ以テ整理セラル丶ヲ妥当トス

贈答品の取得代金は雑益科目で整理

吉田真一（**銀行本店支配人**）

変ナ問題ナレドモ、実際問題トシテハ銀行ニテハ統一ヲ欠キ困レリ、曽テ総本店ニモ打合セシモ総本店ト銀行ト必ズ一致セズ、随分他ノ店部ニテモ同様ノコトアルベシト思フ、却テ一定シテ総本店ヨリ通牒ヲ出シ画一サレタシ、銀行ニテハ各支店共同様ノコトアリ、各統一セズ

総本店よりの通牒で画一されたし

湯川寛吉（**理事**）

店へ到来シタル品ナリヤ

吉田真一

然リ

草鹿丁卯次郎（**倉庫支配人**）

如何ナル種類ノモノ到来スルヤ

杉浦聞多

到来品ノ種類ハ銀行ニテ聞合セタル所ニテハ、

到来品の種類

紀念品若クハ祝ノ返礼　絹帛紗、綿テーブル掛、菓子器、鰹節、時計柱時計二円乃至五円
香典返シ　〃　反物ガス羽二重又ハ金巾、タオル四折、葉書二百枚銀行ニテ使用ス
寒暑ノ見舞品　手巾綿、菓子類、ビール一斤乃至四斤位、サイダー同上、烟草
総本店ノ例、盆暮ノモノノミ
　菓子、烟草、平布一折、砂糖一斤、状袋二函、蜜柑、酒及ビール、葉書、其他雇員用ノ手帖、
　扇子、カレンダー等
総本店ニテハ数モ多カラズ、銀行ニテハ支店モ多キコトナレバ集ムレバ多数ニ上ルベシ

吉田真一

処分法ハ区々ナリ

杉浦聞多

各部の対応

総本店ニテハ、保存出来ザルモノハ店員ニ当日分配ス、保存出来ル時ハ運動会、倶楽部競技会ノ賞品ニ補充シ、品物ノ堆積スルコトハナシ、初メ孤児院ニ寄附スルコトニ付支配人ノ注意アリタルニ付、心掛タルモノ適当ノ品ハナカリシガ如シ、如斯今日ニテハ到来品ヲ持余スコトハ総本店ニテハナシ

吉田真一

銀行本店の事例

銀行本店ニテハ品物集マレバ店員中ノ希望者ニ払下ゲ、勿論饅頭、蜜柑抔ハ即日分配ス、切手類等当然使用シ得ルモノハ之ヲ利用スルモ、若シ利用シ得ザルモノハ払下ゲ、其金ヲ銀行ノ預金トナシ置キ、運動会ノ時ニ支出ス、其支出方ハ係員ノ随意ニナスコトヲ得ス、主管者ノ承認ヲ要ス

ルヲ以テ其間ニ弊害ヲ生ズルコトナシ、サレド何カ変ナ感ジアルヲ以テ、各店共其処分法ヲ一定シタシ、銀行ハ各店ノ『雑益』トナシ、店員カ如此モノニ嘱目スルノ余地ナカラシメタキ心持アリ、会議ノ節御相談ニ及フ訳ナリ、倉庫ナドニテハ如何

倉庫の事例

草鹿丁卯次郎

倉庫ニハ杉浦氏ノ云ヘル如キ種類ノモノ到来スルモ、主ニ平グルヲ得ルモノナリ、烟草、ビール等ハ時ニ分配ヲ受クルコトアリ、帛紗等ハ倉庫ニテ使用ス

植野繁太郎（銀行本店支配人）

帛紗ノ如キハ目出度キモノハ使用シ得ルモ、凶事ノモノハ使用ニ困ル

湯川寛吉

別子ニテハ如何

別子の事例

松本順吉（別子鉱業所支配人）

出入商人ヨリ来ルコトアルモ、極簡単ノモノニテ分配ス、帛紗等ハナシ

若松の事例

吉田良春（若松炭業所支配人）

沢山アリ、赴任ノ当時ハ分配セシコトアリシモ、近頃ハ総本店ノ如ク運動会ノ時使用ス、手布等ハ競技会等ノ賞品トナス、全ク総本店通ノ如シ、若シ到来品ヲ売ルトセバ若松ノ如キ狭キ所ニテハ大ニ体裁悪シ、銀行ト協同ニテ信シテ処分セリ

湯川寛吉

銀行ニテ如斯処分ニシテハ多キ過ギル訳ナリヤ、帛紗抔ハ売ルハ大ニ心地悪シカルベシ

銀行は店員の希望者に売る

吉田真一
店員ノ希望者ニ売ル訳ナリ

草鹿丁卯次郎
店員ノ希望者ニ売ルハ評価等旨ク行クヤ

吉田真一
曽テ中田氏ノ御意見アリテ、店員ガ到来品ニ嘱目スルハ悪シト云フコトヨリ、当時総本店ト稍似タル方法ヲ採リタリ、サレド之ヲ以テ直ニ中田氏ヲ首肯セシムルコト能ハザリキ、各支店ノ中ニハ玉撞場ナキ店部アリテ使用ノ途ナク、茲ニ復タ其処分法ヲ画一スルノ要起リタルナリ

湯川寛吉
総本店ニテ処分付ケリヤ

杉浦聞多
持テ余スコトハナシ

到来品の分配を受けたことなし

湯川寛吉
店員ニ売ルコトナキヤ、僕等ハ到来品ノ分配ヲ受ケタルコトナシ、呵々

杉浦聞多
狭キ意味ノ総本店ニテ重役ニ迄及ハズ

湯川寛吉
銀行ニテモ総本店ノ如クナシ難キヤ、数カ多キト察セラル、モ他ニ格段ノ問題ハナキト察セラル、

店員ノ所ニ持参スルモノハ如何、皆断レルヤ、或ハ少シ位ノモノハ受取リ置クヤ、此点ニ就キ調へ、又ハ考ヘラレタル方アリヤ、序ニ伺ヒタシ

出入商人・取引先からの贈物

梶浦鎌次郎（肥料製造所支配人）

伺ハント思ヒシモ、宅等ヘ小サキ僅カナル物ヲ持参スルコトアリ、又店ニモ小包郵便ニテ贈リ来ルモノアリ（多クハ出入商人、又ハ取引先等ナリ）、之等ハ断リ、又ハ小包郵便ニテ返送ス、他ノ人々ハ如何ヤハ知ラザルモ、若シ宅ニテ受取リ置キタルモノハ店ニ持行キテ店ヨリ小包郵便ニテ返送スルコトニ致シ度シ、今後ハ肥料販売ニ就テハ酒宴ノ席ニテ商談ヲナスコト多カランモ、此場合ニ此方ヨリ行カネバ宜シキモ、商談ガ出来サル為不得已行ク時ハ其旨ヲ支配人迄通知シ、其返礼ハ店ヨリ為スコトニ致度シ、或ハ支配人ニ通知セザルモノアルヤモ知ラザレドモ、這ハ人格問題ニテ此等ノ場合ニハ総テ返礼ヲナシ度シ

湯川寛吉

君ノ所ヘハ返スト反テ工合悪シキ様ナ贈物ハ来ラヌヤ（其品物ノ程度ニ於テ）

梶浦鎌次郎

重き贈答品は小包郵便で返送

扇子、手拭等下ラヌモノヲ持参セシモノニハ別ニ相当ノ礼ヲスル、又店ニテ使用スルコトアリ、其他宅ノ近所ノモノニ与ヘ、又重キト思フモノハ小包郵便ニテ返送セリ

湯川寛吉

総本店ニテ個人ノ所ヘノ到来品ハ之ヲ上ノ人ニ知ラス様通牒セシコトナキヤ

杉浦聞多

其処迄話シタルコトナシ

湯川寛吉　各自ノ任意ナリヤ

杉浦聞多　皆ノ考ニ任セリ、昔私シ営繕ノ時ニ横田彦左衛門カ私ノ処ヘ持参セシコトアリ、其時ハ返セリ、他ノ請負人等ヨリハ一切持来ラズ、建築ハ別ナリシガ大同小異ニテ、要スルニ其主旨ハ徹底セルニ非ズヤト思ヘリ

贈答品の対処は皆に任せり

湯川寛吉　取締方ニ付何カ考ヘタシ、横田ナドハ随分危険ノ人物ナリシ故

取締方を考えたい

草鹿丁卯次郎　持参スル人ト品物ノ種類ニ依リテ凡ソ判ルト思フ、八木甚兵衛抔ハ砂糖一袋ヲ持参セリ、之ハ貰ヒ置ケリ、他ノ店員ノ宅ニハ数ノ子、砂糖等ヲ持参スルコトアリ

八木甚兵衛は砂糖一袋を持参

湯川寛吉　之ヲ返シテ却テ工合悪シキモアリ、支配人位ノ処ニテハ充分考ヘラル、モ、下ノ処ニテハ弊害アルベシ

草鹿丁卯次郎　私ハ取リ置ケリ、時々ハ返礼スルコトモアリ、下級店員ノ所ニハ持来ラザルベシ

湯川寛吉

曽テ営繕係ニテ金ヲ借リタルモノアリ、一寸シタモノハ構ハスト云フコトガ危険ナリ

植野繁太郎

銀行本店ではは得意先より持参の物は断る

銀行本店ニテハ、志立氏（鐵次郎）ノ時、コノ問題ハ八釜シク言ヒ置キ、悪シキ意味ナラザル得意先（三井物産、日本棉花、岩下清周抔）ヨリ持参セシモ、是等ニ対シテハ書面ニテ意ヲ尽シテ断リ、爾後来ラヌ様ナリタリ、又係主任ノ処へ来リタル時ハ営業部長ニ報告シ承認ヲ得テ受クルカ、又ハ断ルコトニ決セリ、現在ハ如何ヤ

八代則彦（銀行本店支配人）

現在ハ時々主任ヲ集メテ打合会ヲナス（月ニ一回、又ハ二月ニ一回位）、丁度盆暮ニ当ル時ハ予テ達セシコトヲ思ヒ起サシムル様刺戟ヲ与ヘツヽアリ、故ニ大抵ハ申来ル様ナリ、左ナクバ時ニ依ルト人モ変リ、気分モ弛ムコトアルヲ以テ、之ヲ新ニスルノ要アリ、サレド殊更其問題ノ為ニ云フニ非ズシテ、或機会ヲ以テ話セリ、其期節ニ注意スルヲ以テ伺出ツルモノアルモ、多クハ取リ置キテ宜シキモノナリ

草鹿丁卯次郎

倉庫では絶対に受けない

倉庫ニテハ倉廩係カ銀行ノ営業係ニ相当スルモ、之ハ絶対ニ受ケヌコトニセリ、尤モ危険ナレバナリ、植野氏ノ言ノ如ク、銀行ニテハ直接危険ハナキモ、倉庫ハ直接ナリ、営業上ノコトニ関シテハ断然ト断ルコトニ各店部一定スル要アルベシ

植野繁太郎

之ニ就テハ初メヨリ説アリ、湯川氏ノ説ノ如ク、先方ノ感情モアルコト故、絶対ニ返シ難キコト

モアリ、希望ハ絶対説ナルモ
銀行ニテハ習慣的ニナリ居ルヲ以テ、之ヲ強テ断ルコトハ甚タ困ル

草鹿丁卯次郎
主管者ニ相談スルハ宜シカラン

植野繁太郎
本案ニハ関係ナキモ、銀行ニテ考ヘ居レルコトヲ話シタシ

準固定財産の不用品処分規定なし

夫ハ準固定財産ノ不用品処分ノコトナリ、コレニ関スル規定ナシ、処分方法ニ就テ後ヨリ見テ明カナラズ、之ハ各部ニモアルコト、思フ、帳面ヨリハ落シアルモ、其内容等明カナラズ、売却ノ時ニハ承認ヲ得テ売リタルモノナランモ、伝票ニハ只金額アルノミニテ他ニ何等ノ内容記載ナシ

吉田良春
稟議シテ売却セルニアラズヤ

草鹿丁卯次郎
熊倉サン、倉庫ハ如何ニナリ居レリヤ

倉庫は雑益に入れる

熊倉四郎（総本店監査課主任）
雑益ニ入レアリ、然レドモ其証明書ハ買取人ノ受取ニアラズ、主任位ノ証明書ナリ

若松は稟議の上で処分

吉田良春
不用品処分ハ総テ稟議ノ上処分セリ

松本順吉

別子では調度課で売却か入札する

別子抔ニテハ総テ調度課ニ不用品ヲ引継キ、同課ニテ纏メテ売却シ、又ハ入札セリ、其時ハ必ス伺案ヲ立テ、支配人ノ許可ヲ得テ売却予定価額ヲ定メ、調度課員及経理課員立会ノ上実行ス

植野繁太郎
纏マレル所ハ夫ニテ宜シキモ中途半把ノ所ハ困ル

吉田良春
支配人ニ申出ズシテ売却スル所アリヤ

植野繁太郎
只口頭ニテ伺フノミナリ

湯川寛吉
為之弊害アリヤ

吉田良春
稟議ナシニ処分スルハ不審ナリ、準固定財産トスレバ可也、大ナル物品アル筈ナリ

植野繁太郎
烟草盆ニテモ準固定財産ナリ

熊倉四郎
銀行ニテハ備品ト準固定トノ区別ナシ

銀行は備品と準固定財産の区別なし

湯川寛吉
支配人ノ処デ見ル様ニシテハ如何、下級ノ人ガ勝手ニ売却スルコトアリヤ

熊倉四郎
ナシ
湯川寛吉
上ノ人ニ聞テ処分スルコトニセザルベカラズ
八代則彦
準固定財産ニハ帳面アリヤ

銀行の準固定財産帳簿について

植野繁太郎
アリ
八代則彦
帳面アレバ検査ノ時帳面ト実物トヲ突合シテ括リガ付キ居レバ宜シカラン、若シ不突合ノ時取調ベレバ可ナラム、実際ハ知ラズ
植野繁太郎
只売却トシテ帳面ヲ落シテアル丈ケニテ記帳詳細ナラズ
八代則彦
為スベキ所ヲ尽サゞルト云フニ帰着セズヤ
植野繁太郎
何品外何々何程トアリテ明細書ヲ欠ゲリ
草鹿丁卯次郎

或場合ニハ何品外何々ト云フ書キ方モ必要ナランモ、ソレハ拙ナリ

湯川寛吉

本議題の各店部一致内容

第十三案ニ就テハ大抵各部ノ為シ居レル所ハ、

1．直ニ処分ヲ要スルモノハ其時分配等ニヨリテ仕舞ヒ

2．保存シ得ルモノハ運動会等ノ賞品ニ利用スル

等凡ソ一致セルガ如シ、銀行ニテモ其例ニ拠ラレテハ如何ト云フ位ノ程度ニテハ如何

草鹿丁卯次郎

尚集メ置キテ不用品処分ノ時一緒ニ処分スルモ可ナラム

佐渡亮造（呉販売店支配人）

呉ナドニテハ時々芝居ノ切符ヲ貰フコトアリ、之ハ期限付ナレバ保存シ難キモノ、例ニ依リ、店員ニ抽籤シテ分配ス

中田理事入リ来ラル、湯川理事大体ノ経過ヲ説明セラル

中田錦吉（理事）・湯川寛吉

払い下げは心悪しき感あり

払下クルハ心悪シキ感アリ

中田錦吉

払下ゲテ金トシ運動会等ノ費用トスレバ、店ノ帳簿ニ記入セズ、空ノモノトナリ居レリ、面白カラズ（補給ナレバ又格別ナリ）、雑益ニシテ入金シ、運動会ニハ（寄附《補給》）スル方ヨシト思フ

杉浦聞多

総本店ニテハ総本店ノモノトナスナリ、用度ニ引継グナリ、店用ニ供シ得ベクバ、之ヲ受入レ、其他ハ倶楽部ノ賞品トナス等手続ヲナセリ

中田錦吉

銀行ニテモ内密ニ行フ訳ニアラザルモ、只公然記帳セザル丈ケナリ

湯川寛吉

銀行モ総本店ト同様ニサレテハ如何

吉田真一

適当ノ機関ヲ有セザル所ニテハ現品ニテゴロ〳〵シテ困ルナリ

中田錦吉

他の同業者は到来品を店員の役徳と考えている

他ノ同業者ノ中ニハ、到来品ハ店員ノ役徳ト考ヘ貯ヘ置キテ、抽籤ヲ以テ分配セル所モアリト聞ケリ、是モ余リ面白カラズ

湯川寛吉

運動会的ノコトハ各部共アラン、玉撞会ノ如キハナカランモ

吉田真一

銀行だけで立案するも可

銀行カ本案ニ就テ最モ苦メルガ如シ、銀行丈ケニテ案ヲ立ツルモ可ナラム

西崎傳一郎（電線製造所支配人）

電線製造所抔ニテハ帛紗ヲ貰フコトアルモ大シタルコトナシ、使用シテ最モ便利ヲ感ゼリ

杉浦聞多

本店ニテハ運動会等度々アルヲ以テ始末ニ困ルコトナシ

各店部から集めて競技会の賞品としては

湯川寛吉

各部ヨリ倶楽部ノ競技会等ノ賞品トナス為メ寄贈ヲ受ケテハ如何

右は支店では困る

吉田真一

在阪店部本店ニテハ夫ニテ宜シカラム、支店ニテハ困ル

湯川寛吉

其位ニテ尚能ク御考ヘアリタシ

湯川理事、中田理事ニ個人ニ対スル到来品処置ノ前議ヲ説明セラル

個人宛て到来品についても規定してはどうか

湯川寛吉

個人ニ対スル到来品ヲ受取ルヤ否ヤニ就テ大体規定シテハ如何

草鹿丁卯次郎

尚仲仕ニ対シテ贈品スルモノアリ、夫ハ一旦断ルモ返シ難キ場合アリ、之等ハ貰ヒ置キテ其代金ヲ仲仕ノ各自ノ貯金ニ按分比例ニテ分配ス、又法被抔ヲ贈ルモノアリ、之モ断ルモ、断リ難キ時ハ仲仕中ノ極困難者ニ分与ス、小使ニハ贈ルモノナキカ如シ

湯川理事、中田理事ニ植野氏提出ノ不用品処分ノコトヲ説明セリ

中田錦吉

行ハヌ所ヲ充分ニ遣ラス様ニスルコトニスベシ

決議

決議

保存シ難キモノハ直ニ店員ニ分配、又ハ処分シ、保存シ得可キモノハ他日運動会、又ハ共同ノ催アル際ノ賞品ニ使用スル総本店ノ例ニ拠ルコト、シ、尚研究アリタシ

別ニ、

個人ニ送リ来ルモノハ之ヲ受取ルヤ否ヤハ規定シテハ如何（湯川理事）

第一四議題議事録、経費の内訳科目改正（別子鉱業所提出）

一、経費科目中内訳改正ニ関スル件

松本順吉（別子鉱業所支配人）

記帳の煩を省くと、適用選択の累を除き得る

提出者トシテ理由ヲ述ヘンニ、大体ハ問題ノ説明ノ通リナルガ、茲ニ少シク補足シテ云ヘバ、此問題ノ目的ハ、斯ク内訳ヲ纒ムレバ幾分記帳ノ煩ヲ省キ得ルト、雑費ノ内訳ノ如キ其適用ノ際ニ於ケル撰択ノ累ヲ除キ得ルト云フニアリ、尤モ本問題ハ充分研究シテ決定シタルモノニアラズシテ、只当面ノ必要上生ジタル事柄ナレバ、其科目ノ名称、内容ノ取捨等ハ各部協議ノ上適当ニ改メラレンコトヲ希望スルモノニテ、本案ハ参考トシテ挙ゲタルモノナリ

吉田良春（若松炭業所支配人）

明瞭な分類にする必要

現行ノ経費科目ガ根拠ナキ分類ノ仕方ナルガ故ニ、実際適用ノ場合ニ同種類ノ支出アル毎ニ常ニ問題トナリテ不便少カラズ、故ニ今少シク明瞭ナル分類ニスル必要アリ、現在経費科目中ニテ独立ノ科目ニテモ金額内容共ニ貧弱ナルモノアル、一方ニハ、雑費ノ内訳中ニテ諸給与ノ如キ、著シク金額ニ上リ、独立ノ科目トシテモ適当ナルモノアリ、如此現行経費科目ノ分類ハ適当ナラズ、

若松炭業所の案

故ニ別子提出ノ案ヲ今一歩進メテ改正セバ、余程好クナルベシト考フル也、今気付キタル点一、

雑品費
二ヲ云ヘバ、(一)雑費中ノ物品費ヲ雑品費トシテ雑費以外独立ノ科目トナスコト、之レハ相当多額ニ上ルモノナルガ故ニ、雑費中ノ内訳トナシ置クハ不可ナリ、

諸給与
(二)雑費中ノ諸給与ハ労働者ニ対スル各種給与ノ科目ニスルコト、従来ハ傭員ノ勤務手当、賄料ノ如キモノト労働者ニ対スル各種ノ給与トヲ一所ニ混シ来リタルモ、之ハ傭員ノ分ト労働者ノ分トヲ区別シ置ク必要アリ（傭員ニ対スル給与ハ雑給ニテ支出ス）、

社交費・集会費
(三)補給及寄附、接待集会祭典費、諸見舞及吉凶贈答費ハ内部ニ対スルモノト外部ニ対スルモノトニ分チ、外部ニ対スルモノヲ社交費、内部ニ対スルモノヲ集会費トナスコト、

諸税
(四)諸税ノ内訳ハ国税、府県税、市町村税トナスコト、先ツ如此スレバ幾分各科目ノ意義ヲ明瞭ナラシムルヲ得ンカ

外山一郎（総本店会計課主任兼経理課主計係）

監督・予算の査定の必要から細目を規定

細目合併の目安
原案ノ趣旨ハ大体賛成ナリ、現行制度ハ監督又ハ予算ノ査定ノ必要ヨリ斯ク細目ニ規定シタルモノナランモ、余リ微細ニ過ギタル為迷ヲ生スル場合多キガ故ニ、之ヲ合併スルト云フ趣旨ナリト考フ、此趣旨ハ賛成ナルガ、其合併ニ関スル目安ヲ如何ニシテ定ムベキカ、即チ性質ノ類似ニ依ルカ、金額ノ大小ニ依ルカ、又吉田支配人ノ案ナル内部、外部ニ対スル場合ニ依ルカガ問題ナリ、

総本店経理課の案
吉田案ノ如ク、雑費ハ瑣末ノモノヲ集メテ整理スベキコノナリト云フ意見ハ至当ナリ、又現行雑費中ヨリ重要ナルモノヲ独立ノモノトスルコトハ必要ナラン、併余ハ茲ニ経理課ノ意見トシテ原案ニ対シ左ノ如キ修正ヲ加ヘンコトヲ望ム

旅費
(一)旅費ハ現行ノ如ク、内外ニ区分シ置クコト、内国又ハ外国ノ何レニ入ルベキヤ迷ヲ生スルコトナク、又内国ト外国トノ出張ニ対シテハ命令者ヲ異ニスルガ故ニ、之ハ別ニシ置クヲ便利トスベ

諸税

シ、㈡諸税ハ五ニ分レ居ルガ、之レハ外部ヨリ来ル出来事ナルヲ以テ濫費スルコトナク、監督上区別ノ必要ナカラン、原案通ニテ可ナリ、

賃借料・保険料

㈢賃借及保険料ハ賃借料ト保険料トニ区分スルコト、現行制度ハ借家料、借庫料、借地料、火災保料ト分割サレ居ルガ、原案ニテハ之ヲ一本トセントスルモ、賃借料ト保険料トハ其性質異ナルモノナルヲ以テ、之レハ二トナシ置ク方可ナラン、

物品費

㈣雑費中、帳簿及印刷物、紙及文房具、器具及修理費、消耗費等ヲ合併シテ物品費トナスコトハ、消耗費ノ如キ薪炭、点灯ノ如キモノト紙及文房具等トヲ合併スルコトハ統計上等不都合少カラザルベシ、故ニ前ノ二ヲ合セテ帳簿及文房具トシ、器具及修理費、消耗費ハ別ニスルヲ可トス、

印紙・通信費

㈤印紙ト通信費トハ性質ヲ異ニスルヲ以テ合併スルコトハ不可ナリ、

諸給与
祭典費等

㈥諸給与、及報酬ハ原案賛成ナリ、吉田案モアレ共現在ノ処ニテハ内外ニ分ケル必要ナカラン、㈦接待集会祭典費、諸見舞及吉凶贈答費ヲ合併スルコトハ賛成ナリ、名称ハ適当ナルモノニシタシ、

組合費・船車賃等

㈧組合費、船車賃等ハ之ヲ小口諸雑費ト共ニ諸雑費トナスコトハ不可ナリ、組合費ハ金額トシテモ相当大ナルモノアリ、船車賃ハ旅費ノ変形ナリ、即チ市内乗車賃、電車賃等ナリ、皆相当ノ額ニ達スルヲ以テ合併スルハ不可ナリ

熊倉四郎（総本店監査課主任）

分類ヲ各部統一スルコトハ困難ナルガ、大体多少マトメルコトニハ賛成ナリ、内外及役員ト労働者ニ対スルモノト区別スルコトハ可ナランモ、物品費ハ雑費中ノモノナラバ大シタルモノニアラサルヲ以テ、独立科目トスルコトハ必要ナカラン

小倉正恆（総本店支配人）

吉田案ノ如ク独立科目トシタル場合、内訳ハ矢張現在ノ通リナルヤ

吉田良春

独立ノ科目ニスレバ内訳ハ現在ノ通リニナシ置クモ可ナリ、即チ重要ナルモノハ独立セシメ、其他ハ雑費ニ入ル、コトトシタシ、物品費ハ若松ニテハ大ナルモノナリ

小倉正恆

独立ノ科目トシテ内訳ヲ現在ノ侭トスレバ、手数ヲ減スルト云フ別子ノ目的ヲ達スルコト六ヶシカラン

吉田良春

雑費中ニ雑品費ヲ入ル、ハ根本的ニ不都合ナリト思フ、内訳ノ点、別子ノ目的ト幾分ノ差ハアルモ已ムヲ得ザラン

松本順吉

今ニ至リテ考ヘ見レバ、本案ハ別ニ練リタルモノニモアラズ、且別子本位ニシタル案ナレバ只一ノ参考トシテ見テ頂ケバ可ナリ、要之今日ノ処ニテハ現行ノ制度ヲ簡単ニシテ貫ヘバ可ナルモノニテ、吉田案ノ如キ大ニ可ナルガ如ク、又種々ノ説モアル様ナレドモ、望ム処ハ総本店ニテ適当ニシテ貫ヒタシ、只本店ニテ立案セラル、場合ニ、実際ノ状況ヲ斟酌シテ思切リ簡単ニシテ貫ヒタシ、実際総本店ニテ考ヘラル、トキト実際ニ当リテノ考トハ大ニ異ナルベシ

実際の状況を斟酌して簡単にして欲しい

外山一郎

余リ細末ナル問題ハ此席ニテ協議スルニハ不明瞭ノ点アルベキヲ以テ、経理課ニテ各店部会計担

当者ト打合セテ定ムル方可ナラント思フ

内訳はなるべく小分するべき

検索の目的

佐渡亮造（呉販売店支配人） 経費科目ノ内訳ハ可成小カニ区分シ置ク必要アリト思フ、元帳ニテハ如何ニ、内訳ガ小分サレ居ルモ差支ナシ、只補助帳ニテ之ガ必要アルナリ、而シテ多クハ前ト比較スル検索ノ目的ニ用ヒラレ居ルヲ以テ、此見地ヨリスレバ可成内訳ノ細別サル、ヲ可トス、何レニ入ルベキヤ迷ヲ生スル如キ分類アラバ其分類ヲ訂正セハ可ナリ、

小倉正恒 現在ヨリモ尚細末ニセントスル意ナリヤ、検索ノ目的ノミニアラス、又検索及統計ノ為ニハ夫迄細クセズトモヨキモノアリ

佐渡亮造 然リ、検索ガ目的ニアラザレハ元帳ノミニテ可ナラン、補助帳ノ必要ナカルベシ、又検索ノ目的ヲ達シ得ル範囲内ニ於テ簡単ニスルハ可ナリ

小倉正恒 元帳ノミニテハ甚ダ不明瞭ナリ、補助帳ニテ或程度迄分ケ置ク必要ハアルベシ

総本店にて方針を指示することを望む

吉田良春 此問題ハ大ナル考ニテ考へサルベカラズ、外山君ノ説ハアルモ、会計係等ニテハ之ヲ定ムル頭ハアラザルベシ、矢張リ相当上ノ方ニテ定ムルヲ可トス、細目ノ尋ハ可ナルモ大綱ノミハ確定シ置クヲ可トス（傭員ト労働者トニ対スルモノヲ区別シ、内部ト外部トヲ区別スルガ如キ）、総本店

ニテ大体ノ方針ヲ指示サレンコトヲ望ム

銀行は原案反対

吉田真一（**銀行本店支配人**）

銀行ニテハ原案反対ナリ、経費ノ内訳ハ可成細目ニ分ケ度シト思フ、今日ノ場合ハ現在ノ方法ニテ可ナリ、各店ヲ監督スルニハ細目ニ亘リテ明瞭ナラシメサレハ甚タ不都合ナリ、又予想等ニ就テモ余程厳密ニ取扱ヒ居ルヲ以テ、細目ニ亘ラザレバ充分ナル監督ハ出来サル様ニ考ヘラル、尤モ規則ノ改正ハ反対ニアラサルモ、内訳ヲ合併シテ監督ノ機能ヲ少クスルカ如キハ不都合ナルヲ以テ、合併ニ反対スルナリ、大体先ツ今日位ノ程度ナルヲ要スト考フ

細目に亘らざれば監督出来ない

湯川寛吉（**理事**）

如此問題ハ不案内ナルガ、各店部共通ニスル必要アルモノナリヤ否ヤ

吉田良春

統一上共通ノモノナラシメサルベカラズ

湯川寛吉

各部共通ナルコトハ統計上必要ナルベキモ、会計上分テ可ナラスヤ、折衷セハ何レニモ都合好キモノニアラサルベシ、店部ノ都合ニ依リ独特ノ内訳科目ヲ制定シテ可ナル様思ハル、無理ニ統括スル必要ナカラン、又住友全体ノ俸給何程ナリヤト云フ如キコトハ業務上必要アルコトナリヤ

無理に統括する必要なし

植野繁太郎（**銀行本店支配人**）

ソウナレバ甚ダ好都合ナリ

小倉正恆

夫レハソウナケレバナラヌモノナリ

吉田真一
各部一致セシムルコトハ困難ナリ

熊倉四郎
大体共通ニスルニハ無理ナルモノナリ

湯川寛吉
夫レナレバ各店部独特ノモノトシ、総本店ハ別ニ統括ノ方法ヲ講スルコト可ナラン

熊倉四郎
併シ費用ハ大体共通シ得ルモノ多キヲ以テ、今強ヒテ別々ニスル必要ハナカラン、営業費ニテモ殆ント共通ニサレ居レリ

吉田良春
経費ノ内訳科目問題ニテ、銀行ト他店部ト別ニセネバナラヌト云フ理由ハナキ筈ナリ

吉田真一
現行法ヲ固守スルニハアラズ、改正ハ可ナリ、只細目ノ程度ヲ現在ノ程度ニサレタシ

細目の程度を現在の程度にしたい

吉田良春
現行法ニテハ混雑大ナルヲ以テ改ムルト云フ趣旨ナリ、必スシモ別子ト同一ニスルト云フニハアラズ

現行法では混雑大なので改正したい

植野繁太郎

銀行ハ、各支店ノ確証ヲ科目毎ニ本店ニ集メテ監督ノ資料トナシツ、アルヲ以テ科目違ナシ、内訳ヲ荒クスルコトハ甚ダ不便トナル

八代則彦（**銀行本店支配人**）

合併シ過ギテ現行ノモノヨリ荒クナルコトハ不便ナリ、内訳ハ現在位ノ処ニテ可ナラズヤ

吉田良春

物品費ノ如キ大ナルモノハ雑費ノ中ニ入ルベキモノニアラズ

現在ノ程度ニテモ可ナリ、只科目ノ分類ガ一定シ居ラヌコトガ不可ナリ、分類ハ条理ニヨリテ分タサルベカラズ

湯川寛吉

科目違ノ事ガ各店部ニテ不都合ナリト云フコトハ、監査ノ方ニテ見別クルコトハ出来スヤ、

熊倉四郎

出来ザルニハアラザルモ、今ノ処ニテ夫レマデハヤリ兼ヌルナリ

松本順吉

店部ノ事情ニ依リ科目ニ多少宛異動アルハ免レズ、例之組合費、船車賃ノ如キハ別子ニハ何モナシ、之ヲ独立ノモノトシテ掲ケ置クハオカシ、故ニ条理ニ依リテ分類スルコトハ不都合無キモ、少シクマトメ度シ、尤モ他店部ト必然同一ニハ行カヌカ如シ

外山一郎

別子は予算流用を問題視

別子ヨリ本問題ヲ呈出サレシハ、予算流用ノ問題ニ関連シテ起リシモノニアラズヤト思ハル、即

チ細節ノ流用ナレバ経理課限リニテ出来、内訳科目ノ流用ナレバ所長限リニテ出来ル訳ナレバ、此辺ヨリ本問題ノ生ジタルモノニハアラザルカ

湯川寛吉

総本店ニテ監督ノ上ニテモ各店独特ノ科目ヲ設ケシメ、之ニ依リテ監督ノ方法ヲ講ズルガ可ナルニハアラズヤ

外山一郎

各店部の事情により科目を定めるのは不賛成

各店部ノ事情ニ依リテ科目ヲ定ムルコトハ不賛成ナリ、大体消費経済ニ属スル科目ハ各店殆ンド同一ナリト思フ、且ツ各店区々ニ科目ヲ設定スルコトハ混雑ヲ来シテ不都合也、営業費ノ如キ事業ノ性質ニ依リテ各種ノ支出ヲナスモノニ於テハ別々ニスル必要アルベキモ、経費ハ殆ンド事務所ノ費用ニテ各店共通ノ性質ヲ有シ大ニ之ト異ナルモノアリ

植野繁太郎

別子は適用を面倒と問題提起したか

別子ニテハ適用ノ面倒ナル事ガ原因ニテ本問題ヲ提出サレシニハアラズヤ、帳簿上ノ手数ハ大シタルコトアラザルベシ、若シ間違ヒ易キ点ヲ矯正スル方法アレバ可ナルニハアラズヤ

松本順吉

帳簿ニモ煩雑ナルモノアルガ如シ

外山一郎

船車賃等ノ如キハ支出ナケレバ記帳セサル迄ナリ、科目ヲ存シ置クモ毫モ不便ヲ感ゼザルベシ、又仮令小額ノ支出ニテモアレバ之ヲ明瞭ニ整理スルヲ得ベシ、況ンヤ他ニアリテハ必要ナル科目

ナルヲヤ。

草鹿丁卯次郎（倉庫支配人）

支出金額ノ大小、支出ノ性質等ニ依リテ定マルモノナリ、即重要ナルモノ、程度ニ依リテ金額ト性質トニテ区分シ得ルナリ、故ニ之ハ総本店ニテ詳細研究シテ定メラレテハ如何。

湯川寛吉

各部同一科目ニセサルベカラズト云フ理由ナキ以上、各店別ニ適当ノ科目ヲ設ケ置クガ便利ニシテ、且監督上ニモ好都合ナルニハアラズヤ

吉田良春

諸税の区分

諸税ハ国税、府県税、市町村税ト区分シ置クガ便利ナリ、之ハ実際官庁等ニ物品ヲ売リ込ム場合ニ屢々必要アリ、依テ此三ニ分ケ置キタシ

外山一郎

諸税ハ各税共其納期少ク、一ヶ年ニ四回位ナルヲ以テ、必要ノ場合ニハ一々拾ヒ出シテモ可ナラスヤ

吉田良春

一々拾ヒ出ス位ナラバ初ヨリ分ケ置ク方可ナラスヤ

松本順吉

吉田君ハソコニ精シク、調ベテ来テ居ラル、様ナレバソレヲ提出シテ研究シテハ如何

吉田良春

ソレハ其積ナリシナリ

総本店にて研究

湯川寛吉

ソレニテハ大体議論モ尽キタル様ナレハ尚総本店ニテ研究スルコトトシ、吉田君ノ材料ヲモ総本店ニ提供セラレンコトヲ望ム

第一五議題議事録、起業終結時の科目廃止（別子鉱業所提出）提出理由

二、起業終結ニ際シ科目廃止ノ伺出省略ニ関スル件

松本順吉（別子鉱業所支配人）

起業科目ハ従来起業竣成ノ場合ニ一々廃止ノ申請ヲナシタルモ、起業竣成ト同時ニ科目ノ必要ハ消滅スル訳ニテ、総本店ニテモ当然廃止ノ認可アルベキモノナレバ、別ニ申請ヲナサズトモ起業決算ニ依リ之ヲ認メラレンコトヲ望ムモノナリ

各店部の起業科目に二種類あり

外山一郎（総本店会計課主任）

本案ハ大体ニ於テ異議無シ、各店部ノ起業科目ヲ通覧スルニ二様アリ

一ハ包括的ノモノニシテ、起業ヲ大ツカミニシテ一ノ科目ヲ設クルモノ、即チ伸銅所、倉庫等ノ建設物起業、機械起業等ノ如シ、此種ノ科目ハ各種ノ工事（例之伸銅所ノ管棒工場、枝工場等）ヲ同一科目ニテ整理スルモノナルヲ以テ、一ノ工事完成スルモ他ノ工事ハ残ルコトニナリテ、殆ンド間断ナク存続シ行クナリ、此場合ニハ別子ノ提案ヲ適用スルコトヲ得ズ

一件ごとに科目を設けるものは原案通りで差支ない

二ハ特定的ノモノニシテ、別子ニ於ケル第四通洞、大竪坑起業ノ如キ、総本店ニ於ケル茶臼山、東京別邸起業等ノ如キ、一件毎ニ一科目ヲ設クルモノナリ、此場合ニ於テハ起業ノ完成ト同時ニ

科目ノ必要モ消滅スル訳ナルヲ以テ、原案通リニシテ差支ナキノミナラズ、却テ事務ヲ簡捷ナラシムルモノナリ

只之ヲ実施スル場合ニ於テ、一般的規定トシテ発布スベキカ、又特ニ科目ヲ設ケ居ル店部ヨリ申請セシムベキカ、何レトモ考ヘ居ラズ

松本順吉

之レハ総本店ヨリ通達ニテ出サレタル方可ナラン

湯川寛吉（理事）

茲ニテ定マリタルモノナラバ規定ノ追加トシテモ可ナラン

草鹿丁卯次郎（倉庫支配人）

新設ノ際ハ認可申請ヲナスモノナレバ、其際廃止ノコト迄モ認可ヲ受ケ置クコトニシテハ如何

新設の際に廃止も認可を受ける

熊倉四郎（総本店監査課主任）

特定ノモノハ起業ト共ニ終始スルモノナレバ可ナラン

佐渡亮造（呉販売店支配人）

起業其モノガ認可アレバ科目ノ設定、廃止ハ届出ニテ止メテハ如何

熊倉四郎

事態ノトキニ科目モ一緒ニヤレハヨシ

湯川寛吉

本問題ハ議論モナキ様ナレバ、之ニテ次ノ議題ニ入ルベシ

第一六議題議事録、科目流用（別子鉱業所提出）

三、科目流用ニ関スル件

提出理由

松本順吉（**別子鉱業所支配人**）

本問題ハ少シク無理ナルカモ知レザレドモ、科目ノ流用ハ実際年度末ニ至ラザレバ不明ノ事柄ナルヲ以テ、認可申請ヲナス場合ハ已ニ支出ノ時期ニ迫リ居リ、又申請ヲナスモ総本店ニテハ認可セズト云フ訳ニモ行カザルベシ、且ツ仕事ノ都合上認可ヲ待タズシテナス場合モアレバ、之レハ特ニ総本店ノ認可ヲ要セズト云フコトニシテ頂キタシ、若シ別子丈ノ問題ニシテ各店ヲ通ジテノ問題ニアラザレハ、別子ト総本店トノ協議ニシテモ可ナリ

総本店の認可不要としたい

吉田良春（**若松炭業所支配人**）

各店共通の問題

各店共通ノ問題ナリ、若松等ニテモ之迄ハ年度末又ハ翌年ニ至ラサレバ認可ヲ申請シ難キ実況ナリシガ、之ガ簡単ニ済ム様ナレハ頗ル便利ナリ

松本順吉

事実ヨリ云ヘハ認可ハ形式丈ノ様考ヘラル

外山一郎（**総本店会計課主任**）

科目流用の本案は不賛成

本案ハ不賛成ナリ、各科目ノ流用ハ年末ニ至ラザレハ不明ナルガ故ニ、認可ヲ受クル受ケヌノ問題ニアラズ、又年末ニ於テ本店ノ認可手続ヲナシ居レバ呈出諸表ノ期間遅ルト云フモ、之レハ書類ノ往復ノ日数丈ナリ、又元帳科目ハ現行規定ニ依レハ総本店ノ認可要シ、内訳ハ所長限リ、細節ハ経理課限リニテ流用出来ルナリ、然ルニ改正案ハ凡テ店部自由ニナルヲ以テ、総本店ニテハ其流用ノ内容ヲ知ラズシテ経過スル場合少カラザルベシ、而シテ予算流用ノ原因ガ計画ノ変更等

総本店申請は予算の編成理論となる

ヨリ来リタル場合ニハ甚タシキ不都合ヲ来スベシ、故ニ矢張申請ハ必要ナリ、又一ハ予算ノ編成理論トナルベシ、即チ故意ニアラズトスルモ流用ガ簡単ニ出来得レバ、予算編成ノ際内容ノ査定ヲ忽ニスルハ人情上已ムヲ得サルベシ、且内訳ノ流用ハ兎モ角モ、元帳科目トシテハ由々シキ大事トナルコトアルベシ、故ニ之レハ現行法ノ侭ナシ置クヲ可トナスベシ

松本順吉

年末近くでの流用はやむを得ない

年度末ニ認可ヲ受ケル為ニ後レルト云フコトハ、事業ノ状況ガ屢々変ル為ニ其都度予算ニ変更ヲ来スモノナルヲ以テ、事業ノ状況ガ変ル度ニ予算ノ流用ヲナスコトハ、別子ニテモ総本店ニテモ困ルコトト思フ、故ニ可成年末実際ニ近クナリシ処ニテ、流用ノ手続ヲナスモノニシテ已ムヲ得サル処ナリ、又元帳科目ノ流用ハ重大ナル事項ナルヲ以テ、之ヲ勝手ニナスコトハ弊ノ伴フモノナルベキモ、計画ノ変更ニ就テハ認可ヲ受クルヲ以テ、已ニ支出スル場合ニ至レハ本店ニテ認可ノ無カリシコトナキヲ以テ、之レハ総本店ノ認可ヲ待タズシテヤリテモヨイ様ニ思ハレシヲ以テ呈出シタルモノナリ

外山一郎

従来通りがよい

予算ハ計画ノ変更ト同時ニ変更スベキハ不都合ナキヲ以テ、矢張従来通リノ方可ナラン、又之迄認可申請ニ付認可ナカリシコトナシト云フコトハ正ニ然ルヘキモノニシテ、法制ノ問題トシテハ理屈ナキコトト思フ

萩尾傳（鋳鋼場支配人）

予算を作成することは困難

之レハ鋳鋼場等ヨリ云フモ、予メ予算ヲ作成スルコトハ困難ナルコトニシテ、予算ノ精密ナルコ

トヲ要ストセバ、予算ノ編成後レルコトトナル、故ニ別子案ニ修正セラレンコトヲ望ム

流用を許せば予算の力を減ずる

吉田良春

便宜上流用ハ全部已ムヲ得サルモノト思ヒシモ、ヨク考フレバ会計ノ監督上、予算ノ流用ヲ許ストセバ予算ノ力ヲ減スルコトトナル如ク思ハル、故ニ多少ノ手続ハアルモ、法トシテハ元帳科目ノ流用ハ総本店ニ申請スルヲ穏当トスベキヲ以テ、暫ク総本店ノ説ニ賛成ス

実際と適合するものは稀

萩尾傳

予算ノ力ト云フ話ナレド、例之機械ノ注文ヲ要スル場合ニ、予算ノ申請ヲナシテ其機械ノ出来ル迄ニハ種々ノ事情発シテ予定通リ行カヌコトアリ、而モ之ガ尤モ普通ノ予算ニシテ、実際ト適合スルモノハ至リテ稀ナリ、故ニ流用シ得ザルモノトセハ、各科目ニ就テ夫丈ツヽ余裕ヲ見テ置カザルベカラサルコトトナリハセヌカト思フ

折中案を提出したい

中田錦吉（理事）

余ハ之ニ対シテ折中案ヲ提出セン、大体認可申請ヲナスト云フコトハ、総本店ガ当否ヲ見テ採決スルモノニハアラズヤ、然ルニ如何ナル場合ニテモ認可スルモノナラバ、届出位ニテ可ナルモノニハアラズヤ、例之別子支配人権限規定ニテ、一万円以上ノモノハ予算内タリトモ認可ヲ要スルコトニナリ居リ、一万円以下ノモノハ権限内ニテ出来ルナリ、故ニ此趣旨ヨリスルモ、事態ノ認可アルモノハ金ノ仕ヒ方ニ特別ノ事ナキ以上、原案通ニテ可ナラン

本題は科目流用

小倉正恒（総本店支配人）

中田理事ノ御話ハ問題ガ違フガ如シ、之レハ科目ノ流用ノ話ナリ

中田錦吉
流用ガ屡起ル様ナレバ甚ダ不都合ナリト云フモ、之レハ届出テ居ルモノナレバ差支ナキモノニハアラズヤ。

吉田良春
事態ノ申請ヲナス場合ニハ、之ニ附属シテ予算ノ認可ヲモ申請スルモノナレバ、此場合ニハ予算ノ不足ヲ生スル場合少シ、只営業費等ニテ賃銀ニ余リテ材料費ニ足ラヌト云フ如キ場合、小額ノモノガ度々起リテ、年末ニ至リテ初メテ明白トナルモノニシテ、事態ハ顕著ナル場合ニ申請ノ必要ナルモノ多シ

草鹿丁卯次郎（倉庫支配人）
在阪店部ト地方ニアル店部トハ事情異ナルモノアリ、事前ノ監督ハ総本店ニテ出来ズトスレバ、科目ヲ制限シテ流用シテハ如何

科目を制限して流用しては

中田錦吉
夫レニシテモ実際総本店ニ申出ツルトキハ已ニ事後ナルヲ以テ、認可ノ必要ハ無キニアラズヤ、簡単ニ云ヘバ、総本店ガ採否ヲ決スルモノトシテ、事前ニ之ヲ監督シ得ルモノナレバ認可申請ヲ要シ、然ラザルモノナレバ認可ノ必要ナカルベシ

総本店が事前に監督できれば可

小倉正恆
大体ハ夫ニテ可ナランモ、実質ト形式ノ二様アリ、一事態済メバ一形式伴フト云フコトニスルハ、昨年倉庫ヨリモ注文アリシ処ニシテ尤モノコトナリ、尚ホ研究中ニ属スルモ、予算ノ関係ヨリ云

実質と形式の二様あり

認可の手続を採りたい

へバ、元々総本店ガ認可シ居ルモノニシテ、一々ニ就テ金額ノ極マリ居ルモノナレバ、之ヲ自由ニスルハ当初ノ趣旨ト異ナリ、弊害モ伴フコトアルヲ以テ認可ノ手続ヲ採リタシ、併シ形式ニ就テハ尚ホ研究中ナリ

中田錦吉

折中説は右の意味

余ノ折中説モ大体其意味ナリ

小倉正恒

此外ニモ損益ノ増減等ノ場合ノ申請アリツマラヌ事ト思フ

湯川寛吉（理事）

実際ハ認可ヲ受クルコトハ原則ナルガ、認可ヲ受ケスニ済ム流用ガ多クナル様ノコトニナリハセヌカ

小倉正恒

性質、金額、時期等ヨリ制限セバ可ナリト思フ

湯川寛吉

流用は致し方ない

然リ、多少ノ流用ハ致方ナカラン、予算ノ事故余リ確定スルコトハ出来スト思フ

萩尾傳

予算の何割までは流用出来ることとしては

折中主義ニ就テ予算ニ狂ヒヲ生ジタル場合如何ニスヘキカ、例之海軍ニテ入札等ノ場合ニ、予算以上ニ上リタル場合ニ再入札ニ附スル場合、予算ノ何割迄ハ流用シ得ルコトトセリト記憶ス、如此定メテハ如何

小倉正恆
何％迄ハ全体ニ許スモノナリヤ

吉田良春
官庁法規ハ科目ノ流用ニアラズ、小サキ内訳科目ナルベシ

萩尾傳
example ト云フニ過ギス

吉田良春
科目、内訳、細説トアリテ、皆混同シテモ差支ナキヤト云フ形式上ノ議論トナルガ、之ニ就テ流用ノコトハ物ニ依リテ二種ニナルト云フコトハ不可能ナラン、若松等ニテハ年末ノ始末ヲ余程気ヲ付ケ居ルヲ以テ、大体ノ予算ハ膨張スルモ事後ノ申請ハ余程減シタリ、併シ科目ノ流用ガ如此ナレバ余程便ナルベシ

科目流用は便利かも

中田錦吉
流用ト追加トハ如何ニナリ居ルヤ、之ハ一得一失ナリ、即チ一方ニ支出増加ノ場合ニハ追加ヲ申請スルコトニセバ、全体ノ予算ガ膨張シテ不明瞭ノモノトナル恐ナキヤ

支出増加の場合の追加申請は予算膨張の恐れ

吉田良春
予メ予見シ得ルモノハ増減共ニ行フベキモ普通ハ不明ノ為、追加ハ申請スルモ減少ノ手続ハ其侭トシテ、予算ノ膨張スル場合多シ

松本順吉

別子鉱業所の事例

別子ニ於テモ可成茲ニ注意シテ、十月、十一月頃ニ余程厳密ニ精査シテ年度内ノ金額ヲ予定シ居ルモ、或ハ方法ノ悪キ為カモ知レネド、年末ニ至レバ余程ノ差ヲ生スルコトアリ、故ニ変化ノアル毎ニ申請ヲナスコトニセバ、申請〳〵ト云フコトニナリテ煩雑ナルノミナラズ、不足ノ分ハ追加シテ、減少スベキ分ハ又追加ノ煩ヲ厭ヒテ減少ノ手続ヲナサヾルカ故ニ、全体ノ予(算脱カ)ハ膨張スルコトトナル、如此甚タ不可ナリト思フ、寧ロ予算内ニテ始末スルガ可ナルベシ、又予算ノ力ト云フコトハ認ムル処ナルモ、実際トシテ殆ンド事後ノ認可申請トナルコト多シ

事後の認可申請が多い

吉田良春

事後ノ承認ハ主計簿ニ依リ注意スレバ幾分減スルコトヲ得ルモ、予算ノ膨張ハ已ムヲ得サル様ナリ

事後の申請は予算膨張となる

松本順吉

別子ニテモ亦然リ、然レトモ仕事ノ関係上出来ヌモノモアリ

川田順（東京販売店支配人）

科目流用は不可

会計ノ監督上不便ハ不便(衍)ハ起ル場合多シト雖モ、之カ為科目ノ流用ヲ許スト云フ louse ノ規則ハ不都合ナリト思フ、故ニ年末ニ於テ不足ノ場合ハ責任ヲ負フテ支出ヲナシ、事後ノ承認ヲ得テ責任解除サルレバ可ナルニアラズヤ、小倉支配人ノ折中案ハ成立セスト思フ、即チ認可不認可ノ二中一ナリト思フ

湯川寛吉

理屈ハ尤ナルモ、事後承認ノ如キハ可成避ケザルベカラズ、事前ニヤルモノハ事前ニヤル必要ア

リ、併シ今ノ話ニテハ事後ニナル場合ガ多キ様ナリ、サレバ之ハ余程研究スヘキモノナリ

原則認可、事後は届出としては

小倉正恒

原則ハ認可ヲ得ルトシテ、事後ハ届出ニシテハ如何

店部により実際と予算は一致しない

萩尾傳

要スルニ実際ト予算トハ一致スベキヤ、之ハ店部ニ依リテ異ナルモノニアラズヤ、必ズシモ一致セサルモノト思フ、即チ変化ノ多少ニ依リテ店部ニ依リテ差アルベシ

小倉正恒

分リ切リタルモノハ合一スルコト明ナリ、予算ハ近年大ニヨクナレリ

近年予算と実際が近くなったが、問題は流用のこと

湯川寛吉

予算ガ近年実際ト近キモノニナリタルコトハ事実ナリ、ソコデ此問題ニ就テハ流用ヲ厳ニスルト云フ点ヨリ流用ニテ済ムモノハ済マシ、追加ヲ要スルモノハ其手続ヲナサシムルト云フ趣意ニハアラズヤ、如此考へ来ルト、事前ノ流用ハ出来難シ云フ場合多カルベシ流用ニ就テ認可ヲ要セスト云フ場合、其他ニ就テハ総本店ニテ精細ニ調査シタル上之ヲ決定セハ如何

川田説の流用不可は自分の考と違う

中田錦吉

川田君ノ louse ニナルト云フコトハ余ノ考ト違フ様ニ思ハル、認可ヲ要スルモノヲ後ヨリ認可ヲ得ルコトハ已ムヲ得サル場合ニナスモノニシテ、屢ナスヘキモノニアラズ、初ヨリ規則ヲ破ラヌ様ニ定メカ、レバ追認ノ起ル場合ハ少カルベシ、只初ヨリ之レハ追認ニテ可ナルモノナリト定メ

テカヽル如キハ不都合ナリ、初ヨリ louse ニスルコトハ規則ノ励行ヲナサヾル所以ニシテ、君ノ考ヘ方ト多少異ナル様ニ思ハル

右は予決算を近付ける方針にしたい

川田順

行ハルヘキモノト行ハレ難キモノトノ見界不明瞭ナル為、説ヲナシタルモノナリ、段々改良シテ予算、決算ヲ近寄ラシムル方針ニシタシ

草鹿丁卯次郎

別子ノ事情ヲ詳ニセサルヲ以テ程度ハ分ラヌモ、吉田支配人ノ説ノ如ク段々事後承認ヲ減シ行クト云フコトハ出来得ルト思フナリ

総本店にて研究

湯川寛吉

大体説ハ尽キタル様ナルガ、モ少シ総本店ニテ研究スルコトニシタシト思フ

第一七議題議事録、日給雇の賞与科目（若松炭業所提出）

四、日給雇ノ年末賞与金ハ賞与科目ヲ以テ支出シ度キコト

提出理由

吉田良春（若松炭業所支配人）

準備員の賞与がなかったので別の科目で支出

準備員ノ年末賞与ハ、傭員同様二回ニ分チテ給与シ、年ノ終ニ於テハ支払ヒタル分ヲ総本店ニ報告スルコトニナリ居ルガ、会計ニ於テハ諸給与及手当ヨリ支出スルコトニナリ居レリ、以前ハ準備員ニハ賞与ナカリシヲ以テ、沿革上賞与ト別ナル科目ニテ支出シ居ルモノナリ、併シ実質ハ賞与ニテ、会計上賞与科目ニテ支出スベキモノ也ト思フ、又準備員退身ノ場合ニ於テ給与スル賞与モ、一年ノ中ニハ相当ノ額ニ達ス、之ヲ年末ニ寄セテ統計ヲ作ル場合ニ、会計トノ附合セヲナス

ニ至リテ、賞与科目ニテ支出シアレハ大ニ便ナリ、又総本店ニテモ cheque モ出来ルコトニナルナリ、特ニ支配人トシテ之ヲ取扱フニ際シ、会計ノ計数ト付キ合フコトニ依リテ幾分責任ノ軽クナル様思ハル、ナリ

外山一郎（総本店会計課主任兼経理課主計係）

経理課としては反対

本問題ハ会計ニ関係アリ、制度トシテハ別個ノ考モアルベケレドモ、経理課トシテハ反対ナリ、日給雇ハ傭員ノ内ニ含マレズ、故ニ賞与例ニ対スル賞与トシテ給スベキモノニアラズ、現在ノ実際ニ於テモ諸給与ヨリ支払ハレ居リ、厳格ナル意味ニ於ケル賞与ニアラズ、偶賞与ト云フ名目アル為、賞与科目ニテ支出セントスルハ其名ニ捕ハレタル議論ニハアラズヤト思フ、之ヲ賞与科目ニテ支出セザルベカラズト云フハ現行法ヲ離レタル議論ナルガ、日給雇ハ家法ニ謂フ処ノ傭員トハ同格ノモノニアラザルヲ以テ、立法論トシテモ現行法ノ通雑費支出ヲ適当ト信ズ

家法で日給雇と傭員は同格ではない、雑費支出が適当

吉田良春

賞与も多額で雑費支出は不適当

根本論ガ異ナル様ナルガ、日給雇ハ退身慰労金、其他モ傭員ト同様ニ取扱ハレ、且臨時雇ト云フト雖モ一時的ノ傭員ニアラズ、他ノ傭員ト共ニ事務モ執レバ技術ニモ携ハルモノナリ、而シテ其賞与モ年ニハ三十円乃至四十円位ニ昇ル、之ヲ雑費ヨリ支出スルコトニ就テハ、寧ロ会計ノ方ヨリ反対スヘキコトナリト、実ニ不思議ニ堪ヘサル処ナリ

松本順吉（別子鉱業所支配人）

右と同意見

吉田君ト同一ノ意見ナルカ、従前ハ慰労ノ名目ヲ以テ給セラレシガ、賞与ト名目ヲ改メントキ、本店ニ打合セズ黙テ賞与科目ニテ支出シタルコトアリ、然ルニ本店ヨリ雑費ニテ支出スベキ旨、

非公式ニテ注意セラレタルヲ以テ、雑費ニテ支出シ直シタルタルコトアリ（ママ）、本店ノ意見ノ如クナランカ、何故ニ慰労ヲ賞与ニ改メタルカ、又之ヲ賞与科目ニテ支出シテ不可ナルカ、了解ニ苦シム処ナリ

吉田良春

賞与にあらずとは会計の議論

賞与ニアラズト云フハ会計ノ議論ナルガ、他ハ皆賞与トシテ取扱ヒ居ラル

杉浦聞多（総本店副支配人）

日給雇と労働者の区別が判然とすれば賞与として給与

元ハ日給雇ハ賞与ハナカリシ様ナリ、余ガ別子ニアリシ時ノ記憶ニハ、歳暮ノ名ニ依リ年ニ一度ノ御祝儀ヲ出シタルモノナリキ、之レハ給与スルモノノ種類ノ分ラヌ、例之接待館ノ傭人ヨリ事業ニタツサワル日給雇等ニ給与セラレテ、其区別判然セズ、其後日給雇ト労働者トノ区別判然スルニ至リテ、賞与トシテ給与セラル、至リシ様ニ思フナリ、之レハ歳暮又ハ慰労ト云フヨリモ、賞与トシテ給与セラル、方貰フ方ニテ有難味ガアルト云フ様ナル考ヨリ生シタル事柄ナリシト思フ

中田錦吉（理事）

元ハ賞与ハナカリシ様ナリ、余ガ別子ニ支配人タリシトキ、傭員ト同ジ仕事ヲサセテ何ニモヤラヌト云フハ気ノ毒ニ思ヒ、本店ニ伺フテ歳暮又ハ慰労ノ名ニ依リテ給与スルコトニナリシ様覚ユ、併シ慰労ガ賞与ニ代リシコトハ覚ヘズ

杉浦聞多

俸給、日給と支出科目を異にする

雇員ト日給傭トハ支出科目ハ兎ニ角、賞与ハ賞与トシテ給与スルヲ至当ト信ズ、而シテ俸給、日

給ト支出科目ヲ異ニスル点ヨリ考フレバ、賞与ノ支出科目モ之ヲ異ニシタリトテ差支ナキモノト思フ、準備ト云フ内ニハ日給雇ノミニアラズ、月給ノモノモアリシコトアレドモ、俸給ニテハ支出セザリシコトト思フ、之等ヲ綜合シテ考フレバ、会計整理上差支ナケレバ別々ノ科目ニテ支出スルヲ可トス

右、別々の科目で支出しては

中田錦吉

年末ノ賞与調ニモ不便ナル話ナリ、一方ハ俸給、一方ハ雑給トスルコトガヨシトスレバ、賞与ノ方モ別々ニスルコトガ一貫スルコトト思フ、即チ何レカ一方ニ改正セザレバ、統計其他ノ点ニ不都合ノコトニナリハセヌカト思ハル、ナリ

俸給か雑給に区別する必要あり

杉浦聞多

何レカト云ヘバ先ツ俸給ヨリ改メ度キ心置ス、併シ今ノ処其必要ハ感ゼズ、賞与調ニハ各分類シテ合計シアリ、尚外ニ日給雇ニハ幾何トアリテ混合ハシ居ラズ

吉田良春

外ノ事実ハ甲ト乙トヲ全然別ナモノトシテモ、会計ノ方ハ類似ノモノハ之ヲ合一スルコトニナリ居ルヲ以テ、年末賞与ト云フ名目トナリ居ル以上、賞与科目ニテ支出シテ差支ナキノミナラズ、会計ノ性質上当然ノコトナリト思フ、会計ノ方ニテ之ニ反対セラル、ハ、家法雇員例ガ基礎トナリ居ル様ナルモ、会計ノ問題ハ会計ノ問題トシテ考フヘキモノト信ズ

科目と区別しても会計は合一する

外山一郎

杉浦氏ノ説ヲ承レバ、元ハ慰労ノ名ニテ給与セラレシモノガ、賞与ト代リタ事情ハ不明ナルモ、

慰労の名目が賞与に代った事情は不明

歳暮、慰労等ニテハ有難味ガ少シト云フヨリ来リタルモノト思ハル、果シテ然ラバ之レハ支出科目ノ変更ヲ直ニ意味スルモノニアラザルベシ、松本支配人ノ御話ノ如ク、別子ガ賞与ニテ支出セシモノヲ総本店ヨリ非公式ニテモ訂正セシメタルガ如キハ、此理由ヲ明確ニ説明セルモノト信ズ、又吉田支配人ハ総本店ニ対スル報告ノ形式ノ話アリシガ、杉浦氏ノ話ニ依レバ、別個ノ用紙ニ別個ノ計算ヲシテ書スルモノ故、統計等ニテモ別ニ取扱フコトヲ得ルガ故ニ、支出科目ヲ異ニスルモ毫モ差支アラザルベシ

草鹿丁卯次郎（倉庫支配人）

日給雇ノ実質ガ異ナルニハアラズヤ

杉浦聞多

今日ニテハ其区別ナシト思フ

湯川寛吉（理事）

今ノ処ニテハ、準備員ノ賞与モ給料モ雑給ニテ支出シ居ルニハアラズヤ

現在は準備員の賞与も給与も雑給で支出

吉田良春

傭員ノ給料ハ俸給ニテ支出、準備員ノ給料ハ雑給ニテ支出ス、雑給科目ハ別子、若松ノミニ存ス、賞与雑費ノ諸給与ニテ支出ス

雑給科目は若松・別子のみあり

中田錦吉

賞与ハ利益ノ一部ヲ分割シテ与フルモノニシテ、労働者及其他ノモノニ一定ノ慰労トシテ与フルモノハ、雑費ニテ支払フト云フ処ヨリ来リシモノニハアラズヤ

日給雇も賞与で支払いたい

松本順吉
工手ノ日給ハ営業費ニテ支払ヒ、賞与賞与（ママ）ニテ支払ヒツヽアリ、今日ニテハ日給雇モ同様ニシタシ

右に同じ

本荘熊次郎（**伸銅所支配人**）
営業上ノ利益ヨリ賞与ヲ支出スルヲ可トシテ、日給雇、工手ノ賞与ヲ賞与ニテ支出スルヲ可トスルガ如シ、会計整理ノ上ヨリスルモ至当ト信ズ

中田錦吉
外ニ異見ナキヤ、総本店ニテハ此位ニテヨキヤ

猶研究する必要

小倉正恒（**総本店支配人**）
性質ガ異ナルヲ以テ別ニスルト云フコトヲ述ベタルモ、今ノ議論ヲ聞キ、猶研究スル必要アリト思フ

中田錦吉
ソウ云フコトニシテ次ニ進行セン

第一八議題議事録、固定財産編入規定の改正

五、特殊ノ事由ニ依リ固定財産ニ編入シ難キモノニ関スル規定ニ付改正ヲ施サレ度キコト

（若松炭業所提出）
レール編入問題

吉田良春（**若松炭業所支配人**）
レールハ固定財産ニ入レルコトニ大体定マリ居レリ、併シ忠隈等ニテ水平ノ支坑道ニ敷クモノハ至リテ小ニシテ（十二封度以下ノモノ）――運搬坑道ニハ大キヒモノヲ敷クモ、此レールハ坑道

ト共ニ財産ニ入レアリ）――其坑道ヲ掘進スルニ就テモ一間ニ三、四十円ヲ要スルモ、而モ之ハ財産ニ入レズ（存続期間短キ為）、此レールハ取ハヅシ、其他ノ場合ニ行衛不明トナルコト多シ、故ニ之ハ支坑道ト共ニ財産ヨリ除キタシ

電力線・水道の編入は困難

第二、第三ニ挙ケタルモノハ規定ノ不備ヨリ生ジタル問題ナラン、電力線、水道等ハ甚ダ困ルナリ、水道ハ本線ハ八吋位ノモノヲ通シタルモノナルガ、引込線、支線ノ一部ハ二吋位ノモノニテ、之等ノ延長ヲ一々固定財産ニ上ケルコトハ到底行ヒ難キ処ニシテ、電力線ノ如キモ引込線等ニ於テ同様甚夕混雑ヲ来スヲ以テ除外シタシ

外山一郎（総本店会計課主任）　水道ノ引込線ニハ皆鉄管ヲ用ユルモノナリヤ、鉛管ニハアラズヤ

吉田良春　皆鉄管ナリ、鉛管ニハアラズ

伸銅所の事例

本荘熊次郎（伸銅所支配人）　伸銅所ハ之ト趣ヲ異ニス、発電所近キ為本線ノ延長ハ甚ダ少ナリ、多クハ引込線ノミナリ、実ハ初メ起業ヨリ振替ヘル場合ニハ固定財産ニテ整理スルモ、増減ヲナシタル場合ニハ財産価格ヲ著シク増減セサルトキハ其異動ノ騰記ヲナサズ、又引込線トテモ家屋ニ附キタル分ハ家屋ノ価格ニ入レ、加除ノ分ハ費用ニテ支弁シ居レリ、水道モ同様ナリ、可成他ノ財産ニ従属セシメ、主タル固定財産ト共ニ償却セリ

吉田良春

其式ナレバ出来ル、何レカ総本店ノ方ニテ定メテ貰ヘハ好都合ナリ

小倉正恒（総本店支配人）

会計規則施行細則第九条（編者註二九七頁参照）

各部を統一する方を可とする

レールを財産としないことは不可

此問題ノ根本ノ経過ヲ説明セバ、会計規則施行細則第九条第一項ニテ、或価格以下ノモノハ費用ヲ以テ支弁スベキコトヲ規定シ、同第二項ニ前項ニ定ムル価格以上ノモノト雖モトアリ、本店ノ認可ヲ得テ一定ノ規定ヲ設クルコトニナリ居リ、現在各部ニ於テモ行ハレツ、アルモ、現在ノ処区々ニシテ一定セズ、故ニ寧ロ各部ヲ統一スル方可ナリト信ジ、一定ノ規定ヲ立案セリ、其方面ヨリスレバ本問題ノ如キ充分承レバ結構ノコトニシテ、之ニ関スル規定モ設ケアル訳ニシテ、此点ノ伸縮ハ余程自在ニ出来アル積リナリ、大体根本ニ於テ凡テノ物ハ財産トシテ整理スルヲ至当ト信ズ、此点ヨリスレバ若松ノ問題ハ財産トスルコトニナルモ、特殊ノ事情アルモノトシテ取扱ハルベキモノト考フルナリ、支坑道ノ Rail ヲ財産ヨリ除クト云フコトハ支坑道ガ財産トナラサルガ為ニ、Rail モ財産トセズト云フコトハ理由ナキコトト思フ、破損シ易キコトモ理由ニハナラズト思フ、尤モ整理ト云フコトハ問題トナルヘキモ、整理ノ方法ナキヤ、費用支弁トシタリトテ、整理ハ矢張リ必要ノモノナレバ、其方法モ充分研究セントス、電力線、水道ノ如キモ細目ハ本店支配人ノ云ハレタル処ト同様ナリト思フ

吉田良春

レールの償却問題

炭車・安全灯は費用支弁

永年ノ苦心ニ依リテモ整理ノ方法ナキヲ以テ提出セル問題ナリ、故ニヨク此点ハ玩味シテ議論シテ貰ヒタシ、償却ノ如キモ、レールノ如キハ年々ノ購入額殆ント一定シ居ルヲ以テ、之ヲ損失トシテ計上セバ、年々償却スルト同一ノ結果トナルベシ、猶炭車ノ如キハ一個五十円未満ノモノナ

ルガ、年ニ依リ二百個又ハ三百個位ヲ製造ス、又安全灯ノ如キモ一個五円位ノモノヲ千個位買フ、何レモ什器ノ価格ニ達セザルガ故ニ、費用支弁トナリ居レリ、如此実際ニ就テ見レバ種々錯綜シテ容易ニ決定シ難シ、総本店ニ於テ或ル物ニ力ヲ入レテ、或物ヲ失フ如キコトアリテハ遂ニ呑舟ノ魚ヲ逃スコトアルベシ、故ニ余リ小キ問題ニ力ヲ入レルコトハ如何カト思フナリ

各店部で規定を設ける

小倉正恆

同シレールニテモ、事情ニ依リ財産トスヘキモノト然ラサルモノトアルトシテ、各店部ヲ通ジテ適当ノ規定ヲ設クル外ナカルベシ

中田錦吉（理事）

伸銅所ト若松ト事情ヲ異ニスル如ク、両方共ニ適当ナル規定ヲ設クル外ナカルベシ、此方法ニテ本店ニテ調査ヲ進メラレタシ

編者註

「住友家会計規則施行細則」第九条

〇議事録中で言及される「住友家会計規則施行細則」第九条を、参考までに次に記す（大正二年「住友家法及諸規則類纂　甲」一二八頁より引用）。

第九条　固定財産ノ内左記物件ノ価格ハ費用ヲ以テ支弁スベシ

一　機械車輌ハ一個若クハ一組ノ価格壱百円未満ノ物

二　什器ハ一個若クハ一組ノ価格五拾円未満ノ物

三　土地山林並ニ前二号以外ノ固定財産ハ其価格弐百円未満ノ物

前項ニ定ムル価格以上ノ物件ト雖トモ、特殊ノ事由ニヨリ固定財産ニ編入シ難キモノ、又ハ前項ノ規定ヲ適用シ難キ特殊ノ事由アルモノハ之ニ関スル一定ノ規定ヲ設クベシ、但予メ総本店ノ認可ヲ得ルコトヲ要ス

第一九議題議事録、固定財産内訳規定の改正（総本店経理課提出）

六、 固定財産其他物件内訳規定改正ノ件

小倉正恆（**総本店支配人**）

権利なる科目設定を立案

利益算定は財産の償却か原価の厳格化が必要

損益計算の基礎を固める必要

大体ハ茲ニ説明シアリ、昨年倉庫ヨリ固定財産中ニ電話ノ如キ使用権ヲ含マシムベキコトヲ提出セラレタルヲ以テ、総本店ニ於テ研究シ、之レノミナラズ他ニモ種々ノモノ生シタルヲ以テ、権利ナル科目ヲ設定センコトヲ立案セリ、今日迄ハ此種ノモノハ一切費用ニテ支弁シ来リシガ、兎角営業費ノ負担増加シ、原価ノ計算上不公平ノ点アルヲ以テ、之等ヲ一旦財産ニ組入レ、償却ニ依リテ年々ニ負担セシムルカ、又ハ適当ノ方法ニ依リテ原価ヲ厳格ナラシメントス、然レザレハ年々ノ利益ニ就テ非常ニ巨額ノ利益アリシ様ニ思ハル、コトアルモ、能ク詮議シテ見レハ前ニ之等財産ニ関スル費用ヲ一時ニ損失トシテ負担セル為ニシテ、之ヲ割当ツレバ利益ハ非常ニ少クナルガ如キコトアリテ、損益計算ノ基礎ヲ固ムル必要アリ、尚ホ権利ハナキモ権利ヲ有スルト同様ナル効力アルモノ、例之鉄道ノ引込線ノ如キハ、其使用収益ニ就テ一般ノ財産ト異ナルコト無シ、故ニ準固定財産トシテ資産ニ編入シ整理セントス（名ハ何トカ適当ノモノニシテ）、尚大体ノ精神ニ就テ御討議願ヒタシ

萩尾傳（**鋳鋼場支配人**）

すべて償却が必要

茲ニ掲ゲタルモノハ皆償却ヲ要スルモノ、ミナラン

小倉正恆

然リ

本荘熊次郎（**伸銅所支配人**）

伸銅所の借入れ機械はどうするか

伸銅所ガ農商務省ヨリ借リ居ル機械ノ如キハ、何レニ入ル、考ナリヤ

小倉正恒

之レハ少シク問題トナリ居ルヲ以テ別問題ニサレタシ

川田順（東京販売店支配人）

外国ニテハ実際応用シツヽアル処アリヤ、又ハ単ナル理論ナリヤ

小倉正恒

調ヘハ見タルモ全部左様トハ行カヌ様ナリ

吉田良春（若松炭業所支配人）

右は償却問題となる

本問題ノ大精神ハ年々ノ負担ヲ公平ニセントスルノ趣旨ナラン、サレハ現状ト現行法トヲ能ク見テ行ハサレバ、前陳ノ如キ呑舟ノ魚アルヲ以テ不都合ヲ来スコトアルベシ、結局償却問題トナルニアラズヤ

佐渡亮造（呉販売店支配人）

年々償却ヲ公平ニセントノ趣旨ナレバ、若松ノ爆発ニ依ル損害ノ如キハ年々ニ分担セシメテ可ナラズヤ

小倉正恒

原価の負担を公平ならしめる

損益ヲ年々平均セントスルニアラズ、原価ノ負担ヲ公平ナラシメテ損益ノ均衡ヲ保タシメントスルモノナレバ、生産費ニ関係ナキ損害ハ各年ニ分担セシムベカラズ

会計規則施行細則第九条（前掲編者註二九七頁参照）

会計規則施行細則九条一項ノ固定財産価格ガ或ハ低キカモ知レズ、必要ニ応シテ改メンコトハ差

支ナシト思フ

中田錦吉（理事）

他ニ説ハナキヤ

八代則彦（銀行本店支配人）

帳簿の根本の目的は事業の状態の記録

銀行ノ考ト云フニハアラズ、吉田支配人ノ話アリタルガ、帳簿ノ根本ノ目的ハ何カト云ヘバ、事業ノ状態ノ記録ナリ、財産ノ如キニ就テモ其現状ヲ明ニシ置クコトガ根本ノ目的ナリ、シテ見レハ十万円ノ実価アル物ガ帳簿上十二万円ト記帳セラル、ガ不都合ナルト同時ニ、八万円又ハ六万円トアルモ帳簿ノ目的ニ添ハスト思フ、余リニ実価ヨリ下ルコトハ本来ノ目的ヨリ面白カラスト思フ、例之今年或価格ノ財産ヲ費用支弁トシテ固定財産トシテ残ラザル場合、次ノ年ニハ夫レ丈ノ価格アルモノガ実際存在スル訳ニテ面白カラズ、電話ノ如キ小ナリト雖モ、住友家全体トシテハ巨額ニ達スベク、又帳簿ノ目的ニ添ハセントセバ、充分精確ニシテ何時ニテモ実価ニ近キモノガ帳簿ニテ見得ラル、ヲ至当トスルカ如シ、wire rope、安全灯ノ如キハ例外トシテ、之レアルガ為ニ全体ノ理論ヲ覆ヘスコトハ能ハサルナリ、但シ行政ノ問題トシテハ高価ニシ置クヨリハ安クシテ置ク方（低価主義ノ意?）安全ナルベシ、帳簿本来ノ目的トシテ現状ヲ明瞭ナラシムル様シタシ

低価主義が安全

吉田良春

其理論ニ対シテ反対スルニハアラズ、尽ク賛成ナリ、只実地ニ当リテ整理ノ必要上、何ノ位安ク見ルカト云フコトガ六ヶ敷ヒト申シタル迄ナリ、決シテ如上ノ主意ヲ没却セルニハアラズ

八代則彦

実際問題トシテハ細カクスルコトハ困難ナルベケレド、或ル小額ノモノ一個ト千個ト云フノトハ異ナルベシ、又一個ノ店部トシテハ小ナルモ、全体トシテハ巨額ニ達スルヲ以テ、総本店ノ規定トシテハ此点ヲ充分了解シテ議セザルベカラズ

吉田良春

程度ノ問題ナリ

草鹿丁卯次郎（倉庫支配人）

程度ノミナラズ、性質ヨリモ見サルベカラズ

中田錦吉

熊倉君ノ説ナキヤ。

熊倉四郎（総本店監査課主任）

之レハ当然ノコトナリト思フ、只無理ニアレモコレモ財産ニ入ル、ト云フコトサヘ防カルレバ可ナリ

小倉正恒

従来ハ安全主義ニシテ、正確ヲ度外視セラレタルガ如クナルモ、安全ノ度ガ強過キル様思ハル、、故ニ、安全ニ正確ヲ加味シテ行ク必要アリト思フ

安全に正確を加味して行く必要

吉田良春

理屈ハ全ク同意ナリ、只実際ニ当リテ注意ヲ要ス、例之別子、忠隈ノ鉱区ノ如キ、常ニ価格ノ見

理屈と実際とを一致させるのは難しい

積ニ苦心シツ、アル処ナルガ、其価格ノ決定ハ至難ノ問題ニシテ、容易ニ決定ニ至ラズ、理屈ト実際トヲ一致サスルコトハ甚タ六ケシ、適当ナル方法ニテ研究セラレンコトヲ望ム

小倉正恒

理屈ニ流レ易キモ、少シニテモ理想ニ近ツケハ可ナリト思フ

吉田良春

然リ、山モ出炭量等ヲ精細ニ見ントセバ、同シク困ルコトニナルト思フ、係員ノヤルトキニ其御注意ヲ願ヒタシ

小倉正恒

此方針ニテ進メバ差支ナシト思フ

松本順吉（別子鉱業所支配人）

此問題ニ就テハ異議ナシ、近来総本店ノ方針ガ理想的ニナリテ、理想ハ可ナルモ手数ダオレニナルヤウノ事ナキヤヲ危ムモノナリ、理想ト実際トヲ接近セシメテ研究セラレンコトヲ望ム

中田錦吉

準固定財産についての疑問

他ニ異見ナキヤ、議論ナケレバ吾輩少シ疑問アリ、権利ノ事ニ就テハ可ナル、此第二ノ準固ニ就テノ疑問ナリ、此準固ナルモノハ自己ノモノニアラズ、亦権利モナシ、之ヲ財産トナスナス（ママ）コトハ穏当ナリヤ、例之ハ郵便局ハ寄付シタル場合ト否トニ不拘、自己モ使ヘバ公衆モ使フモノナリ、如此モノヲ準固トシテ資産ニ組入ルヽコトハ適当ナル見解ナリヤ否ヤ

小倉正恒

之レハ権利ハナク、又自己ノモノニアラズトスルモ、使用シ収益シ得ルモノナレバ、財産トシテ之ヲ要シタル一定ノ金額ヲ、使用年数ニ公平ニ分担セシメントスルモノナリ

鉄道引込線は固定財産とみるべし

湯川寛吉（理事）

鉄道引込線ノ如キハ、普通ニ云ヘバ当方ノモノナルガ、政府ニテハ規則上政府ニ寄付セシムルコトニナリ居ルヲ以テ、形式上政府ニ寄付スルニ過ギズ、実際ハ当方ニテ使用スルモノモノナルガ故ニ、固定財産ト同様ニ見テ差支ナシト云フコトヲ示シタルモノナリト思フ、実際ニ於テ返シテハ貰ヘマイガ、使用収益スルコトガ出来ヌトハ云ハサルベシト信ズ、海底電線ニ就テモ亦同様ニ考ヘテ差支ナカルベシ

海底電線も同様

政府寄付物件は自己のものでない

中田錦吉

或ル価格ニ相当スル便利ナルモノヲ買フテ寄付スレバ、既ニ自己ノモノニアラズ、之ヲ財産トスルト云フコトガ出来ルモノナラバ、少シク極端ナル例ナレドモ、或工学博士ヲ工場ノ顧問トシタル場合ニ其報酬ヲ財産トナシ得ルヤ、将来収益ヲ挙ケ得ルガ故ニ財産ニ編入セントスル点ヨリ云ヘバ理由ナシト云フコトヲ得ズ、此点尚疑問ナリ、誰デモ新居浜ヨリ料金ヲ払ヘハ四阪島ニ電信ガ打テル。

湯川寛吉

之レハ政府ヘ献納ノ為ニハアラズ、自己ノモノナリトモ政府ガ斯ク命スルニ依ルモノニシテ、此方面ヨリ考ヘ来リタル結果ナリト思フ

中田錦吉

安全ト云フコトハ、時価相当ノモノニ見積リ置クコトニスル必要アリトノ議論アレドモ、之レハ安全ト云フコトトハ余程遠カルモノナリ、安全必スシモヨクハナケレドモ

八代則彦

安全を期するため低価主義をとる

土地、有価証券ノ如キハ相場ノ立ツモノ、又ハ常ニ価格ノ見当付キ得ルモノナルヲ以テ、実際問題トシテ安全ヲ期スル上ヨリ低価主義ヲ行フモノニシテ、必ズシモ安全主義ヲ排セザレトモ、此ニ挙ケタル各種ノ財産ハ、帳簿面ニ依ルヨリ外価格ヲ見ルコト能ハサルヲ以テ、之等ノ価格ハ可成正確ナルヲ要ス、例之或工場ヲ売却セントスル場合ニ、其価格ヲ見得ルモノハ只帳簿アルノミナルニアラズヤ

中田錦吉

安全主義は償却問題と関係あり

時価ヨリ幾分安全ニ見テ置ク方、何時ニテモ何分カハ儲カリコソスレ、損スルコトハナシト思ハル、償却問題トモ関連アルガ、地形等ニテモ東平、四阪ノ様ニ幾十万円ヲ要シタルモノニ就テハ特別ノ方法モアレドモ、平常ノ方法トシテハ矢張リ費用支弁ノ方可然思ハル。

萩尾傳

帳簿ト実際トハ必ス一致スベキモノニアラズ、寧ロ常ニ差アルヲ原則トスルカ如シ、両立セサルモノトスレバ安全主義ノ方可ナラン

安全主義を優先

八代則彦

何レカト云ヘハ価格ヲ安全ニスル為引下ケルコトハ差支ナシト思フ、併シ出来ルナラバ無暗ニ下ケルハ不可也ト思フ

草鹿丁卯次郎
程度問題ナリ
八代則彦
然リ
湯川寛吉
安全不安全ノ点ニ就テハ金額ノ多少ニ拘ラズ考フヘキコトナリ、使用価格ヲ見ルカ交換価格ヲ見ルカハ研究問題ナラン、人ニ売ルトキノ値段ヨリモ営業上幾何ノ価格アリヤヲ見ルヲ可トスベシ、即チ安全ナル使用価値ヲ見ルガ真ノ記帳法ナリト思フ、又準固定財産ヲ財産トスル場合ニテモ営業上ノ施設トシテハ相当価格アルモノトシテ取扱ハルベキモノト信ズ、且之ヲ其年ノ費用ニテ支出ストセバ、損益ノ勘定ヲ見ル上ニ於テ非常ノ不都合ヲ来スコトアルヘキヲ以テ、営業上使用価格アルモノハ、資産ノ内ニ入ル、ト云フコトハ必要ナリト思フ、償却ノ方ニ付テハ尚疑問ヲ有スレドモ、之レハ後ノ問題ナリ

安全なる使用価値を見るが真の記帳法

吉田良春
第三ニアルモノハ財産トシテ整理セントスルニハアラズシテ、其価格ヲ数年ニ負担セシメントスル主意ナリト思フ、則チ東平ノ地形等ノ如キ、一時ニ損失トスルハ非常ニ巨額トナルガ為、之ヲ数年ニ分別センガ為、財産トシテ存続セシメントスル趣旨ト同一ナリト云フニハアラサルカ。
中田錦吉
自分ノ金ノ支出サレタルヤ否ヤハ問フノ要ナシ、例之十万円ノ海底電線ヲ寄付シタル場合、営業

他人寄付品の使用は準固定財産にできるか

上其代価ヲ回収シ得ルト云フガ、他人ノ寄付シタルモノヲ使用スル場合ニハ、利益ノミ挙カリテ丸々ノ儲トナル、此場合ニ準固トシテ挙ケルコトヲ得ルヤ。

外山一郎（総本店会計課主任）

湯川理事ノ説明ニテ尽キタルモノト思フ、中田理事ノ交換価格ヲ付スル必要アリトノ理由ハ成立タズ、例之或ル工場ヲ立テタル場合、其投シタル費用ヲ以テ直ニ売買スルコトヲ得ルヤ否ヤハ問題ナリ、此場合 marketical price ハツケラレヌト思フ、二十年ナリ、三十年ナリ使用シテ〇ニナル価格アリト云フノミ、之ヲ其使用年限ニ割当テ、年ニ償却シ行カントスルモノナリ、鉄道引込線ノ如キモ、或ル年限ニテ償却スル目的ニテ支出シタルモノナレバ、其年限ノ間ハ固定財産ト同一ノ考ニ見テ差支ナシト思フナリ

鉄道引込線は固定財産

中田錦吉

海底電線モ新居浜、四阪ガモット繁華ニナリテ使用者ガ増加スレバ、政政府《(ママ)》ノ金ニテ設置スルニ至ルベシ、而シテ住友ノ利益ハ今日ト同シ事ナリ、此場合矢張準固トスルガ、受クル利益ヲ評価シテ益ニ計上スルカ、費用ヲ支弁スルト否ヤニ依リテ、差ヲ設ケルコトハ聞ヘヌコトナリ

政府架設の海底電線は準固定財産

八代則彦

財産トナスヤ否ヤノ問題ニアラズシテ、或ル費用ヲ如何ニ処分スルカト云フ問題ニハアラズヤ

財産問題ではなく費用問題

中田錦吉

今ニテ思フ、東平ノ地形ノ如キハ、其年ノ損失トシテ何トカ別ニ記録シ置キテ整理シ得ラレサルモノナリヤ

萩尾傳

中田理事ノ案ニ賛成ナリ、他ニ整理ノ方法アリト思フ、例之別子ニ港湾ノ必要アレバ、夫レハ general expend トシテ生産費ノ計算ガ確実ニ出来サルニアラザルベシ

中田錦吉

細カニ云ヘハ試験費ノ如キハ如何ニ処分スヘキヤ

本荘熊次郎

準固ヲ備考的ニ記録シ置クヨリモ、本店案ノ如ク、資産トシテ残シ置クヲ可トスヘシ、平生之ニ注意スル人ナラバ常ニ之ヲ見テ行クベキモ、若シ忘レル様ノコトアレバ誤リ易キモノナルヲ以テ、不都合ヲ生スル様ニ至ルベシ、故ニ寧ロ準固トシテ規定シ置ク方却テ便利ナリ、之等ニ就テハ場合ニ依リテ定ムル必要アルベキモ、大事業ヲナス場合ノ整理方法トシテハ、規定ノ上ニ定メ置クコト必要ナリト思フ、尤固定財産トスルコトハ不当ナリト思フ、何処マデモ convention デ行カザルベカラズ

準固を備考的に記録するより資産として残すべき

中田錦吉

convention ト云フナラバ夫レニテ差支ナシト思フ

本荘熊次郎

農商務省ヨリ借入レタル機械ノ如キハ準固トスルノ主意ナリト考ヘ居タリ、アレヲ除ク位ナラバ此第二ハ勿論除クヲ可トスベシ

小倉正恒

政府ガ橋ヲ作リシ場合、資本ヲ出セシニアラズ、故ニ資産勘定ニアラズトス

中田錦吉

営業上ニ価値アルモノアレバ、夫レ丈価格ヲ見積レルト見ルモノナリヤ。

小倉正恆

資本ヲ投セシヤ否ヤノ問題ナリ

草鹿丁卯次郎

使用収益がある物件でなければこの問題は成立しない

使用収益ガ確実ナルモノナラザレバ此問題ハ成立タサルベシ、此点ヨリシテ中田理事ノ云ハル、政府ノ架設シタル海底電線ノ如キハ、使用収益ガ確実ナルモノナレバ、準固トシテ差支ナキモノト信ズ、誰ニテモ使用スルコトヲ得、又政府ノ都合ニテ何時引上ケラル、ガ明ナラサルモノハ困ル。

小倉正恆

法律上固定財産にあらずとも経済上の便利の為に準じて扱う

吾ノミナラズ、人モ使フハ差支ナシ、何時引上ケラル、カ分ラヌモノノ如キハ問題トセストモヨシ、準固ノ解釈トシテハ固定財産ト同一ニ取扱フニアラズ、法律上固定財産ニアラズトモ、経済上ノ便利ノ為ニ固定財産ニ準シテ扱フモノ故、他ノ財産ト混スル虞ハナカラン、海底電線ヲ政府ニテ作リシ場合如何ト云フコトナリシガ、現在アルモノヲ新ニ記帳スルト云フニアラズ、将来起リシトキ記帳セント云フニアリ

中田錦吉

住友家ノ財産幾何ト云フ内ニ之ガ入レラル、トスレハ俄ニ賛成シ難シ

湯川寛吉

営業上ニハ資産トナルヘキモノナレドモ、住友家財産幾何ト云フ点ヨリ云ヘハ、之ヲ除クモ差支ナカラン

中田錦吉

此位ニテヨカラン。

（以下廿四日ニ続ク）

五月廿四日（前日ノ続キ）

疑問なお晴れず

中田錦吉

昨日ノ問題ナルガ、熟ク考ヘ見タルモ疑問ハ尚晴レズ、原案ノ目的ヲ達スルニハ一万円ノモノハ一万円ト記入セサルベカラズ、一万円カ九千円カ八千円カナレバ可ナルモ、十分一ニツケルト云フコトニテハ目的ハ達セラレズ、海底電線ノ如キモ、其支出額ヲ寄付トセズシテ私有財産トスル場合ニハ、其価格ヲ如何ニシテ計上スルカ、即チ寄付スルモノ、価格ト私有ノモノ、価格トヲ同一ニスルカ、又建物ヲ寄付シテ無代ニテ借用スルモノトシタル場合トハ同一ニ見ルコトヲ得ザルヘシ、即チ寄付シタル建物ヲ賃借料無シニ借用シ得タル場合ニハ、賃借料丈収益ヲ挙ケ得ルモノナルヲ以テ、賃借料ヲ斟酌シテ財産価格ヲ算定スルコトヲ得レドモ、海底電線ノ如キ場合ニハ賃借料等ノ如キモノナキヲ以テ、此間二者ニ差アルベシ、而モ如此モノヲ法律上ヨリ財産ト見ルコトヲ得ルヤ否ヤ、甚タ疑ハシク思フナリ

草鹿丁卯次郎

資産とすべきは使用収益の実質を見ようとするもの

其場合ニハ海底電線其物（有形物其物）ヲ財産トスル意ニアラズト思フ、茲ニ資産トスベキハ、使用収益ノ実質ヲ見ントスルモノナラン、即チ其使用収益ノ年々ノ高ヲ基礎トシテ、全体ノ評価ヲ算出セントスルモノナラン、寄付セザルトキモ同一ニシテ可ナリ、只計算ノ方法ニ二様アリ、即チ其使用収益ニ依リ評価格ヲ算出シタルモノト、私有ノ場合ニハ其支出額ヲ以テ価格トスルコトナリ、如此スレバ差支ナシト思フ

中田錦吉

賃借権ノアル場合ニハ幾分差支ナカルヘキモ、寄付シタル海底電線ノ如キモノトハ区別セザルベカラザルガ如シ、信用ハ価値アルコト明ナルモ、株式会社ノ出資ノ目的トナルモノニアラズ

草鹿丁卯次郎

寄付ノ有無ニ依リ変ルモノニアラズト思フ

小倉正恒

収益の目的物は資産とする

建設物ノ場合ニ於テ他人ニ譲渡シタルトキニハ、賃借権ニ依リテ定マルモノト思フ、ケーブルヲ寄付シタル場合ニハ、之ニ投シタル資本ヲ価格トスルコトヲ得ベシ、法律上ノ権利ハナキモ経済上ヨリ見テ、或ル収益ノ目的物ナルヲ以テ資産トスルニ差支ナシ、完全ナル所有権ハナキモ、別ノ方法ニテ記帳シ得ルナリ

中田錦吉

将来株式会社となった場合、資産の研究を要す

若シモ株式会社ノ場合ニ、之ヲ資産ニ入レルト云フナラバ、一段ノ研究ヲ要スルガ如シ、即チ法律上資産トシテ差支ナキモノナリヤ、若シ将来株式会社トナリタル場合ニ、カ、ルモノガ資産ト

シテ公ニ認メラレ得ベキ一層ノ研究ヲ要スベシ、今ノ建物ノ場合ニテモ賃借権ニ或ル価格ヲ盛ルコトハ出来ルカ、元ノ建物価格同様ニハ盛レヌト信スルナリ

草鹿丁卯次郎

使用収益の安全性が大切

使用収益ノ不安ノモノナラバ問題トナラズ、保証ナキモ使用収益ノ安全ナルモノナラサルベカラズ

中田錦吉

営業上収益ヲ収メ得ルモノトシテナラザレハ、資本ノ出ト否トニ係ラズ問題トナラサルベシ

草鹿丁卯次郎

世間一般ノ使用ニ供スルモノハ之ヲ除外シ、専用ノモノ、ミニ限ラサルベカラズ、此区別ハ画然トシテ置カサルベカラズ

中田錦吉

港の設営主体の差による経済的価値の差

政府ガ港ヲ設ケタル場合ト、自己ガ出資シテ設ケタル場合ト、両方共使用収益スル場合ニハ其経済上ノ価値ニ差アルヲ認メ得ザルナリ

草鹿丁卯次郎

政府ガ設ケテモ自己ガ設ケテモ専用ニ供シ得ラル、ナラバ、同シク資産トシテ計上セサルベカラサルナリ

八代則彦

原案の精神は整理問題

原案ノ精神ハ整理問題ナリト思フ、準固ノ名称アリ、又説明者ガ財産ノ如ク云ヒシニ依リ誤解セ

ラレタルモノナラン、法律上財産ト云フニハ必ズ権利ノ伴フモノナラザルベカラズ、法律ノ認メタル権利ノ伴ハサルモノハ財産ト云フヲ得ズ、海底電線ノ如キハ整理上財産ニ準ズト云フニアルガ如シ、原案ノ理由ニ依ッテ見ルモ、一時ニ巨額ノ損失ヲ負担セズ、使用年限ニ分割セシメントスル趣旨ナルガ如ク思ハル

中田錦吉

夫レナラバ初メヨリ賛成スル処ナリ、只説明者ガ経済上価値アリ、資産タルノ性質アリト云フカラ危険ナリト思フモノナリ

八代則彦

財産ノ意ガ少ク異ナル様ニ思フ、中田理事ノ所云法律上ノ財産ト、余ガ解シツ、アルモノトハ多少相違アルナリ、即チ資産勘定ニ残シテ整理スル（尤モ整理一点張ニハアラズ）ト云フ事ハ、其事業経営上必要ナルモノニシテ、其事業ノ価値哉何ナルカヲ見ルニ当リテ、除却スルコトヲ得サルモノガ載セラル、ト云フ意ナリト思フ、原案ノ理由トシテハ単ニ整理論ノ如ク見ラル、モ斯ク解スルヲ穏当ト信スルナリ

吉田良春

原案ハ整理ノ問題ノミナリト思フ、例之土地ノ如キハ償却ノ必要ナシ、併シ準固ノ土地ハ有限ニテ償却サル、モノナリ、若シ整理ヲ目的トセサルモノナラバ償却ノ必要ナカラン

八代則彦

償却ト資産ニ入レルト云フコトトハ理論トシテ分割シテ考ヘザルベカラズ、償却ノ為ニ固定財産

償却と資産に入れることは理論として分けて考える

又ハ準固定財産ニ上ケルト云フコトハ不可ナリ、固定財産又ハ準固定財産ニ計上シテ、然ル後価格ノ減少、又ハ安全等ノ点ヨリ償却ノ問題ヲ生スルモノナリ、実際上ハ同一ナルカモ知レザレトモ、

吉田良春

全ク収益ノ目的ノ有無ニ依リテ立ツヘキモノナリ、利用価格ノ有無ニ依リテ整理ノ方法ヲ立ツルト云フ観念ハ必要ナリ

小倉正恒

整理ノ為ノミナラバ別ノ帳簿ニテ整理スベキモノト思フ、元帳ニハ如何ナルモノヲ挙ケルカノ規定アレハナリ

尚草鹿支配人ノ御話モアレドモ、資本ヲ投セサルモノハ資産ニ上ゲル必要ナシ、寄付シタルモノハ元ノ物ハ無クナルモ、新ナルモノガ発生セリト見レハ可ナリ、所有権ハナキハ使用収益ハアルナリ

草鹿丁卯次郎

夫レガ共用ニ供セラル、場合ハダメナリ、住友ノ専用ニアラサレバ住友ノ財産ト云フヲ得ズ

住友の専用でなければ住友の財産ではない

吉田良春

或ル金額ヲ投ジテ港湾ヲ設ケタル場合ニ、年々ノ利用ニ依リテ償却シ得ルモノトシ、償却シ尽シタル場合ニ残リシ港ハ如何ニスルカ

日高直次（倉庫副支配人）

安治川地所の事例

安治川ノ地所ハ郵船ヨリ買ヒシトキノコトナリ、郵船会社ガ堀割ヲ作リシトキ、公道ヲ使用スルコトトナリタル為、道ノ一部ヲ使用スルヲ以テ、橋ヲ架設スルコトニナリ住友家ニテ買取リタルトキニモ、其橋ノ架設費ハ土地ノ価格ニ入レラレタリ、而シテ其土地ノ買入ト同時ニ橋梁架設ノ義務ヲモ負担シタリ、而モ此橋梁ハ市ニ寄付シタルモノナルモ、其費用ハ土地価格ニ加入セラレ居レリ、即チ如此行政上ノ必要ヨリ寄付シタル場合ト雖モ、土地ニ必要ナル施設トシテ要シタルモノニシテ、其為ニ財産価格ヲ増加シ得ルモノナリ、故ニ価格ヲ確定シ得ル場合ニハ其投資ヲ資産トシテ計上シ得ルモノト信ズ

投資は資産として計上し得る

中田錦吉

土地ノ価格ヲ増シタル場合ニ土地ノ価格ニ加フルコトハ可ナルヘキモ、橋トシテ存在セシムルコトハ如何ナルベキカ

日高直次

初メハ土地ニ加ヘタルモ、新ニ設ケタル橋迄土地価格ニ加算スルヨリモ、独立ノ資産トシテ年々償却スル方安全ナリト信スルナリ

中田錦吉

内輪ノ便宜方法トシテハ兎モ角モ、法律上財産トシテ差支ナキモノナルヤ、世間ニ公表シ得ル財産目録ニ記載シ得ルモノトハ思ハレズ

湯川寛吉

段々研究ヲ要スル問題アリ

財産とは何ぞや

第一ニ財産トハ何ゾヤ、又帖簿ニ財産トシテ掲クル場合ニ、資本ヲ投セサルモノニテモ財産トスベキヤ、之等ヲ判明シ置カザルベカラズ、一時ニ多額ノ損失ヲ計上スルコトノ不便ノ為、年々ニ分担セシムルト云フコトハ整理方法ナルモ、併亦永年使用ノ為ニ設ケルト云フナラバ財産トシテ差支ナキモノナリト思フ、財産ハ何カト云ヘバ、有形、無形ヲ問ハズ、又権利ニアラズトモ財産ト認メ得ベキモノト思フ、例之宇治川電気ノ創業費ノ如キハ財産ト認メラレ居ルナリ、此点ヨリ云ヘハ引込線等ハ財産トシテ差支ナシト思フ、併シ法律上ノ問題トシテハ未タ研究シタルコトナキヲ以テ、充分攻究ヲ遂ゲザルベカラズ、尚ホ之等ヲ財産ニスレバ、官設ノモノヲ財産トスルカト云フ説モアレドモ、今日ノ処ニテハ、住友家ニテハ自分ニ投ジタル資本ニ依ルモノハ財産トシ、其以外ノモノハ問題トナリ居ラズト思フ、将来ハ考フヘキ問題ナラン、又帳簿ハ財産ノ価格ヲ正確ニ示スモノト云フコトナルモ、帳簿ハ資本ニ伴フモノニシテ、財産ノ評価ヲ見ルベキモノハ別ニ之ヲ置カサルベカラズト思フ、今日迄ノ帳簿ハ一件財産価格ノ分ルト云フ為ノミニアラズ、財産ノ価格ヲ示スモノガ帳簿ナラバ、官設ノモノモ或ルモノハ入レテ差支ナシト思フ、根本ニ於テ財産ノ性質ヲ研究シ、投資ノ有無トノ関係等充分研究ヲ要スベシ

住友家では自己投資は財産

中田錦吉

老舗ノ如キハ経済上ノ価格ハ非常ナルヘキモ、之ヲ法律上資産ト見ルコトヲ得ベキカ、去スレハ住友銀行等ハ非常ニ巨額ノ資産ヲ計上シ得ベシ

湯川寛吉

資本ヲ出シテ買取リシモノナラバ差支ナシト思フ

中田錦吉　買フ方ハヨキモ、売ル方ニナリテ考ヘレハ如何、之等ヲ資産ニ入レテヨキヤ

資産と負債とは両立するもの

八代則彦　湯川理事ノ御説ノ如ク、資本ヲ一方ニ置テ論セザルベカラズ、資産ト負債トハ両立スルモノナレバ、負債ニ関係ナキ官庁ノ施設ノ如キハ別ニ見ルヘキモノナリ

中田錦吉　贈与ヲ受ケタル場合ハ如何

八代則彦　資本ヲ整理シ行ク問題ナリ

湯川寛吉・小倉正恒　資本ノ増加ナリ

中田錦吉　左ラハ官設ノモノニテモ可ナラン

八代則彦　贈与ヲ受ケタル場合ニハ資本ノ増加ナルモ、官設橋梁ノ如キ、一般ト共ニ使用スルモノハ資本ノ増加トナラザルヲ以テ、本問題ニハ適切ナル例トハナラズト思フ

なお充分の研究継続を希望

中田錦吉　議論モ尽キタル様ナリ、反対論タル吾々ハ何トカシ度心持アルヲ以テ、尚々充分研究ヲ続ケラレ

ンコトヲ望ム

七、住友家会計規則施行細則改正ノ件

小倉正恆（総本店支配人）

第二〇議題議事録、会計規則の施行細則改正（総本店経理課提出）

提出理由

商法第二六条の財産総目録

其他の財産は法律上の権利を必要とせず

本問題ノ理由ハ茲ニ陳述シアルモ、法律上ノ点ヨリ少シク開陳セン、尤モ弁護士等ニ就キ間接ニ調査シタルモノ故、誤謬等アルカモ知レズ、願ハクハ諒セラレンコトヲ望ム

扨商法第廿六条第一項ニハ、動産、不動産、債権、債務、其他ノ財産ノ総目録及貸方借方ノ対照表ハ、商人ノ開業ノ時、又ハ会社ノ設立登記ノ時、及毎年一回一定ノ時期ニ於テ之ヲ作リ、特ニ設ケタル帳簿ニ之ヲ記載スルコトヲ要ストアリ、同条第二項ニハ、財産目録ニハ動産、不動産、債権、其他ノ財産ニ其目録調成ノトキニ於ケル価格ヲ附スルコトヲ要スト規定セリ、財産目録ニ記載スベキ動産、不動産、債権、其他ノ財産ノ中、其他ノ財産トハ何ナルカト云フコトナルカ、法律家ノ説ヲ聞ケバ、必ズシモ法律上ノ権利ナルコトヲ要セズト云フコトニ一般ニ一致セルガ如シ、事実ニ於テモ各会社トモ皆此種ノ財産ヲ有セリ、例之電車等ニ於テ道路ヲ寄付セシ場合、皆資産中ニ入レ居レリ、併シ政府ガ設置セシモノ、如キ、自己以外ノモノガ作リシモノニ就テハ商法ニハ明文ナク、又判例等モナシ、独乙商法ニテハ之ヲ禁止セリ、本案提出ニ就テハ法令ニ依ルト云フ基礎ノ上ニ於テナスモノナルコトヲ了解セラレタシ、然ラバ財産価格ハ如何ナルモノヲ用ユルカ、有価証券等ニハ夫々相場アル故、法律ノ通リ行フコトヲ得ルモ、其他ノモノニ就テハ評価ハ困難ナリ、我商法ニハ此ニ干スル法文ナシ、併我商法ノ母法タル独乙商法ニ規定アルヲ以テ、

独乙商法二六一条

之ニ依リテ見ルヲ至当トスルコトハ一般法律家ノ意見ナリ、独乙商法二百六十一条ニ於テハ、取引所又ハ市場価格アルモノハ、取引所又ハ市場ノ価格ヲ超ユルコトヲ得ズ、又其以外ノモノハ買入価格又ハ製造価格ヲ超ユルコトヲ得スト規定セリ、日本商法ノ意味モ之ニ外ナラサルコト、一般法律家モ認メ居レリ、依テ吾家法ニハ産出品製品ノ価格ハ、会計規則施行細則第十条ニ規定シ居ルモ、固定財産ノ価格ヲ如何ニスベキカハ規定ナシ、併シ色々斟酌シテ考フルニ同規則第八条ニハ財産ノ購買費、修理費、維持費、保存費、其他一切ノ附帯費ハ経費、又ハ営業費ヲ以テ支弁スベシ、但本条購買費ノ内、其直接費用、又ハ修理費ノ内、其修理ノ為ニ元財産価格ヲ著シク増加シタル費用ニ限リ、之ヲ財産価格ニ加フルコトヲ得トアリ、又別子会計規程第九条ニハ（第十九条ノ誤ナラン）、起業物件ハ直接支出シタル金額ヲ以テ、起業竣成ノ時ニ於テ財産ニ編入スルモノトス、但シ起業中ニ生シタル著シキ欠損、若クハ減価格ハ支出額ヨリ扣除スルモノトストアッテ、間接費ハ価格ニ算入セサル主義ニシテ、実際ニ於テモ斯ク取扱ハレ居レリ、其結果ハ起業ヲ起シタル場合ニ起業損ヲ出シテ、財産価格ヲ減少ス、尤モ大体ノ精神ハ如此ナルカ、実際ハ各別ニ取扱ハレ居ルナリ、斯ク一時ニ多額ノ損失ヲ出スコトハ、生産費、其他損失ノ均衡上不適当ナリト信ズ、宜シク毎年均等ニ償却スルヲ適切ナリト信ズ、尤モ凡テノ費用ト云フト雖モ、著シキ減価格ハ之ヲ除外スベキハ勿論ナリ、大原則トシテハ茲ニ掲ケタル規則ヲ以テ財産価格ヲ定メタシト思フナリ

住友家法では会計規則施行細則第一〇条を制定（編者註三二四頁参照）

毎年均等に償却するを適切とする

八代則彦（銀行本店支配人）

本問題トハ直接関係ナキモ、法律家ノ説ニ付財産ハ必ズシモ法律上ノ権利ノ伴ハサルモ差支ナシ

商法第二六条の財産問題

ト云フ、商法第廿六条ノ中ニアル其他ノ財産トハ夫レナルカ、又法律上財産ハ凡テ権利ノ伴ハサルモノニテモ可ナルモノナルヤ。

小倉正恆　商法第廿六条ノ夫レナリ

松本順吉（別子鉱業所支配人）唯今ノ御見込ニテハ技師ノ俸給等モ入レル積リナルヤ

小倉正恆　然リ、全部

松本順吉　大ナル仕事ニハ分明ニ区別出来ル得ルモ、小ナル工事ヲナス場合ニハ甚タ不明瞭ナリ、此場合ニモ適当ニ分配シテ入レル意味ナルヤ

小倉正恆　明白ナラハ其通リスルヲ可トス、然ラサレバ一括シテモ可ナリ

本荘熊次郎（伸銅所支配人）賛成ナリ、財産ノ実際ヨリ云ヘバ、工場ノ増築、又ハ小機械ノ据付ケ等ノ如キハ大シタル問題トハナラザルモ、工場ノ拡張、又ハ新規計画ヲナス場合ノ如キハ、之ニ要スル費用ノ多数ヲ雑損トナストキハ、営業ノ損失ハ大ナラサルニ起業損アルヲ以テ、全体ニ於テ損トナルガ如キ状ヲ呈シテ不都合ナリ、尤モ備考的ニ説明スル方法モアレドモ、実際ヲ見ル上ニ不便ナルヲ以テ、之等ノ

起業損失は営業上の損益と分離して置く
起業費用の観点から必要

損失ハ一応財産価格ニ組入レ、営業上ノ損益ト分離シテ置ク方、事業ニ従事スルモノニハ便利ナリ、又起業ノ費用ヲ見ル上ヨリ之レハ必要ナリトス、之等ハ資金対損益歩合ヲ見ル上ヨリモ必要ナリ

吉田良春（若松炭業所支配人）

本問題ハ賛成ナリ、只従来財産ニ加ヘサリシ部分アリ、其財産価格ニ加ヘサリシ理由ヲ充分研究シテ、首肯シ得ラル、点ハ之ヲ尊重スルノ必要アリ、理屈ハ兎ニ角、実際ニ当リテハ縁遠キ間接費ハ之ヲ除ク必要アリト思フ、又雑損ニスル場合ニ板塀、溝等ハ独立ノ財産トスルコトハ不安固ナリト云フ見方ヨリ、多ク損失トスルモノナラン、又一ニハ整理上ノ不便アルガ為之ヲ除キタルモノナラン、本荘支配人ノ御説ノ如ク、此場合ニハ主体ニ負担セシムル方法モアルガ、如此相当便宜ノ方法ヲ設ケ置カサレバ、本問題ハ余程面倒ナルコトニナルベシ、又間接費中、技師ノ俸給、其他ノ費用ヲ割付ケルコトハ、理由ハ明瞭ナルモ実際ハ非常ニ不便ナリ、又技師中ニハ営業ト起業ト両方ノ仕事ヲナスモノ多キヲ以テ、之ヲ分割スルコトハ煩雑ナラン

営業と起業の分割は煩雑

小倉正恆

分リマシタ、其手続ハ充分研究モシ、又承リ置ク必要アリ

吉田良春

技師ノ俸給等ヲ価格ニ入ル、コトハ、今ノ処ニテハ許サレ居ラサルナリ

松本順吉

別子鉱業所の問題提起

本問題ニ就テハ別子ハ関係多キヲ以テ一言センニ、大体ニ於テハ異議ナキモ、之レガ実際ニ行ハ

ル、場合ニ理屈ヲ八ケ間敷ク云ハレルト困ルコトニナルナリ、間接ト云フハ解釈ノ如何ニ依リテ如何様ニモナシ得ベシ、機械ノ地形ノ如キ、其費用ハ理屈ヨリ云ヘハ本店式ニナルモノナルモ、之ヲ入レルトスレハ、設計、注文等ニ関シテモ間接ノ費用ハアルベシ、技師ノ俸給、職工ノ賃銀、其他ニ就テモ煩雑ナル手数ヲ要シテ、非常ニ不便ナルコトトナルベシ、故ニ此点ハ余程考ヘテ貫ハサルベカラズ、俸給等ノ費用ヲ入レル入レヌハ大勢ニ関係ハナイト思フ、手数ニノミ掛リテ、全体ノ効果挙ガラサル様ニテハ不可ナリ、主意ニハ賛成ナリト云フノミ

吉田良春

現今ノ起業費、営業費、経費ノ根本主意ヨリ見レバ、俸給等ハ経費、其他ニ割当ツベキモノトスレハ、経費営業費等ノ区別ハ不必要ナリ

草鹿丁卯次郎（倉庫支配人）

財産の安固一点張は不合理

大体総本店ニ於テ理論的ニ研究セラル、コトハ歓迎スル処ナリ、財産ノ如キモ、安固一点張ノ如キハ大経済ノ事業ヲ行フ処ニテハ不合理ナリ、其大目的ヲ達センガ為ニハ少シノ犠牲ハ払ハザルベカラズ、故ニ力メテ之ニ和シテ行クヲ可トスベシ

松本順吉

繁雑なるためにその方法を苦慮する

理論ニ協フ様ニナスコトハ必要ナリ、只物ハ程度ヲ考フルコトヲ要スト云フノミ、非常ニ繁雑ナルコトニナル為ニ其方法ヲ苦慮スルノミ、其主旨ニ反対スルニハアラズ

中田錦吉（理事）

此主義ニテ行ケバ、今迄ノ会計法ヲ覆スコトニナリハセヌカ、準固定財産ハ如何ニスルカ、之ハ

準固定財産の除外は安全主義

住友家全体ニテハ巨額ニ達スベシ、之ヲ元帳ヨリ除外セルハ如何、準固定財産ト雖モ住友家ノ財産ナリ、之ヲ除外セルハ安全主義ヨリ出デタルモノニアラズヤ、是ニ於テ考フルニ、間接費ノ如キハ財産価格ニ入レザルヲ可トスルト云フ主意ヨリ出デタル訳ニハアラズヤ、猶商法ニハ其時ノ相場ニ依ルトアルガ、相場ナキモノハ製造ニ要シタル費用ヲ超ユルコトヲ得ズト云フ、独乙ノ商法ニ依ル解釈ヲ正当トスル様云ハレタルガ、之ニ依リテ見ルモ法律ハ安全主義ノ様ナリ、吾旧来ノ方法ノ方可クハナキカ

小倉正恒

大体主従ノ関係アル物ハ主タルモノニ入レル方針ナリ、法律ノ価格ヲ述ベタルハ、只実際以上ノ価格ヲ付ケルコトヲ禁止セルコトヲ明カニ明カ（ママ）ニシタルモノニシテ、即チ価格ノ不明ナルモノニ就テ、時価ヲ標準トスルモノナルコトヲ申上ゲシ迄ニシテ、之レヨリ引下ケルコトハ勿論ナリ

中田錦吉

銀行東京支店建築ニ就テ、近所ニ損害ノ賠償ヲナセンガ、之ヲ竣成ノ上、価格ニ加算スルコトハ如何カト思フ

草鹿丁卯次郎

安全主義は償却で補える

財産ヲ得ル為ニ要スル積極的ノ費用、技師ノ俸給等ハ価格ニ算入スル必要アリ、安全主義ハ償却ニテ補フコトヲ得ベシ

鈴木馬左也（総理事）

総テノモノヲ財産価格ニ算入セズト云フコトハ、趣意ニ於テ一貫セザルガ如シ、現今ノ侭ニテハ

差支アリヤ。

小倉正恆

現今ノ方法ニハ雑損等沢山生ジテ、営業ノ成績ヲ充分知レズ、故ニ此問題ヲ生ジタルナリ

雑損等、沢山生じて営業成績知れず

西崎傳一郎（電線製造所支配人）

現今ノ方法ハ不都合ナリ

本荘熊次郎（伸銅所支配人）

立法当時ノ議論トシテ、家ノ如キハ地形ヲ財産ニ入レテモ売買シ得ルモ、機械ノ如キハ売買スル場合ニハ地形ハ取除クモノト云フコトヨリ来リタル様記憶ス、其頃ハ万如此調子ナリシナリ

地形を財産に入れる議論

鈴木馬左也

其理由ハ立タズ、建物等ニテモ、別子鉱山アル為、相当価格ヲ有スヘキモ、鉱山ガナクナレバ、殆ンド価格ナキモノトナラン、特ニ坑道等ハ其著シキモノナラン、当時ニ於テモ余程斟酌ヲ施シタルガ如シ

吉田良春

今日ノ処起業損ニテ困ルノハ地形ナラン、若松ニテハ機械ノ基礎ハ皆財産ニ入レ居レリ、此機械ノ地形ヲ財産ニ算入スルニ至レハ、其他ノコトハ小問題也ト思フ

起業損にて困るのは地形

中田錦吉

地形ノ一年ヲ通シテノ損失ハ如何ナル□ヤ

小倉正恆

地形全体ニテ何程ト云フコトハ不明ナルモ、別子鎔鉱炉ノ起業ハ六万円ノ内一万五千円ノ損ヲ計上シ、伸銅所ハ二万五千円ニ対シ一万円ノ損アリ（外部工事、雑費）、倉庫ハ安治川素家ノ工事一万一千円ニ対シテ五千円ノ損ナリ（足場）

湯川寛吉（理事）

本問題ノ起リハ起業ノ損多キヨリ起リシト思フ、故ニ手数等ノ問題ハ別トシテ研究シ、又安全ノ事モ時価通リハ危険ナリ、銀行東京支店ノ賠償ノ如キハ入レズトモ可ナリト思フ、財産ノ価格ハ営業ト伴フモノナルコトノ principle ヲ置キテ、研究セラレンコトヲ要スル如シ

財産価格は営業を伴う

鈴木馬左也

実価ヲ見置ク方ヨクハナキカ、年々之ヲナスコトハ不便ナルベキモ、三年乃至五年ニ一回位ナレバ出来得ルコトト思フ

本荘熊次郎

本案ノ如クスレハ準固ノ機械、什器モ固定財産トナルモノアリ、此主義ヲ貫徹スル為ニハ機械、什器ノ価格ヲ動カス必要アルヤモ知ルベカラズ、又機械ト什器トハ区別シ難キモノアリ、故ニ之ハ稍同価格ノモノトシテハ如何

編者註
「住友家会計規則施行細則」第一〇条

○議事録中で言及される「住友家会計規則施行細則」第一〇条を、参考までに次に記す（大正二年「住友家法及諸規則類纂　甲」一二八～九頁より引用）。

第十条　財産ノ内産出品ノ価格ハ其産出ニ要スル一切ノ費用、並ニ之ニ付随スル総テノ損失ヲ合算シテ之ヲ定ム

製品ノ価格ハ原料品代価及其製造ニ要スル一切ノ費用、並ニ之ニ付随スル総テノ損失ヲ合算シテ之ヲ定ム
雑産品ノ価格ハ其性質ニ従ヒ前二項ニ準ジテ之ヲ定ム

第二一議題議事録、固定財産償却規定の改正（総本店経理課提出）

提出理由

各種多様なものを同一率に考える必要あり

鉱区の価格を定めて出鉱量により償却金額を定める

八、固定財産償却規定改正ノ件

小倉正恒（総本店支配人）
本問題ハ別ニ具体的ノ案ハナケレドモ、各店部ノ意見ヲ聞カンガ為ニ提出シタルモノナリ、現行規定ハ旧ク適当ノモノニアラズ、且近年各工場等ノ発達ニ伴ヒ、旧規定ニテハ不都合多カルベシ、故ニ改正ノ必要ナキヤ、各種多様ナルモノニ就キ、同一率ニスルコトハ大ニ考フベキ必要アリト思フ、茲ニ於テ各店ノ意向ヲ聴キタル上、研究シテ見タシト思フ、此意味ヲ御含ミノ上、篤ト御協議アランコトヲ望ム

吉田良春（若松炭業所支配人）
大体鉱山ノ如キハ、鉱区ノ価格ヲ定メテ、出鉱量ニ依リ償却金額ヲ定ムルヲ適当ナリトス、只鉱量ノ調査ガ問題ナリ、鉱量ハ変化多キヲ以テ、出鉱高ニ依リテ償却セントスル意味ニテ鉱量調査ヲナサントセバ、尚一段熟考スルノ要アリト思フ、又建設物、機械ノ年限ハ種々ノ事情ニ依リ定メラレ居ルモ、適当ナル年限ガ不明ナル為メ、可イ加減ニナリ居ルモノニハアラズヤ、実際ノ償却期間ハ規定ノ年限ト一致セサルコト多シ、又命脈ハ長キモ、事業ノ性質上短クスル必要アルモノアリ、如此場合ニハ価格ヲ後ニ残スカ、全部償却ヲ施スカノ問題モアリ、尚現行制度ハ価格ア

ルモノニ就テハ償却ヲ延期スル方法アリ、即チ価格アレハ物ヲ存シ置クト云フ意味ヲ有スルガ如シ、此辺ノ意味ハ如何ニナリ居ルヤ。

松本順吉（別子鉱業所支配人）

別子では本問題の改正必要なし

本問題ハ各部ノ実際ニ徴シテ改正ノ必要ナキヤト云フコトナルガ、現在ニ於テハ必要ヲ認メズ、併償却ノ問題ハ、適当ニ行ハレ居ルヤ否ヤハ研究ヲ要スルコトト思フ、別子ニテハ余程前ヨリ此必要ヲ認メ、研究ノ材料ヲ蒐集シ居レリ、今ノ処ニテハ未ダ幾何ノ年月ヲモ閲セサルヲ以テ、俄カニ之レガ善悪ヲ定ムルコト困難ナルベシ、又総本店ノ意見トシテ、償却ヲ一定ノ率ニ依リテナスコトヲ不可ナル様ニ云ハル、モ、現今直ニ適当ナル方法ヲ選ヒ得ルヤ、現在ノ処ニテハ現行法ニ依ル方可ナルニハアラズヤ、例之鉱量ノ如キ調査困難ナルモノアルノミナラズ、此調査ガ完全ニ行ハルレハ可ナルモ、実際之ハ不可能ノ事ニ属スルヲ以テ、出鉱量ニテ償却ヲ決定スルノ可否ヲ急ニ決スルヲ得ズ、船舶ノ如キモ、年令ニ依リテ価格収益ニ差異アルコト、理論トシテハ至当ナランモ、大ナル船舶ナレバ年々ニ其状態ヲ改ムルハ至当ナレドモ、現在ノ如ク小船ノミヲ有スル処ニテハ実際ニ適切ナル方法ナルヤ否ヤ、例之御代島丸、四阪丸ノ如キガ、十年、二十年立チタル処ニテ償却上幾何ノ差アルヤ、寧ロ現在ノ方法ニ依ル方簡単ニシテ便利ナル様ニ思ハル、現在ノ船舶ノ償却ハ精銅百斤ノ生産費中八銭位ナリ、如此モノニ就テ研究ノ必要ハアルベキモ、今ノ処ニテハ不便ヲ感スルコトナキヲ以テ、時間ヲカケテ相当ノ研究ヲナサシメラレンコトヲ望ム

現在の方法が簡単にして便利

川田順（東京販売店支配人）

逓減償却ハ収益ノ逓減ト正比例セザルベシ、此趣旨ハ負担ヲ公平ニスル以外ニ、初メニ負担ヲ会

計ニサスルト云フコトハナキヤ。

吉田良春

若松では一四、五年の償却算定

若松ニテハ現在十四、五年ニテ命脈終ルモノトシテ償却ノ算定ヲ立テタリ、故ニ償却額ハ中張式ニシテ一定ノ年限ニ達スレハ急ニ財産ノ無クナルモノナリ

本荘熊次郎（伸銅所支配人）

起業の費用は皆財産価格に入れるを至当

事業の性質を見て適切な方法を定める

起業ノ費用ハ殆ンド皆財産価格ニ入ル、ヲ至当トスルト云フ点ヨリ、償却規定モ亦変更ヲ要スベシト信ズ、而シテ之ヲ改ムルニハ、船舶ノ如キハ全体ヨリ見テ杓子定規ニナサントスルガ如キハ不可ナリ、被曳船ノ如キ迄五ヶ年位ノ期間ニスルハ全ク安全過ギルガ如キ感アリ、別子等ニテハ、世間トノ競争等ノ関係ヨリ船ノ償却期間ヲ定メントスルニハアラデ、運輸課ノ損益勘定丈ニテ定メタルモノナリ、若シ之ヲ営業上ニ使フモノトシテ安治川ニテ使用スルトセバ、曳船ノ価格ヲ短期ニ償却スルトセハ損許リニテ営業ハ成立セザルベシ、故ニ償却ハ事業ノ性質、場所ノ変化等、各個〳〵ニ適当ニ定メサルベカラズト思フ、尤モ之ニ安全主義ヲ加味スルコトハ必要ナリ、又償却ハ大体ハ純益ノ有無ニ係ラズ、ナスヘキモノトスルヲ可トスベシ、故ニ各部ヲ通ジテノ規定ハ一定ノ年限ヲ定メ置キ、各部ノ適当トスル方法ニ従テ率ヲ定ムル必要アルベシ、又機械等ノ改良、発明ニ依リ、従来使用ノモノ、不用ニ帰シタル場合、一時ニ償却ヲ施スノ便法ヲ設クルノ必要モアルヘキコトト思フ、即チ利益ノ多カリシ年ニ、其純益ノ一部ヲ償却ニ当ツルコトニシテ置ケバ甚ダ可ナラント思フ、又物ハ利用ノ途ニ従テ、価格ヲ定ムル様ニシタキモノナリ、各事業ヲ通シテ一定シ置クト云フコトハ間違ニハアラズヤト思ハル、可成事業ノ性質ヲ見テ適当ナル方法ヲ定

メラレンコトヲ希望ス

中田錦吉（理事）

利益ノアリシ場合ニ償却ヲナストハ如何

本荘熊次郎（伸銅所支配人）

最低額ハ定メ置キ、利益ノ多カリシトキハ物ノ性質ヲ考ヘテ、多額ノ償却ヲ行ハシメントスルノ方法ナリ、之レハ機械ノ発明改良等ニ依リテ生ズル不慮ノ損失ニ備フル為ナリ

吉田良春

規定ニ定メアルヨリ、会計ニ償却サスルト云フ意ナリヤ、去レハ反対ニ利益ノ少カリシトキニハ償却ヲ延バスト云フ意ニハアラズヤ。

本荘熊次郎

利益ナキトキト雖モ、最低丈ハ償却ヲナスナリ

中田錦吉

二、三日来ノ議論ノ主意ト、今ノ議論トハ反対ノ結果ヲ生スルニ至リハセズヤ、損益ヲ混乱セシムル点ヨリ云ヘハ、本庄（荘）君ノ説ハ改正ノ方針ト矛盾スルニ至リハセズヤ。

本荘熊次郎

特殊ノ機械ニ就テノミナリ

中田錦吉

著シキ減損アルトキハ利益ノ有無ニ拘ラズ、会計規則八条アルヲ以テ不都合ナカルベシ

会計規則第八条（編者註三四四頁参照）

本荘熊次郎

其規則ハアルモ、会計規則八条丈ニテハ紊ニナルト思フ

中田錦吉

夫レニテモ一貫セズ、利益ノアリシ年ハ楽故、少シク緩ク考ヘル迄ニテ、根本論トシテハ如何カト思フ

小倉正恆

機械の償却問題

償却負担による競争上の不利

機械等ノ価格ガ高キ為、他ト競争出来ヌト云フ様ナ場合モアルヲ以テ、之等ノ競争ニ対シテ機械ノ価格ヲ安クシテ、競争ノ出来ル様ニセント云フ処迄敷衍スルモノニハアラズヤ、例之鋼管ガ従来独乙ノ安価品ニ対シテ機械ノ償却ガ高キ為、競争ガ出来ヌト云フコトアリ（実際ハ損ヲシテ競争シタルモ）タリ

中田錦吉

機械は安全主義を可とす

去レハ安全主義トナルニハアラズヤ、別子ノ上部鉄道ノ如キ、相当価格ノモノヲ償却シ居タルモ、実際取払ハレテ見レバ、非常ノ損ヲ計上セサルベカラサルニ至レリ、如此事実ニ徴スルモ機械ノ如キハ安全主義ニ依ルヲ可トスルカ如シ

本荘熊次郎

併シ収益ノ上ノ安全ヨリ来ルモノニシテ、機械其モノヲ売ル場合ニハアラズ、使用ノ点ヨリスルモノナリ

湯川寛吉（理事）

償却ヲナスベキモノヲ平生ナサズシテ、一時ニナサントスルモノニハアラズヤ

小幡文三郎（**伸銅所長**）

競争品ノ如キモノニ就テ見ルニ、機械ノ償却ヲ高クスレバ、注文ヲ受クルコト能ハサルモ、償却ヲ最低額ニシテ利益ノアルトキニ行ヘバ、原価ヲ安クシテ注文ニ応ズルコトヲ得ルヲ以テ、特ニ利益ノアルトキニ償却ヲ行フノ制度ニスレバ可ナルコトモアリ

鈴木馬左也（**総理事**）

原価計算上の議論と営業上の議論を区別

之レハ別ニ分ケテ考ヘテ見ル方法ナリト思フ、即原価計算上ノ議論ト、営業上ノ問題トシテノ議論ト区別シテ見ルナリ

湯川寛吉

償却ニ関スル意見ハ何ニテモカマワヌト云フコトニナル、只固定財産価格ヲ定メルトキニ償却ノ話ヲ混ジタル結果、各種ノ疑問ヲ生スルニ至リシモノナラン

草鹿丁卯次郎（**倉庫支配人**）

倉庫は安全主義

今ハ現状ノ侭ニテ差支ナカルベキモ、更ニ進ンデ合理的ノ方法ヲ定メ置ク必要アルベシ、倉庫等ノ実際ニ就テ云ヘバ、現在ノ処ニテハ安全主義ニシテ、或ルモノニ就テ一定不動ノ年限ヲ見出スハ困難ナリ、併シ償却ノ割合丈ハ定メ置クコトヲ得ト思フ

日高直次（**倉庫副支配人**）

倉庫の事情

倉庫ニテ償却ニ就テ不都合ト思ハル、点ハ、倉庫上家ガ準固定財産ニ整理サル、場合ニ、四、五百円位モカ、ルモノニテ固定財産ニ編入セラレザルモノアリ（営繕費支弁）、之レハ二、三年空

地ナレバトカ、又ハ倉ノ間ノ空地ヲ利用スル等ノ点ヨリ建設スルモノニシテ、五、六年モ存続スルコトアリ、如此同ジ価格ノモノニテモ、固定財産トナレハ総本店ノ認可ヲ要シ、準固ナレハ倉庫限リニテ出来ル、此間ニ矛盾ヲ生ズ、故ニ利益ノ多キトキハ勢ヒ此種ノ準固（営繕費支弁）ヲ多ク立テルト云フ傾アリ、即チ営繕費ノ内ニ単ナル営繕ト、財産ヲ作ル為ノ営繕トアリテ不合理ナリ、之ヲ整理スルニ、建物等ニ於テハ九条二項ノ如キ規定ヲ以テセズシテ償却ニテ之ヲナシ、営繕費ヨリノ支弁ハ之ヲ廃スルナラバ充分実行シ得ルコトト思フ、即チ小ナルモノハ即時、又ハ短期ノ償却ヲナシ、大ナルモノハ数年、数十年ノ償却期間ヲ定ムルコトニセハ可ナラン、而シテ小ナルモノハ店部ニテ勝手ニ出来ル様ニシテ置ケバ可ナラン、又償却ハ年々総本店ニ返シテ店部ニハ残リ居ラズ、故ニ之ハ償却ノ積立ヲナシ置ク必要アリト思フ

草鹿丁卯次郎

各店部ヨリ償却ニ関スル規定ノ案ヲ呈出スルコトニシテハ如何

中田錦吉

償却方法を数理的に定める方法

一寸本問題ニ関シテ別ナル話ナレドモ、償却ノ方法ヲ数理的ニ定ムル方法アリトノ事ニ就キ紹介スベシ、余ノ友人ニ数学ヲ研究セルモノアリ、固定資本償却ノ一例ト云フモノヲ寄セタリ、之レニ依レハ三ノ方法アリ

一、或ル固定資本ヲ重利ニテ計算シ、年々元利合計デ一定ノ負担額ヲ定ムルモノ

二、Smith ト云フ人ノ方法ニシテ、初ハ稍大ナル負担ヲナシ、年々逓減シ行クモノ

三、友人ノ立案セルモノニシテ、財産ヲ使用スルニ、其全部使用ノ三分ノ一位ノトキガ

efficiency ノ最モ多キモノナルヲ以テ、此時分ニ最モ多ク償却ヲ行ヒ、其他ハ追次之ヲ行ハントスルモノナリト云フ

面白キコトナリ、何等ノ参考ニナルベシト思ヒ、茲ニ御話スル訳ナリ、友人ノ話ニテハ必ズ出来ルモノ故、若シ必要アレバ出カケテ方法ヲ立テ上ゲテモヨイト云ヒ居タリ

吉田良春

鉱石ノ量ニ依ルモノト、利益ノ多寡ニ依リナスモノト両様アル訳ナリ

小幡文三郎

本問題ハ理論的ニ研究シテ決定スルコトトシ、特ニ但書トシテ、利益ノ多キトキハ償却ヲ多クスルコトヲ附ケ加ヘラレタシト思フ

萩尾傳（鋳鋼場支配人）

利益ノ多キ年ニ、機械全体デナク一部ノ機械ノ償却ヲナスコトハ、cost a/c ト関係ハツキ居ルヤ

利益の多少により償却を変える

本荘熊次郎

償却ヲ cost a/c ニ適用スル場合ニハ、其年ノ cost ニハ加ヘラレサルモ、翌年ノ cost ハ改メラルベシ

萩尾傳

今少シク広クシテ積立ヲナシ置キ、利益ノ少キトキニウメ合セヲナスト云フコトハ不可ナルカ

本荘熊次郎

損益ではなく原価につき償却の必要

損益ノ方ヨリ見ズシテ、原価ニ就テ償却ノ必要アルナリ、償却ハ大体使用収益ノ関係ヨリ、部分ニ依リ行フカ全部トシテ行フカ兎モ角モ、機械ニ依リ、又用途ニ依リキマルモノト思フ、而シテ財産ヲ減価シ、損ノ場合ニハ総本店ヨリ借リテ償却シ、利益ノ多キ場合ヲ利用シテ資本ヲ減ジテ置ケバ可ナラントノ考ヨリ出デタルモノナリ、如此スレバ理論トシテモ実際トシテモ好都合ナルベシ

草鹿丁卯次郎

現行ノ業態トシテ理論上ヨリ云フモ、中田理事ノ説ハ至当ナリト信ズ

鈴木馬左也

藤尾録郎の説

利益ヲ確実ニ見ルコトハ、当初ノ工場、地形、其他一切ノ費用ヲ勘定ニ入レテ財産価格ヲ算定シ、年々効力ノ減スル丈ヲ収入ノ内ヨリ引去リテ、残存セルモノガ純益ナルコトハ明白ナリト思フ、如此セントスル考ヘハ可ナリト思フ、故ニ年々磨損セル価格以上ニ償却スルコトハ不適当也ト思フ、併シ別ニ安全ニ見ルト云フコトハ不都合ニアラズト考ヘラル、之ハ二様ニ見ル必要アリ、償却ヲ早クスルト云フコトハ、故藤尾君（録郎）ノ説ニ反スルナルベシ、藤尾君ノ説ハ、償却ヲ早クスルコトハ、其財産ハ存在スルニ帳簿上ニハナクナルヲ以テ不適当ナリト云フニアリ、併シ之ハ補助帳等ニテ整理シ行ケバ差支ナカルベシトノ意見ニテ反対シ居タリ、又償却ヲシ尽サズニアル機械ガアルト帳簿ニ償却以上ノ価格ガ見積リアルコトモ不都合ナリ、藤尾説ハ wear and tear 丈ヲ償却スル意思ナリシガ如キモ、ソー甘クハ行カズ、故ニ大体二十年、三十年ニ均分シテヤルベシト云フコトニナリシガ如シ、当時ノ私見ニテハ藤尾説ノ通リヤルモヨシト思ヘリ、住友家従来ノ遺

方ハ出来ル丈早ク償却スルニアリシガ如シ、別子ニテ藤尾氏等ト共ニ新案ヲ作リ、試ミニ行ヒ、以テ今日ニ及ビシナリ、実行シタル上、利害ヲ考ヘ、改良シ行クハ可ナリト思フ

出来るだけ早く償却するのが住友家従来のやり方

熊倉四郎（総本店監査課主任）

償却ノ根本ハ磨損破却ニ対スルモノニシテ、利益ノ有無ニ関係ハナキモノナリ、如何ナル具合ニ物ガ磨損スルカノ割合ハ困難ナル方法ナリ、故ニ年々均一ニシ行クガ簡単ナルヲ以テ、之ヲ実行セルナリ、償却ノ方法ニハ種々アルモ、余リ繁雑ニナリテハ益ナキヲ以テ、如此定メタルナリ、例之別子ノ如キ数千ノ財産ヲ一々償却シ行クコトハ困難ナリ、故ニ年々均等ニヤルヲ可トスト思フ、藤尾氏ノ説ハ、根本ガ利益ノ多少ニ依ルモノニアラズトノ見解ヨリ、現行法ガ定メラレタルモノト記憶ス

八代則彦（銀行本店支配人）

償却法は銀行と工場では異なる

利益ノアルトキニ多ク償却スルト云フコトハ、銀行等ノ場合ト工場ノ場合ト異ナルモノアルガ如シ、伸銅所ノ話ニ依レハ、ソウスレバ次年ノ原価ヲ定ムルニ競争等ノ場合好都合ナリト云フ、銀行ニテハ、有価証券ノ場合ハ其生スル利益ハ確定セリ、然ルニ工場ノ利益ハ時ニ依リ異ナルヲ以テ、根本タル機械ノ償却ヲナストキニハ、其利益ノ根本ガナクナルヲ以テ、其年ニ就テハ差支ナカルヘキモ、長期ノ事業トシテハ可ナルモノナルヤ否ヤ。

小幡文三郎

機械ノ減価ヲナシタル為、高ク売レルモノヲ安ク売ルコトニナリハセヌカトノ疑問アルモ、一方ニ於テハ手ヲ出スベキモノモ、手ヲ出サズニ居ルコトニナリ、却テ損失ヲ招クコトトナル、而モ

安ク出来ル様ニナレバ薄利多売ニテ、却テ収益ヲ増加スルコトヲ得ルヲ以テ、如此特殊ノ場合ニハ総本店ノ認可ヲ得テ償却セントスル意見ナリ

本荘熊次郎
本年ノ機械一〇ノ内二ハ、最低価格ニ引下グレバ其二個ハ翌年ノ原価ヲ安クスルト云フコトニナルナリ

利益ある時に多額の償却問題

鈴木馬左也
cost a/c ノ上ヨリ見テ、利益アル年ニ多額ノ償却ヲ行フハ如何、実際ニ於テ小幡氏ノ説ノ如クスルモ、猶利害得失ハ伴フモノナレバ尚ホ研究ヲ要ス

右は効果なし

本荘熊次郎
現行法ニテハ一時ニ多額ノ償却ヲナスモ、翌年ハ矢張リ同額ノ償却ヲナスヲ以テ、直接ニ効果ハアラサルベシト云フ議論ナリ、一ツ高価ノ機械ガアル為ニ困ルト云フコトナリ

萩尾傳
cost a/c ニハ関係セシムベキモノニアラズ、只計算上ノ reference ニ用ユル丈ノモノナラント思フ

右は損益計算の上、心理作用として必要

湯川寛吉
併シ之ハ損益計算ノ上ニ現ハル、モノナルヲ以テ、心理作用トシテ必要ノモノナリ、即損ヲシテモ競争スル場合等ニハ、前段ノ如キ方法ヲ採レハ損ヲ出サスニ済ムト云フコトニナルナリ

本荘熊次郎

其点モ大ニアルナリ、又 cost a/c ヲ備考的ニ行フハ不可ナリ、一目ニテ明瞭ナル様セザルベカラズ、償却モ亦同様ナリ

湯川寛吉

其論ナラバ、利益アル年ニ多額ノ償却ヲナスト云フコトハ logic ガ合ハヌ

総本店の趣旨に対する意見

吉田良春

総本店ノ趣旨ハ、1. 実際ハ之迄一時ノ損失タリシモノ迄財産ニ入レテ償却ヲ増ス、2. 又償却ノ現在ノ方法ハ不当ナリ、利益ニ応シテ行フヘキモノナリ

トノ案ナルガ如シ、償却ハ収益ニ依リテ定マルカ、財産ノ寿命ニ依リテ定マルカノ二様アルガ、現在ノ処ニテハ、命脈ニ依リ而モ財産ノ命脈ハ永キモ事業ノ生命ガ短カケレバ、其事業ノ生命ト同一期限ニ償却スルコトニナリ居ルナリ、要之現行ノ規定ニ依ル財産ノ寿命ハ比較的短カ過ギルガ如シ、故ニ改正案ニテハ今少シク長クセントスルコトガ改正ノ目的ニアラズヤト思フ、又取除ノ場合ノ話トシテ、伸銅所等ニテハ早ク償却スルト云フコトガ議論セラレ居ルガ、総本店ノ趣旨ト併行スルヤノ看アリ、又伸銅所等ノ話トシテ早ク償却シ置ケバ、後ガ楽ニナルト云フガ、後ガ楽ニナルコトハ事実ナランモ、償却ヲ終ル前ニ、競争激甚ノトキニハドウスルカト云フ論ガ起ル筈ナリ、此時ハ延バスト云フコトニナラサルベカラズ

右の説明

小倉正恆

初メノ説明ガ不充分ナリシト思フヲ以テ更ニ説明セン、償却トハ理論的ニ云ヘハ Wear and Tear ニ対スルモノニシテ、機械ヲ使用セザレハ償却ヲ停止スルモ可ナリ、又二倍使用セシ場合

摩耗と損傷が償却の動かすべからざる理論

ニハ二倍ノ償却ヲナスヲ至当トス、之レハ動スベカラザル理論ニシテ、又公平ナル計算ナリト思フ、年限ノコトモ大切ナル条件ナルガ、Wear and Tear ノコトヲ忘ルヘカラズ、併シ理論ハ理論トシテ、手数ノ問題モ考ヘザルベカラズ、本問題成立ノ結果、現在ノ年限ガ長クナルヤ否ヤハ疑問ナリ、工場等ニ於テハ償却方法トシテ efficienty 三分ノ一ノ場合ヲ適用スルニ至ルヤモ知レズ、此等ハ総テ研究ノ結果ニ俟タザルベカラズト思フ

湯川寛吉

償却ノ方法ニ就テハ充分研究シタシト思フ、此案ハ前ノ案トハ別ナリ、此趣旨ハ一ノ帳簿ニテ何時モ同一ニシタシトノ意見ナリシガ如シ

草鹿丁卯次郎

財産ノ寿命ト安固トヲ考ヘテ居ル問題ナリト思フ、茲ニ於テ収益ノ問題ノ起ル所以ナリト思フ、故ニ各部ヨリ案ヲ出シテ総本店ニテ研究セバ、本問題ヲ解決スルニ効果アルベシト信ズ

現今の償却は重すぎる

本荘熊次郎

現今ノ償却ハ少シ重スギル、為ニ事業ノ萎縮スルコトアリト思フ、即チ償却最低額ノ案アル所以ナリ

業態に依りて償却を区々にする

吉田良春

業態ニ依リテ償却ヲ区々ニスルコト、例之炭坑、倉庫ト各特色ヲ有セシメ、後ノ伸縮ヲ禁ズル方可ナリ、今ノ通リ全般ニ通ズルモノヲ設ケテ、伸縮ヲ有セシムルヨリ大ニ可ナルベシ、又物ニ依リテモ色々異ナルベシ、例之曳船ノ如キ五ヶ年ハ短カ過ギル、少クトモ二十年ハ持ツ場合ニ、最

初ノ十年ハ新ナル為多ク償却シ、後ノ十年ハ古クナリ、且修理費ヲ要スル為少クスル様ニシタシト思フ

平岡君ノ収益力ニ応シテヤルト云フ説明アリ

鈴木馬左也

沢山の償却は安全のため

沢山償却シテモ cost a/c ニハ差支ナシト思フ、償却ハ沢山スルヲ安全トス、経済上ヨリ見テ償却ヲ多クスレバ差支エルガ、之ガナケレバ安全ニスルガ可ナルニアラズヤ、又償却ノ最低（安全率ヲ定メ置ク必要アリ）ヲ定メ置ク必要モナシト思フ

小倉正恆

帳簿を単一にせんとする主義

之レハ帳簿ヲ多数ニ使用スレバ出来ザルニアラザルモ、茲ニナサントスル処ハ、帳簿ヲ単一ニセントスル主義ノ上ヨリスルモノナリ

鈴木馬左也

帳簿ハ一トシテ、Wear & Tear ノ外ニ安全率ヲモ含マシムルモノナリ

中田錦吉

借金シテ事業ヲ初メタル場合ニ、一ヶ年ノ利益ニ依リ其借金ヲ返済シタル場合ニハ、初メ借金シテ投下シタル資本丈ハ償却シタル訳ナルヲ以テ、其後ハ充分原価ヲ安クシテ利益ヲ収メ得ルコトトナルニハアラズヤ

平岡廣吉（総本店経理課調査係）

償却は経費

償却ハ経費ナリ、製品ノ負担スベキモノナリ、年ニ依リテ軽重アラシムルベカラズ

鈴木馬左也

償却ハ経費ナリ、Wear & Tear ナリト云フハ償却ノ唯一ノ方法ニハアラズシテ一ノ説ナリ、余輩ノ安全主義ハ又一説トシテ、悪法ニハアラズト思フ、又中田君ノ説ハ個人トシテノ仕事ニハ適当ナリト云フコトハ尚研究スヘキ処ナラン

住友家ノ実状ヲ見ルニ、営業ニ大変動ノ少キハ、銀行、倉庫ノ如キモノナランカ、別子ノ如キハ高低アリ、忠隈亦然リ、伸銅、鋳鋼然リ、茲ニ於テ cost a/c ヨリ採算シテ、自己ノ計算ノミニ依リテ売値ヲ定メ、之ニ依リテ損益ガ現ハル、モノニアラズ、之モ一ノ factor ナルモ、住友家ノ事業モ世界経済ノ影響ニ依リテ左右セラル、今日、平岡君ノ説ノ如キ cost a/c ヲ実行スルコトハ困難ナラン、予測シテ言ハル、ハ結構ナリ、他ノ方面ヲモ予測シテ見ラル、ガ良シト思フ

住友家の事業も世界経済の影響により左右される今日

萩尾傳

小幡氏ノ説ヨリ心理作用ト云フコトニナリタルガ、各種職人ノ仕事ノ利益迄モ機械ノ価格ヨリ償却スルコトトナリテ、償却シ尽シタル場合ニ、心理作用ニ依リテ却テ悪果ヲ来スニハアラズヤ

鈴木馬左也

cost a/c ハ必要ナリ、薄利多売ノ下ニ計算ヲ立テザルヘカラズ、市場価格ガ normal ノ場合ニ、夫レヨリモ高キトキニハ自己ノ計算ヲ考ヘサルベカラズ、此点ニ就テ cost a/c ノ必要ヲ信ズルモノナリ、此関係ヨリ償却問題モ重要ナリ、総本店ノ積立金ニスルカ、何カ相当ノ方法ヲ考ヘサルベカラズ、償却ヲ多額ニスルモ cost a/c ハ立チ得ルト思フ（必ズシモ平岡君ノ言フ如キモノニハアラサルベケレド）、先ノ中田君ノ個人ノ借金営業ノ例ニテ明ナリ、故ニ利益アルトキニ余

コスト計算の関係から償却問題も重要

計ニ償却スルハ得策ナリト思フ（w&tニ止メズ、会計ニ償却シ得ル余裕ヲ止メ置ク必要アリ）
但dogma故、尚能ク考究シテ貰ヒタシ、之ニ就テ総本店ニテ規定ノ案ヲ立テ、尚一度討論シテ見タイト思フ、思想ノ範囲ヲ広クシテ自由ニ研究スルコトニ心掛クル必要アリト思フ

中田錦吉

銀行ガ此問題ハ初メニ出シタルモノナルガ、鉱山等ノ財産ハ鉱山ノ存在ガ必要ナル条件ナルヲ以テ、余程考フベキモノナルモ、銀行ノ場合ハ何時廃業シテモ少シモ価格ニ差支ナキ迄ニシテ置ク必要アリ、各部特独ノ方法ヲ定メ置クモ適当ナル方法ナルヤモ知レズ

鈴木馬左也

償却ハ今デモ安全ナリトノ説ナルガ、細カニ計算セネバ分ラヌコトト思フ、必ズシモ然ラザルベシト思フ、別子ノ上部鉄道ノ如キ、端石鋉道ノ如キ、一時ニ損失ニ計上スル場合ノ如キヲ考ヘテ見ザルベカラズ

銀行の財産は地所家屋であるので巨額になりつつある

植野繁太郎（銀行本店支配人）

銀行ノ財産ハ地所家屋ノミナルガ、各支店ニテ新築ヲ初メタル為、財産ノ価格ハ非常ナル巨額ニ達シ、現今百二十九万円アリ、尚今後続々新築工事ヲ起サヾルベカラズ、去レハ地所家屋ニテ三百万円以上トモナルベシ、七百五十万円ノ資本ニテ二、三百万円ノ固定資本ハ随分大ナルモノナリ、他ノ銀行ニハ如此モノ少シ、銀行事業トシテ固定資金ヲ忌ム点ヨリ来リシモノト信ズ、故ニ利益ノ多キトキハ、償却ヲ余計ニ行フコトニシタル有価証券ヲ引下ケタルコトハ度々アルモ、之レハ時価ニ比シ遙ニ低位ニアリ

鈴木馬左也 外部ト離レテ内部丈ナラハ他ノ店部ト区別スル必要ハナカラン、各店部ニテ償却上ノ事由ヲ異ニスルコトハナカルベシト思フ

松本順吉 別子ノ命数ノ分明シタルトキハ異ナルベキモ、今ノ処ニテハ前ヨリ仕事ヲ継承シテ居ルヲ以テ、工場ノ如キ単価ヲ八ヶ間敷云フ処トハ幾分異ニスルガ如ク思フ

鈴木馬左也 之レハ別子ノ宿弊ニハアラザルカ、即チ cost of production ニ対スル観念ノ薄キ所以ニハアラサルカ

別子鉱業所の事例

松本順吉 夫レハ左様ニ思ハザルモ、大体事情ヲ異ニスルヲ以テ、幾分ノ差ハアルベシ、銅ノ価格ノ安キトキニハ已ムヲ得サルモノト思ヒタリ、生産費ヲ減スルト同時ニ、利益ノ平均ヲナス必要アリト云フニアラサレハ、償却ヲドウコウスルト云フ必要ハ認メズ

鈴木馬左也 鉱業所ハ競争ノ圏外ニアリト云フモ可ナルベシ、此点ヨリ而カ云ハル、ニハアラズヤ

松本順吉 別子ハ製品ガ単ナリ、此点ハ伸銅所等ノ如キ復雑ナル関係ハ生セサルガ如シ

鈴木馬左也

別子ニテモ償却ヲ多クスルコトハ不可ナリト云フニアラズ

本店経理課の意見

阿部源吾（総本店経理課調査係）

合理的以外ニ行フトモ程度問題ナリ、結局ハ相当ノ処ニ落着セン、併シ余計ニ償却スルトスルモ、

1. 家法制定以前ノ状態ニ立チ戻ルコト

2. 事業経営上其当ヲ得ズ、凡ソ生産事業ニ於テ注文ヲ受ケントキハ、之ヲ請負フニ心算ニテ見ザルベカラズ、正確ナル factor ヲ本トシテ、cost ヲ a/c セサルベカラズ

3. 帳簿ガ二重ニナル正式ノ帳簿以外ニ、夫レ等ノコトヲ見タル別ノ帳簿ヲ設ケルコトトナル

財産整理形式の質問

日高直次

財産整理ノ形式ニ就キテ少シク御尋ネシタシ、倉庫ノ例ニテ云ヘバ固定財産ガ資本ナリ、後ハ常ニ流動セルモノナリ、故ニ此場合ニハ財産ノ償却ガ原価ニナル、即チ一方ハ利益、一方ハ償却トシテ総本店ニ帰着スルコトトナル、他ノ会社等ニテハ、資本ハ固定財産、営業品、其他ノモノニ分レ居リテ、資本ノ安固ヲ計ル為ニ別ノ方法ヲ講ジツヽアリ、併シ我各店部ニハ此制度ナシ、平岡君ノ説ハ償却ヲ cost ノ元トシ、又帳簿ヲ正確ナラシムルモノト云ヘド、倉庫等ノ場合ニ於テハ、cost ノ土台ガナクナルヲ以テ、普通ニ均等ノ場合ト差アリト思フ

又償却ヲ多クスルトキハ、財産価格ヲ不明瞭ナラシメ、market price ヲ算出スル標準ヲ不確定ナラシム償却ヲナシタル場合、積立金等ヲナシ置ク必要ハナキカ。

右の回答

鈴木馬左也

私ノ考ヲ云ハン、資金ハ現在ノ通ニテ可ナラン、積立金ノ要ナシト思フ（昔ハ別子モ積立金ヲ有

シタリ）、製作スルモノニハ価格ノ積リニ困ルト云フコトハ、償却ガ少ケレハ其安価ニテ出来タルモノヲ売却シテ可ナリ、何等ノ差支ハナカルベシ

阿部君ノ旧制ニ戻ルト云フ点ニ就テ一言セン、前ニ弊害アリシヤ否ヤハ知ラズ、余ガ住友家ニ入リシ頃ニハ弊害アリシ様ナリ、併シ其弊害ハ別ノ源因《（原）》ナリシト思フ、即チ不経済ナリシガ為ナリ、例之機械等ヲ買フ場合ニ不適当ノモノアリシ如キ、同一ノ仕事ニ二重ニ資力ヲ要シタルガ如シ、之等ハ償却ニ関係ナシト思フ、又帳簿ニハ事実ヲ記スベキモノト云ヘド、償却シタリトテ事実ニ反スト云フベカラズ、時価ト差ノアルコトハ現今ニテモ免レサルベシ、原価ヲ定ムルコトハ三年ニ一度、又ハ五年ニ一度位ノ程度ニテ調査ヲ行ヘバ、充分目的ヲ達シ得ルコトト思フ、時価トノ相違ハ強チ不都合ニハアラズト思フ

小倉正恆

之レ迄議論シ来リタル処ヲ根底ヨリ覆スノ御説ナリ、然レハ初ヨリ財産トセズシテ損ニ落シテ差支ナカルベシ、之レ財産ノ正確ヲ保ツ上ニ於テ不都合ナリト云フ点ヨリシテ茲迄来リタリ、而シテ償却ノ事ニ至リテ、銀行、伸銅等ノ如キハ、利益アリシ場合ニ幾分多額ノ償却ヲナスト云フコト迄至リタルガ、総理事ノ御説ハ之トモ異ナルモノト思フ

鈴木馬左也

償却ノ minimum ヲ定メ置クコトハ必要ナリ、雑損等ヲ多額ニスルコトハ不都合ナリト思フモ、償却ヲ多クスルト云フコトトハ別問題ナリト思フ

償却の最低限度を定めて置くことは必要

湯川寛吉

総本店にて研究

各部ノ案ヲ出シ、総本店ニテ研究シテ案ヲ設ケテ、再議ニ付ス必要アリト思フ、各位モ異議ナケレハ其通ニスベシ

之レニテ閉会

鈴木馬左也

会議ヲ之ニテ閉会スルニ当リ一言セン、今期中常ニ欠席勝ニシテ甚ダ各位ニ背キタリ、併シ各位ハ各問題ニ付熱心ニ討議セラレタルヲ謝ス、問題ノ討議モ必要ナルモ、而モ互ニ相知リテ供ニ住友家ノ為ニ尽力セラル、ト云フ点ニ就キ、特ニ本会議ノ有効ナリシコトト思フ、今日ノ話モ冗談ト云フ訳ニハアラズ、極端ナル点ハ別トシテ、只資料ノ御勘考ノ中ニ入レテ貰ヘハ幸甚ナリ、各自ノ考ヲ拘束セントスルニハアラズ

各位は住友家の耳目だけではなく重要な立場にある

前日各位ハ住友家ノ耳目ナルコトヲ申シタルモ、之レ一面ノミ、全体ヨリ云ヘハ各部ヲ担当セラレ、重要ナル立場ニアラル、ヲ以テ、主家ノ隆盛ノ上、重大ナル職掌ヲ有セラル、也、益々自信自重シテ主家ノ為尽力セラレンコトヲ望ム

編者註

「住友家会計規則」第八条

○議事録中で言及される「住友家会計規則」第八条を、参考までに次に記す（大正二年「住友家法及諸規則類纂　甲」一二〇頁より引用）。

第八条　毎決算期ニ於テ財産価格ガ其実際価格ヨリ高キトキハ之ヲ相当ノ価格ニ引下グベシ
前項ノ財産価格ガ其実際価格ヨリ著シク低キトキハ総本店ノ認可ヲ受ケテ之ヲ相当ノ価格マデ引上グルコトヲ得ベシ

第二二議題議事録、外国出張の例外規定（電線製造所提出）

第二十二、営業上頻々起生スル事件ノ交渉ニ付東洋各地へ急速出張ヲ要スル場合ノ為メニ外国出

張ニ関スル例外規定ヲ設ケ度キ希望

杉浦聞多（総本店副支配人）
順序ハ違フモ第十四ニ移ル前ニ、第二十二ノ問題ヲ議セラレタシ

湯川寛吉（理事）
左様イフコトニ。

杉浦聞多
電線製造所ノ提出理由ハ、近時我製品ノ需要地域著シク拡張セラレ、支那、西比利亜ハ勿論、比律賓、印度、濠洲等ヨリモ続々照会ヲ受クルニ至リ、商売上機ニ臨ミ時々出張ヲ要スルコトアリ、斯ル場合ニ於テハ多ク急速ヲ要シ、其都度一々予メ総本店ノ指令ヲ受クルコト甚タ困難ニシテ、為メニ商機ヲ逸スルノ憂アリ、故ニ現行家法中、外国出張ニ関シ例外ヲ設クル様改正ヲ望ムモノナリ、トイフニ在リ。

提出理由
外地からの照会あり
商機を逸する憂いあり
内地と同様にしたい

西崎傳一郎（電線製造所支配人）
要スルニ内地同様ニシタキ意味ナリ、比律賓等ハ少シ大袈裟ナルカ、畢竟日本ノ準領土トナレル処ヲ指セルナリ、家法カ若シ今日出来タモノナレハ無論内地ト看做セシナラン、理由書ノ通リ濠洲、比律賓等ヨリハ商談アルノミナラス、実際取引起リ居ル状態ナリ、故ニ日本ノ準領土トナレル処、及其接近地ハ内地同様ニシタシ、近頃販売係員一人山東省ニ出張シタルカ、如此ハ内地同様ニシテ差支ナシ、唯汽車ハ内地二等ノ人カ一等ニ乗ルトイフ位ノ差アレハ足ル、更ニ遠方迄行クモノナレハ別ナルモ、少クトモ山東ハ此位ニテ良シカラン、現ニ満洲ハ然ナレリト思フ。

中田錦吉（理事）
現家法制定ハ古クシテ、台湾、朝鮮等ノ領有前ナラン。
湯川寛吉
台湾ハ兎ニ角、朝鮮領有前ナラン。
杉浦聞多
朝鮮ハ然シ乍ラ内地同様ニシテヤルコトニナリ居レリ。
森源之助（鋳鋼場経理部長）
朝鮮ノ旅費ハ山田泰作ノ例ニ見ルニ、内地同様トシ、別ニ伺ハサリシモ、満洲ニテハ汽車ヲ一等トシタル外、特別多額ヲ給セサリシト思フ

満洲では汽車を一等とする

西崎傳一郎
汽車賃ハ然リ、日当宿泊料ハ内地同様ナリ
小倉正恆（総本店支配人）
特別多額ヲ要セシトキハ斯く〳〵トイフコトアリ
森源之助
夫ハ汽車賃丈ナリト思フ
小倉正恆
ツマリ多額ヲ要スルトキノコトナリ
森源之助

然リ

草鹿丁卯次郎（倉庫支配人）

住友倉庫では外地の集散地で考える

予テ考ヘ居レル処ナリ、倉庫ノ貨物ニスルモ、着シタルトキニ奔走スルモ追付カス、住友倉庫ニ揚ケル為メニハ、貨物ノ発送地ニテ之ヲ押ヘルヲ要スル形勢ナリ、同業者ナトハドシ〱出張シテ運動セリ、商品ノ関係上、西崎氏トハ異リ、Java、支那、其他砂糖等ノ集散地ノ点ヨリ考ヘタリ

西崎傳一郎

商売の繁閑が主眼

尚進言セン、準領土トイフコトカ主眼ニアラス、商売ノ繁閑カ主眼ノ要目ナリ、而シテ現下ノ形勢ニテハ準領土ニ此関係深シトイフナリ、大陸ニテハ浦塩、哈爾賓、満洲、北京、天津、漢口、上海位ノ処ハ商売上頻繁ニ交通スル必要起ルト思フ、上海等殊ニ然リ、之等土地ノ商人ト取引スルニハ自分ニテ出掛ケサレハ不可ナリ、他店ヲ通シテ注文ヲトルハ不利益ナリ、現ニ山東省出張ノ例ニ見ルモ、現ニ商談アリシモノ、外、其何倍カノ注文アリテ、旅費ノ如キハ其利益ノ$\frac{1}{3}$、又ハ$\frac{1}{4}$ニテ済ミシナリ。

小倉正恒

趣旨ハ解レルガ、例外トハ総本店ノ認可ヲ受ケズトイフ意味ナリヤ。

西崎傳一郎

然リ、商談ノ電報等来リシトキ敏速ニ運ヒタキナリ。

小倉正恒

其時ニ相談スルガ不便ナリヤ。

西崎傳一郎

時ヲトル故不可ナリ、早ク運ヘハ可ナリ。

小倉正恒

新領土、準領土位ハ差支ナシトスルモ可ナラム、ナレト余リ遠方ハ如何、遠方ハ現在通リノ規則ニテ可ナラム

遠方は現在通りの規則

草鹿丁卯次郎

朝鮮ハ問題ニアラサルカ

小倉正恒

朝鮮ハ已ニ内地同様ニナリ居レリ

草鹿丁卯次郎

急ノ必要ヲ感セサルモノハ別ニシテハ如何、倉庫ニテ言ヘハ得意廻リヲ九州ニ延長スルト同シ訳ナルヘシ

八代則彦（銀行本店支配人）

銀行ニテモ起ルコトナリ

湯川寛吉

兎ニ角欧州出張並ニヤル必要ハナカラン。

中田錦吉

認可問題より旅費の方を考えたい

認可ハ形式ヲ要セサル儀ニ付如何ニテモ可ナラム、場所場所ニヨリ相当ノ支給旅費規則ヲ作ル方必要ナリト思フ、認可問題ヨリ旅費ノ方ニ付テ考ヘタシ。

小倉正恒

総本店ニテモ考ヘ中ナリ、最近ニハ支那出張、青島出張等アレハ、実際ヲ聞キテ適切ニ定メタシト思フ

湯川寛吉

総本店として十分店部の便宜を図っている

議論ハ大抵尽キシナラン、尚為念一言セン、西崎氏ノ言ヲ剴切ニ言ヘハ、本店ノ認可ヲ受ケ居レハ遅クナルトイフニアリ、過日ノ青島派遣ノトキニ報告的ノ話アリシニヨリ、認可ノ必要アルコトヲ述ヘシ処、西崎氏ハ急クトイフノ理由ヲ以テ不満ノ色見エンモ、総本店トシテハ十分店部ノ便宜ハ計リシ心算ナリ、実際彼ノ時モ提出アリシ、即日認可ノ取計致セシ位ナリ、自分ハ夫等ノ地方ニ対シ度々出張スルノ必要起ルヤ否ヤ、尚問題ナリト思フ、漸次必要ハ起ルヘキヲ以テ億劫ナク行ケル様ニスルコトハ必要ナリ、総本店ニテ調フル所以ナリ。

尚今後頻繁ニ出張スル必要アリヤヲ疑フ為メニ、総本店ハ愚図々々スルトイフ考起ルヤモ知レサレト、之カ為メニ相談ヲヤメ、又ハ出張ヲ中止スルカ如キコトハ止メタシ、有リノ侭ヲ話シ下サレハ十分便宜ハ計ルナリ、遠慮ナク言ハレタシ、尚委曲ハ総本店ニテ調ヘラレタシ

編者註
総本店所見

○原史料の「四　議題ニ関スル調査」の箇所に、「(調)」として総本店の所見が掲載されているので、参考までに次に記す。

提案ノ理由ハ別紙申越ノ通ナルカ、如何ナル規定ヲ設クヘキカノ案ニ付テハ何等記載ナシ、然レトモ其

要求スル処ハ蓋シ次ノ如キモノナランカ。

(一)特種ノ外国出張ハ之ヲ其必要アル店部ノ主管者ニ委任専行セシメ得ル様規定ヲ改正スルコト

現行家法職制並ニ各店部主管者権限規定ニ依レハ、各店部主管者ニハ部下各員ニ外国出張ヲ命シ得ル権限ナシ

（参照）

一、職制（家法第一編第三章）第二条、所長及上司ナキ店部ノ支配人ノ職務章程ヲ定メタルモノ、中ニ「部下各員ニ……又ハ内地ニ出張ヲ命スルコトヲ得」トアリ

二、各店部主管者権限規定中ニ出張ニ関シ特ニ規定アルハ如左

銀行、倉庫、鋳鋼場　若松炭業所　部下各員ニ内地出張ヲ命スルコト

本家詰所　等外以下ニ内地出張ヲ命スルコト

規定ナシト雖モ、前項ニ依リ一般主管者ニハ内地出張ノ専行権ハアルモノト解スヘシ

然ルニ交通機関ノ発達、我製品産出品ニ対スル需要地域ノ拡大等ノ事由ニ因リ

(イ)支那、西伯利亜等ノ隣接国、並ニ比律賓、印度、濠洲等ノ比較的接近セル処ニシテ常ニ我市場範囲ニ入ルヘキ国ニ対シ、

(ロ)出張ノ目的単純ナル商用ニ在リ、且、

(ハ)此故ニ事急速ヲ要シ、其都度予メ総本店ノ指令ヲ仰グコト困難ニシテ、為メニ商機ヲ逸スル虞アル場合

右ノ如キ要件ヲ具備スル場合ニハ之カ出張命令権ヲ例外的ニ主管者ニ委任スヘシトイフニアルカ如シ

(二)前項ニ依ル外国出張ニ対シテハ特別ノ旅費規則ヲ制定スルコト

現行外国旅費規則ノ当否ハ別問題トスルモ、尚之ニ異ル例外的旅費規則ヲ制定シ、前項ニ依ル出

張者ニ適用セントスルモノ、如シ、例ヘハ大体ニ於テ内地出張旅費ニ拠リ唯特ニ不都合ナル場合ヲ改正シ、及特ニ多額ヲ要スル場合ニハ之ヲ支給シ得ル様ノ規定ニスルトイフナルヘシ

思フニ、支那（殊ニ南満洲、青島ノ如キ）地方ハ今日已ニ我市場範囲ニ属シ、今後続々需要ヲ惹起スヘキヲ以テ、此等ノ地方ニ対スル出張ニ関シテハ旅費其他ノ点ニ付目下考究中ニ属セリ、故ニ提案者ノ曰ハント欲スル所ニハ近ク酬イ得ヘキヲ期セリ

然レトモ印度、濠洲辺迄ハ今日考慮ノ中ニ置カス、但、必要アルニ於テハ特例ヲ設ケテ、前者ニ準セシメハ足ルモノト思考セラル

今後は中国における需要を惹起すべき

主管者協議会議事録　大正六年

一　総理事訓示

只今カラ各部主管者ノ協議会ヲ開クコトニシマス、其初メニ当テ私所感ノ次第ヲ御話致シタイト存ジマス

進歩改良

皆サンガ日々仕事ニ従事セラル、上ニ就テ、彼是ト進歩改良ノ途ニ就テコー云フ風ニシタイト御考ヘノコトカ多々アリマセウト思ヒマスカラ、其事柄ヲ全ク斟酌ナク、十分ニ吐露セラレテ互ニ研究致シ、愈進歩改良シテ、住友家ノ事業ノ益旺盛ニナル様ニ図リタイト存ジマス

総本店トシテハ直接事業ノ衝ニ当テ居マセンカラ、彼是気ノ付カナイコトガアルト思ヒマス、乍併又総本店ハ総本店トシテ十分ニ意見ヲ申陳ベルデアリマセウ、或時ハ討論モシ、又意見ヲ伺フコトモアリマセウ

協心戮力

何時モ申上ゲルコトデアリマスガ、各店部間、又ハ総本店トノ間ニ脈絡貫通シ、意思モ疏通シ、事業ノ事ヲ報告スルコトニ就テハ、遺憾ナク痒キニ手ノ届ク様ニアリタイト思ヒマス、即協心戮力シテ事業ノ為メニ尽サレンコトヲ願ヒマス

第一次世界大戦後の準備

私ノ申述ヘマスコトハ何モ不思議デモ嶄新ナルコトデモアリマセヌガ、聊カ申述ヘタイト思フコトハ、欧州戦争――其戦争ニハ日本モ参加シテ居ルコトデアリマスガ――之ノ戦争後ニ於ケル準備ニ就テ、我住友モ大ニ研究シテ手遅レニナラナイ様ニ準備ヲシタイト思ヒマス、段々人ノ話、新聞紙、雑誌、其外ノ著述ニ就テ彼是見マスルト、戦争ヲシテ居ル真中ノ英独仏等モ戦後ノ準備ハ初メヨリ怠ラザルノミナラズ、鋭意熱心ニ其方向ニ画策ヲ進行シツヽアルハ事実デアリマス、而シテ我国ノ状態ハ、現ニ戦争ノ惨禍ヲ眼前ニ見サル為カ、戦争以来商工業ノ隆盛ニ眩惑シ、戦後ノ問題ニ就テハ頗ル閑却サレテ居ル様デアリマス、如斯シテ順潮ニ行ケバ宜敷モ、欧州列強ノ

戦後ノ準備ニ考ヲ及ボシマスレバ、戦後ノ競争ト云フコトニナルノデスガ、競争ハ六ヶ敷カラント思ヒマス、即忽チ劣敗者トナルコトデアリマセウ、其場合ニ於ケル我国ノ状態ハ眼前灯火ノ状誠ニ悲惨ナルコト、思ヒマス、而シテ住友家モ亦其一部分タルコトヲ免レヌノデアリマスカラ、即甚シキ depression ニ披セラル、コトヲ免レヌト思ヒマス、即大キク我帝国ノコトニ就テ考ヘテ見マシテモ、又小サク我頭上ノコトヲ考ヘテモ、重大ナルコトハ疑ヒナキ次第デアリマス、然ラバ大正六年ノ上半季モ当月ヲ以テ終ル今日ニ於テハ、最早十分ニ戦後ノコトニ考ヘ及ボシテ、設備ヲ要スルモノハ之ヲ設備シ、整理スベキモノハ整理シ、処置スベキモノハ処置シナケレバナラヌト思ヒマス、其方法タルヤ、今具体的ノ案ヲ提出スルコトハ出来マセン、又考モ其点ニ十分届ヒテ居ル訳デモアリマセンガ、主トシテ皆サンカ十分ノ注意ヲ用ヒテ研究実行ニ努力ヲ願フコトガ重ナルコトデアリマス、乍併茲ニ二、三ノ事ヲ申シマスレバ、西洋諸国トノ競争――住友ノ仕事ニ就テノ競争ハ戦後如何ト云フコトヲ考ヘネバナリマセヌ、之ニ対シテ徒ニ消極ニ失スルハイケマセン、益々進ンデ競争ニ打勝ツテ行ク様ニセネバナリマセヌ、今ハ住友家ノ設備モ当座ノ間ニ合ヘバヨイトナツテ居ルケレドモ、今後ハ之レデバイケヌト思ヒマス、戦争ハ何レ今年中カ明年ノ初カニ終了スルカト思ヒマスガ、間ニ合セデハイケマセヌ、遂ニハ劣敗者トナルコトモアリマセウ、戦後ハ嶄新ナル設備デナケレバ競争ハ出来ナイト思ヒマス、適切ニ考ヘテ行クコトハ必要ト思ヒマス

又利益カ多ケレバ其収益ヲ濫費スルコトハ一個人ニ付テモ、又住友家ノ如キ規模デ仕事ヲスル所デモ陥リ易キ弊害カアルカラ、其点ハ経済的又ハ節制的ニ使用シナケレバナリマセヌ、即金ノ始

西洋諸国との競争

戦後は嶄新な設備でなければ競争できない

金の始末を厳重にする

末ヲ厳重ニスルハ大切ノコト、思ヒマス、只有頂天ニナルコトハ断然一掃シテ一々経済的ニ支出スルコトヲ必要ト思ヒマス、日露戦争後ノ不景気ニ就テモ、住友家デハ金融ノコトニ就テ困難ヲ感ジタコトカアリマシタ、諸君モ経験セラレタコトデシヨウガ、住友家デハ幸ニシテ余裕カアッテ不体裁ヲ演ズルコトニハナリマセンデシタガ、即当時ノコトヲ顧テ、戦後ニ処スルノ途ヲ考ヘルコトヲ必要ト思ヒマス、緊縮スベキ所ハ大ニ緊縮シ、一面積極的ニスル所ハ大ニ積極的ニナリ、発憤スベキ所ハ大ニ発憤スルコトヲ必要ト思ヒマス

日露戦後の不況

中央報徳会ハ元報徳会ト云ヒ、内務省ニ勤メテ居ル人抔ガ常ニ間接ニ保護シテ存在セシメタモノト思ヒマスガ、之ハ二宮金次郎ト云フ人ノ教ヲ奉ズル如キコトガ基トナリテ起ッタノデアリマス、乍併段々発達スルニ就テ独リ二宮ノミニ止マラズ、二宮ノ色彩ハ段々薄クナリ、尚広汎ナル意味ノモノトナリ、名前モ中央ト付ケル様ニナリマシタ、之ハ地方ノ開発ト云フコトガ主トナッテ、戦後準備、国力増進ト云フコトヲ初メ、其他ノ主意ヲ新聞紙ニ発表シ、又ハ出張シテ官民ニ協議講演スル様ニナリマシタ、戦後経営、国力増進、準備奨励趣意書ヲ送リ越シマシタ、私ハ其監事トナツテ居ルノデスガ、之ヲ通読シテ大ニ感ズル所ガアリ、又大ニ参考トナル所カアリマス、又同会テ発行スル「斯民」ト云フ雑誌ガアリマス、之レモ同様ノ主意書カ出テ居リマス、法学博士子爵田尻稲次郎ト云フ人ノ講演ノ筆記ガ出テ居リマスガ、之モ有益ノモノデアリマスカラ取寄セテ参考ニ供シタイト思ツテ居リマス、之ヲ見ルニ田尻氏ハ連合国ニ左袒シ、独逸ニハ反対シ、多少偏テ居ル様テアリマスガ、一々根拠アル議論ト思ハレマス、戦後ノ回復力ハ仏国カ尤モ強シト云フ章ガアリマス、今其面白イ所ヲ通読致シマス

中央報徳会

戦後経営、国力増進、準備奨励趣意書

田尻稲次郎の講演

『斯民』第十二編第三号田尻稲次郎「戦後準備に就て」

雑誌通読（別紙ノ通）

兎ニ角戦後ノ準備ハ余程大切ト思ヒマスカラ、十分御考ヘ置キヲ願度キ点テアリマス、順調順調ト云テ居テハイカント思ヒマス、其心持ヲ先刻来申上タノデアリマス

国家の藩屛

事ハ前後スレドモ、矢張現今戦争等ノ結果モアリマスケレドモ、又之ニ処シテ皆サンガ誠実勉励ニ活動セラレタ為メ、今日迄各方面ノ営業ニ功績ヲ上ゲラレタコトガ少カラズ、誠ニ住友家ノ非常ナル幸福ニシテ、家長公（十五代友純）ガ男爵トシテ国家ノ藩屛タル上ニモ有効デアリ、又面目アルコト、思ヒマス、此上益々公事ニ尽シテ立タル、コトガ出来マス、御同様ニ於テモ亦与テ余栄アル次第デアリマシテ、コノ点ハ皆サンニ深ク感謝ノ意ヲ表スル次第デアリマス

二　議題一覧

第一議題、処務報告廃止（議事録三六五頁）

一、処務報告ヲ廃止スルカ、又ハ記載事項ヲ省略セントスルノ希望（別子鉱業所提出）

第二議題、当宿直規定（議事録三六九頁）

二、当宿直規程中、総本店ノ認可ヲ要スルモノヲ各店部専行ノコトニ改正シ度希望（別子鉱業所提出）

第三議題、技術補助員（議事録三七二頁）

三、補助員ヲ技術上ノ必要ニ依リテモ傭使スルコトヲ得ル様ニ、規程ヲ改メントスルノ希望（別子鉱業所提出）

第四議題、補助員席次（議事録三七四頁）

四、補助員ノ席次ヲ等外員ノ次トシ、其待遇モ総テ等外員ニ準セシメントスルノ希望（別子鉱業所提出）

第五議題、補助員退身手当（議事録三九三頁）

五、補助員ノ退身手当金ヲ等内及等外同様ニ改メ度希望（若松炭業所及倉庫提出）

理由（若松炭業所）　補助員ハ等内傭員トナル者ノ見習時期ニ過ギザルモ、之ニ対シ退身慰労金ノ規定アル以上ハ等外傭員ト等差ヲ設クベキ理由ナシト認ム

理由（倉庫）1.　補助員ハ諸種ノ点ニ於テ等外ト同等又ハヨリ上位ニ在ルモノト認メラル、然ルニ其退身手当金ヲ等外ヨリ低カラシムルハ適当ナラズ

2.　等外ヨリ補助員トナレル者退身センカ、其退身手当金ハ補助員ニ昇進シタルガ為ニ却テ終始等外タルヨリモ不利ナルノ結果ヲ生ス

3.　補助員ヨリ等外タリ、又ハ等外ヨリ補助員タル場合ニ現行ノ如ク勤続年数ヲ一旦打切リ、新ニ満参ヶ年勤続セザレバ退身手当金ヲ給与セサルモノトスルハ、終始同一階級ニ止マレル者トノ権衡ヲ失ス

第六議題、給仕・使丁退身手当（議事録三九五頁）

六、給仕、使丁退身手当金ハ在勤年数ニ応シ、累加増額スル様改メ度希望（倉庫提出）

現行内規ニヨレハ、給仕、使丁退身スルトキハ㈠満一ヶ年以上勤続シタル者ニ対シ、㈡其勤続年数ノ長短ヲ問ハス画一ニ満一ヶ年ニ付一定ノ金額（四円又ハ三円）宛手当金ヲ給スルコトトナリ居ルモ、(イ)更ニ永キ勤続年限ニ達シタル者ニ限リ、(ロ)其勤続年数ヲ斟酌シテ手当金ヲ給与スル様内規ヲ改正スルヲ可トス

理由

1．永年勤続スヘキ性質ノ傭員ニハ勤続年数一、二ヶ年ニ過キサルガ如キ者ニ対シ手当金ヲ給与スル必要ナシ

2．現行内規ニヨレハ使丁、殊ニ多年勤続者ニ対スル手当金過少ナリ

3．勤続年数多キニ従ヒ、漸次手当金給与ノ割合ヲ増加スルヲ可トス

備考　準傭員ノ退身手当金ハ現在給仕、使丁退身手当金内規ヲ準用ス、今前記ノ如ク給仕、使丁ニ関スル内規ヲ改正シ、準傭員ニ関スル規定ニ触レサルトキハ、自然傭員ニモ改正内規ノ準用ヲ見ルコトトナル、然ルニ永年勤続セサル性質ノ準傭員（例之交換手）ハ之ヲ永年勤続スヘキ性質ノ傭員ト同一ニ取扱フハ適当ナラス、此ノ如キ準傭員ニ在リテハ給仕、使丁退身手当金内規ノ改正ト共ニ之ト独立シテ現在ノ取扱同様、又ハ之ト類似シタル規定ヲ設クルヲ可トス

第七議題、準傭員の取扱（議事録四〇一頁）

七、各部ニ於ケル類似ノ準傭員ニ付テハ、雇入給料、昇給ノ程度、休暇等ニ付同一ノ取扱ヲ為シ度希望（倉庫提出）

例之、倉庫ニ於テハ交換手十六、七才ノモノニ対シ、雇入日給二十六銭乃至三十銭ヲ給セ

ルニ、伸銅所ニ於テハ更ニ高額ヲ給セリ

第八議題、殉職・負傷時の一時給与（議事録四〇四頁）

八、傭員、準傭員職務ニ因ル死亡、又ハ負傷ノ場合ニ於ケル一時金給与ノ標準ヲ設ケラレ度希望（別子鉱業所提出）

第九議題、酒饌料の支給範囲（議事録四〇六頁）

九、新年宴会、及家長御誕辰祝宴ノ酒饌料支給範囲ヲ一定シ度希望（総本店庶務課提出）

第一〇議題、労働者問題協議会設置（議事録四一四頁）

十、在阪店部労働者問題協議会ヲ設置シ度希望（倉庫提出）

例之重役、総本店支配人及労働者ヲ使役スル在阪店部ノ主管者ヲ以テ協議会ヲ組織シ、月二回位ノ会合労働者問題ヲ協議スルモノトス

第一一議題、疾病欠勤者の俸給（議事録四二一頁）

十一、疾病欠勤者ニ対スル俸給支給期間ヲ延長シテ、三ヶ月間全額、其後三ヶ月間半額支給ノコトニ改正セラレ度希望（若松炭業所提出）

理由　現在ノ規定ニテハ疾病ニ罹リ欠勤スル者（等内三等以上ヲ除外ス）ハ、其日ヨリ満二ヶ月迄ハ月俸全部、二ヶ月ヲ踰ユレバ月俸日割ノ半額ヲ給シ、四ヶ月以後ハ全ク之ヲ給セズ（家法第一編第五章第六条）トアルモ、右ハ期限稍短キノ感アリテ、屢々困難ナル事実ヲ見聞スルヲ以テ、希クハ右期日ヲ延長シ、三ヶ月迄ハ月俸全額、三ヶ月ヲ踰ユレバ、六ヶ月迄ハ月俸日割ノ半額ヲ支給スルコトニセラレタシ

第一二議題、欠勤願届（議事録四二四頁）

十二、診断書ノ添付ヲ要スル欠勤ノ願届ハ、期日満了後、尚事故継続スルトキト雖、予メ日数ヲ予期シテ届出ツルコトヲ得ル様ニ改メ度希望（若松炭業所提出）

理由　弊ナキ限リハ成ルベク煩雑ナル手続ヲ避ケタキニ因ル

第一三議題、看護欠勤（議事録四二七頁）

十三、看護欠勤ハ父母妻子ノ場合ニ限レルモ、此中ニ「夫」ヲ入レ、及忌引ニ於テ「夫」ヲ父母

ノ場合同様取扱ノコトニ改メ度希望（別子鉱業所提出）

第一四議題、旅費中汽車賃改正（議事録四二九頁）

十四、旅費規則中汽車賃ノ部ヲ改正シ度希望（若松炭業所提出）

理由　三井、三菱、古河等ニテハ月俸百円以上ノ者ニ対シテ総テ一等汽車賃ヲ支給ス、然ルニ我店部ニテハ一等汽車賃ノ支給ヲ受クルハ等内三等以上ノ者ノミナルヲ以テ、殊ニ地方ニテハ体面上面白カラザル場合モ尠サレバ現在規則改正ノ必要ナキ乎

第一五議題、旅費支給（議事録四三六頁）

十五、旅費支給ノ場合ニ於テ、行路ニ汽車、汽船、電車、又ハ其何レカ両便アル場合ハ、実際搭乗シタル方ノ賃金ヲ給シ、其何レニモ依ルノ便ナキ地ニ在リテハ、車馬賃ヲ給スルコトニ改メ度希望（別子鉱業所提出）

第一六議題、旅費計算（議事録四三八頁）

十六、旅費計算ノ場合ニ於テ、汽船旅行間宿泊料ヲ給セサルハ、賄付汽船ニテ旅行スル時ノミニ限ルコトニ改メ度希望（別子鉱業所提出）

第一七議題、支配人権限中賞罰（議事録四三九頁）

十七、支配人ノ権限事項中、定員内ノ等外員、給仕、使丁ヲ任免黜陟スルコトアル中ニ、賞罰ヲ含マシムルコトヲ明瞭ニシ度希望（若松炭業所提出）

理由　任免黜陟ヲ専行シ得ル以上ハ、賞罰ヲモ専行シ得ルコト勿論ナリト解釈シ得ザルニ非ザルモ、又反対解釈ノ余地モアルガ如シ、然ルニ事実下級役員ノ賞罰ハ支配人ニテ処置スルコト時宜ニ適スルヲ信ズレバナリ

第一八議題、傭員等辞令書式（議事録四四七頁）

十八、店部限ニテ任免スル傭員、準傭員ニ対スル辞令書式ニシテ家法ニ定メラレサルモノハ、各部ヲ通シ同一様式ニ統一シ度希望（倉庫提出）

例之、甲種商業卒業生雇入ノ場合ニ総本店ハ「臨時雇ヲ命シ、日給金何銭ヲ給ス」、倉庫

ハ「為試験傭使シ、日給金何銭ヲ給ス、何店附属ヲ命ス」、銀行ハ「為試験傭使ス、但日給金何銭ヲ給シ、何店附属ヲ命ス」ト云ヒ、又分掌ヲ命スル場合ニ総本店ハ「何係勤務」又ハ「何係附属」ト云ヘルニ、銀行ハ勤務及附属ヲ省略シ、倉庫ハ勤務ヲ附セス

第一九議題、会計規則施行細則改正（議事録なし）

十九、会計規則施行細則中改正ノ件（総本店経理課提出）

第三条ヲ左ノ通リ改ム

第三条　会計規則第五条ニ規定セル会計見積書ノ重要ナル事項ヲ変更セントスル場合トハ、左ノ各項ヲ謂フ

一、業務ノ方針程度ヲ変更セントスルトキ

二、資金最高額ヲ増加セントスルトキ

三、起業予算、及年度間起業支出ノ各金額、並ニ固定財産、及有価証券ノ各収入支出金額ヲ増加セントスルトキ

四、経費予算ノ内、営繕費、及雑費ノ科目金額ヲ増加セントスルトキ

第四条ヲ左ノ通リ改ム

第四条　会計見積書中、左記各号ニ該当スルモノハ総本店ニ届出ツヘシ

一、営業費予算、及経費予算ノ内俸給、雑給、旅費、諸税、賃貸、及保険料ノ各科目全額ノ増加、並ニ経費、営業費、及起業予算ノ各金額中著シキ減少ヲ生セントスルトキ

二、経費及営業費予算以外ノ損益各科目、並ニ純損益ニ著シキ変更ヲ生ゼントスルトキ

三、年度間起業支出金額ノ著シキ減少、並ニ同収入金額、及年度間起業支出以外収入、支

出ノ各科目ニ著シキ変更ヲ生セントスルトキ

第二〇議題、収支金予想材料提出（議事録なし）

二十、年度間収支金予想ノ材料ヲ年四回（四月・七月・十月・十二月ノ各初旬）各店部ヨリ呈出ノ件（総本店経理課提出）

追加議題

第二一議題、下級傭員合宿所設置（議事録四五一頁）

二十一、下級傭員合宿所設置ノ希望（製銅販売店提出）

近時住友家諸事業ノ進展ト共ニ中学及甲種商業学校卒業生ノ採用セラル、者甚多数ニ上リ、全国各地方ヨリ集マリ来ルノ盛況ヲ呈セリ、然ルニ之レヲ当店及銀行神戸支店ノ実際ニ徴スルニ、之等新規採用者ヲ適当ナル宿所ニ周旋スルコト非常ニ困難ヲ極メ、然カモ下宿料ノ如キハ甚高ク、下級傭員ハ漸ク其全収入ヲ以テ之レガ支払ニ充当スルノ実況ニシテ、其困難誠ニ同情スルニ堪ヘタリ、然シテ年少ニシテ其思慮未ダ定マル所ナキ者ヲ何等拘束ナキ下宿生活ニ放任スルハ都会ノ悪風ニ感染スルノ危険極メテ多シ

生活安全と身心向上のため

依リテ各店部中必要ナル土地ニハ独身ノ下級傭員ノタメニ合宿所ヲ特設シ、出来得可クンバ相当ノ娯楽及運動ノ設備ヲ附属セシメ、適当ナル指導者ヲ附シ、以テ其生活ノ安全ト身心ノ向上発達ヲ計ルハ、啻ニ傭員ノタメニ至大ノ恩恵タルノミナラズ、又以テ傭員全体ノ団結ヲ鞏固ニシ、従テ事務ノ能率ヲ増加セシムルノ一助タルベキヲ信ズル也

三　議事録

第一議題議事録、処務報告廃止（別子鉱業所提出）

手数を省くため

第一、処務報告ヲ廃止スルカ、又ハ記載事項ヲ省略セントスルノ希望

松本順吉（別子鉱業所支配人）

処務報告ハ一年一度総本店ニ提出スルコトニナリ居レルモ、之ハ手数ヲ省ク為メ廃止シタシ、最モ之ハ本店ニテ如何ナル必要アルヤ不明ナレドモ、吾人ハ本店ニ左程ノ必要ナカラント思フガ故ニ、其中ノ必要ナキモノハ廃止シ度シ、例令ハ

六等以上ノ出張ノコト

主タル職員進退ノコト

斯ルコトヲ記載セヨトアレドモ、斯ルコトハ昔ハイザ知ラズ、今日ニ於テハ必要ニ非ズト思フ、若シ全体トシテ廃止シ得ズトスレバ、此等ノ事項ハ廃止シ度シト思フ

実際報告と重複

吉田良春（若松炭業所支配人）

之ハ本店ノ庶務干係ヨリ提出ノ必要ヲ生ゼント思フモ、実際報告ト庶務報告ト重複スルコトアリ、常ニ困難セシモ、多年ノ経験ニ依リ漸ク其要否ヲ弁別スルコトヲ得タルモ、之ハ本店ノ必要ナル部分ニ止メ、大体ノコトハ実際報告ニテ承知セラレンコトヲ望ム、実際報告書ニ載セ難キモノアラバ庶務報告ニテ報告シタシ

中田錦吉（理事）

処務報告書ハ会計ニ関係ヲ有スルモノニハ物品ノ関係アリ、其主タルモノハ家長公ノ屏風ノ買入ノ如キモノアリ、其他ハ主トシテ庶務干係ナリト思フ

山下芳太郎（総本店支配人）

家史編纂の資料

総本店ノ感シド（ママ）シテハ、別子ハ余リ細密ニ過グルノ嫌ナキカ、目的ハ家史編纂ノ資料ヲ得ルコトニアリ、重要ノコトヲ記載サルレバヨロシキコトニ家法中ニ規定シアリ

松本順吉

総本店ニ於テ之ヲ徴セラル、目的カ明瞭ニナリ、其記載事項ノ程度ヲ示サル、ナラバ、其目的ヲ達シ得ベシト思フ、只重要ナルト云フモ、之ヲ取捨スルニ混雑スレバ、之ヲ全廃シ難シトスレバ重要ノ程度ヲ判断スル標準ヲ示サレタシ

中田錦吉

田中君家法ノ中ノ規則ヲ朗読シテ見給ヘ

処務報告書の規則（編者註三六八頁参照）

田中規則ノ全文ヲ朗読ス

草鹿丁卯次郎（倉庫支配人）

之ハ各店部ノ通則ナリヤ

日高直次（総本店副支配人心得）

然リ

山下芳太郎

本件ニ就テハ、大正二年ニ別子ヨリ照会アリタルモ一旦起案セラレタルモ、尚能ク研究ノ余地アルモノト考ヘ、未ダ回答ノ運ニ至ラザリシモノナリ

松本順吉

歴史編纂ノ為トスルモ可成簡単ニ願度シ

各店部よりの報告でなく総本店の編纂にできないか

草鹿丁卯次郎

之ハ各店部ヨリ報告セシメス、総本店ニ於テ編纂スルコトニ出来サルヤ

山下芳太郎

斯クスレバ家史編纂ノ材料トシテ之ヲ脱スルコトアルベシ

鈴木馬左也（総理事）

之レハ少シク根本的ニ考ヘテハ如何ト思フ、家史トスレバ垂裕明鑑ナドハ余リ完全ナリトハ見難キモ、営業ニ関スルコトヲ抜ニシテ家史ヲ編纂スルトシテハ如何、事業上ノ事ニ就テハ事業上ノ統一セル書類ヲ保存シ、住友ノ家内的所謂 Domestic ニ就テハ事務ト切放シテハ可ナラズヤ、総本店ニテ研究スル必要アリト考フ

松本氏ニ申上タシ、家法ノ規定ヲ見ルニ、之レハ余リ愚ナリト云フ程度ニアラズト思ハル、其主意ヲ体得シテ、其頭ノアル者ニ適当ニ処理セシムレバ能ク適当ニ行ハル、ト思フ、総本店ノ主意ヲ呑込メバ大ニ面倒ナラズト思フ、コノ事ニ限ラズ、今ノ如ク考フルトキハ、只混雑スルノミニテ実績ヲ挙グルコトハ困難ナルベシト思フ

報告内容の取捨に苦しむ

松本順吉

全部愚案ナリトハ思ハズ、実際問題ニ就テ取捨ニ苦ム、山下支配人ノ説ニヨレバ是迄ノ報告書ニモ余リ細密ニ過キタリトスレバ、御注意アッテ欲シト思フ

鈴木馬左也

総本店ハ不必要ノ点ヲ明示シ、各部ハ家法ヲ見テ其主意ヲ体シ、能ク相互ノ意思ヲ疏通セラレタ

シ

吉田良春

総本店ニテ気付ノ事項ハ折々注意アリタシ、又議決ノ事項ハ速ニ実現セラレタシ

山下芳太郎

今後ハ十分速ニ実行スル考ナリ

編者註
処務報告書の規則

○議事録中で言及される処務報告書の規則（明治三十三年八月二十二日乙第一六号達「処務報告書提出ノ件」）を、参考までに次に記す（大正二年「住友家法及諸規則類纂　甲」四〇九～一一頁より引用）。

一、先般住友家会計規則実施ニ依リ一年中業務ノ状況及収支損益其他会計ニ関スル一般ノ事項ハ毎年度実際報告書ヲ以テ報告スヘキ事ト相成候ニ付、自今ハ従前ノ考課状ニ登載スヘキ事項ニシテ実際報告書ニ掲ケサルモノ、又ハ之ヲ掲クルモ詳細ナラサルモノニ限リ、暦年度毎ニ之ヲ記述編成シテ処務報告書ト名ケ、翌年二月二十八日迄ニ総本店へ提出スヘシ

一、従来我住友家ノ家史編纂ニ須要ナル事項報告ノ事ニ就テハ明治二十五年十月二十日及同年十二月二十九日号外達ノ趣モ有之候処、自今処務報告書ヲ以テ兼テ家史編纂ノ材料ニ供シ候間、其心得ヲ以テ処務報告書ヲ編成シ、一事件毎ニ月日ヲ冠記シ其順序ヲ逐テ記載スヘシ

一、処務報告書ハ明治三十三年度分ヨリ提出スヘシ

一、家法第一編第十七章第三条ニ定ムル考課状ハ明治三十三年度ノ分ヨリ提出ヲ要セス

一、処務報告書ノ記載事項ノ標準ヲ示スコト左ノ如シ

記載事項

一　吉凶大礼祝事宴会等ニ係ル件

二　家長殿進退ニ関スル重要ノ件

三　御家族幷御親戚ニ係ル重要ノ件

四　諸官衙及市区町村役所ニ対スル重要ノ件
五　公共事業ニ係ル件
六　寄附義捐又ハ其褒賞ニ係ル件
七　内規細則等ニ関スル件
八　事業上ノ改良及発明ニ係ル件
九　貴重ノ什器及新設機械等ニ係ル件
十　著シキ土木建築工事ノ件、但落成シタル建設物ハ其図面ヲ添フヘシ
十一　主任以上其他重立タル職員進退異動ノ件
十二　傭員出張ニ係ル重要ノ件
十三　傭員公務又ハ公共ノ事ニ関係シ、或ハ会社役員等ニ就任ノ件
十四　末家ニ係ル重要ノ件
十五　顧問員ノ嘱托解嘱并其意見立案等ノ件
十六　重要ナル諸契約ノ件
十七　訴訟訴願其他紛議交渉等ノ件
十八　博覧会共進会へ出品并褒賞受領等ノ件
十九　鉱山ノ試掘及採掘、商標専売特許等ニ係ル件
二十　教育及衛生ニ係ル重要ノ件
廿一　水火盗難其他非常損害ノ件
此他重要ナル事件ハ勿論将来ノ参考トナルヘキ事項ハ勉メテ報告スヘシ

第二議題議事録、当宿直規定（別子鉱業所提出）

二、当宿直規程中、総本店ノ認可ヲ要スルモノヲ各店部専行ノコトニ改正シ度希望

松本順吉（別子鉱業所支配人）

現在ノ規定ハ最モ厳重ニナリ居リテ、別子ノ事業ノ拡張ニ伴ヒ、例令ハ別子ヲ撤廃シテ端出場ニ発展スルガ如キ場合ニ、守衛ヲ置キテ宿直ヲセシメザル時ニ、一々本店ノ認可ヲ受ケルコト、ナリ居レリ、宿直ヲ置カザル場合ニ一々総本店ノ認可ヲ受クルハ面倒ナルニ付、之ハ別子ノ専行シ得ルコトニシタシ

当宿直を必ず置くべき

鈴木馬左也（総理事）

記憶ハ確カナラザルヤモ知ラザレドモ、当宿直ヲ必ズ置クベキモノトナリ居タリト記憶ス、当宿直ヲ置クハ実際有効ナルモノト考フ、スレバ適当ニセザルベカラズ、適当ニスレバ大ニ必要ト思フ、サレド店部ノ建築ノ改良ニヨリテ、当宿直ヲ要セザルニ至リタル向モアリ、一面ニ守衛ヲ置キテ之ヲナサシムルコト、ナリタリ、茲ニ総本店ノ認可ヲ得ルコトヲ必要トスルコトニナリタリト思フ、当宿直ハ人ノ多ク嫌悪スルモノナルモ、之カ廃止ニ就テハ十分ニ取締ラザルベカラズ、又認可ヲ受ケテ置ケバ大ニ都合ヨシト思フ

当宿直の認可制

山下芳太郎（総本店支配人）

当宿直規定中、認可ヲ要スル場合四ヶ所アリ、其ヲ順次吟味セン

1. 当宿直ヲ置カザル時（第一条）
2. 特別ノ人ニ当宿直ヲ免スル時（第八条）
3. 細則又ハ特別規定ヲ作ル時（第十一条）
4. 当宿直料ヲ定メ又ハ改正スル時（第十二条）

松本順吉 廃止ヲ希望スルハ第一ノ点ナリ

当宿直は皆嫌う

鈴木馬左也 当宿直ハ皆嫌フ所ナルニ付、或所ハ之ヲ置キ、或所デハ之ヲ置カサルコトガ出来ルニ付、之ハ十分熟考セサルベカラズ

松本順吉 別子ニ於テハ之ヲ嫌フニアラズ、組織ノ点ニ於テ之ヲ必要トスル所ト、之ヲ要セザル所トカ生ズルニ至ル、要之大体ノ方針ヲ示サレ度シ

鈴木馬左也 方針ハ示サレザルコトナキモ、其方針ニ依テ取捨スルコトガ大ニ困難ナルベシ

総本店の取締上認可が必要であれば致方なし

松本順吉 大体ニ於テ認可ヲ要セズト思フモ、総本店ノ取締上必要ナリトスレバ致方ナシ、各店部ノ主管者ヲ我侭者ト考ヘラレザランコトヲ望ム

本店認可制の主意

鈴木馬左也 各店部ノ主管者ガ我侭ノ故ヲ以テ、本規定ヲ設タルニアラズ、只周囲ノ事情ニ因ハル、ガ故ニ、正確ノ判断ヲ下スコト難キ場合多カルベキニヨリ、本店ヨリ観察スルヲ便トスル場合アルベシ、故ニ本店ノ認可ヲ必要トスル主意ナリ、先ノ話ハ我侭ノ問題ヲ云ヒタルニ非ズ

松本順吉

総本店の統轄に反対しないが、別子に特別権限を与えてほしい

総本店ノ統轄ヲ主トセラル、点ニ於テ反対セズ、只其統一ノ目的ニ反セサル程度ニ於テ、別子鉱業所ニ特別ノ権限ヲ与ヘラレタシ

山下芳太郎

当宿直規程第八条ノ存廃如何、コレハ各店部主管者ノ専行ニ委任スルモ可ナリ

第十条ニ就テハ、細則ハ各店部主管者ノ専行ニ委任シテ可ナルモ、統一ヲ図ル為メ事後届出ツルコト、シタシ、特別規定ニ就テハ現行ノ侭トシタシ

第十二条ニ就テハ、各店部共大体ノ統一ヲ図ル為メ、現行ノ侭トシタシ

松本順吉

本案ニ就テハ第一条ノ問題ヲ主トセル主意ニテ、他ノ各項ニ就テハ別ニ希望ヲ有セズ

第三議題議事録、技術補助員（別子鉱業所提出）

補助員規定に技術上の文字を加えたい

三、補助員ヲ技術上ノ必要ニ依リテモ、傭使スルコトヲ得ル様ニ規程ヲ改メントスルノ希望

松本順吉（**別子鉱業所支配人**）

現在ノ補助員規定ハ事務上トアルヲ以テ、技術上ノ文字ヲ加ヘラレタシ

吉田良春（**若松炭業所支配人**）

若松ニテモ沢山例アリ、事務ト云フ字ニハ技術ト云フ意味ヲモ含メテ、コノ侭ニテモ可ナラン

松本順吉

其御解釈ナラバ本案ハ撤去シテモ宜シ

佐渡亮造（**呉販売店支配人**）

家法ニテハ事務員ト技術員トヲ区別シアリ

日高直次（総本店副支配人心得）

用語ハ整理ノ必要アリ、技術ト加フル方可ナランカ

松本順吉

実質ではなく文字の問題

実質ノ問題ニ非ズ、只文字ノ問題ナリ

編者註

○原史料の「八　調査」の箇所に、総本店の所見が掲載されているので、参考までに次に記す。

総本店所見

三、補助員ヲ技術上ノ必要ニ依リテモ傭使スルコトヲ得ル様ニ規程ヲ改メントスルノ希望（別子鉱業所提出）

右ハ補助員規程ヲ左ノ通リ改メタシト云フニアリ、即チ

第一条　各店各部ニ於テ事務又ハ技術上ノ必要ニ依リ補助員ヲ傭使スルヲ得、其定員ハ予メ許可ヲ受ケ置クベシ

第二条　補助員ハ係員以上ノ指揮ヲ受ケ等内員ノ（削除）事務又ハ技術ヲ補助スルモノトス

補助員規程ハ明治三十年ニ規定セラレ、技術者ヲ補助員トナスノ例ハ卅四年三月若松炭業所ニ於テ東京工手学校三十三年度卒業生武田三郎二ヲ十八円ノ補助員トナシタルヲ初メトシ、四十年頃ニハ別子以外ノ技術者ヲ使用スル店部ニハ続々技術者ノ補助員ヲ傭使スルニ至ル

之ヨリ以前ハ工業学校卒業生ヲ雇入ルル際ハ準等内ノ試験雇ニ任用シ、数ヶ月後等内十等ニ任命セリ、三十四年后ハ等内十等ノ俸給ハ十二円乃至十七円、三十九年後ハ十五円乃至十九円ナリシガ、大正二年以後ハ二十円以上二十五円迄トナレルヲ以テ、此点ニテ普通工業卒業生ヲ準等内ノ試験雇トスルヲ得ザルニ至レリ。

別子ニ於テハ四十三年以前ニハ事務ニモ技術ニモ補助員ハ任用セザリシモ、同年十二月左ノ通牒アリ、初メテ補助員ヲ任用スルコトトナル。

従来別子鉱業所ニ於テハ補助員ヲ任用セラレサル筈ニ候処、自今必要ニ応シテ右採用相成可然事ニ決定候間、此旨通牒也

＊四十三年、四十四年ニ別子ハ工手学校卒業生ヲ補助員トシテ採用セリ。

（＊印の上部欄外書込）
「△
近藤　告　　四三年八月　補、一五円
曽我竹松　四四年四月　補、一八円
金岡左中　〃　　〃　一七円」

即四十三年以後ハ各鉱山店部、製造店部共、技術者ノ補助員ヲ傭使スルニ至リタルヲ以テ補助員規定ヲ右ノ如ク改ムルコトハ今日現実ニ行ハレ居ルコトヲ規定ニ明示スル迄ノコトナルヲ以テ、別段不可トスル理由ナシ

「等内員ノ」ノ四字削除ノコトモ不可ナカルベシ、補助員ハ係員以上ノ指揮ヲ受ケテ事務又ハ技術ヲ補助スルモノナルガ故ニ、其事務又ハ技術ガ等内員ノ分タルト補助員ノ分タルトヲ別ツ要ナカルベケレバ也

第四議題議事録、補助員席次（別子鉱業所提出）

四、補助員ノ席次ヲ等外員ノ次トシ、其待遇モ総テ等外員ニ準ゼシメントスル希望

提出理由

松本順吉（別子鉱業所支配人）

補助員と等外員の区別困難（前掲一八九頁の「傭員例」も参照）

補助員ト等外員トノ問題ハ甚ダ困難ナリ、等外員中ニハ、守衛ノ外ニ相当ノ年配ノモノニテ、相当ノ働キヲナスモノアリ、補助員ヲ短時日ノ間ノ働キニヨリ、等外員ノ上位ニ置クコトハ甚ダ都合悪シ、故ニ従来ハ甲種商業学校卒業生ヲ普通三ヶ月試用スル所ヲ、一年モ一年半モ試用ノ上、漸ク補助員トセシ有様ナリ、今年甲種商業ノ卒業生ヲ採用スルニ就テ、試用期間ニ就テ本店ヨリ

補助員廃止案

御注意アリタルモ、別子ニ於テハ困難ナルニ付、本案ヲ提出スル所以ナリ

草鹿丁卯次郎（**倉庫支配人**）

之ノコトハ前ニモ松本支配人ヨリ提案アリタルモ、其時ハ補助員廃止案ナリシト思フ、余ハ補助員廃止案ニ賛成ナリ

西崎傳一郎（**電線製造所支配人**）

現在補助員ニテ等内ニ上ス能ハサルコトアリ、之ハ如何ニ取扱フベキカ

小幡文三郎（**伸銅所長**）

如斯場合アリ、多クハ退身セシメタリ

中食午後一時四十分開会

小幡文三郎

等外に軍需特務曹長経験者があり、補助員をその上位にできない

実際今ノ席次通リニテハ困ルコト多シ、補助員ノ若干ヲ等外ヨリ下ニ置クハ、等外員ニ不平アリテ困ル、不都合ノ場合ニハ罷メサセルコトニシ居レリ、等外ニモ軍曹、特務曹長ノ如キ人物アリテ、実際ニ役立ツモノ多キニヨリ、補助員ノ若干ヲ其上位ニ置クコトハ感情上取扱六ヶ敷シ、故ニ補助員ヲ等外員ノ下ニ置キテ、準備員ノ待遇ヲ今日ヨリ能クシタシ

山下芳太郎（**総本店支配人**）

別子ナドニハ斯ル人物等外ニアルヲ以テ困ラル、訳ナランモ、倉庫ナドニテハ如何

草鹿丁卯次郎

補助員は等内の卵

伸銅所ノ御扱ノ通リニデ、準備員ハ別子ノ坑夫頭ノ如キモノニハアラザルカ、補助員ハ等内ノ玉

子ナリ、変則ナルモノハ給仕上リノモノナリ、之ハ試験ニ依リテ等内ニ上リ得ルナリ、故ニ補助員ハ等内カ等外カニ付属スルモノト思フ

補助員ヲナクスレバ、只試験雇ノ間ガ長クナルコト、ナルベシ

小倉正恆（総本店支配人）

等内ニ行ク性質ノモノハ甲商等学校出ノモノニシテ、其種ガ違フト思フ、等内ニ入ルコトヲ得ルモノハ其上ニ置クコトハ構ハヌト思フ

松本順吉

学校出の補助員は諦めている

学校出ノ補助員ハ如斯種ガ違フモノトシテ諦ラメ居レリ

小幡文三郎

甲種商業卒業程度ノモノカ種カ違フトハ思ハレヌ、準備員中ニハ陸軍ノ特務曹長、海軍ノ上等兵曹ノ如キモノアリテ、此等ハ実務ノ上ヨリ大ニ経験ヲ有セリト思フ、之ガ種カ違フトスルハ大ニ不心得ナリト思フ

草鹿丁卯次郎

補助員は日給雇のまま何年置くのが適当か

現状ノ侭ニテ、別子抔ニテ等外ノ上ニ補助員ヲ置カントセバ、日給雇ノ侭何年位置クコトヲ適当トスルヤ

松本順吉

三年位日給ニテ置ケバ、補助員又ハ等内ニシテモヨロシ、陸軍ノ曹長ノ如キハ別子ニテハ多ク守衛ナリ、実務ト別レテ居ルニ付関係ナシ、乍併事務ニ干係セルモノハ、年モ取リ多ク技量ノ上ニ

補助員が等外の上位では困る

テモ異ル、補助員ノ小僧ヲ上ニ据ヘルコトハ困ル、別子ニテハ補助員ガ等外ヨリ事務ヲ習ヒ居ルモノモアリ

草鹿丁卯次郎

住友では普通の基礎的知識が必要

三、四年ハ困ル、根本トシテハ住友ニ働クモノハ普通ノ基礎的智識アルコトヲ必要トス、特ニ或一点ノミニ就テ長シタルモノモアランモ、之ヲ上ニ置ク必要ナシト思フ

小幡文三郎

技術面で長じた者は上位に置くべき

技術ノ方面ニ就テ云ヘバ、基礎学ノ如何ニ拘ハラズ、或一点ニ長シタルモノハ矢張リ之ヲ貴シトシテ上ニ置クベキ必要アリ

倉庫ノ如キハ、特別ノ技術ヲ要セザルヲ以テ、従テコノ問題ニハ干係ナシト思フ、技術ト事務トハ自ラ区別シテ考ラレテ然ルベシト思フ

草鹿丁卯次郎

別子ニテモ技術ノ方面ニ就テ然カ云ハル、カ

松本順吉

技術及年令ノ点ヲ然カ云フ

吉田良春（若松炭業所支配人）

等外ヨリ直ニ等内ニ進メル途ヲ開キテハ如何

小幡文三郎

統一主義は弊害

要之、余リ統一主義ハ却テ弊害ヲ伴フ様ニ思フ、技術ヲ主トスル店部ト、事務ヲ主トスル店部ト

技術系店部と事務系店部は組織が異なる

ハ自ラ其組織ヲ替ヘルコトヲ必要ナリト思フ、統一主義ヲ主トスレバ、組織ハ死物トナルベシ、又変則ニナル傾向アリ、何トナレバ、等内ニ上セバ六等以上ハ困ルト云フコト、ナリ、サスレバ準備員トシテ置ク外ハナシ（俸給ノ点ニ於テ）、之レ組織ガ余リ井然タルノ為ナリ、故ニ補助員ハ廃シタシ、サスレバ何レニ置クカト云フニ準備員トスル、或ル長時日ヲ経テ等内トナスベシ、故ニ統一スルトセバ、倉庫・銀行ト伸銅所・別子ナドハ困ルコト、ナルベシ、余リ階級ヲ八釜敷云フコトハ悪シ、結局ハ六ヶ敷種類ノ異ナルモノヲ一組織ニ入ル、コトハ、何レガニテ不精セザルベカラザルコト、ナル、伸銅所ナドハ不精セルモ満足セルニハ非ズ

山下芳太郎

等外ノ下ニ甲種商業卒業ヲ置キテドシ〳〵上ゲテ行クコトハ、等外ノ心地ヲ悪クスル傾ハナキヤ

小幡文三郎

三四年ノ後資格出来タル上ナレバ、等外モ満足スルナラン

今ノ補助員ヲ主ニ等外ノ下ニ置クコトハ復タ人気ニ障ルベシ、一、二年ノ間補助員ヲ廃スレバヨカラン、コノ点草鹿君ノ考ハヨカラン

草鹿丁卯次郎

具体的ノ考ナキモ、等内ト等外ノ中間ニ置クコトハ面白カラズ

小幡文三郎

等外を廃して準備員とする案

等外ヲ廃シテ等内ト準備員トスル、準備員ヲ日給ノミトスルハ究屈ナリ、準備員ハ日給ト月給トヲ置キテ、等外ヲ廃スルコトヨカラン、守衛ノ如キハ月給ノ準備員トスルナリ、左スレバ伸銅所

ノ準備員ニハ都合能キコト、ナルベシ

月給準備員の月給額制限

草鹿丁卯次郎　月給ノ準備員ニハ月給額ニ制限ヲ措カザルヤ

小幡文三郎　準備員ニシテ月給百円位ノモノモアリテヨシト思フ、サレド等内ヨリ見レバ席次ノ問題起ルモ、月給ニテ押スコト、スレバヨカラン（等内ハ等内ノミ、準備員ハ準備員ノミノ月給押ノ意カ、然ラサレバ後ノ説ト矛盾スル所アルベシト思ハル　井下）

草鹿丁卯次郎　等外ノ月給ノ制限ヲ廃スレバヨキ訳ナリヤ

等外の月給額制限

吉田良春　等内ハ本店ニテ扱ハル、人ナリ、準備員ハ各店部ニテ勝手ニ扱ハル、モノニシテ、其内ニ月給ト日給トノ二種アリトスルカ

等内は本店で、準備員は各店部で扱われる者

草鹿丁卯次郎　小幡所長ノ説ハ月給準備員ト、日給ノ準備員トノミトスルヤ

小幡文三郎　等外ノ名ハ宜カラズ、準備員ノ方宜シキ様ニ思フ

山下芳太郎　等内傭員ト準備員ノ席次ハ如何

小幡文三郎
準備員ハ等内員ニ譲ルコト、セサルベカラズ、甲商卒業ノ人ハ永ク準備員ニ措クモ、技術ヲ覚ヘレバ上セテヨロシカラン

草鹿丁卯次郎
小幡氏ノ話ノ如キモノハ、本店ニテモ倉庫ニテモ嘱託ト云フモノアリ、月給ニテ年末賞与モアリ、只名ヲ異ニスルノミナレバ、嘱託ノ名ヲ用イテハ如何

小幡文三郎
之デハ困ル、嘱託ハ店部ノ傭員ト云フ感少シ

萩尾傳（**鋳鋼所支配人**）
統一ノ方ヨリ見レバ、各店部ノ組織ニヨリテ各階級ノ間口ヲ広クシテ置クニ限ルト思フ、故ニ名義ハ存シテ置キ、不用ナル店部ハ之ヲ用イネバ宜敷カラズヤ

小幡文三郎
傭員ヲ等内ト準備員トシテ置ケバ、融通カ利クニ非ズヤ

萩尾傳
其レデ色々ノ階級ヲ存シ、各店部ニ適スルモノヲ夫々使用シテヨシト思フ、ツマリ補助員カ不用ナル店部ハ補助員ノ名ヲ用イザレバヨシ、賞与ノコトナド不公平ニナルヤモ知レザルニ付、其範囲モ亦広クシテヤルコト

小幡文三郎

嘱託

範囲ヲ広クシテ其内ニ含マシメルコト、シタシ、或ル所ニハアリ、或ル所ニハナシトセバ感情ノ上ヨリモ面白カラズ

萩尾傳

鋳鋼所の事例

補助員ヲ使用スルコトハ鋳鋼所ニテハ出来得ル問題ナリト思考ス、技術者ト事務員トヲ用ヒ分ケルニハ、鋳鋼所ニ適スル様ニ補助員ヲ仕立テ、行ケバヨシト思フ、只職工ノ親方ニ就テハ別ノ待遇ヲナシタキ希望アリ

学校出の者を適合するように仕立てるのが補助員

学校出ノモノハ一般ノ教育ヲ受ケ居レルモ、技術ニテモ事務ニテモ住友ノ実際ニ適スルモノニアラズ、全体補助員ヲ置キタル主意ハ、学校出ノ者ヲ各店部ニ適合スル様ニ仕立テ、使用スルニ在ルコト、信ズル、寧ロ階級ハ今ノ如クシテ置キテ、人ノ方ヲ之ニ適スル様ニ使ッテ行ケバヨシト思フ、鋳鋼所ノ人ヲ使ッテ行クハ如此シテ居レリ

小幡文三郎

職工の親方

職工ノ親方ニ対シテ別ノ待遇ヲナスコトハ、別子ト同様ノ有様トナルベシ

萩尾傳

鋳鋼所ニテハ、鋳鋼所ニ入用ナ人物ヲ仕立テ、行クコトハ総本店ノ主旨ニ非ズヤト思フ

小幡文三郎

技術者ノ多キ所ニテハ、夫々ヨキ様ニ組織ヲ改ムル方便利ナラズヤ

吉田良春

鋳鋼所ニモ亦等外アリヤ

萩尾傳

アレドモ少シ、技術ノ方トモ事務ノ方トモ判然明カナラザルモノヲ使傭セリ

組織トシテ全体ヨリ考フレバ、等外ヲ置クモ可ナランカ

松本順吉

別子ニ於ケル守衛ノ如キハ鋳鋼所ニテハ必要ナキヤ

萩尾傳

作テカラ使テ行ク積ナリ

松本順吉

別子ニテハ守衛ノ如キハ強テ学校出ノ如キモノヲ要セズ、之ニテモ作リ出サント考ヘラル、ヤ

萩尾傳

作リ得ルト思フ

松本順吉

総本店は将来等外を廃止するのか

左スレバ総本店ニ於テハ、将来等外ヲ廃スル御主意ナルヤヲ聞カサルベカラズ、実際ノ状況ヨリ云ヘバ、経済ノコトモ考ヘサルベカラズ、例之中学ヲ半途退学セルモノ、如キヲ使用スルコトハ適当ナリト思フ、必ス学校出ニモ及ハザルベシト思ハル

草鹿丁卯次郎

等外は不用、消滅の方向

今日ノ場合ハ便法トシテ斯ル人物ヲ使用シ得ル便法モアラン、サレド将来学校出ノ等外ヲ使用スルコトハ便利ナラント思ハル、尚今ノ如キ程度ノ等外ハ漸次不要トナリ、又消滅スカト思フ

学校出の者のみを使うことは適用し難し

吉田良春

若松ニテハ如斯訳ニハ出来兼ヌルナリ、中等教育ヲ受ケタル人ノミニテ住友ノ事業ヲナスハ、ツマラヌコト、思フ、仕事ニ依リ技術ニ依リテ、其長所長所ニ依テ使用シ得ルト思フ、学校出ノ者ノミヲ山ニ使フコトハ到底適用シ難シト思フ

草鹿丁卯次郎

然リ、倉庫ニ於テモ同様ナリ、今日ハ過渡ノ時代ナレバ、等外員ニ適スルモノヲ学校出以外ノモノヨリ求ムルヲ得シモ、将来ハ学校出以外ノモノヨリ此種ノ人物ハ求メ難キニ至ラント思フ

吉田良春

素人目ヨリ云ヘハ、等外ノ仕事ニ就テ云ヘバ学校出ヨリハ堪能ナルモノアリ、実質ヨリ云ヒテ劣レリト云フ訳ニ非ズ

階級整理ノ関係ニ於テ、準備員中ニ月給又ハ日給アリトシテ置ケバ簡潔ナリト思フ

等外を準備員に組み込んではどうか

山下芳太郎

等外ノ名ハ必要ナリヤ、等外ヲ準備員ニ組込テハ不便ナリヤ

傭員制改正が必要

吉田良春

傭員制ハ改正ヲ要スル点多シ、給仕、使丁ノ如キモノヲ傭員トセルモ、之ハ除キテハ如何トノ説出デタリ、歴史的ニ必要ヲ生シテ準備員ガ出来、重キ地位ノ人カ傭員テナイコト、ナリ、頗ル妙ナモノナリ、三菱等ニテハ使傭人トシテ月給又ハ日給アリテ、之ヲ以テ総テヲクルメ居レリ

小幡文三郎

外国抔ニテハ如何ナルヤ、ソンナニ階級ヲ盛ニ多ク用ユルハ多カラズト思フ

山下芳太郎

住友ニテハ余リニ名前多シ

小幡文三郎

然リ

吉田良春

住友ニテモ始メハ傭員ト準傭員丈ケナリシモノナラン、後ニ日給雇ヲ始末スルニ困ル所カラ、色々ノ階級ガ出来タリト思フ

山下芳太郎

建築部

総本店ニハ建築部ノ係員ノ如キ臨時雇アリ

日高直次（総本店副支配人心得）

此等ハ今ハ傭員ナリ

山下芳太郎

準傭員の規定

準傭員ノ規定ニ就テ何カ協議ヲ要スル事ナキヤ

小山九一（東京販売店支配人）

等外ヨリ等内ニ進ムルノ標準ハ如何、別子其他ニ於ケル実際上ノ振合御示シアリタシ、実務ニ就テ、能ク間ニ合フモノハ等内ニ進ムルニ就テ、寛大ノ御取扱ヲ希望ス

中田錦吉（理事）

是迄ニモ実例ハ多シ、併シ之ニ就テノ標準ハ定マリ居ラザルモ、君ノ説ノ如ク実務ニ就テ考フルノミデナク、実務ハ勿論、人品等総テノ点ニ就テ条件ヲ具備セサレバ、等内ニ進ムベキモノニ非スト思フ、只実務ニ間ニ合フト云フ程度ニテハ、親方トナル迄ナラント考フ

小山九一

等外ハ実務上ヨリ観テ、補助員ヨリハ却テ宜敷様思ハル、故ニ技量抜群ノモノヲ等内ニ進ムルコトハ、一ノ緩和策ナラント思ハル

中田錦吉

私ノ記憶スル所ニテハ、之ノ起リハ知ラサレドモ、等内ト等外トハ今ヨリハ昔ノ方ガ能ク分レ居リシト思フ、昔ハ目ニ文字ナキモ物ノ役ニ立ツト云フ丈ケニテ、等外ニ使用シタルコトアリ、人品抔ノコトハ別ニ取立テ、云ハザリシモ、実務上ニハ十分能ク役立チタリ、等外ハ其当時ハ本店ト別子トノミナリシト思フ、初メハ等内、等外、補助員、日給雇トアリタリ、臨時日給雇ト云フハ名称ノ如ク、当方ノ入用ノ時ニ臨時ニ使傭セシモノカ便利ノ為メ漸次其期間カ永クナリ、遂ニ常時ニ於テ臨時日給雇ノ名ヲ以テ使用スルニ至レルモノト記憶ス

別子ニハ最初補助員ヲ必要トセサリシモノナリ（此時稍詳敷沿革ノ御話アリシモ脱セリ）

等外ト補助員ノ席次上下ノコトモ、改正ハ或ハ必要ト考フルモ（コノ間官庁ノ判任官中長ク居ルモノト、普文官試ヲ及第セルモノニ就テ比較ノ御話アリタリ、脱セリ）将来ヲ達観シ、尚且ツ十分ニ研究アリタシ

別子ニテハ、事務ノ内容ニ就テ等内ト等外ノ仕事カ判然区別セラレ居ラズ、伝票ノ作成等ハ等内ノモノカ分担セルモ、病気其他ニテ不在ノ時ハ、其係ニ在ル等外ガ之ヲ代理執務セルモノコトア

別子では等内と等外の仕事が区別されていない

住友史料叢書

リシト思フ、之ハ能ク区別スルノ要アルベシ

吉田良春（若松炭業所支配人）

若松ニ於テモ同様、等内ト等外ト仕事ノ内容ト区別判然タラザルモ、之ハ区別スルノ要アリト考フ

鈴木馬左也（総理事）

建築部の事例

名前ヲ直截簡明ニシタシト云フ主意ハ賛成ナリ、ソー云フ事ハ之迄屡々之ヲ感ゼリ、今之ヲ記憶セサルモ、之ヲ簡単ニスルニハ段々其時々ノ歴史ヲ有スルコトニ付、其種々ナル傭員ノ待遇及仕事ノ仕振等ヨリ能ク考ヘサレバ、遽ニ之ヲ改正スルハ六ヶ敷キコト、思フ

往年住友総本店及銀行ノ為ニ建築部ガ出来、一時的ナレバ臨時雇トセリ、之ヲ（臨時建築部）罷メテ営繕課ニ改メタルモ、其係ノ人ハ同様ニシテ依然臨時雇トナシ置キタリ、今日ノ取扱ハ異ルヤモ知ラザレドモ、其当時ハ賞与ヨリハ月給ヲ高クシテ置キタルコトアリ（其希望アリタル為メ）、左スレバ其人々ノ専門ニ依リテ、学歴ヨリ云フモ同値デアルベキ大学出身者ガ、建築ナレバ百五十円、法学士ハ百円ト云フ差アルコト、ナリ、之ヲ一通ノ扱ニスレバ始末ガ付カザリシモ、之ヲ臨時雇ト本傭ト区別スレバ始末ガ付ク様ノ事モアリタリ、之ヲ同一階級ニ流シ込ムハ権衡ヲ失スルト思フ、同シ建築部ニテモ臨時雇ナレバ月給高ク、本傭ナレバ月給低シト云フハ復タ始末悪シ

日給雇ハ別子ニ多シ、日給雇ヲ廃スルハ六ヶ敷カラン

補助員ハ銀行ニ多シ、補助員ヲ廃シテ総テヲ等内雇ノミトスルハ、仕事ノ上ニテ困難ナラント思

日給雇は別子に多い
補助員は銀行に多い

三八六

ハル

名称は歴史的のものが多い

要之名称ハ歴史的ノモノ多ケレバ、之ヲ歴史的ニ能ク批判シテ、店部ノ事情等モ能ク考ヘ、之等ノ事情ヲ能ク参酌シテ、仕事ノ実質ヨリ簡単ニセサレバ、シンプリケーションハ六ヶ敷ト思フ、従テ篤ト研究ノ上ナラデハ困難ナリト考フ

山下芳太郎

小幡所長ノ案ハ等内ト準備員トスル案ナリ

鈴木馬左也

名前ノコトハ不満足ノ点多カラン

小幡文三郎

改正シタシト云フニハ非ス

鈴木馬左也

複雑ニシテ困ルト云フ点ハ同感ナリ

吉田真一（**銀行本店支配人**）

補助員ノ問題ハ両三年来ノ問題ニシテ、改正ハ今日必要ニ迫レルモノナルベシ、銀行ニハ目下二百名ノ補助員アリ

山下芳太郎

銀行ト工場及鉱山等トハ大ナル相違アルベシト思フ

吉田真一

銀行では補助員の等外下位に反対

補助員ヲ等外ノ下ニ置クハ銀行ニテハ到底出来難キコトナリ、而シテ補助員ハ将来等内傭員ノ玉子ナレバ、之ヲ軽々シク待遇セントスルハ大ニ注意スベキコトナリ、第四案ハ絶対ニ反対ナリ補助員ヲ止メテ他ト合併スルトスルバ考へ物ナレドモ、準備員トスルコトモ考へ物ト思フ、補助員ハ若手ヲ住友家ノ型ニ作リ上グルモノナリ、準備員ハ色々ノ階級アラン、其仕事ノ種類ニヨリテ考ヘテ見タシ、補助員ヲ廃スルナレバ寧ロ等内ニ加ヘタシ、然レドモ等内ニ未成年者アルハ面白カラザルベシ、故ニ等内見習トセサルベカラズ、結局同様ニシテ混雑スルコトナリ、要之補助員ハ等外ノ上ニ置キ、教育シテ行キ大事ニセサルベカラズ

補助員の年長者を少なくしていく

中田錦吉

補助員中ノ年長者ハ漸次少クシテ、新シク作ラザル様ニスル方針トシタシ、補助員中ニハ甲種商業ノ卒業生ト給仕上リトアリ、故ニ各部ニ於テ其資格ヲ選定シテ採用セバ宜敷カラン、之ヲ廃スルハ宜シキモ、試補トカ見習トカ、名義ノミ異ナリタル同種ノモノヲ作ラサルヘカラザルモ、コハ面白カラズト考フ

鈴木馬左也

今後ハ少シク改良シ得ベシト思フ、参考材料聞キテ置キテ大ニヤルノダナー

各店部での立案を希望

中田錦吉

各店部ニ於テ、各ハ便利ノ方法ヲ立案セラレタシ

草鹿丁卯次郎

之ノコトハ年々ノ案ナルモ、補助員ヲ廃シテ等外ヲ増スカ、又ハ準備員トスルカ、只名義ヲ変更

スルノミニ止マル、総本店ニ於テ案ヲ出シテ貰ヒテハ如何

総本店で立案してほしい

山下芳太郎

庶務課ニテ引受タルコトガ出来ルヤ

日高直次（総本店副支配人心得）

矢張リ各部ヨリ提出シテ貰ヒタシ

萩尾傳

然ラバ総本店ヨリ文書ヲ以テ通知アリタシ、鋳鋼所ノ全体ノモノヨリ考案セシムル上ニ於テ必要ナリ

山下芳太郎

身分ハ之ヲ定ムルモ、職名ハ何ントデモ多クスルコトハ出来サルヤ

身分を定めて職名を多くする

吉田良春

同感ナリ

中田錦吉

之ハ畢竟上カラ考フルト下カラ考フルトノ相違ノミト思フ

賞与ノ点ニ就テ云フモ、準備員工手トシテ考フルモ、僅少ノ率ヲ与フルモノト、多ク与フルモノト同一ニ律スルコトヲ得ルヤ、之ノ点ニ就テモ準備員ト一括シ、職名ノミヲ異ニシテ行クコトハ可能ナリヤ

山下芳太郎

退身慰労金の問題

退身慰労金ノ問題モアリ混雑スルナラン

鈴木馬左也

漸次ニ発達セシモノヲ簡単ニスルコトハ、熟慮ノ上ニテセザルベカラズト思フ

中田錦吉

今日ニテモ傭員ト準傭員トノ二階級トナリ居ル訳ナリ、只仕事ノ名義ヲ異ニセルカ為ニ不便ヲ来セルナリ、千遍(篇)一律ニテ行カズ

鈴木馬左也

可成数ヲ少クシ、待遇ノ仕方ヲ簡単ニスルコトニシタシ

待遇の仕方

小山九一

待遇ノ仕方ハ等外ト補助員トヲ同一並ニシテハ如何、等外中技能優秀ナルモノヲ等内ニ進メル方針ニセラレテハ如何

鈴木馬左也

等外ハ一生等外タルベキモノナリ、尤モ特例ハアリ、補助員ハ等内ニ上ルモノ、卯ナリ

等外より等内への昇進

小山九一

補助員ハ頭ハ宜シ、等外ハ実際ニ適ス、之ヲ等内ニ上スニハ寛大ニセラレタシ

鈴木馬左也

取扱振ハ寛大ニ実行セルニ非ザルヤ

松本順吉

実質ノ鑑別ハ中々六ヶ敷モノ故、一時ハ等外ヨリ等内ニ進メタルコトモアリタル様ナルモ、年々之ヲ取扱フコト能ハズ、特別ノモノニアラザレバ昇進セシムルコトハ出来ヌ

中田錦吉

等外ヨリ等内ニ昇セテモ、其成績宜敷カラザル様思フ

鈴木馬左也

等外ヲ等内ニスルコトニ於テ、色々拘泥スル所ナキ様アリタキコトナリ、総本店ノ主意ナリ、加之学校出ノモノヲ採用スル上ニテモ、点数ニ係ハラズ其人物ニ重キヲ置ク主義トシテハ、小事ニハ拘泥セズトノコトヲ御承知アリタシ、只主義ヨリモ実行ノ宜シキヲ得ルコト、、諸君ノ御注意ヲ願フ、昇進ニ就テモ亦同シ、尤物ハ大切ニセラレタシ、一部ノ勢力ヲ得ル為ニ特別ノ人ノミヲ昇進セシムルコトナドハ注意スベキコトナリ、若シ宜敷ヲ得サル様ノ場合ハ、立派ナル精神ニヨリ諸君ヨリ十分注意助言アランコトヲ希望ス

人ヲ用ユルコトハ中々六ヶ敷モノナリ、劣ルモノハ採ラズトスルトモ――店員中ニテモ昇進ノコトハ宜敷ヲ得タシト思フ、コノコトハ余ノ主義トシテ常ニ注意セルモ、又実行ニ欠クルコトナシトハ思ハレズ、是点ハ協心戮力シテ過失ナキヲ期シ度シ、支那ニ於ケル科挙ノ制ハ後ニハ大ニ誤リタルモノナリト思ハル、住友ニテモ之ヲ繰返サヾル様注意シタシ、又日本ノ官吏ノ高等文官試験ニモ亦弊害アリト思ハル、之ハ大ニ注意セサルベカラザルコトナリ、コノ制度モ伊藤公爵カ国家ノ為ニ之ヲ考案セラレタルモノナルモ、今日ハ委員ガ悪シト云ハントス、住友モコノ弊ニ陥ラサランコトヲ望ム、乍去人ノ一端ノミヲ見テ其取捨ヲ決スルモ、亦後悔スルコトアルト云フコト

科挙制度や高等文官試験の弊害を繰り返さないように

ヲ熟慮セラレタシ、主義トシテハ下ラヌ事ニ拘泥セザランコトヲ望ム

山下芳太郎

第四ノ問題ニ就テハ、其取調方ヲ各店部ニ依頼スルコト、シタシ

松本順吉

其調査期間ハ一ヶ月ヨリハ少シク永クセラレタシ

準備員ノ規定ノコトハ本問題ト区別シテ進行セラレタシ

吉田良春

同感ナリ、準備員ノ規定ヲ速ニ決定セラレサレバ、下級ノモノハ不穏ノコトナシトモ限ラレズト思フ

編者註
総本店所見

○原史料の「八　調査」の箇所に、総本店の所見が掲載されているので、参考までに次に記す。

㈠席次

本問題ハ大正四年ノ主管会議ニ於テ討議セラレシコトアリ、当時別子、若松ハ等内、等外、補助員ノ席順ヲ希望セリ。

先ツ技能ノ優劣、年齢、俸給ノ点ヲ重ク視テ立論セリ。

其他ハ従来通、等内、補助員、等外ノ席順ニテ可ナリトス。

補助員ハ等内ノ候補者ニシテ、ヤガテ技能モ進ミ、等内ニ昇ル見込ノアル者ナルガ故ニ、等外ノ上ニ置クガヨロシトナリ。

尚別子等ニ特別ノ事情アレハ特別ノ規定ヲ置クモ可ナラントノ説モ出デタリ。

席次ニ関スル議論ハ大体右ノ如クナルモ、家法傭員例ニ列記スル順序ニ従ヒ、従来通リ等内、補助員、等外トスル方適当ナルベシ、此問題ハヒイテ待遇ノ問題及補助員ノ退身手当ノ問題ニモ関係アリ。

又、補助員ヲ以テ等内候補者ト見ル説ヲトル当然ノ結果トシテ、永年補助員ニ止ルコトハ自然其精神ニ反スルコトトナルベキヲ以テ、適当ノ時機ニ於テ之ヲ退身セシムルカ、等外ニ下スベキ也、此点ニツキテハ大正二年ニ一度論ゼラレシコトアリ、大体異論ナカリシガ如シ、只其実行ノ時機ハ疑問ノ儘残レリ。

更ニ、補助員ヲ等外ニ下ストセハ退身慰労金ハ其年数ヲ通算セザレハ不都合ヲ生ズベキニツキ、此点ヲモ議セラレシガ、各部共之ニ同意セリ（大正三年）

二、待遇

	補助員	等外
年末賞		
皆勤賞	一二円（即等内ニ同ジ）	六円
旅費	等外ニ同ジ	同
被服料	一〇円（内九・十八一三円）	七円
新年宴会 家長御誕辰 酒饌料	二円	一円
運動会酒饌料	等内外給仕使丁同一	
定例休暇	十五日（等内ニ同ジ）	七日間
退身手当	等外ノ半額	等内ニ同ジ

別子ノ提案ハ補助員ノ待遇ヲ等外ト同様ニスベシト云フニアリ、然レドモ席次ヲ等外ノ上ニ置ク以上ハ待遇モ等外並ニ下グル必要ナカルベシ、却ッテ従来補助員ノ退身手当ハ等外ニ比シテ半額率ナリシコト適当ニ非ザルヲ以テ、之ヲ等内外同様ニ引上グルヲ可トス（之即「五」ノ提案ナリ）

第五議題議事録、補助員退身手当（若松炭業所・倉庫提出）

五、補助員ノ退身手当金ヲ等内及等外同様ニ改メ度希望

吉田良春（若松炭業所支配人）

補助員は等内と等外の中間

補助員ハ等内員ト等外員トノ中間ノ待遇ニナリ居リ乍ラ、退身慰労金丈ケハ少キハ宜敷カラズト思フ、大体補助員ハ一時的ノコトナルモ、既ニ退身慰労金ノコトアレバ少シク改正ノ要アリト思フ、坑内員抔ハ変災ニ罹ルコトモアリ、又補助員ニテ三年□モ其侭トナセル向モアルニ付何トカシタシ

中田錦吉（理事）

補助員は一時的のもの

現在ノ規定ノ精神ハ、等外ハ終身居ルモノナレドモ補助員ハ一時的ノモノナリ、只補助員ハ見習中ノコトナルヲ以テ、特ニ退身慰労金ヲ多クスルノ要ナシトノ見地ヨリ出テシモノナラン、昔ノ如ク、永ク補助員ニ居ルモノニハ気ノ毒ナルモ、其使傭ノ意味ヲ異ニスルニ付、却テ少キ訳ナリト考フ、等内ノ実際役ニ立チタルモノニ比シテハ、少シク意味ヲ異ニスル所アルベシ、尚勤続年数通算ナドハ特ニ補助員ニ限ルト思フ、酒餞料等ハ自分ニ対シテ給スルモノ、収入ト云フ考ニ非ス

草鹿丁卯次郎（倉庫支配人）

大体吉田氏ノ話ノ如シ、殊ニ勤続年数ヲ通算スル点ニ於テ、等内ニ上リタルト、等外ヨリ補助員ニ上リタル時ト同様ニシタシト思フ

倉庫ニテハ補助員ハ最初ヨリ補助員トセリ、其後銀行及本店ノ振合ニ依リ試験傭トセリ、今日ニテハ中田理事ノ御意見トハ大ニ異ナルト思フ、本問ハ第四ノ問題ノ解決ト共ニ解決セラルベシト思フ

中田錦吉

酒餞料ノ如キハ祝儀ナレバ、賞与ノ如キモノハ勤務ニ対スル報酬ナレバ、仕事ヲ習フテ賞与ヲ貰フコト、ナル、之レ大ニ意味ノアル処ナラン

第四議題の補助員席次解決まで延期

草鹿丁卯次郎

本問ハ第四問ノ解決迄延期スルモ差支ナシト思フ

編者註　総本店所見

○原史料の「八　調査」の箇所に、総本店の所見が掲載されているので、参考までに次に記す。

傭員例ニヨレハ、高等、等内、補助員、等外トアリ、又待遇ニ於テモ皆勤賞、酒饌料（運動会ノ分ハ除ク）、定例休暇ハ等内ト同等ノ取扱ヲナシ、被服料ハ等外以上ニ取扱ハル、ニ拘ラズ、退身手当ノミニ付テハ却ッテ等外ノ下位ニ属セシメタルハ穏当ニ非ズ、今等内、補助員、等外ヲ通ジテ一様ニ同率ノ退身慰労金ヲ給スルコトトセハ、等外ヨリ補助員ニ昇進シタル時ハ其待遇ニ於テモ亦同時ニ相当ニ厚クセラル、コトトナリ、今日ノ如ク補助員ニ昇進シタルガ為ニ却ッテ不利益ヲ生ズルガ如キ不自然ヲモ除クヲ得ベシ

次ニ退身慰労金計算上㈠補助員ヨリ等外トナル場合ニモ、㈡等外ヨリ補助員ニ昇進スル場合ニモ、補助員ヨリ等内ニ進ム場合ト同ジク、前後ノ在勤年数ヲ悉ク通算スル様ニ規定スル必要アリ

㈠ニ付テハ既ニ大正三年ノ主管会議ニ於テ各部同意ヲ得タリ、只㈡ニツキテハ一応各部ノ意向ヲ問フ必要アリ（勿論異議ナカルベキモ）

第六議題議事録、給仕・使丁退身手当（倉庫提出）

六、給仕・使丁退身手当金ハ、在勤年数ニ応シ累加増額スル様改メ度希望

草鹿丁卯次郎（倉庫支配人）

本案ハ銀行ヨリモ先年提出セラレタルコトアリト思フ如何哉

吉田真一（銀行本店支配人）
其時ハ累加ノコトハナカリキ
山下芳太郎（総本店支配人）
累加セントスル理由如何
草鹿丁卯次郎
只傭員ニ標準ヲ採リタルナリ、今日ハ何年勤続スルモ、四円ニ其年数ヲ乗シタルモノトナル丈ケナリ

給仕使丁退身手当金内規（編者註三九九頁参照）

山下芳太郎
使丁ハ十年勤続セリトテ其利益アリトハ思ハレズ、傭員トハ其趣ヲ異ニセル所アリト思ハル
草鹿丁卯次郎
使丁カ永ク勤続スル心掛ト、一、二年間ノ心掛ト、其点ニ於テ大ニ相違アリト思フ、使丁ノ心掛宜敷モノハ信用シテ使用シ得ル差アリト思フ、コレ畢竟慰安問題ノ拠テ来ル所以ト考フ、累加又ハ増加ノ割合ニ就テハ別ニ定説アルニ非ズ

使丁の心掛けよい者は信用して使用し得る

植野繁太郎（銀行本店支配人）
銀行ニ於テモ使丁ノ退身金ハ余リ少キコトヲ感ズ、実際ヲ考フルニ、三、四十才ヨリ二、三十年間勤続セシモノニモ退身金ハ僅ニ七、八十円位ナリ、之ハ十年前ノ規定ニシテ、金銭ニ対スル価値モ亦其頃ハ七、八十円ハ相当ノ価アリシモ、今日ハ大ニ異ル、増加アリタシ、其率等ニ就テハ別ニ腹案ハナシ

銀行の事例

給仕ニ対スルモノハ大シタルコトニアラザルヲ以テ、格別ノ異論ナキ訳ナリ

山下芳太郎

増加スルト累加スルトハ異ル様ナレドモ其点如何ヤ

植野繁太郎

別ニ其希望ハナシ、之ノ点ハ多数ニ賛成スル積ナリ

草鹿丁卯次郎

給仕ニ就テハ別ニ問題ニセズトモ宜敷ナリ、倉庫ニテハ給仕ハ不便ナレバ使用セザルコトニ今年ヨリ試ミツ、アリ、成績如何ニヨリテハ今後給仕ハ全廃スル考ナリ

倉庫の事例

山下芳太郎

別子ニハ学校職員アリ、之レ現在ノ使丁同様累進率ナシ、如何

別子の学校職員

吉田良春（若松炭業所支配人）

学校職員ニハ年功加俸アリ

松本順吉（別子鉱業所支配人）

余リ考ヘタルコトハナキモ、学校職員ノ方モ増加スル方宜敷ト考フ、未ダ研究ノ余暇ナシ

小倉正恒（総本店支配人）

以前ハ使丁ノ退身慰労金少キ考ナリシモ、其後他ノ会社等ノ振合ヲ聞合セタル処、住友ハ他ニ比シテ非常ニ宜敷様ナリ、採用以来自ラ退身スルモノハ稀ナリ、一般ノ給与ノ関係ヲ調査シタル後ニシテハ如何

若くて有能な使丁は今日得難い

草鹿丁卯次郎
他社ノコトハ知ラザルモ、若キ能キ使丁ハ今日得ルコトハ困難ナリ、倉庫ニテハ初任一〇―一一円位ナリ

小倉正恒
給料ヲ増ス方宜敷アラズヤ、能キ使丁ヲ得ルニハ其方有効ナラズヤ

草鹿丁卯次郎
増給スルモ亦人ヲ呼フ一方法ナラン、退身金ヲ増スコトモ亦一方法ナラン

植野繁太郎
銀行ニテハ可成勤続セシメタシ、信用シテ使フ点ヨリ云フモ、永年勤続ノ希望ヲ使丁ニ持タシムルハ必要ナラズヤト思フ

小倉正恒
退身慰労金少ケレバ却テ永ク勤続スルヤノ説アリ（退身後商売ヲ始ムル場合等ニ、退身金ヲ資本トナスニ付、少ケレバ更ニ永ク居ルトノ意ナリ）

吉田良春
親子二代勤続セルモノモアリ

住友の使丁という名誉心

植野繁太郎
収入ノ点ヨリモ、住友ノ使丁ト云フ名誉心アレバナリ

小倉正恒
今日ノ使丁ハ、多クハ生存競争ノ落伍者ナル様ナリ

草鹿丁卯次郎
生存競争ノ中ヲ泳グモノヲ使用セサレバ困ルナリ

山下芳太郎
希望者ハ甚ダ多シト思フ、別ニ特技ヲ要セサレバナリ

草鹿丁卯次郎
若クシテ健康ナルモノハ仲仕ニ使用セラレントスル希望モアリ

編者註
総本店所見

〇原史料の「八　調査」の箇所に、総本店の所見が掲載されているので、参考までに次に記す。

右ハ今日迄ニモ討議セラレタルコトアリ、現行ノ規定ハ三十六年ニ制定セラレタルモノニシテ

第一条　給仕、使丁退身スルトキハ左ノ割合ヲ以テ手当金ヲ給与ス

俸給月額拾円以上ノ者　満一ヶ年ニ付　四円

＊　同　拾円以下ノ者　同　三円

（＊印の上部欄外書込）「（拾円以下使丁ハ現規定ニハナキヲ以テ自然本項ハ給仕ノミニ適用セラル）」

トアリ、其金額ヲ四円、又ハ参円ト定メラレタル根基ハ恐ラク当時ノ給仕、使丁ノ俸給表ニ在ルモノト察セラル、然ルニ三十六年当時ノ俸給表ト大正二年改正表トヲ比較スルニ、其間甚シキ相異アリ

	給仕	使丁 一等	使丁 二等	使丁 三等	使丁 四等
三十六年頃ノ表	自三円 至八円	十二円 十三円	十円 十一円	八円 九円	六円 七円
大正二年改正表	自三円 至十二円	自廿一円 至廿五円	自十六円 至廿円	自十円 至十五円	

即、右表ニヨレハ現行ノ俸給ノ最高額ハ当年ノ二倍ニ増加セルヲ以テ、今日ニ在リテモ尚当年其侭ノ規定額ヲ給与ストセハ、其間ニ甚ダ不権衡ノ感アリ、故ニ之ヲ改メ今日ヨリモ多額ノ退身手当ヲ給スルコトニ規定スル必要アリ、此ノ必要ハ従来ノ会議ニ於テ既ニ認メラレ居ル処ナリ。

只其増額ノ方法ノミガ問題トシテ残レリ。

或ハ永年勤続スルトモ別段使丁トシテ使用上実効ヲ増加スルニモ非ザルヲ以テ、永年ト云フ点ノミニ重キヲ置キテ、之ニ多額ヲ与フルノ価値ナシト云フモアリ、又兎ニ角永年勤続スルト云フ点ノミニテモ賞スベキ価値アルモノト見テ累進率カ少ナクトモ、特ニ増額シテ慰労金ヲ給与シタシト云フモアリテ、今日迄其一致ヲ見ルニ至ラズ、増加ヲ実行ストセハ先ツ此点ニツキテ具体的ニ研究シタシ。

次ニ

準備員ニ付テモ亦前ト同一ノ事由ニテ、給与額ノ増加ヲ適当ト思ハル、先年ハ満一年ノ勤仕者ヨリ与フルカ、三年目ヨリ与フルカニ付論アリシモ、此点ハ割合永年勤続スル者少キ（交換手ノ如キ）ニヨリ、従来通リ一年目ヨリ与フル方穏当ナルベク、従来ノ三円、四円ヲ五円、七円ト云フ風ニ増額スルノミニテモ可ナランカ、之亦研究ヲ要ス。

編者註

〇原史料の「八　調査」の箇所に、「参考」として以下掲載されているので、参考までに次に記す。

慰労金算出方法

〇一般傭員ノ慰労金（満三年目ヨリ）

現俸×在勤満年数×乗率

乗率	$1\frac{1}{10}$	$1\frac{2}{10}$	$1\frac{3}{10}$	$1\frac{4}{10}$	$1\frac{5}{10}$	$1\frac{6}{10}$	$1\frac{7}{10}$	$1\frac{8}{10}$	$1\frac{9}{10}$	2	以下同ジ
年数	3	4	5	6	7	8	9	10	11	12	

〇準備員（〃）

$\frac{現俸}{2}$ ×〃　×〃

〇医院職員（〃）

$\frac{現俸\times 2}{3}$ ×〃×〃

〇学校職員（満一年目ヨリ）

＊現俸×在勤満年数
（＊印の上部欄外書込）
「給仕、使丁　$\frac{現俸}{2}$×在勤満年数」

第七議題議事録、準備員の取扱（倉庫提出）

七、各部ニ於ケル類似ノ準備員ニ付テハ、雇入給料、昇給ノ程度、休暇等ニ付同一ノ取扱ヲ為シ度希望

提出理由

草鹿丁卯次郎（倉庫支配人）
各部デ使ッテ居ル準備員ノ内デ大体似寄ッタモノハ、其雇入ノ俸給、昇給ノ程度、休暇等ハ略一定シテ取扱ッタ方ガヨイト思フ、一方デハ厚クシ、一方デ薄クスルト云フヤウナ場合ガ出来ルト、自然面白クナイ考ヲ起スニ至ルカラ可成統一シタ方ガヨイト思フ、交換手ノ如キハ其一例ナリ。

交換手の場合

山下芳太郎（総本店支配人）
交換手ナンカハ地方トコチラトハ大分事情ガ異ルト思フ

草鹿丁卯次郎
地方ノミナラズ市内デモ相異セルモノアリ、故ニ大阪ダケナリトモ統一シテ状態ノ同ジイモノハ一様ノ取扱ヲスルコトニシタシ。

別子では事情が異なる

松本順吉（別子鉱業所支配人）
大阪ハソウ行クカモ知ラネド、別子ニハソレト事情ノ大ニ異ルモノガアルカラ除外シテ考ヘラレタシ

吉田良春（若松炭業所支配人）

若松炭業所の事例

若松デハ交換手ヲ労働並ニシテ取扱ッテ居ル。

小倉正恆（総本店支配人）
倉庫デ統一ヲ希望セラル、ノハ、準備員中デハ交換手バカリニツイテヾアリマスカ

草鹿丁卯次郎
差当ッテ交換手ダケニツイテ統一ヲ希望セリ

小倉正恆
大阪市内ダケト云フノデアレハソレモヨロシカラン

鋳鋼所にも特別の事情あり

萩尾傳（鋳鋼所支配人）
鋳鋼所ニモ亦特別ノ事情アリ、同ジク大阪デモ私ノ所ハ遠方デアルカラ、汽車デ通ッテコナクテハナラヌト云フ様ナ事情ヤ、時間ヲ多クヤラセルト云フ事ヤ等デ、特別ナ事情ノ多イ所デアルカラ一律ニシテ貰イタクナシ

草鹿丁卯次郎
総本店デ交換手ノ俸給ノ表ヲ作ッテ貰ッテハ如何

山下芳太郎
調ベルコトハ調ベルトシテモ、之ヲ各部ニ知ラセルコトニシナクテモヨイト思フ

草鹿丁卯次郎
各部へ通ラセテ頂キタシ

山下芳太郎

電話デ打合セテハ如何

草鹿丁卯次郎　交換手ノ耳ニ入ルトイケナイ、一体交換手ノ給料ノコトハ総本店へ報告スル必要ガアルカ

日高直次（総本店副支配人心得）　現在デハソノ規定ナシ、故ニイカナル風ニシテ給料ヲ与ヘテ居ルカハ総本店ニハ不明ナリ

交換手の給料について総本店に報告する規定なし

草鹿丁卯次郎　倉庫デハ若イ者ニハ二十五銭カラヤッテ居ルガ、伸銅所ナドハ三十八銭位ノモノアリ

西崎傳一郎（電線製造所支配人）　一寸御尋ネシマスガ、倉庫ハドウシテソンナニ安イノガ雇ヘルノデスカ、一体ソレハ素人ノ何ニモ交換ノ経験ノナイモノヲ雇ハレルノデアリマセンカ、ソレナラハ安カルベシ。

草鹿丁卯次郎　或ハ然ラン、私ハ規定ハ必要ト云フニアラズ

編者註　総本店所見

○原史料の「八　調査」の箇所に、総本店の所見が掲載されているので、参考までに次に記す。

準備員ニハ技術才能ニ重キヲ置ク者多キヲ以テ、其雇入給料昇級ノ程度等ハ之ヲ一律ニ定ムルコト難ク、又其必要ヲ少カルベシ、提出者ハ一例トシテ電話交換手ヲ挙ゲ、倉庫ニテハ十六、七才ノモノニ対シテ雇入日給二十六銭乃至三十銭ヲ給セルニ、伸銅所ハ更ニ高額ヲ給セルコトヲ指摘シ居ルモ、交換手ノ如キニ於テハ特ニ一律ニ規定セントスルコト能ハザルモノ、其年令、学歴等ハ初任給ニハ何等関スル所ナカルベク、畢竟個々ノ場合ニツキテ審議スベキナリ。

休暇等ハ割合同一ニ取扱フヲ得ベキガ如キモ、之亦各部ニ於ケル仕事ノ都合モアルコトナレハ、一概ニ

言フ時ハ却ッテ弊害ヲ生ズベシ。
総本店ニテ準傭員ニハ左ノ如キモノアリ

	休日			
	定例休カ	暑中休カ	公休日	備考
一、臨時雇				
A、日給ニテ事務ニ従事スル本来ノ臨時雇（現在ナシ）	無		有	暑休ハ事務ノ都合ニヨリ三日以内ヲ与フ
B、補助員ニ任用スル為試用中ノ者	〃	三	有	
C、電話交換手	〃	三	有	
二、嘱託者（但準傭員待遇ノ者）				
D、建築係事務取扱嘱託（三宅健太郎一人日給一、二〇）	〃		有	
E、倶楽部撃剣教師嘱託	出欠随意			
F、同　助教師嘱託	出欠随意			
三、倶楽部監守人	無	三	月二日	
四、倶楽部使丁	〃	三	〃	

第八議題議事録、殉職・負傷時の一時給与（別子鉱業所提出）

提出理由

時機を逸しないため

八、傭員、準傭員職務ニ因ル死亡、又ハ負傷ノ場合ニ於ケル一時金給与ノ標準ヲ設ケラレ度希望

松本順吉（別子鉱業所支配人）

傭員準傭員カ負傷シ、又ハ死亡スル場合ニ一時金ヲ給与セントスル時ニハ、一々総本店ノ認可ヲ要ス、カヽル場合ニ一々伺出ノ為ニ時間ヲ要シテ、遂其時機ヲ逸スルガ如キコトトモナリ、金ノ有難味ガヨホド少クナル、カヽル場合ニハ速決支給スルコトニシタク、其為ニ一般的ノ標準ヲ定

メラレタシ

草鹿丁卯次郎（倉庫支配人）

私モ亦賛成ス、カヽル規定ハ労働者ニツキテハ一定ノモノアル位ナレハ、傭員ニツキテモ何カ一定ノモノヲ定メ得ベシト思ハル

山下芳太郎（総本店支配人）

時機ヲ失スル為ニ金ノ有難味ヲナクスル場合ハヨクアルコトナルガ、ヨ程拙イト思フ。

松本順吉

ハッパデ両目ヲナクシタ者ガ最近アリマシタガ、カヽル場合ニハ何カ規定ガアル方ガヨイト思フ。

小倉正恆（総本店支配人）

時勢ノ変遷ニヨリテ種々給与ノ割合等モ変化スベキヲ以テ、一定ノ標準ヲ規定シ置クモ如何カト思ハル

時勢の変遷によるので標準の規定は困難

山下芳太郎

案ヲ具シテ問題ニサレテハ如何

松本順吉

一般的ノモノヲ制定シテ貰ヒタシ、参考ノ為別子デ調査シタルモノヲ差出スベシ

山下芳太郎

別子テハ専行ノ出来ルヤウニ定メテ欲シイト申サルヽニヤ

松本順吉

等内位ノモノニ付キテハ専行シタクナシ、只卑キモノニツキテ専行サセテ貰ヒタシ

山下芳太郎

小倉君ノ云ハレルヤウニ、時勢ト共ニ其割合ニ変化ヲ来シ易シ、一定スルコトハ六敷カラン

松本順吉

等内丈ニツキテ標準ヲ定メラレタシ、全ク無標準デハ困ルコト甚シ

小倉正恒

卑キモノヽミニテ可ナラン、上ノ方ハ其振合モワカリニクシ、其時々ニテ定メテ行ケハ可ナラン

山下芳太郎

別子ニテ調査セラレタルモノヲ差出サレタシ、ソレニテ研究シテ定ムルコトトシタシ

松本順吉

差出スコトトスベシ

別子鉱業所における調査をもとに研究

○原史料の「八　調査」の箇所に、総本店の所見が掲載されているので、参考までに次に記す。

編者註　総本店所見

先ツ提出者ニ私案アラハ拝聴シタシ。

総本店ニ於テモカヽル標準ヲ適当ニ定メ得ルナラバ、其方ヲ希望ス、殊ニ此問題ハ別子、若松、伸銅所、鋳鋼所等ニ於テ其関係最モ切実ナルベキニ付、他ノ鉱山又ハ工場ニ於ケル振合等調査ノ上案ヲ具シテ、更ニ問題トスル方決定モ速カナルベシ、先ツ関係最モ密接ナル店部ノ調査ヲ希望ス

第九議題議事録、酒餞料の支給範囲（総本店庶務課提出）

九、新年宴会及家長御誕辰祝宴ノ酒餞料支給範囲ヲ一定シ度希望

日高直次（総本店副支配人心得）

提出理由
準備員と労働省の支給範囲の問題

支給範囲トイフモ主トシテ準備員ト労働者トニ付テノ問題ナリ、準備員ハ新年宴会ノトキニ限リ京阪神ノ店部ノ者ニノミ一円宛給セラル、出入方ハ今問題ニ非サルモ同様ノトキ一円アリ、京阪神ノ者ニテモ御誕辰ニハ無シナリ、而シテ京阪神以外ノ準備員ニハ新年ニモ御誕辰ニモ無シナリ、依テ準備員ニハ其新年ナルト御誕辰宴ナルト、又京阪神ナルト地方ナルトヲ問ハス、一斉ニ一円宛給与シ度希望ナリ。現在ノ支給範囲ノ区々ニナレル理由ハ余リ明瞭ニ非サルモ、本家ノ人ノ談ニ依レハ、昔ハ傭員数モ少カリシ故、新年ノ如キ公ノ宴会ニハ関係者全部ヲ招キ、御誕辰宴ノ如キ内祝ノトキニハ使丁以上、即関係ノ密接ナル者ノミ招待セラレタリ、後追々人モ殖エ来リタレハ、一時ニ招待スルヲ得サル状況トナリ、即チ酒餞料ノ制度設ケラレタルナリ、従テ従来招待セラレタル者ニハ之ヲ給シ、招待セサリシ者ニハ給セサルコトトシタル結果、区別アルニ至リシモノナリト。

出入方との協定

出入方ニ付テハ其後明治二十九年総本店ト本家詰所トノ間ニ協定シテ、当時ノ現在員ニ限リ之ヲ給スルコトトシ、以後出入方トナリタル者等ニハ給セサルコトニ為シ居リ、現在合計二十名許アル訳ナリ、故ニ漸次減少スルモノト見ルヘシ、一般ノ問題トハナラヌナリ。準備員中ニハ補助員ノ卵トモイフヘキ甲種商業卒業生モアルコト故、此点ヨリシテモ第一ニ権衡ヲ得サセ度考フルナリ。

山下芳太郎

準備員には皆支給することにする

約言スレハ準備員ニハ皆給ストイフ訳ナリ、今ハ京阪神ノ一部ノ者ニヤリテ、他ニハ凡テ給与ナキナリ。

西崎傳一郎（電線製造所支配人）

準備員ニモ支給シ居レリ

本荘熊次郎（伸銅所支配人）

伸銅所ニテモ然リ

西崎傳一郎

但、金額ハ異ル

本荘熊次郎

傭員ニ酒餞料アリ、職工等ノ労働者ニモ酒餞料アル訳ナレハ、其間ニ位スル準傭員ニ無之ノ理ナシトテ支給セルナリ、而シテ新年宴及誕辰宴以外ニモ天神祭ニ給シ居レリ

天神祭

山下芳太郎

別子等ハ如何

松本順吉（別子鉱業所支配人）

御規則通リナリ、支給シ居ラス

中田錦吉（理事）

鋳鋼所モ準傭員ニハ給シ居レリト思フカ如何

萩尾傳（鋳鋼所支配人）

然リ準傭員ニハ支給セルヤニ記憶セリ

伸銅所・電線製造所は支給し、鋳鋼所は支給していない

中田錦吉

先頃ノ御誕辰宴ノ折、伸・電ニハ職工迄支給セラルルニ鋳鋼所ニテハ無之ト聞キ、総本店ニ注意

シ、取調ヘタルナルガ如何、区々ナルハ面白カラス、伸銅所ニテ夫等ニ支給スルモノハ伸銅所ノ費用ニテ本家ニ付替フルモノニ非サラン、伸銅所ニノミ特ニ支給スヘキ事情アリテ、斯ル待遇ヲ必要トスルナラハ格別ナルガ、一体何時ヨリ支給セリヤ

本荘熊次郎
昔ヨリナリ、別子ヨリ転シ来リタルトキニモ変ニ思ヒタルナリ

山下芳太郎
サスレハ今更伸銅所ノ分ヲ廃スルコトモ出来サルヘシ、全部ヤルコトニシテハ如何

本荘熊次郎
大阪ノ労働者位ハ一致シテ同様ノ扱ニスル方可ナラム、而シテ自分ノ方ニテハ、新年ニ二十五銭宛、御誕辰ニハ三十銭以上ノ者五十銭、三十銭以下ノ者三十銭宛ヲ給シ、外ニ天神祭ノトキ二十五銭宛ヲ給シ居レリ、伸銅所ニテ給セル理由ハアリ……（不明）

大阪の労働者は同様の扱いにしたい

中田錦吉
内緒ニテ支給スルハ不可ナリ

本荘熊次郎
内緒トイフ訳ニハ非ス、会計見積書ニモ立派ニ載セ居、又湯川氏ノ伸銅所支配人タリシトキニ、天神祭当日ノ休業ヲ廃シテ酒餞料ニセルガ、此時ニモ相談シテ為シタルナリ、故ニ内緒ニテ為セル訳ニハ非ス

会計見積書にも載せている

中田錦吉

伸銅所ニ特殊ノ理由アル故特ニ給スルトイフノナレハ兎モ角ナルガ、如此一般的ノ問題ニ付テハ自分ハ考アリ、今日迄聞カス、若シ聞ケバ賛成ハセサリシナリ、内緒ニ非ストスルモ、相当ノ手続ヲ践マズニヤレルナリ、多少ノ誤魔化シ、内緒ハアリシナラン。

本荘熊次郎
後ニ認可ヲ受ケンカトノ談モアリシカ、沙汰止トナレリ。

中田錦吉
即チ内緒ニ非スヤ

山下芳太郎
労働者ニ給スレハ準備員ニハ当然ノコトトナル、依テ先ツ労働者ニ付テ相談セン。

労働者に支給すれば準備員は当然となる

松本順吉
準備員ヲ先ニシテハ如何、労働者ヲ統一スル方ハ別トシテ。

山下芳太郎
準備員ヲ先ニセン。

本荘熊次郎
新年ヨリハ御誕辰ノ方ニ重キヲ置ク方可ナリト思惟ス、故ニ新年ノミナラス、御誕辰ニモ給シ度ナリ、而シテ現在ハ新年一円、御誕辰五十銭故、此後ノ場合モ一円ニシタシ、結局自分ノ方トシテハ給否ノ問題ニ非スシテ、金額増加ノ問題タルニ止ル、昔ハ準備員トイフモ電話交換手位ナリシ故、現在ノ五十銭ニテモ可ナリシナランガ、今日ニテハ補助員タルヘキ卵、其他随分高給ノ者

金額増加の問題

モアレハ一円トシタキナリ

草鹿丁卯次郎（倉庫支配人）

将来補助員タルヘキモノヲ準備員トシテ使フガ不可ナルナリ、幾度モ繰返シタルガ、銀行ノ附合ニテ已ムナクヤリ居レルナリ、兎モ角現在給セルモノヲ止メル訳ニハ行カヌト思フ、已ムヲ得サルナリ。

吉田良春（若松炭業所支配人）

已ムヲ得ストナサス、研究セラレ度シ

西崎傳一郎

鉱山ニテハ正月ハ如何

松本順吉

規則通リ故給与ナシ、唯一ツ可笑シキハ、新年ノトキニ一円五十銭トイフモノアリ、即チ坑夫頭ナリ、沿革モアルコトナランガ篤ト調べ度シ

別子鉱業所の事例

山下芳太郎

準備員ニハ全部支給スルコトハ異議ナカラン。

草鹿丁卯次郎

金額ニ付テハ準備員ト雖、将来補助員タルヘキ者ト、然ラサル者トヲ区別シ、前者ニ厚クスル方可ナリト思フ

本荘熊次郎

準備員トシテハ凡テ一円トシ、正月ト対ニシタシ。

山下芳太郎

総本店にて研究

尚仔細ノ処ハ総本店ニテ研究セン。

編者註

○原史料の「八　調査」の箇所に、総本店の所見が掲載されているので、参考までに次に記す。

総本店所見

説明＝現在ノ両宴会酒饌料支給範囲ハ左表ニ示ス処ノ如シ（家法甲後編三六一、三六二頁）

	新年宴会	家長御誕辰宴
京阪神各部	店務ニテ宴会欠席ノ内六以上内七以下ノ等内補助員……二円 等外給仕使丁準備員出入方……一円	店務ニテ宴会欠席ノ内六以上内七以下ノ等内補助員……二円 等外給仕使丁……一円
京阪神以外ノ各部	等内補助員……二円 等外給仕使丁……一円	等内補助員……二円 等外給仕使丁……一円

即チ（第一）ニハ京阪神各部ト其以外ノ各部トノ間ニ差別ヲ設ケ、又（第二）ニハ京阪神以外ノ各部ハ同シナルモ、京阪神各部ニテハ新年宴会ト御誕辰宴会トノ間ニ差別ヲ設ケ居レリ。素ヨリ大体ハ一致シ居レルモ、問題トナルハ準備員並ニ出入方ナリ。此両者ハ京阪神各部者ノミ新年宴会ニ限リ給与ニ与ルモ、御誕辰宴ニハ与ラス、又京阪神各部ノ者ノミ与ルコトアルモ、其以外ノ各部ノ者ハ与ルコトナシトイフコトニナリ居レリ。

何カ故ニ此ノ如キ差別ヲ設クルニ至リシカトイフニ。従前ハ傭員数少カリシヲ以テ、正月ノ如キ公ノ御祝ノ折ニハ準傭員、出入方迄本家ニ招待セリ、而シテ御誕辰ノ如キ内祝ノモノハ傭員タル使丁迄ニ止メラレタリトイフ。従前ハ此ノ如カリシカ追々傭員数ノ多クナルニツレ到底之等ノ者迄ヲ本家ニ招致スルヲ得サルニ至リテ始メテ酒饌料ノ制度ヲ設ケラレ、従前本家ニ招待シタル者ニハ之ヲ給シ、然ラサルモノニハ之ヲ給セサルコトトセラレタルナリ、之レ差別アル歴史的事由ナリ。

乍併、今日ニシテ之ヲ観レハ京阪神ト其以外、又新年ト御誕辰トニ依リ必スシモ軽重ヲ附スヘキ御趣旨ニハ有之間敷ト考ヘラルルカ故ニ、凡テ傭員タル者並ニ傭員ト同様ノ待遇ヲ受クル者ハ一斉ニ家長ノ万歳ヲ祝シ、主家ノ隆盛ヲ祈ルコトトシ度キナリ。

即チ傭員ハ現行ノ通トシ、準傭員ハ京阪神ト其以外トヲ区別セス、又新年、御誕辰両方共ニ給与ノコトトシタキナリ。尚其額ハ一円ニテ可ナリト信ス。準傭員ハ傭員ニ準スルノ待遇ヲ受クル者ニシテ度々述フルカ如ク、已ニ其一部ハ新年ニ於テ与リ居レルノミナラズ、準傭員規程モ出来テ其種別範囲モ明瞭セントセルモノナレバナリ。此点ハ御異存ナキコトト思フ、現ニ電線製造所ヨリハ最近此点ニ関スル御提案アリシ次第ナリ。別子、若松等ニ於テハ差支無之モノト考ヘラル。

出入方ニ付テハ其意義不明瞭ナルモ、小作人ノ世話方並ニ本家出入ノ謡曲師匠、大工、左官、畳屋、家具屋、指物屋、家根屋、植木屋、表具屋、茶屋、肴屋、駕屋、薪炭商、手拭屋、其他茶ノ間附寄ノ婦人等ヲ指セルカ如クナルカ。之等ノ者ニ付テハ明治二十九年ニ本家ト打合シテ、当時現在ノ者（約五十名）ニノミ給シ、爾後資格消滅シタル者、及ヒ新規ノ者ニハ給セサルコトトナシタリ。而シテ今日尚之ヲ給セルハ総本店ニ於テ小作人世話方十二、三名、本家ニテ謡曲師ノ大西亮太郎外五、六名ニ過キス。追々消滅スヘキヲ以テ之ハ給セサル方ニ致シ度シ。

労働者への支給

又労働者ニハ酒饌料給与ノコトナキ筈ナルニ、最近聞ク所ニ依レハ伸銅所、電線製造所等ニテハ五十銭宛給シ居レル由、斯クテハ同シ市内ニテ一方ハ給シ、他方鋳鋼所、倉庫等ハ給セサル結果トナリ面白カラス。就テハ此点モ何レニカ一致セシメ度考フルモノナリ。而シテ伸銅所等ハ已ニ多年給与シ居レルモノナルヲ以テ、今更廃止スル訳ニモ行カサレハ凡テ給与ノコトニシテハ如何カト考フルナリ。尚給与ストスレハ其額ハ五十銭ニテ適当ナルヘク、之カ為ニ増加スル所ハ年約ソ一万五千円ナリ。要スルニ準備員規程並ニ労働者特別保護基金規程制定ノ此機会ニ於テ、一斉ニ準備員ハ一円宛、労働者ハ五十銭宛給与ノコトニシテハ如何カトイフナリ。各部ノ実状果シテ如何。

第一〇議題議事録、在阪店部労働者問題協議会設置（倉庫提出）

提出理由

大阪の店部だけで協議

規則にするのではなく総本店と各部との打合でよい

No.10

山下芳太郎（総本店支配人）

第十ニ移リマス

草鹿丁卯次郎（倉庫支配人）

理由ハ申上グル迄ノ事モナシト思フガ、労働者ヲ使フモノハ常ニ細心ノ注意ヲ要スルノデ、之ニ付テハ住友全体ト云フ訳ニハイカヌガ、差当リ大阪丈ケノ労働者ヲ使フ所ノ主管者ガ月ニ一、二回総本店ナリニ集リテ、新シク聞キシ事、又ハ考ヘシコト等ニツキ意見ノ交換ヲヤリ、主管者権限内ニテヤレルコトハヤリ、出来ナイコトナラ総本店ニ相談シテ実行シテミテハ如何、何モ規則等ヲ作ルコトハイラヌ、総本店ト各部トノ打合ニテデキルコトト思フ

小倉正恒（総本店支配人）

一週間ニ一度位カ

草鹿丁卯次郎

月ニ一度ニテモ可、事急ヲ要スルe（example・例の意カ）ニハ臨時ニ開クモ可ナラン（先般鈴木文治ノ来リシトキノ如クニ）

萩尾傳（鋳鋼所支配人）

労働者ヲ使フカラト云ッテ、皆ノ者ガ空莫ナル問題ノ為メニ集ルコトハ時間ガ許サヌ、自分ハ総本店内ニソノ方ノ関係者ヲ定メ、ソコデ大体話ヲキメテ相談シテモライ度シ、ソノキマッタ所デ人ヲ派遣シテ伝ヘテ貰フカ、又実際ノ問題ノ起リシトキニ集ルモ可ナラン

草鹿丁卯次郎

鈴木文治の講演

外国のストライキ

萩尾氏ノ考ヘハ根本ニ於テ異ル、余ハ労働者ニ接シ実情ヲ知リヲル者ガ集リテ実質的ノ集団ヲ作リタイト思フ、形式上ノ話ニアラズ、余ハ五月中旬鈴木文治来リ、某小学校ニテ講演シ、東京倉庫ノ爆発ニ付キテ攻撃ヲ加ヘテル（十七才ノ者ニ人ヲ使用シ、其過失ニヨリテ事件ヲ勃発セシメタリト、爆発ノ原因ヲ邪推シテ述べテル）、結構トシテ労働者ハ団結シテ自ラ保護スベシトセリ、余ハ外国ノドック等ニ起レルストライキ等ハ、カヽル状体ニヨリハイリ来ル経路ナリト思フ、今迄ハ幸ヒ職工ノ方丈ナリシガ、漸次倉庫等ニモ道ヲ開キ来リシ様ニ感ジタリ、此等ハ当方ヨリ注意シテ用意スベキナリ、彼等ガ団体ナドヲ作ルト保護以上ニ権利トシテ主張スルニ至ラン、元ヨリ無智ノスル所ナランモ、之レ労働者ノ実情ヲ知ラヌ為メモアルナリ、実際ヲ知リ、互ニ御話シテ意見ヲ交換シ、之ニ備フルコト必要也

形式トシテ論ズルニアラズ実質上ノ考ナリ

萩尾傳

ソノ外問題ハ色々アラン、只月ニ何度宛トシテ集ルコトトスルト、暇ヲトルコト甚シ

資本家ト労働者トノ問題ハ将来盛ニ起ラン、∴労働者問題ハ始終注意スル人ヲ要ス、然シ問題ハ

ソンナニ始終起ル様ナコトハナカラン、労働問題ヤカマシクナレバ、ソレ丈ケノ人間ヲ求メテ、ソノ問題ニ touch シテモライ度シ、実際ニツカザルカ故ニト云フハ今日迄ノコトナリ、解ル人ヲ当ツレバ可ナリ、organization ヲ作ルベシ、ソンナ問題ニノミ研究スル余裕ナシ、各局面異レバナリ、ソレヲ労働者ヲ使フカラト云ヒテ皆ガ集リテ協議スルコトハ無益ナリト思フ、又ソコマデハ行届カヌ、賛成セザルニ非レトモ、月ニ幾回トキメルガ如キハ時間ノ不□(毛カ)ナリト云フノミ

山下芳太郎

此問題ハ午后ニ譲リ、之ヨリ労働者関係者ノミニテ協議ニ移ラン

No.10ノ続キ

山下芳太郎

No.10 ニ移ラン

利光平夫（電線製造所長）

労働者問題協議会の回数問題

一週間ニ一度ハ困ル、月ニ一度位ナラ話会ヒハヨロシカラン

山下芳太郎

大阪クラブノ第二第四火曜ノ会合ニテハイカヌカ

利光平夫・西崎傳一郎（電線製造所支配人）

ソレナラヨロシカラン

山下芳太郎

アノ会合ハ事務上ノ打合ノ為メト云フコトニナリヲル

草鹿丁卯次郎

神経質カ知レヌガ誠ニソー感ズルナリ、機関ノ事ハドーデモヨロシ、実質的ニヤリ度シ、実情ヲ知度シ、鈴木文治ノ例デモ然リ、キビ悪イ感ズ、期成同盟会等ノ団体ハ伸銅、電線等ノモノガ重ナリ、キビ悪ク思フ、機会ヲトラヘテダン／＼来ル、之等ニ向テ予防シタイト思フ、向フノ準備ガ出来テカラ之ニ向フハ遅シ、カヽルコトハダン／＼起ルナラン、ソレニ備フルコトガ必要ナリト思フ、神経ガ強スギルカモシレヌ

期成同盟会などの団体は伸銅・電線の者が主体

萩尾傳

集レヌカライカヌト云フノデハナイ、熱心ニヤレルモノナラ機関ヲ設ケタ方ガ宜シイ、総本店ニテ力ヲ入レテモラヘバ一週一度デモ可ナリ、intencity《(intensity)》ガナクナルト云フノミ、初メ熱心ニカ、ルガ外ノ問題等ニナリ易シ

週に一回でも可

山下芳太郎

必要ハ

草鹿丁卯次郎

必要ノ程度ハ今申上ゲラレヌ、必要デナイト云ヘバソレ迄、之ハ皆直接事ニ当リヲルモノノ感ノ投合ニヨリテ出来ルコトト思フ、皆ノ感ジガ厚ケレバ大丈夫デキルト思フ、月ニ一、二度ヤラネバナラヌト云フコトナシ、又初メ一、二度ハヨイガ后ハダメニナルト云フ見込ナラ、初メヨリヤラヌガヨシ、自分達デ作リテヤルノデアルカラ、ソンナ事ハナイト思フ、要ハ作ル人ノ熱心ノ如何ニアリ、午サン会ヲ之ニ用ユルモ可ナリ、臨時ノ問題ニハ臨時ニ召導スルモ可ナリト思フ

大阪クラブの定例会で扱うか

山下芳太郎

二回ノクラブノ会ヲ一回ハ雑談ニ終ラヌモ、一回ハ労働者問題ノ会トセンカ

萩尾傳

熱心ナレバ出ルコトトナラン、問題ナケレバ出ヤルコトモナラン

草鹿丁卯次郎

私ハ神経強ヒカモシレヌガ、ソレ迄ノ程度ノモノナラズトセバ引込メテモ差支ナシ

総本店では労働問題を心配している

山下芳太郎

総本店デハ此問題ハ大ニ心配シテル、戦后ノ問題ハ殊ニ然リ、然シ協議会ヲ設ケルコトハ今少シ待ツテハ如何

友愛会の先手を取りたい

草鹿丁卯次郎

待ツト云ヒテモ何時マデ待ツノカ、伸銅所デモ友愛会ノ奴等ガ自分ノ者ニスル前ニコチラノモノニシテヤリタカリシナリ、倉庫モ彼等ノ手ヲ付ケル前ニヤリ度シ

山下芳太郎

カヽル問題アルトキ言ハレレバ、火曜日ニ召シ出席ヲ促サン

草鹿丁卯次郎

問題ヲ解決スルノミナラズ、其以前ニモ話ヲ伺ッテヲキタシ、考ガ一致セネバ駄目ナリ、形式的デハダメナリ、時々経験者ノ話ヲキク等モ良シカラン

本荘熊次郎（伸銅所支配人）

カヽルコトハヨカラン、自分丈ケデ考フルト範囲ガ狭クナル、二度ノ火曜ノ会合ノ一度ハ此問題ヲ話スコトニシ、研究ヲ促スハ可ナリ、他ノ日デナクアノ日ヲ活用スル方ヨロシカラン、第四ノ火曜ヲトルコトニセバイカン、事アリテサートモ云フ時ハ既ニ遅シ、友愛会ニ職工ガハイル迄ハ分ラナカッタ、此等ハドーモ云フ訳カ知リ度シ、知リヲル方可ナリ、各店ハ割拠的ニナラヌ方ヨロシ、余ハ折衷派ナリ

友愛会加入の職工の理由を知りたい

西崎傳一郎

ソンナ会ニナレバ努メテ出ント思フ

山下芳太郎

火曜ニハ都合サヘヨクバ、大体集リヲル、∴遠方ノ方モ御出テアリタシ

ナルベク出ルト云フ位ノ所ニテハ如何

萩尾傳

二時迄トシテ三時ニ帰ル、十二時ニ集ルトセバ十一時半ニ仕事ヲヤメル、仕事ノサカリナリ、仕事ハ片付カヌ、クルシフナリ

本荘熊次郎

夜ニセバイカン

小倉正恒

ソレハヨロシカラン

萩尾傳

ソースルト二度ノ火曜ハ応用スルコトトハナラザルニ非ズヤ、又夜ハ宴会等ニテ差支エズヤ

山下芳太郎

ソーナレバ、火曜ノ方ハヤメテモヨロシ、又必ズ誰カ出ルト云フコトニスルト面倒ナリ、誰カ代表者一人出レバヨロシニ非ズヤ

西崎傳一郎

夕方ノ方ヨロシ

草鹿丁卯次郎

何曜ニテモヨキヤ

山下芳太郎

重役ハ夜ハ大体ダメニナリマスカモシレヌ

本荘熊次郎

労働者問題協議会は知識を得る場

皆コンデモヨシ、后ニテ他ノ人ニ伝エレバ可ナリ、ソコデ議決スル訳デナク、智識ヲウルニスギザレバナリ

草鹿丁卯次郎

友愛会の支部長

然リ、余等モ迂滑ニテ研究ガタリヌ、基金問題以来色々ノ事ガ耳ニ入ル、電線ノ学士ガ友愛会ノ支部長ニナリヲル等ナリ

山下芳太郎

此会合ハ別子等ヨリ来テヲルトキヤル方宜シカランカ

総本店が力を入れなければ駄目

萩尾傳

総本店ガ力ヲ入レネバダメナリ、実蹟ハ挙ラザルベシ

山下芳太郎

労働者問題ノ演説デモシテモラウコトハ可ナラン、結局研究シテヤルコトトセン、月ニ一回位トセン、永続的ノモノナラネバヤメテモ可ナリ

第一一議題議事録、疾病欠勤者の俸給（若松炭業所提出）

提出理由

No.11

吉田良春（若松炭業所支配人）

今迄ノ経験ニヨレバ病気スル人可成アリ、病気ラシキ病気デハ二、三ヶ月ハスグ経過ス、俸給ガ半分ニナリ、0ニナリ困難ニ陥ルe（example・例の意カ）多シ、而シテ積立金等ハ年ニ三円、四円都合三、四十円ノ端数ニテ役ニ立タヌ、今日労働者デサヘ60日分半額モ□□コトニナリヲル、際限ハナイコトデハアルガ、セメテ半年位迄ハ半額ニシテモ差支ナカランカ

大正三年に銀行より希望あり

山下芳太郎（総本店支配人）

大正三年ニ銀行ヨリ希望アリ、家法改正案ガ総本店ニ出テタリ、ソレガ其侭ニナリヲレリ、小倉君イカナル訳ナリシカ

小倉正恒（総本店支配人）

当時ハ俸給ソノ他色々ノ給与ヲヨクシヨートスル際ニテ、余リ一辺ニ家長ニ申上兼ネタルガ為メ差控エタルモノナリ

山下芳太郎
当時ノ案朗読
ソノ時ノニハ五年ヲ増ス毎ニ一月ヲ延長ストアリタリ
吉田良春
ソレハ一層希望スル所ナリ
小倉正恒
当時他ノ振合ヲ調ベシガ、ウチガ尤モ悪カリキ
山下芳太郎
三井、三菱、第一B、第三B等ノモノ朗読
吉田良春
案ハ之ガヨイカドーカシレネド、兎ニ角モー少シ良クシテモライタイ、長期ノ病気ニハスグ悲惨ノ状体ヲ生ズ

もう少し良くしてもらいたい

植野繁太郎（銀行本店支配人）
Bニモ病気ニテ給料ノナクナリシモノアリ、神経衰弱ヲ起シ、半年以上ニナル、全ク仕事上ヨリ之ヲ起シタルモノニテ気ノ毒ナモノナリ
山下芳太郎
ソレハ職務上ノ負傷ノ如キモノナラン
小倉正恒

休職扱いとするのはどうか

ソンナノハ休職ニシテ、三分ノ一ヲヤッタラドーデス、ソンナノハ一応問題ニシテモライタイモノナリ

植野繁太郎

幼キ者デ病気ヲシタガ、昨年人手ノ足リヌ時デ、ナノデ十分休メズ遂ニ倒レタ、血ヲ吐イタ給仕上リノモノデ、親一人子一人ナリ、ソノ為メ血ヲ吐イタガワカラヌガ、兎角気ノ毒ノモノナリ、兎角ヨクスルコト必要ナリ

山下芳太郎

病気ノ為メ休職ニスルト云フノハ優遇ノ方ナラン

小倉正恒

若松デハ実際問題アリヤ

吉田良春

今ハナシ

小倉正恒

梅谷ハイカニセシカ

小山九一（東京販売店支配人）

モー半年位ノバシテ戴キタイ、未タ立チ難シ、腎臓病ナリ

小倉正恒

快復ノ見込アリヤ

徴兵

小山九一
養生サヘヨケレバ大丈夫ナリト思フ、今一人痔疾ノ為メ休ンデルノガアリ、此点ハ他ニ比シ悪キガ如シ、此レハ一寸異ル話ナルガ徴兵□□□ル取扱ガツイテルナラ承リタイ、此点モ他ノ会社ヨリ悪シ、之ハ心持ノ問題ナリ、只今デハ事故欠勤ト同一ノ取扱ナリ、国家ノ為メナガラ薄給ノ人ガカナリ金モ使ヒ、又手当等モナク気ノ毒ナ人モアル、病気程ノ必要ハナカランモ今少シヨクシタイ

山下芳太郎
徴兵ハ店ニハイリシ人ガスグ行クノガ多イ、多クノ店デハ徴兵ノスミシモノヲトルナラズヤ

小山九一
予后備ダトソーハイカヌ。

山下芳太郎
輜重兵位ナラ、事故欠勤ト同様位ニテヨカラズヤ

小山九一・佐渡亮造（呉販売店支配人）
今少シクヨクシタイ

山下芳太郎
此問題ニ対シテ各自略同意見ナルガ如シ、今少シ研究セン

各自同意見

第一二議題議事録、欠勤願届（若松炭業所提出）

十二、診断書ノ添付ヲ要スル欠勤届ハ期日満了後、尚事故継続スルトキト雖、予メ日数ヲ予期シ

テ届出ツルコトヲ得ル様ニ改メ度希望

提出理由

吉田良春（**若松炭業所支配人**）

現行法は手続が煩雑

本題ハ手続ノ問題ニシテ差シタルコトナシ、即チ病気等ノ場合ニ、例ヘハ初メ一ヶ月間療養ヲ要スルノ診断書ヲ添ヘテ届ヲ出シテ欠勤スル、後ハ一週間毎ニ診断書ヲ添ヘテ届出ツルトイフコトニナレルカ、此手続ハ甚タ煩ハシキナリ、病気ノ性質ニ依リテハ可ナラムモ、総体ニハ甚タ面倒ナリ、現行法ハ繁文褥礼ノ気味アリ、取扱ノ便ナル様改正アランコトヲ望ム

山下芳太郎（**総本店支配人**）

総本店は異論なし

総本店ニ於テハ別ニ異論ナシ、一体一週間毎ニ云云トイフ規定ノ精神ハ能ク分リ兼ヌルナリ。

吉田良春

事故継続シテ引続キ欠勤スル場合ニハ、其取扱ヲ厳ニセサレハ不都合ヲ生ストイフ懸念ヨリナルヘシ、実際ニハ診断書アルコト故、不必要ノ手続ナリト思フ、松本別子支配人ニ聞クニ、別子ニテハ実際ハ行ヒ居ラサル趣ナリ

松本順吉（**別子鉱業所支配人**）

別子では家法違反の手続

自分ノ方ニテハ到底其煩ニ堪エサル故、已ニ早クヨリ家法違反ノ手続ヲトリ居レリ。

山下芳太郎

予定把握は支配人の人繰りに都合よし

単ニ診断書ノ添付ヲ要スルモノノミニ止ラス、旅行、事故欠勤等ノ場合、尽ク予定出来ルモノハ何週ニテモ好シトシテハ如何、支配人トシテモ予メドノ位休ムカヲ承知シ置ク方、人繰ノ都合上ニモ宜シカラン

今村幸男（製銅販売店・銀行神戸支店支配人）

自分ノ方ニテモ已ニ実行セル所ナリ、実ハ問題ヲ見テ家法ノ規定ヲ覚エシ位ナリ

山下芳太郎

別ニ異論ナキ様ナレハ改正ノコトニ計ラフヘシ

編者註
欠勤規程

○原史料の「八　調査」の箇所に、「欠勤規程条文」が掲載されているので、参考までに次に記す。

第一条　傭員疾病ニ罹リ出勤スルヲ得ザルトキハ、其都度届出ヅベシ、療養数日ニ亘ルベキ場合ハ日数ヲ予期シテ届出ヅルヲ得ルト雖モ、引続キ一週日以上ノ療養ニ就キテハ医師ノ診断書ヲ添フヘキモノトス

第二条　病状ニ由リ転地療養ヲ要スル者ハ医師ノ診断書ヲ添ヘ日数ヲ予期シテ其旨願出ヅベシ

第三条　父母妻子ノ病気看護ノ為メ出勤為シ難キ者ハ病者ニ対スル医師ノ診断書ヲ添ヘ、日数ヲ予期シテ其旨願出ヅベシ

第四条　已ムヲ得ザル事故ニ由リ欠勤スルトキハ其事由ヲ具シ、日数ヲ予期シテ願出ヅベシ

第五条　旅行ノ必要アル者ハ其事由ヲ具シテ往復滞在トモ日数ヲ予期シテ願出ヅベシ

第六条　旅行中疾病ニ罹リ、其地ニ於テ療養セントスル者ハ第二条ノ手続ニ準拠スベシ（願）

第七条　前六条ノ場合ニ於テ期日満了スルモ尚ホ事故ノ継続スル間ハ一週日毎ニ前同様ノ手続ヲ為スベシ

編者註
若松炭業所の意見

○原史料の「八　調査」の箇所に、「若松ノ意見」として若松炭業所の見解が掲載されているので、参考までに次に記す。

欠勤規程第七条の改正

右ノ第七条ヲ改正シ第一条（疾病）、第二条（転地療養）、第三条（父母妻子病気看護）及第六条（旅行中疾病療養）ノ場合ニ期日満了後、尚ホ事故継続スルトキハ一週日毎ニナスベキ届出手続ハ之ヲ廃シ、予メ日数ヲ予期シテ届出シムルコトニ改メ度シ、即チ弊ナキ限リハ成ルベク煩雑ナル手続ヲ避ケタキニ

編者註
総本店所見
若松の意見に同意

因ルトイフニ在リ

○原史料の「八　調査」の箇所に、「所見」として総本店の所見が掲載されているので、参考までに次に記す。

若松ノ言フ所尤ナリ、而シテ其言フ所ハ結局診断書ノ添付ヲ要スル欠勤願届ニ付テノミナルガ、第四条ノ事故欠勤願及第五条ノ旅行願ニ付テモ同様ニシテ可ナリト思フ、即チ、

事故欠勤、旅行共ニ欠勤ノ当初ハ日数ヲ予期シテ其旨願出ヲ得ルニ不拘、其期日満了後、尚事故継続スル場合一週日毎ニ手続スルトイフハ診断書添付ヲ要スル願届ノ場合ト同様、手続トシテハ当初ニ緩クシテ、爾後ニ厳シク、前後権衡ヲ得サルノミナラス、随分煩雑ナルモノナリ、故ニ若松以上ニ一歩ヲ進メ

第七条　前六条ノ場合ニ於テ期日満了スルモ、尚ホ事故ノ継続スル間ハ更ニ日数ヲ予期シテ前同様ノ手続ヲ為スヘシ

トイフ如ク、第一条ヨリ第六条迄全部ニ通シテ提出案ノ説ヲ容レタキナリ

総本店ニ於テハ已ニ多年扱トシテ実行セル所ナリ、何等不都合ナキノミナラス、却テ人繰等ノ場合予メ欠勤期間ヲ知リ得テ都合ヨシ、叙上ノ如ク改正シテ可然歟

第一三議題議事録、看護欠勤（別子鉱業所提出）

十三、看護欠勤ハ父母妻子ノ場合ニ限レルモ、此中ニ「夫」ヲ入レ、及忌引ニ於テ「夫」ヲ父母ノ場合同様取扱ノコトニ改メ度希望

提出理由
学校女性教師の場合

松本順吉（別子鉱業所支配人）

他ノ店部ハ如何ナレド、自分ノ方ニテハ学校女教師ニテ夫ヲ有スル者アリ、今日迄実際問題トシテ起リシコトナキモ、今後ハ起リ来ルヘキモノナリ、唯忌引ノ場合、父母同様ト申出テタルモ、之ハ必スシモ同様ニ非ストモ可ナリ

吉田良春（若松炭業所支配人）

看護婦の場合

看護婦ニ付テモ同様ノコトアリ、必要ト思フ

山下芳太郎（総本店支配人）

孰レニスルモ場合ハ少カルヘシ

松本順吉

然リ、唯必要ハアルナリ。

山下芳太郎

他ニ異論ナキヤ。

吉田良春

異論無キヨフニ付テハ、成ルヘク早ク実行セラレンコトヲ望ムモノナリ。

編者註　関係規程と提出者の意見

〇原史料の「八　調査」の箇所に、「関係条文ト提出者ノ意見」として以下掲載されているので、参考までに次に記す。

欠勤規程第三条　父母夫妻子ノ病気看護ノ為メ出勤為シ難キ者ハ病者ニ対スル医師ノ診断書ヲ添ヘ、日数ヲ予期シテ其旨願出ヅベシ

同上第九条　親族ノ喪ニ当リ定式ノ忌服ヲ受クルトキハ其旨届出ヅベシ

忌引ノ者左記ノ日数満了スルトキハ出勤ヲ命ズルモノトス

父母夫ノ喪	十日
妻子ノ喪	八日
祖父母兄弟姉妹ノ喪	五日
其他親族ノ喪	二日

俸給第六条第二項　父母夫妻子ノ病気看護ノ許可ヲ得テ欠勤スル者、満一箇月間ハ月俸全額ヲ支給シ、一箇月ヲ踰ユレハ月俸日割ノ半額ヲ給ス、二箇月ヲ踰ユルトキハ全ク之ヲ給セス、其欠勤日数計算ノ方法ハ前項ノ例ニ依ル

同第七条　欠勤規程……、同規程第九条第二項ノ日数、及ヒ……ニ対シテハ月俸ヲ減スルコトナシ、但、

……

提出者ハ右ニ掲ケタル条文中、朱字ノ如ク「夫」ノ一字ヲ加ヘントスルモノナリ

編者註

○原史料の「八　調査」の箇所に、「所見」として総本店の所見が掲載されているので、参考までに次に記す。

総本店所見

問題ハ女教員、看護婦等ニ付テ起ルナルヘシ、銀行ノ女事務員ニ付テモ起ラン、必要アルモノナレハ改正シテ支ナシ

第一四議題議事録、旅費中汽車賃改正（若松炭業所提出）

提出理由

三井、三菱、古河は一等車

No.14

吉田良春（若松炭業所支配人）

私ノ所デト云フ特別ノ希望ニ非ズ、大阪等ニテハ目立タナイガ、汽車ニノルニハ大抵他ノ店ト一緒ニナル、三井、三菱、古河等ハ百円以上ハ一等ナリ、之ガ可ナリカ否カワカラヌガ今少シウチノモ高クシテモライ度シ、論議ニアヅカリ度シ

山下芳太郎（総本店支配人）

汽車賃丈ケヨクシテモ宿屋ニツカバ都合悪キニアラズヤ、茶代其他ノ点ニテ、又若松アタリデハバスガアルカラデハナイカ。

吉田良春

然ラズ、一等ノ制度ナリ

西崎傳一郎（**電線製造所支配人**）

三井等ハ実際一等ナリ

山下芳太郎

一等ノ賃銀ヲモライ、実際ハ二等ニノルコトトモナラズヤ

小倉正恒（**総本店支配人**）

コンナコトナキカ、九州デハ身分ハ悪イガ、金持ツタメニ一等ニノルト云フコトナキカ、三井等トノ比較ハ別トシテ。

吉田良春

副支配人位ハ一等ガ可ナリ、銀行ノ支配人ハ等級ノ低キ人多シ、来阪アルトキハ大抵一等ナラン、都合悪キコトナキカ

山下芳太郎

九州と大阪辺では異なる

九州ト大阪辺トハ異ル、小山健三、松方正雄等可成ノ人ガ二等ナリ

吉田良春

短距離ヲ往来アルカラト云フコトモアラン

草鹿丁卯次郎（**倉庫支配人**）

小山君等ハ一等ニノルガ本当ナラン

佐渡亮造（**呉販売店支配人**）

海軍ノ高等官ハ皆一等ニナリヌ、下士ハ二等ナリ

萩尾傳（**鋳鋼所支配人**）

一般ニ百円以上ヲ皆一等ニノセルコトハイカヌ、特殊ノ人、主要ノ地位ニアル人ニハ一等ニスルモ可ナラン、支配人以上位ガヨカラン、時トシテハ一等ニノルト家長トブッカルコトトモナラン。

日高直次（**総本店副支配人心得**）

各部を代表する時の心持

三菱ノ次席程度ノモノガ一等、大阪倉庫ノ赤石等ガ一等、各部ヲ代表スルトキノ心持ハ如何、誰レデモ一等ニノリタシ、店ヨリノ待遇上感情如何ナモノヤ

萩尾傳

一等ノ旅費ヲモライ、二等ニノル人イクラモアラン。

草鹿丁卯次郎

職務ニヨリ差等ヲ設ケテハ如何。

日高直次

銀行ノ人々ハ一等ニ乗ルコト多シト云ヘリ。

小倉正恒

場合を限る

或場合ヲ限リテハ如何

本荘熊次郎（**伸銅所支配人**）

職務を限る

職務ヲ限ル方ヨカラン、大会ノトキ等デハ一等ニノルコトトナル

山下芳太郎

同業者ト同乗スルe（example・例の意カ）ナド然ラン

小倉正恒

権衡上必要ト認ムルトキト云フ特別ヲ設ケテハ如何

吉田良春

人で決める

人デキメタラドーカ、誰レト一緒ノトキナドト云フノハ都合悪シ、人ノ待遇上ソー云フ取扱ニシテモライ度シ

山下芳太郎

汽車賃だけでよいのか

汽車賃丈ヨクシテモイカナルモノニヤ、旅費ハ他ノ手当等ト Balance スベキナラズヤ

吉田良春

体面上の問題

体面上ノ問題ナリ

草鹿丁卯次郎

外トノ拘合上必要ナレバ日当等モ変ヘネバナラヌ、然シ今ノ所汽車ノ方ノミナラバソレ丈ケヤッタラドーカ

山下芳太郎

主管者カ代理者ナラ何人デモノセタラ如何

吉田良春

百円以上ト云フ希望ナシ、一般論ナリ、主管者トカ副支配人トカ相当ノ地位ニアルモノニ限リテモ可ナリ

山下芳太郎　尚研究セン

日高直次　他ノ例モ調ベン

佐渡亮造　ソンナｅハ16条ノ規定アリ

旅費規則第一六条（編者註四三四頁）

吉田良春　ソレハ一々ノｅヲ証明セネバナラヌカライヤダ、私ノハ身分ニ伴フ様ニシタイト云フナリ

日高直次　汽車丈ケヨクナリテ迷或スルｅモアラン

編者註

住友家法の旅費規則

○議事録中で言及される「旅費規則」を、参考までに次に記す（大正二年「住友家法及諸規則類纂　甲」四一〜八頁より引用）。

第一条　傭員職務ニ依リ出張スルトキハ旅行中一切ノ費用ニ充ツル為メ旅費ヲ給ス

第二条　旅費ハ行路ノ種類ニ依リ汽車賃、汽船賃又ハ車馬賃ヲ給シ、外ニ旅行日当及宿泊料ヲ給ス

第三条　陸路五里、水路五里、汽車五十哩、汽船五十海里以内ノ出張ニシテ宿泊ヲ要セザルトキハ、旅費ヲ給セズシテ実費ヲ給ス、但、実費トシテ支給スベキ汽車賃、汽船賃、車馬賃ノ割合ハ通常旅費ニ準ジ、食事費ハ一回ニ付宿泊料ノ三分一ニ当ル金額ヲ給ス

第四条　行路ニ汽車汽船ノ両便アルトキハ汽車賃ヲ給シ、汽車汽船ノ便ナキ地ニ在リテハ車馬賃ヲ給ス汽船ノ便ナキ水路ニ関シテハ車馬賃ノ例ニ依ル

第五条　汽車賃及汽船賃ハ其賃銭ノ通常定額ニ依リ車馬賃ハ里数ニ応シテ之ヲ給ス、但、車馬賃ノ計算

上一里未満ノ端数ハ之ヲ除ク

第六条　賃銭ヲ要セサル船舶車馬等ニテ施行スルトキハ汽車賃、汽船賃、車馬賃ヲ給セズ

第七条　用務ノ都合ニ依リ急行ヲ要シ、其他道路険悪、天候不良等ノ為メ通常車馬賃ヲ以テ支弁シ難キ場合ハ実費ヲ給ス

第八条　出張中用務ノ為メ往復スル車馬賃ハ実費ヲ給ス、但、止宿所ト其地ニ於ケル執務所間ノ往復ニハ車馬賃ヲ給セズ

第九条　旅行日当ハ出発当日ヨリ帰着当日マデノ日数ニ応ジテ之ヲ給ス

第十条　宿泊料ハ宿泊数ニ応ジテ之ヲ給ス、但、汽船ニテ旅行スル間ハ宿泊料ヲ給セズ

第十一条　船待、発病、其他ノ故障ニ依リ途中ニ滞在スルトキハ事実ノ明白ナルモノニ限リ旅行日当及宿泊料ヲ給ス、但、滞在久シキニ亘ルトキハ之ヲ減少シ又ハ支給セザルコトアルベシ

第十二条　路程ハ実際通過スル所ノ如何ニ拘ラス出発地ヨリ目的地ニ達スル最近ノ順路ニ依リ之ヲ計算ス

第十三条　用務ノ都合又ハ已ムヲ得ザル事故ノ為メ前条規定ノ順路ニ由リ難キ場合ハ、特ニ其通過セシ路程ニ従テ計算ス

第十四条　同一ノ場所ニ滞在スルコト三十日以上ニ及ブトキハ三十日迄ハ通常ノ旅行日当及宿泊料ヲ給シ、三十一日目ヨリ各其三分二ヲ給ス

第十五条　家長随行其他本家又ハ各店ヨリ旅行中ノ実費ヲ支弁スル場合ニハ旅行日当ノミヲ給ス、但滞在三十日以上ニ及ブトキハ第十四条ノ規定ニ依ル

旅費規則第一六条

第十六条　上司ニ随行シ、又ハ其他ノ事故ノ為メ定額ノ旅費ヲ以テ支弁シ難キ場合ハ実費ヲ給ス

第十七条　出張先ニ於テ其用務ヲ執行スル為メ支出セシ必要ノ費用ハ其実費ヲ給ス

第十八条　実費ヲ支給スル旅費ハ事由ヲ明記シタル旅費精算書ニ確証ヲ添ヘテ請求スベシ若シ確証ヲ得難キ場合ハ特ニ支配人（支配人ナキ所ハ長又ハ主任）ノ承認ヲ受クヘシ

転任手当

第十九条　他ノ場所ニ転任ヲ命ゼシ者ニハ旅費ノ外ニ転任手当ヲ給ス、但、独立ノ一戸ヲ構エザル者ニ対シテハ別表ニ定ムル転任手当ノ半額ヲ給ス

転任者ニハ任地ニ到着シタル翌日ヨリ七日間旅行日当及宿泊料ヲ給ス

（中略）

第三十二条　旅費及転任手当ノ割合ハ別表ニ之ヲ定ム

第三十三条　各店各部ノ状況ニ依リ事業区域ヲ定メ、旅費及転任手当ニ関シ特別規程ヲ設クルコトヲ得

前項ノ規程ヲ実施セントスルニハ総本店ノ認可ヲ受クヘシ

（中略）

旅費表（明治四十三年十二月三十日甲第二号達ヲ以テ本表ノ通改正）

旅費等級	身分	汽車賃	汽船賃	車馬賃（一里毎ニ）	旅行日当（一日毎ニ）	宿泊料（一泊毎ニ）	転任手当
一級	総理事	一等	上等	五拾銭	拾円	拾円	五百円
二級	高等（総理事ヲ除ク）	一等	上等	五拾銭	七円	八円	参百円
三級	等内自一等至三等	一等	上等	四拾銭	四円	六円	弐百円
四級	等内自四等至六等	二等	上等	四拾銭	参円	四円	百五拾円
五級	等内七等八等	二等	中等	参拾五銭	弐円	参円	百円

六級	等内九等 十等	三等	中等	参拾五銭	壱円五拾銭	弐円五拾銭	七拾円
七級	補助員 等外以下	三等	下等	参拾銭	壱円	弐円	五拾円

第一五議題議事録、旅費支給（別子鉱業所提出）

No.15

提出理由

御代島丸乗船者に汽車賃支給は適合せぬ

松本順吉（別子鉱業所支配人）

旅費規程ニテハ汽車賃ヲヤルコトニナリヲルガ、実際ノe（example・例の意カ）ハ□ト□□□□ニ乗ルeニ御代島ニ乗ルeニ汽車賃ヲヤリヲル、ケチナ考ナレド汽船ニノリシモノヲ汽車賃ヲヤリテワザ〳〵実際ニ適合セヌコトヲセヌデモヨキニアラズヤ

支給の煩雑を避けるため

吉田良春（若松炭業所支配人）

ソレガハッキリ判リシeハソレデヨイガ判ラヌeガ多イ、今一ハ汽船デハ二日モ三日モカヽル、汽車デハ一日デ行ケルeアリ、ソレト汽車デ行ケト云フ本意モアリ、マ一ハ汽車ノ方ガキマリガヨイガ為メナリ、旅行シタ先キテテ汽船ニナリシカ汽車ニノリシカ、コノ方法ヲシラベルカ、精算スルハ面倒ナリ、煩雑ヲサケン為メナリ

山下芳太郎（総本店支配人）

御代島丸保護ノ意見ナキヤ。

松本順吉

然ラズ、実際ニ違ッタ取扱ヲセネバナラヌガ故ナリ、（一方デハセンパンニ此□□ガ□ルガ分リ

キッタル旅費ヲ余計ニ□スガ為メナリ）（？）

山下芳太郎

大阪ニ来ルニハ御代島ノ方便ナリヤ

松本順吉

毎日船ガナイカラソートモ限ラヌ、要スルニ大シタ問題トハナラヌ。

本荘熊次郎（伸銅所支配人）

実費ヲ給スト云フ問題ナラン、吾人ハ実際ソーシテル、電車ノ規定ナケレバナリ（誤解）

小倉正恆（総本店支配人）

旅費規則第一三条（前掲編者註四三三頁）

13条デハイカヌカ

本荘熊次郎

ソレハマス方ノ規定ナリ、之ハヘラス方ナリ、本人ガ都合ガヨケレバダマリヲル訳ナリ、別子案ハ悪クナル案ナリ

山下芳太郎

バスハアリテモ旅費モモラウカ

小倉正恆

実費ヲ給スト云フコトニナリヲルバヤレヌ。

松本順吉

特ニ主張セズ

小山九一（東京販売店支配人）
取扱者煩ニタユザルベシ

第一六議題議事録、旅費計算（別子鉱業所提出）

No.16

提出理由
取扱公平のため

松本順吉（別子鉱業所支配人）
小船ハ賄料ハ別ニ払フ勘定ニナリヲル、賄付ノ汽船ニノレバ賄料ハイラヌコトトナリ、両方ヲ同一ニ取扱フハ不公平ナリ、権衡ヲエタイ為メナリ

山下芳太郎（総本店支配人）
種子島―カゴ島賄料ナシ、食事費ヲヤル、ソレニヨレハ君ノ希望ニソハンカ

吉田良春（若松炭業所支配人）
実費ハ50哩以内ニテ、又種子島ノ例ハ別ニキマリヲルナリ

汽船は宿料なし

本荘熊次郎（伸銅所支配人）
汽船ニノレバ宿料ナシ、食事アルカラナリ

山下芳太郎
当然解釈デキレバ改メヌデモ可ナラン

小山九一（東京販売店支配人）
特例アラバ発表ヲ願ヒタイ、私ノ方モ起リソーナリ

佐渡亮造（呉販売店支配人）

規定ニアリ

小山九一

アレハ50海里以内ノeナリ

日高直次（総本店副支配人心得）

改正スル方可ナランカ（?）

草鹿丁卯次郎（倉庫支配人）

特例ハ達ニ出ル訳ナルヤ

日高直次

出スガ近頃余リナシ

第一七議題議事録、支配人権限中賞罰（若松炭業所提出）

十七、支配人ノ権限事項中、定員内ノ等外員、給仕、使丁ヲ任免黜陟スルコトトアル中ニ、賞罰ヲ含マシムルコトヲ明瞭ニシ度希望

吉田良春（若松炭業所支配人）

提出理由

店部で委任専行したい

自分ノ方ニテハ、支配人ノ専行シ得ル傭員ニテモ、其賞罰ハ総テ総本店ニ出シ居レリ、然シ乍ラ之ハ任免同様、委任専行セシメラレタル方時宜ニ適スト考フルカ故ニ、其様ニ改正セラレタシ

山下芳太郎（総本店支配人）

黜陟ノ意味ハ如何

日高直次（総本店副支配人心得）

倉庫勤務時代の事例

自分ノ倉庫時代ニ問題アリ、電話ヲ以テ総本店ニ問合セタル処、賞罰ヲ含マストノ回答ヲ得タリ

山下芳太郎

此頃出来シ事務章程ニハ皆「任免」ノ文字ヲ用イアリ、古ク出来タルモノニハ大体「任免黜陟」ノ文字ヲ使ヘリ

黜陟に賞罰を含めるか

吉田良春

黜陟ニ賞罰ヲ含メルヤ否ヤ怪シキ故、此二字ヲ除カレタルナルヘシ

草鹿丁卯次郎（倉庫支配人）

重役ナリトカ否トカ、主管者其人ノ如何ニ依リ多少権限ニ差別ヲ設ケシニ非サルカ。

賞の種類

山下芳太郎

夫ハ実際ニ於テ無シ、賞ノ種類ニハ年末賞、皆勤賞、有功賞等アリ。

吉田良春

火事ノ卵ヲ早ク見付ケテ、之ヲ消止メ大事ニ至ラシメサリシ場合等ノ賞ニテ、ツマリ有功賞ノ問題ナリ

罰の種類

山下芳太郎

又罰ノ種類ニハ退身、降等、減俸、過怠金、呵責等アリ、任免カ許サルルナラハ況ンヤ賞罰モ出来ヌコトハナシトイフコトモ云ヘルガ。

等外以下は実行したい

吉田良春

然リ、故ニ等外以下位ハ行ケルコトニセラレタシ。

賞罰権を取上げた理由は何か

山下芳太郎

賞罰権ヲ取上ケシ理由如何

日高直次

倉庫時代、電話ニテ回答ヲ得タル話ヲ先ニ致シタルカ、之レハ仲仕カ火事ヲ発見シ早ク消止メタル訳ニテ、此時賞与セシニ総本店ヨリ故障アリタルナリ、深キ理由ハ知ラス。

賞罰重く見る

小倉正恆　（総本店支配人）

賞罰ハ之ヲ重ク視タルナルベシ、一般ニ権限ノコトハ統一スルノ必要アリ

総本店での勤務経験上の判断

日高直次

総本店ニ来リテノ経験ニテハ統一スル方可ナリト感ス

罰は慎重に

本荘熊次郎　（伸銅所支配人）

罰ハ慎重ニシタル方可ナリ、官庁ニテモ懲罰ニハ委員会ヲ設ケ居レル位ナリ。

別子鉱業所長には懲罰権あり

湯川寛吉　（理事）

別子所長ニハ特ニ懲罰ニ付テ権限ノ規定アリ、或程度迄ハ出来ルコトニナリ居レリト思フ

草鹿丁卯次郎

任免ト賞罰トハ性質上別ノコトト考ヘタルナラン、特ニ免スルコト等ハ重キモノト考ヘタルモノナラン。

日高直次

関連アリト思フカ故ニ一言セム、店部主管者権限ニ何々以下ヲ云云トアリ、其何々以下トイフ中

ニ何ト何トヲ含ムヤ不明瞭ナリ、賞罰ニ付テ規定スルトシテモ、其種別順序ヲ明ニシテカヽルコト必要ナリト考フ

湯川寛吉

黜陟ノ中ニ賞罰モ入ルト云ヒタルコトモアリト記憶ス、今ハ入ラスト定レル由ナリ。

鈴木馬左也（総理事）

一向記憶ナシ、重役一同其何レナルカヲ知ラストアリテハ責任問題ナリ

湯川寛吉

兎ニ角整理ハ必要ト思フ

鈴木馬左也

賞罰より任免権が重い

賞罰ヨリハ任免ノ方カ重キ様ナリ

湯川寛吉

賞罰ヲ専行範囲ニ譲ルトシテモ、制限スル方可ナラム、例ヘハ賞与ニ付テモ矢鱈ニ沢山ヤリテモ如何ナレリナリ。

鈴木馬左也

各主管者皆相当頭ノアルコト故、先ツ大丈夫ナルヘシ

吉田良春

範囲ヲ定メテ専行セシメラルレハ差支ナカラン。

鈴木馬左也

等内の賞与は総本店にて行う

然リ、其代リ賞罰ノ程度ノ町々ニナルコトハ覚悟セサルヘカラス、併シ乍ラ之ハ差支ナカラム、等内ノ賞与ハ総本店ニテ行ヘル位ノコトナレハ、此事ヲ頭ニ置イテヤルトスレハ差支ハナカラム、即総本店ノ遣口ニ倣ヒテヤルトセハ差支ハ起ラサラム、其代リ意見アルトキハズン／＼申出テ、改正シ修正スルコトニスレハ適当ト思フ

日高直次

補助員の任免について

補助員ノ任免ニ付テモ権限アル所トナキ所トアリ、同様ニハ行キ兼ネン。

湯川寛吉

補助員ニ付テハ已ニ総本店ニテ統括シテ居レルニ非サルカ

日高直次

採用、昇給等ハ統一セラレ居レリ

山下芳太郎

日高君ノ研究ニ譲リ度シ

鈴木馬左也

家法二冊、多くの規則あり

家法二冊是レ中々大シタモノナリ、如此多クノ規則カ必要ナリヤ

山下芳太郎

全体ノ一部ノミ、総本店ト別子鉱業所ニ関スルモノノミ

鈴木馬左也

如何ニカナラヌモノニヤ

湯川寛吉
改廃スルコト可ナラム、編纂委員ヲ作リ専務ニヤラシメ度シ
山下芳太郎
然リ
日高直次
然リ、片手間ニヤル様ニテハ不可能ナリ。
鈴木馬左也
皆様ヨリモ気付ノ所ヲ申出テラレタシ。
吉田良春
編纂ニハ余程ノ英断ヲ要ス、例ヘハ或一寸シタ処ニ疑問アリトテ、考ヘ居リテハ結局手遅レトナリ其儘トナルモノナリ。

編纂委員を作り専務とする

編者註
第一七議題の関係規程概要
職制

○原史料の「八　調査」の箇所に、「関係規定概要」として以下掲載されているので、参考までに次に記す。

○職制ニ関スルモノ

総理事　部下各員ノ進退、賞罰ヲ具状ス、等内七等以下ハ之ヲ専行スルコトヲ得
理事　部下各員ノ進退、黜陟ヲ具状スルコトヲ得
総理事欠位、若クハ事故アルトキハ命ヲ承ケ、其代理ヲ為ス
所長　部下各員ノ勤惰能否ヲ視察シ、其進退黜陟ヲ具状スルコトヲ得
上司ナキ店部ノ支配人　同前
上司アル店部ノ支配人　同前

主管者の委任権限

○店部主管者ノ委任権限ニ関スルモノ

総本店支配人　定員内ノ補助員、等外、給仕、使丁ヲ任免黜陟スルコト
別子鉱業所長　坑夫頭、等外以下ヲ任免黜陟スルコト
　部下各員（副支配人以上ヲ除ク）ニ懲罰例中呵責、過怠金ヲ適用シ、係員（主任以上ヲ除ク）以下ニ所属ノ各部ヘ転勤ヲ命スルコト
　補助員ハ必要ニ応シテ採用相成可然（通牒）
倉庫支配人　定員内ノ補助員、等外傭員、給仕、使丁ヲ任免スルコト
同支店支配人　給仕、使丁ヲ任免スルコト
製銅販売店支配人　定員内ノ等外以下ヲ任免黜陟スルコト
若松炭業所支配人　定員内ノ等外員、給仕、使丁ヲ任免黜陟スルコト
伸銅所長　定員内ノ等外雇以下ヲ任免黜陟スルコト
電線製造所長　同前
肥料製造所支配人　定員内ノ等外雇以下ヲ任免スルコト
東京販売店支配人　同前
呉販売店支配人　同前
大萱生鉱業所支配人　同前
上海洋行支配人　定員内ノ等外傭員以下ヲ任免スルコト
漢口洋行支配人　同前
大良鉱業所主任　日給雇、其他労役者ヲ使用スルコト
本家詰所主任　臨時日給傭ヲ使用スルコト

賞与

○賞与ニ関スルモノ

傭員職務上勤労功績アル者ハ有功賞、年末賞、皆勤賞ノ別ヲ以テ之ヲ賞ス

○懲罰ニ関スルモノ

懲罰ヲ分テ、呵責、過怠金、減俸、降等、退身ノ五種トシ、所為ノ軽重ヲ審量シテ之ヲ処分ス

編者註

○原史料の「八　調査」の箇所に、「所見」として総本店の所見が掲載されているので、参考までに次に記す。

総本店所見

前記条文ニ見ルカ如ク、総理事及別子鉱業所長ニ付テハ兎モ角規定アルカ故ニ、之ハ別論トシ、右以外ノ店部主管者ニ付テハ其権限事項中ニ賞罰権ノ有無ニ関スル規定ナキヲ以テ、謂フカ如ク次ノ両説起ラン。

(一)任免又ハ黜陟マデシ得ルモノナリ、故ニ況ンヤ賞罰ヲ専行シ得サルノ理アランヤ、トイフ況ヤ解釈。

(二)任免黜陟ハ委任セラレタルモ、賞罰ノコトハ自ラ其性質ヲ異ニシ、任免権アリトノ点ヨリ直ニ之カ権能アルコトヲ断スヘカラストイフ反対ノ解釈。

細目ニ渉リテハ尚岐レンモ大体此両説アルヘシ。而シテ孰レモ一理アリテ遽ニ其是非ヲ論断シ難キナリ。又規定ノアル総理事ト別子鉱業所長トニ付テ見ルモ、総理事ハ六等以上ニ対シ何等賞罰ノ権限ナキニ拘ラス、別子鉱業所長ニハ副支配人以上ヲ除キタル部下各員ナレハ六等以上ノ者ト雖、之ニ懲罰例中ノ過怠金、呵責ヲ適用シ得ルコトトナリ、其間矛盾ヲ生スルニ至ル。故ニ規定ノ文字ノミヨリ観テ、事ヲ断セントスルハ妥当ナラスト思惟ス。

＊尚又先例ニ付テ之ヲ見ルニ、若松炭業所、倉庫、伸銅場等ノ坑夫頭以下、其任免ヲ即専行シ得ル者ヲ懲罰スルハ総本店ニシテ、※有功賞ノ例ハ乏シキモ、若松炭業所ニテハ専行セリ（四十二年坑夫頭カ坑内高熱ナルヲ発見シ、為ニ大事ニ至ラサ リシトキノ）。換言スレハ有功賞ハ店部、罰ハ総本店ニテ取扱フコトニナリ居レリ。

（＊印の上部欄外書込）
「※皆勤賞ハ店部、年末賞ハ総本店ニテ行ヘルコト周知ノ事実故、之ハ別トシテ」

取扱ノ斯ク区々ニ渉レルコトカ規定解釈上ノ疑義ヨリ生シタル結果トスレハ、規定ヲ明瞭ニセハ可ナラム。然ラハ如何ニ規定スヘキカ。

蓋シ下級員ノ賞罰ハ店部主管者ニ於テ処置スル方、時宜ニ適ストイフ若松ノ議論成立スルモノナラハ、

之ニ従ヒ「何々以下ヲ任免賞罰スルコト」ト改正シテ可ナラム。

併シ乍ラ、賞罰ノコトタル、素ト重大ノ事柄ニシテ、之カ運用如何ハ最モ慎重ノ考慮ヲ要スヘク、其影響スル所ノ結果ハ決シテ軽々ニアラサルナリ。故ニ一店部トシテ是ヲ観ンカ、事件ノ起レル瞬間ニ於テ敏速ニ処置スル方、或ハ時宜ニ適スト考ヘラルルヤモ知レサレト、此点ヨリ賞罰権ノ全部ヲ委任事項ニ譲リタランニハ、或ハ同一事件ニ付テ、甲店部ハ重ク、乙店部ハ軽ク処置スルコトモ起ルヘク、其間不公平ヲ生スルニ至ラン。不公平ノ生スル所ハ即チ怨声ノ湧ク所ニシテ、総本店トシテハ乍遺憾同意シ難キナリ。

尤モ軽易ナル賞罰ニ付テハ之カ専行ヲ委任シテモ差支ナカラム、一面任免権ノ権威ヲ添フル所以トモナレハナリ。

文官懲戒令ヲ見ルニ（親任官並ニ別段ノ定アルモノヲ除キ適用アルガ）懲罰ノ種類ヲ免官、減俸、譴責ノ三ニ分チテ、

勅任官ノ免官、減俸 奏任官ノ免官	懲戒委員会ノ議決ヲ具シテ奏請シ裁可ニ依リ之ヲ行フ
奏任官ノ減俸 判任官ノ免官、減俸	懲戒委員会ノ議決ニ依リ本属長官之ヲ行フ
譴責	本属長官之ヲ行フ

即チ身分ノ上下、懲罰ノ軽重ヲ標準ニトリテ執行者ヲ定メ居レリ。我住友家ニ於テモ大体此方針ニ依リ、各部主管者ニ於テ任免シ得ル者ニ対シテハ懲罰中ノ呵責、賞与中ノ皆勤賞位ハ専行シ得ルモノト明定シ（従来通リナルガ）テ可ナラム歟。

十八、店部限ニテ任免スル傭員、準傭員ニ対スル辞令書式ニシテ、家法ニ定メラレサルモノハ各

第一八議題議事録、傭員等辞令書式（倉庫提出）

部ヲ通シ同一様式ニ統一シ度希望

草鹿丁卯次郎（**倉庫支配人**）

様式統一は形式上の問題

実質ニ関係ナキ形式上ノ問題ナリ、実際各部間区々ニナレル故、一様ニスル方可ナリト思フナリ。

鈴木馬左也（**総理事**）

事実ナラハ統一スル方可ナリト思フ

吉田良春（**若松炭業所支配人**）

町々ニナレリヤ

草鹿丁卯次郎

町々ニナリ居レリ、例ヘハ……（提出説明書ニアル所ヲ説明セラル、但不明瞭ニシテ誤レルモノモアルカノ如ク聴取リ難シ）

日高直次（**総本店副支配人心得**）

傭員は統一しているので準傭員の問題

傭員ハ一定セリ、夫ハ準傭員ニ付テノコトナリヤ

草鹿丁卯次郎

然リ、準傭員ニ付テノコトナリ。

西崎傳一郎（**電線製造所支配人**）

否、等外以下ニ付テノコトナリ。

日高直次

総本店と銀行は統一

否、店部限リ任免シ得ル者ニ付テノコトナリ、総本店ニテ出スモノニ付テハ一定セリ、銀行モ同

様ナリ

草鹿丁卯次郎　総本店ト銀行ト一致セルモノナラハ、倉庫モ其様ニ改メン

山下芳太郎（総本店支配人）　総本店ニテハ雇入ノトキ等、三枚辞令ヲ出ス、即チ……（此処説明誤リ居レリ、小倉支配人補充セラル）昇給位ハ帳面ニテモ可ナラスヤ

辞令と帳面

小倉正恒（総本店支配人）　昇給ハ辞令ノ方可ナリ、分掌例ヘハ課ヤ係ヲ定メルハ帳面ニテ可ナリト思フ

湯川寛吉（理事）　銀行ハ帳面ヲ使ヒ居レリ。

山下芳太郎　海軍等ハ官報ニテ発表スルノミ。

鈴木馬左也　官報ヲ作リテハ如何、毎日ニ非ストモ時々発行スルコトトシテハ如何、住友公報ナリ。

官報のように住友公報を発行するのはどうか

小倉正恒　辞令ハ各部ヘ廻シ居レリ。

鈴木馬左也　辞令ノミニ止ラス一般ニ発表シテハ如何

草鹿丁卯次郎
兎ニ角総本店ニテ一定シテ下サルレハヨキナリ
松本順吉（**別子鉱業所支配人**）
案カ出来タルトキニハ一応拝見致シ度シ
山下芳太郎
下相談ノトキニ致スヘシ
鈴木馬左也
官報発行ハ店部ヨリモ報告シテ載セルコトニシテハ如何ナリヤ、印刷屋ニ廻シテヤリテモ可ナラスヤ

官報発行

湯川寛吉
印刷等銀行ト総本店ト共同シテヤリテハ如何
植野繁太郎（**銀行本店支配人**）
印刷ノコトハ元ノ伊沢良玄氏ガ……
山下芳太郎
五時半ヨリ茶臼山宴会ニ付、服装ヲ改メラル、方モアリ、今日ハ之ニ止メム

編者註　○原史料の「八　調査」の箇所に、「所見」として総本店の所見が掲載されているので、参考までに次に記す。
総本店所見　補助員以下ニ対スル辞令式ニ付テハ「自今左ノ文例ニ準拠スベシ」トシテ数例ヲ示セルニ止ル、故ニ之カ為メニ不都合起ルトセハ機会ヲ以テ一定ノ様式ヲ定メ、尚其紙質、紙形等ヲモ一定スルコト可ナラ

ム。尚又辞令ヲ須ユヘキ限界、例ヘハ辞令ヲ以テスルハ準傭員マテトイフ具合ニ限界ヲ定ムルコトモ必要ナラム。

二十一、下級傭員合宿所設置ノ希望

今村幸男（製銅販売店・銀行神戸支店支配人）

第二一議題議事録、下級傭員合宿所設置

（製銅販売店提出）

提出理由

神戸には必要

下宿代の問題

学校出の監督の問題

土地ノ状況ニモ依ルコトナレハ、何処ヘモ置クトイフニ非ス、神戸ニハ必要ト思フ故提出シタルナリ、甲種商業、中学等ノ卒業生ノ採用セラル、者漸次多キヲ加ヘ来リ、殊ニ銀行ニ甚シ、神戸支店ノ如キニテモ昨年ハ四人ナリシニ今年ハ六人ナリ、之等ノ者ハ日給五十銭ナリ、而シテ下宿代ハ安クテ十四円、高イ処十六円ニテ、即チ日給五十銭ノ月給ニシテ十五円ノ彼等ハ得ル処ノ一杯、又ハ夫以上ノモノヲ以テセサルヘカラサル訳ニテ誠ニ困ルモノナリ、甲種商業卒業生ヲ歓迎スル一方、此状態ニテハ自然父兄ニモ聞エ、学校ニモ知ラレテ、将来彼等ヲ得ル途ニ困ル様ノコトニナリハセスヤ、此状態ヲ救済セントスルカ第一、更ニモウ一ツハ卒業匆々ノ頭ノ固ラヌ者ヲ監督不十分ニシテ、誘惑多キ下宿屋ニ置クハ危険ナリ、此等ノ理由ヨリ、神戸ニテハ総本店ノ認可ヲ受ケサリシモ、舎宅ヲ貸シテ実行シ居レリ、其成績ヲ見ルニ頗ル良好ナリ、例ヘハ経済ノ方ハ先ツ十円ニテ済ム、而モ下宿ヨリハ甘キモノモ食ヘ、又取締ヨリ云ヘハ、監督者トシテ特志ノ大学卒業生之ニ当リ居リテ都合良シ、出勤ノ際ニモ隊ヲナシテ出勤ス、其出勤前ニハ附近ノ武徳殿コートニテテニスヲヤル、右ハ神戸カ勝手ニ為セルモノナルカ、出来得ヘクンハ制度トシテ為セハ好都合ト思フナリ、設立ノトキノ金ハ吾々ヨリ出セハ済ムモ、監督者ヲ得ルコトハ困難ナリ、独身ノ上級者ヲ使フヘキガ、相当ノコトヲセハ得ラレサルニモ非サラン、総本店ニテモ御研究ヲ願度シ、各店ノ様子ヲ見ルニ、三井ノ如キハ合宿ハ無キモ、例ヘハ神戸商業卒業生ハ神戸以外ノ店ニハ勤務セシメスイフ具合ナレハ、大部分ハ父兄親戚ノ許ニ在リト見ルヲ得ヘシ、尤モ採用後二年位立テハ転勤ヲ命スルコトニナルコトモアリ、当方ノ如ク鹿児島ヤ水戸ノ者ヲ神戸ニ持来ルコトハナシ、又三菱ニハ舎宅アリ、其他多少ノ例ヲ持合セ居ルモ尚通読ノ暇ナシ。

吉田良春（**若松炭業所支配人**）

自分ノ方ニハ現在已ニ在リ、無キ所ニテハ困ルナラン、忠隈、若松ニ各一ツアリ、自炊デ八、九円ナリ。

総本店の認可

草鹿丁卯次郎（**倉庫支配人**）

合宿所設置ニハ認可ヲ要スルヤ

山下芳太郎（**総本店支配人**）

最近電線ニ其例アリ、認可スルモノナリ。

草鹿丁卯次郎

会計ニ付テカ、事務ニ付テカ。

日高直次（**総本店副支配人心得**）

家賃ヲ免除シテ貸ストイフナリ。

草鹿丁卯次郎

然ラハ会計ニ付テナルヘシ。

時及寮

日高直次
総本店ノ有合セノ家ヲ電線ニ貸シ、電線ハ総本店ニ対シ家賃ヲ支払フモ、合宿所ニハ免除シテ転貸ス、後ハ合宿ニ居ル者ノ自由ナリ、店ノ制度トシテニ非ス、制度トシテハ尚考究スヘク、電線ノハ差当リノ策ナリ、総本店ノ方ノ時及寮モ同様ナルカ、最近取毀ツコトニナレルヲ以テ解散ノコトニナレリ、但別ニ借家シテ継続ハスル筈ナリ。

今村幸男
時及寮ノ成績ハ如何

日高直次
非常ニ良シ。

山下芳太郎
給料不足ニテ立チ行カヌトイフ理由ニテハ別問題トナルナリ、給料不足故ノモノナレハ全員ヲ容ル、モノナラサルヘカラス

今村幸男
神戸ニテハ二軒ニ分チ、試験的ニ行ヘリ、家賃ハ一円ニシテ、其他ニハ何等ノ補助モ為サス

草鹿丁卯次郎
電線ニ認可シ乍ラ、制度ノ問題ハ後ニストイフハ如何

山下芳太郎
全体ニ通シテドートイフ考ナシ、只三竹欽五郎君ノ関係セル案ノミナリ、目下ハ鰻谷本家跡ニ作

鰻谷本家跡の合宿所

ルコトニナレルカ収容者少シ、在阪店部ノ者ノミナリ、而モ其一部ニ過キス、夫以上ニ増スカ、
又各地ニモ作ルカ等ニ付テハ未タ成案ナシ、鰻谷ノモ試験的ナリ

草鹿丁卯次郎

其成績ヲ待テスルノニテハ遅イ、方針ハ定ラストモ各部ハ実行セルナリ

山下芳太郎

併シ其数ハ未タ少キナリ、電線ハ幾人位ナリヤ。

電線製造所の事例

利光平夫（電線製造所長）

十五人ナリ、五月中頃ヨリ始メタルナルカ成績良好ナリ。

草鹿丁卯次郎

良好ナルコトニ付テハ疑ナシ、所有家屋ナケレハ借リテヤルモ一方法ナリ、実際ハ必要アリテ起ルナリ、鋳鋼所ハ如何

鋳鋼所の事例

萩尾傳（鋳鋼所支配人）

下級ノ者ノミ補助員級ナリ、即十五円位ノ者ヲ容レ居レリ、今年ノ如キ非常ニ便利ヲ得タリ、希望者ハ非常ニ多キモ、僅ニ一部ヲ容レタルノミ

山下芳太郎

伸銅所ハ如何

伸銅所の事例

本荘熊次郎（伸銅所支配人）

無シ、アルコトヲ必要ト感ス、又職務上店ノ近所ニ居リテ欲シイト考フ、此点ヨリシテ上級ノ者

舎宅の必要性

ト雖、舎宅ノ必要アリ、先ニ買収セシ六軒ノ人家アリシトキ、守衛等ヲ容レン為メニ規則ヲ作リテ提出セシカトモ、有ル家ノコトナレハ実行スヘシトシテ其例ニナレリ、工作ノ機械修繕係ノ如キ者モ突然ノ事故ニ際シ之ヲ召出シ、当座ノ修繕ニ間ニ合ハセ得ルヲ以テ、如此舎宅ヲ近所ニ有スルコトハ非常ニ安心ナリ、サレト問題ノ六軒モ拡張ノ為メ取毀ナリ

草鹿丁卯次郎

夫ハ合宿トハ別問題ナリ

本荘熊次郎

共ニ必要ナリ

小倉正恆（総本店支配人）

神戸ノ合宿ニハ何人位収容セリヤ

今村幸男

一軒ニハ七人、一軒ニハ六人

小倉正恆

家賃ハ如何

家賃

今村幸男

一円ナリ、製銅販売店ノ持家故、其支配人トシテ取計ヒタルナリ、普通ナレハ六、七円ノ処ノモノナルヘシ

小倉正恆

大阪ニテモ必要ナリ、同シ理由ニテヤルコトトナレルナリ。

今村幸男

初メハ一軒ニテ行ヒ居タルナルカ、今春六人ノ者来リテ其夜泊ル処ナシ、依テ一部ハ合宿ニ寄ラセ、一部ハ宿直室ニ入レシナリ、而シテ下宿ヲ探セシニ十五、六円トイフ訳ニテ、到底難キノミナラス、宿泊者ハ船員等碌ナ者ナシ、已ムナク更ニ一軒ヲ合宿ニシタルナリ。

小倉正恒

合宿ニハ補助ノ意味ハ無キナリ

合宿には補助の意味なし

今村幸男

家賃丈ニテモ違フ、事実ニ於テ安クナルナリ。

草鹿丁卯次郎

取毀ツヘキ家アル場合ニハ家賃ヲ免除シテハ如何、制度トシテ出来サルニ非ス

日高直次

三竹氏ノ関係セルモノトハ意味カ違フ、一室何人監督者ヲ置クトイフ具合ノ完備シタルモノト、下宿料ノ為メニ合宿スルモノトハ違フナリ。

今村幸男・小倉正恒

取締カ目的ナリ

取締が目的

草鹿丁卯次郎

鰻谷カ全部ヲ収容スル能ハス、故ニ各部ノ有スルモノヲ存スル必要アリ

山下芳太郎
今ノ計画ハ五十人ナリ、倍ニテ百人ナルカ、希望者ハ市内ノミニテ幾百人アリヤ知ルヘカラス
本荘熊次郎
百人モ容レ得レハ余程可ナリ
草鹿丁卯次郎
差当リノ処ニテハ家賃ヲ免除シ、電灯料位ハ補給セサルヘカラス

差し当たりは家賃の免除

小倉正恆
電線、鋳鋼等ハ新築スル方可ナリ
本荘熊次郎
矢張リ制度ヲ定メテ発布シタル方可ナリ。
草鹿丁卯次郎
組織立テルモノヲ作リ、其後ニ於テ各部各地ニ其系統ノ branch ヲ作ル、差当リノ必要ハ其迄ノ間ト見テ、新築シテ家賃免除迄認メテ貰ヘハ可ナリ。
小山九一（東京販売店支配人）
自分ノ方ノ状況ハ今村支配人ノ言ハレタル処ト同シ、何等カノ形式ニテ家賃ノ補給ヲ受ケルコトモ可ナリ、都会ノ物価高キ処ノ下級ノ者ハ一般的ニ進メテ戴キ度シ
山下芳太郎
進メルトハ何ヲナルヤ

小山九一

都会ニテハ洗濯賃、斬髪料等モ高シ、殊ニ客ニ接スル者ハ衣服モ相当ノモノヲ必要トシ、又汚レタルモノヲ着ケル訳ニモ行カス、髯モ剃ラサルヘカラス、体裁ヲ整ヘ形式ヲ正ス必要アリ、此外ニモ十分御考ヲ下サレタシ。

山下芳太郎

十五円ニテハ安キカ、現今ノ状勢ニテハ。

下宿料の状況

小山九一

下宿料ハ十五、六円ト云ハレタルモ、自分ノ方ニテハ十一円位ニテ下宿セル者アリ、保健上ノコトモ考ヘス、之デナクテハヤレナイトイフ、当座ノコトノミ考ヘテヤレルナリ、斯クテハ萎縮スルコトナキヤ、卒業後一、二年ノ処ハ特別ニ計ラハレタシ。

三菱の事例

小倉正恒

二、三年前ノ調査ニテハ三菱等ト大差ナシ、月給ハ三菱ノ方多キモ、賞与ハ少キ故、実収上ニハ大差ナカリシナリ

久原の事例

本荘熊次郎

久原ハ凡テ多キ方ナルガ、甲種商業出ノモノハ住友ノ方良キ位ナリ、大学、高商等ハ久原ノ方遙ニ多シ、甲種商業出ハ初メ四十銭位ノ様子ナリ

小倉正恒

三菱デハ六十銭位ナリキ。

本荘熊次郎

久原ニハ舎宅料アリ、鉱山ニテハ舎宅アリ、市内ニハ舎宅ナシ、故ニ舎宅料ヲ給ス、家族ナキ者ニモ給セル如シ

今村幸男

久原ハ独身者ニ月給ノ二割、家族持ニ四割ナリ

草鹿丁卯次郎

小山君ハ物価ハ都会ニ於テ高シトイフモ、物価ハ都鄙追々平均ノ傾アリ、日本人ノ常食タル米等ハ殆ント平均セリ、九州ナレハ魚安シトイフ代リニ牛乳ハ都会ノ方安シトイフ事アリ、斬髪賃等モ都ノ方高シトイフ訳ニ非ス、田舎ヨリ安キ所モアリ。

都会と田舎の差

小山九一

客ニ接スルカ商売ノ東京ノ店等ニテハ衣服ヲ整ヘルトイフコトモアリ、田舎ノ者ヨリハ余計ニカヽル

草鹿丁卯次郎

鉱山ハ知ラス、銀行モ知ラヌガ、客ニ接スル者ハ何レニテモ衣服ノ心配ハアリト思フ、十五円ノ多少ハ別ノ問題ナリ、之ハ一般ニ足ラヌトイヘハ増加ノ必要ハアリ、合宿所ニ付テ考フレハ、家賃ヲ免除シテヤリスル位ニテ良シ、倉庫ノ方ノハ以前七円五十銭位ナリシ故、今ハ九円位ナルヘシ。

山下芳太郎

電灯料の補給

電灯モ補給セリヤ

草鹿丁卯次郎

然リ、夫デ九円ナリ、九円乃至十円位ナレハ先ツ可ナラム、五円ノ小遣ハ或ハ多過キスヤト思フナリ。

小山九一

絶対絶命ノ者ハ十円位ニテモヤレリ。

山下芳太郎

十五円ノ者ハ父兄ヨリ補助ヲ仰ケル者アリヤ

小山九一

醵金の制度

通油町ノ銀行支店ニハ醵金ノ制度出来居レリ、販売店ハ模似ハセサルガ、之ハ困難ニ遭遇セシ者アルトキニ融通スルノ途ヲ開クモノナリ、実際ハ知ラサルガ慥ニ役ニ立テルカ如シ

草鹿丁卯次郎

東京の合宿所

東京ニハ合宿アリヤ

小山九一

無シ

草鹿丁卯次郎

銀行ニテハ如何、補助員ハ最モ多カルヘシ

山下芳太郎

無カラン

小山九一

若松等ハ炭業所ト共同ノモノアルカ如シ

松本順吉（別子鉱業所支配人）

新居浜ニテハ銀行ハ別ナルカ、肥料ハ一緒ナリ。

草鹿丁卯次郎

総本店ニテハ全部ナリヤ

山下芳太郎

＊一部分ノミ五、六人ナリ　（＊印の上部欄外書込「十一人ナリ」）

川田順（総本店経理課主任）

ほとんどが下宿

他ハ皆下宿ナリ、殆ント皆下宿ナリ。

草鹿丁卯次郎

下宿ニ居ル者ノ財政状態如何

川田順

知ラス

小倉正恆

居ル場所ハ福島等ノ不健康地ナリ

小山九一

下宿人の脚気問題　脚気等ハ付物ナリ

草鹿丁卯次郎

脚気ハ必スヤルカ如シ、如何ナル訳ニヤ。

小倉正恆

愚図々々暮セル為メナラン、運動モセスニ居ル為ナラン（雑談多シ）

草鹿丁卯次郎

合宿所は救済策　合宿所ヲ置ケハ経済モ救ヘル理ナリ

山下芳太郎

但、夫ヲ主ニスルト全部ヲ入レサルヘカラサルコトトナル

草鹿丁卯次郎

初めは全員入れて増給後に出す　初メハ全部ヲ入レル、後ハ正月モ来テ増給セラル、其処デ出ス、二年三年ハ置ク方可ナリト思フモ致方ナシ、命令シテ出スナリ、月給モ上ル、差支ナシ、何年位置クカ良キカハ別ノ考ナリ。

萩尾傳

年限ノコトナキモ、其ハ自然ニヤリ居レリ、後進者ニ気ノ毒ガルヨリハ、合宿ニ飽キカ来ルナリ。

西崎傳一郎（電線製造所支配人）

鋳鋼ノハ何処ニ在リヤ

萩尾傳

工場内ニアリ

本荘熊次郎
二、三年、四、五年位カ最モ必要ナリ、殊ニ収入ノ増加シ来リタルトキカ危険ナレハナリ
草鹿丁卯次郎
鰻谷ニ出来ルモノニテハ不足故、各部各部ニテ設ケル、家ハ新築スル、家賃ナシニテ入レルトイフ原則ヲ認メル。
山下芳太郎
入舎年限ハ如何
草鹿丁卯次郎
一、二年置クトイフノ程度ハ鰻谷ノ試験ヲ待テ決メテ良シト思フ、銀行等ハ借家シテ実行シテモ良シト思フ
山下芳太郎
銀行支配人ノ出席ナシ、尚相談シテ処置シヘシ。
中田錦吉（理事）
吾々重役ノ間ノ談モウロ覚エ乍ラ記憶セル処ヲ参考ニ曰ハン、数年前重役会ニテ補助員ノ待遇問題起リシトキ、補助員ハ店ノ給料ニテ自活セサルヘカラサルモノナリヤ否ヤヲ考ヘシトキニ、夫ハイカヌ、未丁年者ニテモアリ、仕事ハ見習時代ナリ、故ニ自活独立ハ無理ナリ、出来ル丈ノコトハスルカ、余リスルト見過キル、増給問題モ起ル訳ナリ、彼等ハ父兄ノ許ヨリ通フトカ、又ハ内ヨリ補給ヲ受クルトカスヘキモノニ非スヤ、自活スヘキモノトスルハ如何トイフ説カ大分勢力

補助員は給料で自活できない

アリシト思フ、決議ナトハセサリシカ、独リ歩ミノ出来ルモノニ非ストイフコトニナレリ、而シテ合宿所問題ハ屢々起リタリ、田舎ヨリ出テ、思想ノ固マラサル者ヲ立派ニ、悪風ニ染マサズニヤルトイフ眼目ニテ、付ケタリ経済ノ便利モ見テ、合宿論ハ成立シ居タルナリ、而モヤル以上ハ有効ニヤリタシ、多数ヲ集メテ社会主義ヲ作ル様ニテハイカヌト考慮シ居レリ

合宿所の目的は思想の固まらない新人を立派にすること

鈴木馬左也（総理事）

好機会故自分モ一言セン、傭員ノ待遇ハ人物トシテモ十分立派ニシテ働キモアリ、人物ノ立派ナルコトカ働キノ上ニモ表ハレルトイフ人ハ益々抜撰登用シテ良シト思フ、其代リ人間モマヅク、役ニモ立タヌモノハ社会的、国家的ニ見テモ、ドン〳〵仕事ヲ運フヘキ時代ニ照シテ見テ効果薄ク、邪魔ニナル者ハ処決セシメテ行カサルヘカラサルナリ、之等ノ中間ノモノハ相当ニ待遇スル、尤モ多年勤続シテ老衰シ、又ハ病気ニ罹リシモノ等ハ従事中ノ勤労ヲ考ニ入レテ療養セシムル等、十分其点デ待遇セサルヘカラス、冷酷ニ扱フノ主旨ニハアラス、言葉ハ如何ハシケレト、糞モ味噌モ一緒ニ扱フハ、住友家事業ヲ発達セシムル所以ニアラストイフ意味ナリ、言葉ハ足ラヌ故不審ノ点ハ十分質問セラレタシ、学校卒業匆々ノ者ハツマリ見習中ノ者ナレト、行ク〳〵ハ抜出シテ使フヘキモノト思フ、十分ノ働ヲスルトキニ及ンテ十分待遇ハスヘキモ、夫迄ハ相当ノ待遇ニテ足レリ、外国ノ事例ナトハ知ラサルモ同様ニ行クモノト思フ、補助員等合宿問題ニモ上ル人ハ月給丈ニテ生活シ得ストモ可ナリト思フ、父兄ノ之ヲ扶助シテ当然ノモノト考フ、若シ如此ニテハ役ニ立ツ者ヲ得能ハストイフ実況ナルヤモ知レサレト、尚能ク熟考シ度シ、時勢ニ照シテ将来有為ノ材タルヘキ卵ヲ仕入レルコトヲ得サルヲ以テ、独立自活ニ堪ユル給料ヲ支給セサルヘカラ

人材の取捨選択

将来有為の材たるべき卵を仕入れるためには独立自活に耐える給料を支給する

サルカモ知レヌ、之ハ宣告ニ非ス、只自説ヲ述フルナリ。

今村幸男

提案者ノ意思ハ如此根本ノ問題ニハ触レ居ラサルナリ、只現況上取締ニ困難ヲ感スルヲ以テ提案シタルノミ、着任匆々実際困窮セル次第ナリ

鈴木馬左也

住友家の事に従えば父兄は安心する

給金ノ問題トナラン、尚合宿所ノコトハ中田理事ノ云ハレシ通ナリ、先ツ第一ノ目的ハ消極的ニシテ、即誘惑ニヨリ出来損フコトヲ防カントスルモノナリ、住友家ノ事ニ従ヘハ大丈夫ト父兄等カ安心セル処へ、其子弟タル者カ拙イコトヲ覚エ終身ヲ過ルトセハ、誠ニ本人父兄等ニ対シ気ノ毒ニモアリ、住友トシテモ不名誉ノコトナリ、立派ナ卵ヲ捨テ去ルコトハ人物経済上ヨリスルモ残念ノコトナリ、出来損フコトヲ防クトイフ消極的目的カ第一ト思フ、而シテ次ニ第二段トシテ

積極的に指導

積極的ニ指導シタシト思フ、之カ為メニハ費用モカヽリテ支ナシ、簿記其他ノ学問ハ教ヘストモ立派ナ思想、体力ヲ養フハ必要ト思フ、眼前ノ処ニテハ第一間違ハヌ様、堕落セヌ様ニスルコトヲ急務ト思フ、合宿所ノ問題モ久シキ問題ナルカ、種々都合ノ為メ延引セリ、只若キ者丈ヲ一緒ニシテハ不可ナリ、指導者、監督者ト伴フテヤラサレハ駄目ナリ、各自申合ハセテ実行スルモノナレハイサ知ラス、店ノ合宿トシテハ、以上ノコトカ伴ハサレハ責任上許シ難シ。此程三竹欽五郎氏ヲ雇入レ、旧本家ノ処ニ幾人カヲ容レルコトニセリ、初ヨリ沢山ノ人ヲ入ルヽトキハ目茶ニナルヲ以テ、先ツ三十人位カ程度ト考ヘタリ、斯ル処ニ居レハ経済上ニモ自然安クナルカ、金銭上救助トイフ目的ハ入レサルカ良シ、色々入レルト複雑ニナリテ不可ナリ、金銭ノコト、待遇ノ

コトハ別ニ考フヘキナリ、併シ家賃等ハトラヌ故自然安クハナルヘシ、小使等ニ関スル費用モ負担セシメスシテ可ナラム、尚細目ニ渉ルカ序故一言セン、前述ノ三竹氏ハ元第四高等学校教授タリシ人ニシテ独乙語ニ通シ、教育ニ経験アル人ナリ、此三竹君ノ説ヲ聞クニ、同君ハ一人一室主義ナリ、自分ハ反対ナリ、三竹君ノ説ハツマリ人間ノ起居ハ private ノ性質ノモノナリ、故ニ一室ニ沢山一緒ニ居ルハ此意味ヲ損ヒ、同宿舎ハ御互ニ不快ヲ感シ、楽シク行カヌトイフニ在ルカ如シ、又店デ労レテ帰ル、帰宅後気楽ニ暮サントスル処ヘ友人ノ客来モ起ルヘク、勉強セント思ヒ乍ラモ出来兼ヌルトイフ訳ニナルモノナルヘシ、此説ハ相当年ヲトリタル人ヲ付テハ斟酌シテ可ナリ、甲種商業位ノ卒業匆々ノ十八、九ノ人ニ private life ナトナキ筈ナリ、彼等ハ open ニ public ニヤレハヨシ、之ニヨリテ品性モ磨ケルトイフモノナリ、人カ勉強スルトキニハ宜シク差扣ヘルカ順ナリ、之等ハ如此生活ニヨリテ初メテ得ヘキナリ、又人ノ世話ニナルノニ一室一人等ハ贅沢ナ云分ナリ、住友家ノ為メニモ節約トイフコトヲ考ヘテ十分心得テ貰ヒタシト思フナリ

一室一人は贅沢

小山九一

補助員等ハ時ト場合トノコトモアランカ、自ラ進ンテ採用ヲ願ヒ来ル様ナルカ理想ナリ、已ニ傭員トナレル者モ節約シテ分ヲ守リ、後ヲ楽ムカ当然ナリ、只暮シ難キ状況ハ認メテ貰ヒタシ、客ニ接スル職務ノ者等ニハ夫々費用モ多クナルノ理ニテ、父兄等補助ヲ仰クヘキ者ナキ者モ漸次多クナリ来レリ。

鈴木馬左也

尚実際ヲ見テ相談スルコトトセン。

萩尾傳　住友ニテハ傭員職工級ノ者ハ皆手厚イ待遇ヲ受ケ居レルモ、補助員級トイハンカ、所謂 young men ハ比較的軽ク扱ハレ居レリトイフ評判アリ、西洋ニテハ young men ニハ宗教上ヨリ由来スル association アリ、我鰻谷ニテハ此主義的ニ大ナルモノヲ作リ、young men ヲ入レルトイフコトハ如何、ツマリ住友家カ国家ノ為ニ association ヲ作ラレテハ如何、基本金ハ要ルカ市ノ為メ国ノ為メニモナリ、価値アル事業ナリト思惟ス

市のためにも国のためにもなる

鈴木馬左也　御尤ナリ、青年会ノ事業ハ当地ニテモ Greeson《(George Gleason カ)》ノヤレル処ニテ結構ノコトナリ、住友家ノ合宿ハ別ニアルカ可ナリト思フ、青年会トスレハ大袈裟ニナリ、来ル人ノ自由ニ任スコトトナラサルヘカラス、合宿所トシテハモ少シ行届キテ世話ヤ取締ヲ要スト思フ、Public ノ奴ニ住友ノ者モ入レルノニテハ不可ナリ

青年会

萩尾傳　住友カ作リテ public ニ供スル、斯クテ三井モ三菱モヤル様ニナリ来レハ、迷ヘル者モ皆 public life ヲ味フトイフコトニナルナリ。

鈴木馬左也　reading room モ作ルトイフ訳ニヤ。

萩尾傳　然リ、凡テ図書館ニ公衆ノ赴クカ如キ考ナリ、自分ノ説ハ持チ出スニモ已ニ余リ遅レ過キテ居ル

ヤモ知レスト思フ

昔の漢学塾の如きものを作りたい

鈴木馬左也

自分ハ昔ノ漢学塾ノ如キモノヲ作リタキ気持ナリ、Greeson ハ矢張リ一人一室主義ト聞ケリ、青年会トシテハ諸所方々ヨリ集リ来ル者ヲ収容スル勢上、此説ハ正ニ起ル処ナラン、当方ノハ一緒ニブチ込ミテ薯ヲ洗フ式ニヤレハヨイト思フ、彼ノ Cambridge 大学ノ大便所ハ戸ヲ開イテヤル、開キ置クハ見物スル為ニアラス、人ノ来タトキハ自然見ユルモ何等差支ナシ、又友人ヲ訪問シテ小用催サンカ、友ハ之ヲ寝室ニ引キ器ニ用ヲ達セシム、主人モ又席ニ達ス、又 Liverpool ニ Boorth（?）(James Lord Bowes カ) トイフ名誉領事アリタリ、非常ナル日本ビイ肩《キ》ナルカ、此人ニ仕事ノ仕振ヲ見セ貰ヒタルカ、同人ハ商売上ノ手紙迄尽ク之ヲ見セ呉レタリ、万事此調子ノ様ニ観察セラル、又便所ノ話ナルカ、米国ニテモ Salt Lake City 附近ノホテルノ便所ハ矢張リ open 式ナリキ、ツマラナイコトノ様ナルモ大ニ参考ニナルト思フ

山下芳太郎

住友家ノ設備シタル合宿ニテハ理想的ニヤル。併シ此処ニ収容スルハ全体ニ比シ極メテ一小部分ノ者ノミ、故ニ差迫リ各部ニ必要アルモノナレハ、当座ノ方法トシテ持家ヲ貸ス、又貸家ナケレハ他人ノ家ヲ借リテ家賃ヲ補給ス、監督者ヲ置カストモ此程度ノコトハナシテ差支ナク、寧ロ相当ノ効果ハアリト思フ

鈴木馬左也

自活的モ良ケレト、此自活自由トイフコトニハ妙ナ解釈カ流行スル故、矢張リ或程度迄ハ世話ス

ルカ良シト思フ、支配人、其他相当ノ人カ注意セサレハ駄目ナリト思フ、直接監督ノ任ニ当ル者モアルヘシ

草鹿丁卯次郎

十分ノ意味ニハ非サルモ、アルコトハアリ。

鈴木馬左也

男女間ノ所謂自由思想等ニハ酔ハサル様ニシタシ、住友観念、人類観念ノ上ヨリモ必要ナリ、一室ニ多人数ヲ入レ、監督者アリテ漸次 improve シタシ、尚入ル者ニ格別制限規則ハ設ケストモ等内八等四、五十円位ノ、年齢モ二十五、六歳ニナリ、頭ノ固リタルトキニハ出テ、自分ニテヤルコトニナレハ可ナリト思フ、万事書生的ニヤリタシト思フ

万事書生的にやりたい

解　題

主管者協議会とは

本書「住友史料叢書　主管者協議会議事録一」には、近代の住友において、大正二年（一九一三）に始められた主管者協議会議事録の内、大正二年・大正三年・大正四年・大正六年分を翻刻収録する。

主管者協議会は、毎年、大阪の本社で主管者が一同に会する会議のことである。住友では、事業全体を統括する総理事、理事、本社部門の部課長などのミドルマネージャー、及び各事業部門（店部・連系会社）の責任者（支配人、常務など）を主管者と称した。住友全体の統一、協力を目的に、意思の疎通を図る会議であり、住友家長（オーナー）から経営を委任された総理事による訓示や、さまざまな議題が議論された。大正二年五月の第一回に始まり、以後、昭和十八年（一九四三）まで毎年開催された（大正五年と昭和十二年は開催されず）。

住友の主管者協議会は、理事会のように、事業投資の意志決定や事業の方向性の決定、規程の創設改廃、職員の待遇・賞罰を議決する機関ではない。あくまで各事業部門と本社の間の意思疎通を図る協議の場であった点に注意を要する。

主管者協議会で協議される議題は、各事業部門から提出されたものと、本社内の部署課が提出したものとがあった。住友において統一して適用させる必要のある規程や本社機能に関わる問題、及び住友全体に関わる問題などについては、事業部門の意見を聴取し、本社による住友全体の組織運営の参考に供するために開催された。このため、主管者協議会では、問題となっている規程や住友で統一する必要のある事柄については、各事業部門の事情が報告され、各主管者の意見が表明されるが、規程の制定など最終的な意志決定がなされるのは理事会においてであり、主管者協議会で議論された結論の多くは、本社での調査・検討に委ねるというものであった。

主管者協議会の概要については、牧知宏「住友合資会社経理部商工課の刊行物と「一般経済調査」」(『住友史料館報』第四一号、二〇一〇年)も参照いただきたい。

主管者協議会史料について

○本書収録の原史料

・大正二年議事録

厚紙表紙に「大正二年度／第壱回／各部主管者協議会／秘書係」(「第壱回」は朱書)と記された簿冊で、住友総本店の罫紙や用箋・起案用紙など計七七枚を綴じている。冒頭に目次はなく、主管者召集に関する起案、本社で取りまとめた議題の一覧、議題に関する参考資料、総理事訓示が綴じられている。開催期間は、五月二十日であり、二一の議題が協議されたが、原史料には各議題の議事録は収載されていないため、本書では、大正二年については、総理事訓示と議題一覧を収録した。

・大正三年議事録

厚紙表紙に「大正三年度／第弐回／各部主管者協議会／秘書係」(「第弐回」は朱書)と記された簿冊で、住友総本店罫紙や用箋・起案用紙など計三〇七枚を綴じている。冒頭に目次はなく、本社で取りまとめた議題一覧や事業部門から提出された書面、総理事訓示の原稿、各議題の議事録が下書きも含めて綴じられている。開催期間は、五月二十八日~三十一日であり、一九の議題が協議されたが、本書では、原史料に収載されている一八の議題を収録した。

・大正四年議事録

厚紙表紙に「大正四年度／第参回／各部主管者協議会／秘書係」（「第参回」は朱書）と記された簿冊で、住友総本店罫紙や用箋・起案用紙など計三五〇枚を綴じている。冒頭に目次があり、一 議題提出方通知ノ件、二 協議会開催並議題通知ノ件、三 議題追加通知ノ件、四 議題ニ関スル調査、五 議事筆記、とあり、目次に記載はないが、総理事訓示の速記も含まれる。各議事録翻刻の末尾に掲載した本社所見など参考資料は「四 議題ニ関スル調査」より抜粋したものである。開催期間は、五月二十日～二十五日であり、二二の議題が協議された。

・大正六年議事録

厚紙表紙に「大正六年度／第四回／各部主管者協議会／庶務課秘書係」（「第四回」は朱書）と記された簿冊で、住友総本店罫紙や用箋・起案用紙など計二三二枚を綴じている。冒頭に目次があり、一 各部主管者協議会議案提出方照会ノ件、二 主管会議日取ヲ松本支配人へ通知ノ件、三 主管会議開催日時通知ノ件、四 主管会議ニ付篠原氏へ書信ノ件、五 主管会議問題提出ノ件、六 議題送付ノ件、七 議題追加ノ件、八 議題調査、九 議事録、とあり、目次に記載はないが、総理事訓示の原稿もある。各議事録翻刻の末尾に掲載した本社所見など参考資料は「八 議題調査」より抜粋したものである。開催期間は、六月二日～六日であり、二一の議題が協議された。

主管者協議会の運営実務については、大正二年～六年は本社の庶務課秘書係が主にこれを担当した（大正七年以降は本社の庶務課文書係が担当）。主管者協議会開催の年ごとに、関連史料を綴じた簿冊が作成された。表紙に「各部主管者協議会」・「主管者協議会」・「主管者協議会書類」などと記された簿冊で、おおまかに分類して次の史料が収載されている。

①主管者協議会の開催日などを出席者へ伝える通達発出を本社内で稟議する起案

②各事業部門から提出される議題に関する往復書類

③各議題の内容に関して本社内で調査して、所見や関連規程を書写したり、関連史料を綴じたりしたもの

④各議題の議事録

⑤総理事の訓示原稿

④各議題の議事録や⑤総理事の訓示原稿は、基本的に用箋や罫紙に手書きされたもので、清書の他に下書き段階のものが綴じられる場合もあった。また、②協議会で議論される議題については、本社からの諮問に対する回答として各事業部門が提出した書面の原本が綴じられるとともに、その年に協議する議題を本社がまとめて一覧にして印刷したものも綴じられている。簿冊の冒頭に全体の目次を付しているものもある。

本書の編纂方針

「住友史料叢書　主管者協議会議事録」では、この主管者協議会関係の簿冊史料を原史料とし、一　総理事訓示の原稿、二　議題の一覧、三　各議題の議事録という形で原史料から抜粋して翻刻を収録した。

総理事訓示の原稿と各議題の議事録については、基本的に清書されたものを典拠とし、必要に応じて下書きも参照した。なお、議事録については、そもそも簿冊に収載されていないものもあり、協議された議題全ての議事録ではないことをお断りしておく。

また、協議された各議題については、事業部門から提出される書面に提出理由が付されたものがあるので、二

議題の一覧では、原史料に綴じられている事業部門から送付された書面、あるいは本社で取りまとめた議題一覧に記されている提出理由を抜き出して適宜掲載した。

本書の中心となるのは、各議題を協議した議事録である。原史料となる主管者協議会関係の簿冊には、各議題の議事録として、発言者名・発言の順で一連の議事録が記されている。先述の通り、「住友史料叢書」では、清書された議事録を典拠として翻刻収録するが、議事録の書き方は一様ではなく、縦書きで比較的丁寧に記されたものもあれば、横書きのメモに近いものもある。特に発言者の表記は、発言者の姓と肩書きを記すものから、簡略的に姓の一文字のみを記すものまである。そこで、「住友史料叢書」として、主管者協議会の議事録を収録するにあたり、読者の便宜を図るため、発言者については、編者により姓名を補った形で表記し、初出時には当該主管者協議会開催時における所属・役職を示した。例えば、原史料で「総理事」と記されていれば「**鈴木馬左也**（**総理事**）」、「松本支配人」とあれば「**松本順吉**（**別子鉱業所支配人**）」などと表記した。この部分については、原史料の表記通りではないことを示すため、ゴチック体にしている。

また、原史料の簿冊には、綴じの順番に錯簡が見られるものもあるが、基本的に本書に収録する議事録の議題の順番は、本社が取りまとめて印刷した議題一覧に従い、編者により便宜的に番号を付した議題の順番に掲載した。

発言については、基本的に原史料通りに翻刻を行った。原史料では、発言された内容以外に、協議会参加者の行動（「誰々に対して何々を説明した」など）も括弧なしで発言と特に区別されずに記される場合があるが、これも原史料通りに括弧なしで表記している。一方、便箋の欄外などに記される議事録執筆者による註記は、当該場所に＊印を付し、その近くの余白に註記した。

原史料の簿冊中には、各議題の内容に関して本社内で調査し、所見や関連規程を書写したものや、関連する資料が綴じられている。そこで、各議事録の末尾に、頭に○印を付して本文と区別する形で、右の本社による所見や、関連規程の内容を、原史料から編者が抜粋註記した。

さらに、原史料以外の参考史料も同様に、出典を示して編者が抜粋註記した。

住友の経営状況（大正二～六年）

本書に議事録を収録した大正二年から六年にかけての住友について概観しておきたい。

主要な出来事

まず、主管者協議会が始められた大正二年という年を考えるにあたって、同年に次のようなことが行われたことが注目される。

①「井桁紋章寸法割合」を制定して、これまで各事業部門で使用されていた井桁マークの寸法などが区々だったのを、住友全体で寸法割合を統一させた。

②「住友家法及諸規則類纂」を印刷製本の上、各事業部門に配布された。これまで各事業部門限りで制定、改廃された諸規則について、本社への報告に精粗があったため、明治期に整備された住友家法と合わせ、甲・乙の二冊に編集したものである。本書収録の議事録の中で言及される諸規程の原典であり、参考史料として適宜編者が議事録の末尾に出典を示して抜粋註記した。

③「回議案用紙」使用の統一が通知され、家長・総理事・支配人などへ稟議する際の起案用紙につき、所定以外の取り扱いをしないようにした。

これらは、住友全体としての統一を目指して、組織運営を整備しようとしたもので、主管者協議会の開催もこのような流れの中に位置づけることができる。住友事業の多角化に対応して、本社組織による統括を進めたのが大正期の住友であった。

住友では、明治期以降、所有と経営が分離され、家長による委任を受けた総理事が住友全体の経営を担い、住友における意志決定は、総理事を中心として複数名の理事によって構成される重役会によって決議された。住友における重役会については、末岡照啓「近代住友の企業統治と総理事」（下谷政弘監修・住友史料館編『住友近代史の研究』、ミネルヴァ書房、二〇二〇年）を参照。

本社部門　大正二年～六年の本社部門は、明治四十二年に改称された住友総本店に、第1図の通りの組織が設置されていた。経理課・監査課・庶務課・営繕課の四課が置かれ、大正二年七月に秘書課も設置された。庶務課には、秘書係・文書係に加えて、住友家の不動産管理を担う地所係が設置されていた。また、営繕課は、本店ビルや住友が寄附した大阪中之島図書館の建築のために設置された臨時建築部の流れを汲むものである。さらに、大正四年には住友本邸建築のための茶臼山建築事務取扱所が設置された。

事業部門　大正二年～六年における、住友の事業部門は、第2図の通りである。大正二年初めの段階で、江戸時代以来の別子銅山での事業を行う別子鉱業所に加え、炭砿、銀行、倉庫、伸銅、鋳鋼、電線の事業が行われていたが、大正二年に肥料製造所が設立されるとともに、東京・呉に住友製品の販売を包括的に担う販売店が設立された。これらの事業の内、住友銀行は、明治四十四年に株式会社となっており、住友鋳鋼場は大正四年十二月に株式会社住友鋳鋼所と組織が変わった。但し、住友総本店による統括を受ける点では、他の本社直営店部との間で違いはなく、社長には家長住友吉左衛門が就任したが、実質的な経営は常務取締役などが担い、基本的には常務、支配人などが主管者として主管者協議会に参加した。

さらに、本社直轄の鉱山事業として、大正三年には砥沢鉱業所を設立、大正五年に大良鉱業所・大萱生鉱業所が

第１図　総本店（本社部門）組織図

- 秘書役（大正２年７月設置）
- 監査課
- 経理課
  - 主計係
  - 出納係
  - 用度係
  - → 経理課
    - 主計係
    - 調査係
  - → 会計課
    - 出納係
    - 用度係
  - （大正３年12月改組）
- 庶務課
  - 秘書係
  - 文書係
  - 地所係
- 営繕課
  - 営繕係
  - 建築係
- 茶臼山建築事務取扱所（大正４年６月設置）
  - 工事係
  - 会計係
  - 庶務係

第２図　大正２年～６年の店部・連系会社

住友総本店
- 住友別子鉱業所
- 住友倉庫
- 住友製銅販売店
- 住友若松炭業所
- 住友伸銅場　→　住友伸銅所（大正２年６月改称）
- 住友鋳鋼場　→　住友鋳鋼所（大正4年12月株式会社へ移行）
- 住友電線製造所
- 住友肥料製造所（大正２年９月開設）
- 住友東京販売店（大正２年12月開設）
- 住友呉販売店（大正２年12月開設）
- 上海住友洋行（大正５年10月開設）
- 漢口住友洋行（大正６年１月開設）
- 天津住友洋行（大正６年10月開設）
- 住友砥沢鉱業所（大正３年１月開設、大正６年４月廃止）
- 住友大良鉱業所（大正５年９月開設）
- 住友大萱生鉱業所（大正５年12月開設）
- 住友札幌鉱業所（大正６年７月開設）
- 住友縄地鉱業所（大正６年８月開設）
- 本家詰所
- ……株式会社住友銀行
- ……株式会社住友鋳鋼所（大正４年12月改組）

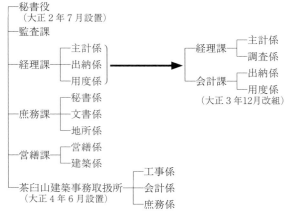

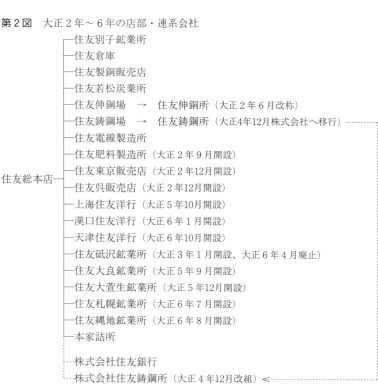

設立されるが、大正六年には砥沢鉱業所が規模を縮小し大萱生鉱業所の支所とされた。一方、北海道の唐松炭坑と鴻之舞鉱山をもって札幌鉱業所が開設されるとともに、同年には縄地鉱業所も設立され、金銀山経営へと進出していった。また、大正五年に上海洋行、翌年に漢口洋行・天津洋行が設立されたが、これは総理事の中国視察の結果、中国における販売網を充実させるためのものであった。

このように、鉱山業から製造業・金融業へと多角化を遂げつつある住友が、さらに肥料製造、金銀山、販売店と事業を展開させていったのが本書収録の大正二年から六年にかけての事業展開であった。当該期の住友の事業展開については、山本一雄「住友総本店（中）」・「住友総本店（下）」（同『住友本社経営史　上』、京都大学学術出版会、二〇一〇年）も参照されたい。

事業展開と主管者の異動

本社部門及び各事業部門の動向を次に確認する。大正二年～六年における主管者の異動については付表の通りである。

住友全体の経営を家長から委任された総理事には、明治三十七年以来、鈴木馬左也が就任していた。内務省から住友本店に入社し、別子支配人を経て総理事となった鈴木は、住友家を守る事業として、庶務課地所係による不動産管理や本社直営金銀山の経営を始めた。

重役会の構成メンバーである理事として、大正二年～六年の間には、中田錦吉（明治三十六年～）、久保無二雄（明治四十三年～）、湯川寛吉（明治四十三年～）が就任していた。この内、久保無二雄は主管者協議会では発言が見られない。

（付表）大正２年〜６年の主要主管者

役職名	氏名	就任年(明治)月日	大正２年	大正３年	大正４年	大正５年	大正６年
総理事	鈴木馬左也	37.7.6					▶
理事	中田錦吉	36.5.14					▶
〃	湯川寛吉	43.4.5					▶
〃	久保無二雄	43.4.5					▶
〃	小幡文三郎		6.11		▶6.21		
総本店支配人	湯川寛吉	38.2.20	▶6.11(兼)				
〃	小倉正恆		6.11				▶
〃	大平駒槌		6.11	▶1.5			
〃	山下芳太郎				7.19		
別子鉱業所支配人	久保無二雄	41.3.25	▶6.11(兼)				
〃　所長	久保無二雄		6.11(兼)				▶
〃　支配人	牧相信		6.11			▶2.21	
〃　〃	松本順吉		6.11				▶
〃　〃	大平駒槌			1.5			▶
倉庫支配人	草鹿丁卯次郎	36.9.14					▶
製銅販売店支配人	山下芳太郎	41.8.15			▶7.19		
〃	笠原正吉				7.19	▶9.9	
〃	今村幸男					9.9	▶7.19
〃	加賀覚次郎						7.19 ▶
若松炭業所支配人	吉田良春	39.4.23					▶
伸銅場支配人	湯川寛吉	43.5.11	▶6.11				
伸銅所所長	小幡文三郎		6.11(兼)				▶12.5
〃	小田切延壽						12.5 ▶
〃　支配人	本荘熊次郎		6.11				▶
鋳鋼場支配人	萩尾傳	43.12.13			▶12.10		
(株)住友鋳鋼所常務取締役	中田錦吉				12.10(兼)		▶
〃　常務取締役兼支配人	萩尾傳				12.10		▶11.7
〃　〃	飯島懿男						11.12 ▶
電線製造所支配人	西崎傳一郎	44.8.1					▶
〃　所長	利光平夫					10.12	▶
肥料製造所支配人	梶浦鎌次郎		9.22				▶
東京販売店支配人	川田順		12.1			▶3.27	
〃	小山九一					3.27	▶
呉販売店支配人	佐渡亮造		12.1				▶
(株)住友銀行常務取締役	中田錦吉	45.2.23(兼)			▶9.13		
〃　〃	湯川寛吉				9.13(兼)		▶
〃　本店支配人	吉田真一	45.3.10					▶
〃　〃	八代則彦	45.3.10					▶
〃　〃	植野繁太郎	45.3.10					▶

明治三十八年から湯川寛吉が住友本店・住友総本店の支配人を務めていたが、大正二年六月から総本店副支配人の小倉正恆と大平駒槌が支配人となった。大平駒槌は大正三年一月に別子鉱業所支配人に転じ、後任として大正四年七月から山下芳太郎が就任した。

本社部門内の主管者で、主管者協議会で発言している人物としては、大正二年七月から総本店副支配人を務めている杉浦聞多、大正三年十二月から会計課主任、同五年より経理課主任を兼務する外山一郎、大正五年三月から監査課主任となる熊倉四郎、大正五年三月から経理課主任となる川田順がいる。

別子鉱業所では、明治四十一年から久保無二雄が支配人を務めていたが、大正二年六月に久保は同所所長となり、後任の支配人に牧相信と松本順吉が就任した。先述の通り、大正三年一月には大平駒槌も支配人となり、牧相信は大正五年二月に支配人を退任した。別子鉱山では、大正四年九月の第四通洞・大立坑の開鑿により産銅量はこの時期飛躍的に増加していた。

別子鉱山における煙害問題への対策として、別子産含銅硫化鉄鉱の硫黄分を硫酸とし、これを原料として過燐酸肥料を製造することを目的に大正二年九月、住友肥料製造所が設立された。この問題に別子鉱業所製錬課（四阪島製錬所）主任代理として関わっていた梶浦鎌次郎が支配人となった。

別子鉱山で用いる石炭を求めて明治二十六年に庄司炭坑、翌年に忠隈炭坑を買収して始まった九州における住友の炭砿業は、明治二十八年に別子重任分局所管から本店重任局の所管に移され、同二十九年に若松支店を設置、同四十二年には若松炭業所となった。若松炭業所では明治三十九年から吉田良春が支配人を務め続けていた。

明治三十年に日本製銅を買収した伸銅場では、明治四十三年から湯川寛吉が支配人を務めていたが、大正二年六月に住友伸銅所と改称し、同所所長として海軍造船総監少将の小幡文三郎が招かれ、支配人は本荘熊次郎が務めることになった。伸銅所では、海軍との提携によって、特に第一次世界大戦中は活況を呈し、大阪安治川の工場設備は拡張されていった。

明治三十四年に日本鋳鋼所を買収した鋳鋼場では、明治四十三年から別子鉱業所機械課主任の萩尾傳が支配人となり、明治四十年に移転した大阪の島屋工場で車輛・海軍関係の事業を拡大させた。大正四年十二月に株式会社住友鋳鋼所へと改組され、住友吉左衞門が社長となり、常務取締役として中田錦吉（総本店理事と兼務）と萩尾傳が就任した。実質的な経営は常務取締役兼支配人の萩尾傳が担ったが、大正六年十一月に萩尾傳は辞職、飯島藝男が後任となった。

住友伸銅場では、イギリス人技師ヘンリー・ゴダードを招き、明治四十一年にケーブル工場を完成させたが、これを独立させて明治四十四年に設立された電線製造所では、西崎傳一郎が支配人となり、大正二年には工場を大阪の島屋新田に移すことを総本店に申請した。この間、総本店理事の湯川寛吉は電線製造所への技術導入を目的にドイツのジーメンス社との提携を模索していたが、後述のシーメンス事件の影響により挫折し、後の日本電気を介してのアメリカのウェスタン・エレクトリック社との提携につながった。なお、電線製造所でも、大正五年に所長制を採用し、逓信省から招かれた利光平夫が所長となった。

明治二十八年に開業した住友銀行は、明治四十五年に株式会社へと改組され、実質的な経営を担う常務取締役には中田錦吉が就任した。大正四年に中田錦吉が住友鋳鋼所常務となるのに先立ち、同年九月に銀行の常務は中田から湯川寛吉に交代した。この他、銀行では、明治四十五年三月から本店支配人を務める吉田真一・八代則彦・植野繁太郎が主管者協議会で発言している。

明治維新後の本店における担保付貸付（並合）のために、大阪で倉庫を入手し始めたが、住友銀行が開業されると、貸付課の中に倉庫係が置かれ、明治三十年に倉庫課となった。明治三十二年には、銀行本店倉庫課から独立して住友倉庫が設立され、大正五年には東京でも倉庫を入手した。倉庫では、明治三十六年以来、草鹿丁卯次郎が支配人を務め続けていた。

販売関係として、別子銅を販売するために明治四年に設置された神戸出店に端を発する製銅販売店（明治四十二年設立）の支配人は、明治四十一年～大正四年七月まで山下芳太郎、大正四年七月から大正五年九月まで笠原正吉、大正五年九月から大正六年七月まで今村幸男、大正六年七月から加賀覚次郎が務めた。大正二年に新設され、住友製品全般の販売を担った東京・呉販売店では、東京販売店支配人として、川田順が大正二年から務め、大正五年三月に小山九一に交代、川田は先述の通り、総本店経理課主任へと転じた。呉販売店支配人は、大正二年から佐渡亮造が務めていた。

この他、上海・漢口・天津の各洋行や、本社直営鉱山の鉱業所の主管者は、本書収録の議事録では発言が見られない。一方、大正四年には倉庫副支配人として、大正六年には総本店副支配人心得として発言する日高直次や、大正四年に発言する鋳鋼場経理部長の森源之助などの名が議事録中では見られる。

議題について

本書に議事録を収録する大正二年から六年は、第一次世界大戦の前夜から最中であり、大正四年ごろまでは住友全体の業績は横ばいを維持する程度であったが、大正四年下期以降、純利益が増大した。利益の大半は別子及び伸銅所であったが、他の事業も赤字から黒字へと転じたため、中国市場や直営金山事業へと乗り出した。

このように多角化を進めながら拡大していく組織をまとめるために主管者協議会を開催させた総理事鈴木馬左也

は、訓示で、住友が「一個の有機体」であるとの考えを示し、主管者は総本店の「耳目」であるとして、総本店と各事業部門との間の関係を生きたものにするため、遠慮のない意見表明を求めた。また、住友家法に示される事業精神に鑑み、住友家の家風を妨げずに営業の成功に尽力することを求めた。特に、シーメンス事件を踏まえ、暴利を占めることは住友の方針ではないと、堅実な方針を示した。

一方、主管者協議会で協議される議題については、住友全体で統一して適用される規程が、各事業部門の事情でそのまま適用できないことが多く、規程の修正を目的として各事業部門や本社部門から提出された議題が多かった。人事関係について、住友では全ての事業の職員を本社部門（総本店）で一括採用しており、これを「傭員」とし、各事業部門が直接雇用した者を「準傭員」と称した。例えば、大正六年に「各部ニ於ケル類似ノ準傭員ニ付テハ、雇入給料、昇給ノ程度、休暇等ニ付同一ノ取扱ヲ為シ度希望」という議題が倉庫から提出されたのは、各事業部門における「準傭員」の取り扱いを統一させることを目指したものである。

また、「傭員」には、住友全体の規程として「高等傭員」・「等内傭員」・「補助員」・「等外傭員」・「給仕・使丁」などの等級があったが、これらの取り扱いも問題となった。特に、「補助員」・「等外傭員」・「給仕・使丁」の位置づけについて、職工や電話交換手、守衛など、実態は色々あり、これらを労働者とするか傭員（職員）とするか、どの等級で取り扱うかという点が各事業部門において区々であった。そのため、住友全体の規程では十分に把握できていなかったので、規程の修正が求められた。例えば、大正四年の第一〇議題で使丁の退身手当増額が協議された議事録の中では、別子では「使丁」を労働者とするが、銀行ではこれを労働者とするのは都合が悪く、使丁の規程は別子や工場では使われていないなどという。

会計関係としては、原価計算や固定財産の償却について協議している。この問題についても、例えば、大正三年の第一九議題で原価計算問題が、大正四年の第二一議題で固定財産償却規程の改正が協議された際に、銀行と工場では利益のある時の償却法が異なることが指摘されている。そして、大正三年の原価計算問題は総本店経理課が提出した議題であったが、総本店経理課の提出趣意は、原価計算の方法をこの協議会で規定しようというのではなく、本社部門たる総本店と各事業部門が集まって協議をするためであり、各部門の事情がそれぞれ異なるから必ずしも一律にはできないことは織り込み済みであった。このため、この大正三年の第一九議題の協議の結論としては、総本店と各事業部門の関係係員が打ち合わせをして研究を進めるというもので、実際に「関係店部主管者協議」が開催され、この協議の議事録も原史料の簿冊に綴じられていたので、参考までに翻刻を掲載した。

また、協議の結論として何か唯一の方針を決めることはなく、今後研究を進めるという形でまとまることが多かった。大正四年の議事録には、筆記者により、各議事録の末尾に「決議」として記される箇所があるが、例えば第一二議題は「本案ハ大体ニ於テ必要ト認ム、銀行、総本店、倉庫ニ於テ各々研究アリタシ」と記されている。

この他、大正四年の第六議題として身元保証金・積金について協議されたが、議事録の末尾には筆記者により「議論ノ傾向スル所ヲ知ルニ苦ム」と記され、何らかの結論が出された訳ではない。しかし、この身元保証金・積金については、その後も問題となったため、後の大正十年、同十五年の主管者協議会でも議題として提出された。同様に、大正六年の第二一議題として協議された下級傭員合宿所についても、翌年また議題となっている。

このように、本書収録の主管者協議会議事録は、各議題について、住友全体の意志として何か一つに決めるのではなく、住友の各事業部門における事情が説明されるのが主であるが、当該期における人事や会計上の問題について、現場での受けとめ方を知ることのできる史料である。

（牧　知宏）

住友史料叢書　第三七回配本
主管者《しゅかんしゃ》協《きょう》議《ぎ》会《かい》議《ぎ》事《じ》録《ろく》　一

令和六年十二月二十日　発行

編　者　住友史料館
発行者　田中　大
印刷所　株式会社思文閣出版
製本所　新日本製本株式会社

発行所　株式会社　思文閣出版
〒605-0089　京都市東山区元町三五五
電話（〇七五）五三三―六八六〇

ISBN978-4-7842-2090-8 C3321

人　名　索　引

（註）　人名の表記は「住友職員録」の表記に従った。

た

と

な

に

は

ひ

ふ

ほ

ま

み

も

や

ゆ

よ

り

事 項 索 引

な

に

は

ひ

ふ

へ

ほ

み

ゆ

よ

り

ろ

わ